Petters

# Strafrecht und Strafprozeß

## Praktische Fälle mit Lösungen

Band II:

Strafprozeßfälle

Der I. Band:

**Petters**

# Praktische Strafrechtsfälle mit Lösungen

9. vollkommen umgearbeitete und vermehrte Auflage ist Ende 1949 erschienen.

# Praktische
# Strafprozeßfälle
## mit Lösungen

Von

**Dr. Walter Petters**

Landgerichtsrat a. D.

**Sechste erweiterte und verbesserte Auflage**
**(13.—15. Tausend)**

1951

J. SCHWEITZER VERLAG BERLIN UND MÜNCHEN

Satz, Druck und Bindearbeiten: Dr. F. P. Datterer & Cie. (Inh. Sellier), Freising

# Vorwort zur fünften Auflage

Zahlreiche, zum Teil grundlegende Änderungen haben die Strafprozeßordnung und das Gerichtsverfassungsgesetz mit dem Inkrafttreten der Strafrechtspflegeordnung 1946 erfahren. Es wurde daher schon aus diesem Grunde eine vollkommene Neubearbeitung des Buches erforderlich.

Die in verschiedenen Vorbereitungskursen zum Assessorenexamen gewonnenen Erfahrungen veranlaßten mich aber auch zu einer Umgestaltung des Buches in seinem inneren Aufbau. Der ursprüngliche Plan, allein an Hand von praktischen Fällen mit Lösungen das gesamte Strafprozeßrecht zu erfassen, hatte sich schon bei Bearbeitung der früheren Auflagen als nicht in vollem Umfange durchführbar erwiesen. Zahlreiche Teile des Prozeßrechts sind für eine Behandlung in Gestalt von praktischen Fällen nicht geeignet. Diese Gebiete können dem Lernenden nur dadurch näher gebracht werden, daß man sie in einer lehrbuchartigen Darstellung zusammenfaßt. Dies gilt nicht nur für den Studenten, sondern auch für den in der Vorbereitung zum Assessorenexamen stehenden Referendar, der erfahrungsgemäß während seiner Ausbildung bei der Staatsanwaltschaft und den Strafgerichten, zumal bei den augenblicklichen, durch die Nachkriegsverhältnisse bedingten Schwierigkeiten, keine ausreichende Gelegenheit hat, alle für die Praxis wichtigen und im Anfang oft schwer verständlichen Formvorschriften in sich aufzunehmen.

Es wurden daher die Fälle, denen zum Teil Examensmaterial aus der zweiten juristischen Prüfung des ehemaligen badischen Justizministeriums zugrunde liegt, durch Kürzung bzw. Zusammenlegung zahlenmäßig verringert, andererseits aber die lehrbuchartigen Vorbemerkungen und Nachträge gegenüber der vierten Auflage nicht unwesentlich erweitert und vermehrt.

Die auf der Strafrechtspflegeordnung 1946 aufgebauten Lösungen, in deren Text der Einfachheit halber die gesetzlichen Bestimmungen der Strafprozeßordnung nur mit § bezeichnet sind, stützen sich auf die Rechtsprechung des ehemaligen Reichsgerichts (die angeführten Entscheidungen sind mit E. gekennzeichnet) und der Oberlandesgerichte (abschließend mit dem 1. Dezember 1947) sowie den Kommentar von Löwe-Rosenberg. Im übrigen wurden die Lösungen in einer für die eigentliche Entscheidung nicht notwendigen und zum Teil rechtsgutachtlichen Charakter tragenden Ausführlichkeit gegeben, die jedoch durch das Bestreben gerechtfertigt wird, das ganze Gebiet des Strafprozeßrechts, wenigstens soweit es das Fundament der täglichen Praxis und die Grundlage für die juristischen Prüfungen, vor allem für das Assessorenexamen bildet, zur Darstellung zu bringen.

So hoffe ich, daß die Strafprozeßfälle in ihrer neuen Gestalt nicht nur dazu beitragen, den jungen Juristen zum logischen

Denken und zu einer erschöpfenden Erfassung strafprozessualer Tatbestände zu erziehen, sondern daß sie darüber hinaus für ihn auch eine wirksame Hilfe bei der Examensvorbereitung bedeuten.

Aber auch dem in der Praxis stehenden Juristen wird das Buch eine willkommene Gelegenheit bieten, sich an Hand des ausführlichen Sach- und Gesetzesregisters über Zweifelsfragen, die im täglichen Berufsleben auftreten, rasch und zuverlässig zu unterrichten.

Den das materielle Strafrecht behandelnden Band I „Praktische Strafrechtsfälle mit Lösungen" hoffe ich noch im Laufe dieses Jahres in Neuauflage folgen lassen zu können.

Heidelberg, Februar 1948 **Dr. Petters**

# Vorwort zur sechsten Auflage

Der Neuauflage des Bandes 2 meiner „Praktischen Fälle mit Lösungen" liegen die neue Strafprozeßordnung und das neue Gerichtsverfassungsgesetz vom 12. September 1950 zugrunde. Der Umfang des Buches wurde infolge weiteren Ausbaues der „Fälle" und der „Lösungen" und der mit ihnen jeweils in innerem Zusammenhang stehenden theoretischen Erörterungen (die diesmal äußerlich vollkommen von den eigentlichen Lösungen getrennt wurden) etwa um die Hälfte gegenüber der 5. Auflage vergrößert.

Die Neuauflage dient der Verwirklichung des gleichen Zieles, das auch mit den Strafrechtsfällen (Band 1 des Gesamtwerkes) angestrebt wurde, nämlich durch Kombination einer Fallsammlung mit einem Lehr- und Erläuterungsbuch in erster Linie dem juristischen Nachwuchs ein Hilfsmittel für die Examensvorbereitung an die Hand zu geben. Darüber hinaus können aber die auf der Rechtsprechung des ehemaligen Reichsgerichts und auf grundlegenden Entscheidungen der Oberlandesgerichte einschließlich derjenigen aus den Jahren 1946—1950 aufgebauten „Lösungen" auch für den Praktiker von Nutzen sein, vor allem wenn es gilt, sich über Zweifelsfragen, wie sie gerade auf dem Gebiete des Strafprozesses in der täglichen Praxis immer wiederkehren, Klarheit zu verschaffen; zu diesem Zwecke stehen ein ausführliches Gesetzesregister sowie ein alphabetisches Sachregister zur Verfügung.

In einer Kritik zu der Ende 1949 erschienenen 9. Auflage der Strafrechtsfälle wurde von berufener Seite (siehe Juristische Rundschau 1950 Heft 1) u. a. geäußert, daß für einen Referendar, der in den strafrechtlichen Ausbildungsabschnitten dieses Buch durcharbeite, das große Staatsexamen auf einem wichtigen Prüfungsgebiet seine Schrecken verloren habe. Möge dieses Urteil in gleichem Maße auch für den vorliegenden prozessualen Parallelband in seiner neuen, erweiterten und verbesserten Auflage zutreffen.

Heidelberg, Januar 1951 **Dr. Petters**

# Inhaltsverzeichnis

(Anschließend das Gesetzesregister.
Am Ende des Buches das alphabetische Sachregister.)

## Erster Teil: Die Fälle

(S. 1—28 des Heftes in der Tasche des hinteren Deckels)

## Zweiter Teil: Die Lösungen

(S. 29—250.)

# Gesetzesregister

## Die §§ der Strafprozeßordnung (StPO.) vom 12. 9. 1950.

(Die Zahlen der Seiten, die grundsätzliche Ausführungen enthalten, sind **fett** gedruckt)

**Die §§ des Gerichtsverfassungsgesetzes (GVG.) vom 12. 9. 1950**

Erster Teil

# Die Fälle

# FALL 1.

## Schwierige Zuständigkeitsfragen.

### A.

Der Untersuchungsrichter beim Landgericht Heidelberg hat die Voruntersuchung eröffnet gegen die Angeschuldigten A, B und C, und zwar gegen den in Heidelberg wohnhaften Angeschuldigten A wegen einer in Heidelberg begangenen schweren Brandstiftung i. S. des § 307 StGB. und eines in Stuttgart in Mittäterschaft mit den dort wohnhaften B und C begangenen Betrugsvergehens (§§ 263, 47 StGB.); gegen B und C wegen dieses in Stuttgart begangenen Betrugs.

Die Angeschuldigten B und C beantragen gemäß § 12 Abs. 2 StPO. durch ihren Verteidiger die Übertragung der Strafsachen nach Stuttgart.

Welches Gericht wird über diesen Antrag entscheiden, und wie wird die Entscheidung lauten? Ist sie anfechtbar?

### B.

Der in Karlsruhe wohnhafte Schriftsteller A hatte in einem Artikel, der in einer Stuttgarter Zeitung erschienen war, einen dort wohnhaften Arzt beleidigt. Kurze Zeit darauf ließ A den gleichen Artikel auch in einer Karlsruher Zeitung zum Abdruck bringen.

Nachdem der beleidigte Arzt wegen des in beiden Zeitungen erschienenen Artikels frist- und formgerecht Strafantrag bei der Staatsanwaltschaft Karlsruhe gestellt hatte, erhob diese gemäß § 376 StPO. vor dem Schöffengericht in Karlsruhe am 1. Dezembe 1950 Anklage wegen der durch Veröffentlichung in den beiden Zeitungen begangenen Beleidigungen, unter Beifügung eines ausführlichen Ermittlungsergebnisses.

Der Beschuldigte erhob auf die gemäß § 201 StPO. erlassene Aufforderung den Einwand, daß im Hinblick auf den ausschließlichen Gerichtsstand des § 7 Abs. 2 StPO. die Zuständigkeit des Schöffengerichts in Karlsruhe für die in Stuttgart begangene Beleidigung nicht begründet sei. Dieser Einwand wurde durch Beschluß vom 20. Dezember 1950 mit der Begründung, daß sich die Karlsruher Zuständigkeit aus § 8 StPO. ergebe, verworfen, und gegen den Beschuldigten in dem gleichen Beschluß das Hauptverfahren vor dem Schöffengericht in Karlsruhe eröffnet.

In der Hauptverhandlung wiederholte der Verteidiger des Angeklagten nach Verlesung des Eröffnungsbeschlusses den Einwand der Unzuständigkeit. Das Gericht wies unter Bezugnahme auf § 16 StPO. diesen Einwand, weil verspätet erhoben, durch Beschluß als unzulässig zurück und verurteilte den Angeklagten gemäß der Anklage wegen der beiden Beleidigungen zu je 1000 DM Geldstrafe, im Unbeibringungsfalle zu je einem Monat Gefängnis.

War das Schöffengericht in Karlsruhe zur Aburteilung zuständig?

Wäre es auch zuständig gewesen, wenn A seinen Wohnsitz in Stuttgart gehabt hätte?

Die Entscheidungen des Gerichts sind auf ihre Richtigkeit nachzuprüfen.

## FALL 2.

### Das Beschwerdeverfahren des Prof. Neumann aus Wiesbaden.

Professor Dr. Neumann in Wiesbaden hat dem Verlagsbuchhändler Friedreich in Heidelberg eine Anzahl seiner Werke in Verlag gegeben. Anfang Mai 1950 teilte Friedreich dem Professor Neumann mit, er sehe sich genötigt, den Ladenpreis der von ihm verlegten Werke vom 1. Juni ab um 10—15 Prozent zu erhöhen. Professor Neumann widersprach der beabsichtigten Erhöhung, da er nach § 4 des Verlagsvertrags eine fest bestimmte Summe für jedes verkaufte Werk zu beanspruchen hatte, so daß die ganze Erhöhung des Verkaufspreises dem Verleger zugute gekommen wäre. Trotz dieses Widerspruchs setzte der Verleger den Verkaufspreis um 15 Prozent hinauf und verkaufte eine Anzahl Werke um diesen neuen Preis. Professor Neumann erstattete nunmehr bei der Staatsanwaltschaft Heidelberg gegen den Verleger Anzeige wegen Vergehens strafbar nach § 38 Ziffer 1 des Gesetzes vom 19. Juni 1901 betreffend Urheberrecht an Werken der Literatur und Tonkunst in Verbindung mit § 21 des Gesetzes über das Verlagsrecht vom 19. Juni 1901. Der Beschuldigte wendete gegen die Anzeige ein, er sei bei richtiger Auslegung des Verlagsvertrags zur Erhöhung der Preise auch ohne Einwilligung des Urhebers berechtigt. Er habe bei dem Landgericht Wiesbaden bereits eine Klage gegen Professor Neumann anhängig gemacht, mit welcher er die Verurteilung des Beklagten zur Anerkennung seiner Berechtigung zur selbständigen Erhöhung der Ladenpreise begehre.

Mit Beschluß vom 2. September 1950 hat die Staatsanwaltschaft die aus besonderen, hier nicht interessierenden Gründen ein öffentliches Interesse an der Strafverfolgung bejahte (siehe §§ 374, 376 StPO.), das Ermittlungsverfahren bis zur Erledigung dieses Rechtsstreits vorläufig eingestellt. Gegen diesen Beschluß, der nicht förmlich zugestellt wurde, dem Anzeiger aber am 3. September — einem Sonntag — durch einfachen Brief zur Kenntnis kam, hat der Anzeiger mit einer am 16. September bei der Staatsanwaltschaft Heidelberg eingegangenen Schrift Beschwerde an den Generalstaatsanwalt eingelegt und beantragt, die Einstellungsverfügung aufzuheben und die Staatsanwaltschaft zur Fortführung des Strafverfahrens anzuweisen. Die Staatsanwaltschaft hat die Beschwerde mit den Akten alsbald an den Generalstaatsanwalt in Karlsruhe weitergegeben, bei dem sie am 18. September einkam. Der Generalstaatsanwalt hat mit Verfügung vom 29. September dem Anzeiger eröffnet, daß er das Verfahren der Staatsanwaltschaft im Dienstaufsichtswege geprüft, aber keine Veranlassung gefunden habe, der Beschwerde eine weitere Folge zu geben. Er halte es in Übereinstimmung mit der Staatsanwaltschaft Heidelberg für zweckmäßig, vor der Fortführung des Strafverfahrens den Ausgang des bei dem Landgericht Wiesbaden schwebenden Rechtsstreits abzuwarten. Diese Verfügung ist dem Beschwerdeführer am 3. Oktober zugestellt worden.

Mit Schriftsatz vom 20. Oktober — beim Oberlandesgericht Karlsruhe am 25. Oktober eingekommen — beantragte Rechtsanwalt Krücke in Wiesbaden im Auftrage des Professors Neumann gerichtliche Entscheidung gemäß § 172 StPO. Er nahm auf die in den Akten der Staatsanwaltschaft Heidelberg befindliche Strafanzeige und die Beschwerdeschrift Bezug und bat, diese Akten, sowie nötigenfalls die Akten des Landgerichts Wiesbaden zu erheben. Vollmacht des Anzeigers, der sich auf einer Reise befinde, werde er nachbringen. Der Antrag sei zulässig, obgleich eine endgültige Ablehnung der öffentlichen Klage nicht erfolgt sei.

Das Oberlandesgericht veranlaßte die Einsendung der Akten der Staatsanwaltschaft. Ehe diese einkamen, überschickte Professor Neumann mit Brief vom 10. November 1950 die von ihm dem Rechtsanwalt Krücke erteilte Vollmacht, wobei er die ganze Angelegenheit in einer ausführlichen Darstellung für das Oberlandesgericht erörterte.

Wie wird das Oberlandesgericht in der Sache selbst und hinsichtlich der Kosten entscheiden und aus welchen Gründen?

# FALL 3.

## Ein fehlerhaftes Vorverfahren.

Bei der Vorbereitung der Hauptverhandlung (also nach Eröffnung des Hauptverfahrens) vor dem Amtsgericht (Schöffengericht) gegen H und Genossen wegen gewerbsmäßiger Hehlerei findet der Amtsrichter, der den fraglichen Fall in Vertretung seines plötzlich erkrankten Kollegen übernommen hat, beim Studium der Akten:

**1.** daß in dem vorbereitenden Verfahren (unter Beobachtung der Vorschrift der §§ 169, 193 StPO.) ein zur Hauptverhandlung nicht geladener Zeuge beeidigt worden ist, mit der im Protokoll angegebenen Begründung, daß dem Zeugen das Erscheinen in der Hauptverhandlung wegen der Schwierigkeit der Verkehrsverhältnisse nicht zugemutet werden könne;

**2.** daß in der später stattgehabten Voruntersuchung der Neffe N des Angeschuldigten H gemäß § 66 Nr. 3 StPO. eidlich vernommen worden ist, ohne daß er ausweislich des Protokolls über sein Zeugnisverweigerungsrecht und Eidesverweigerungsrecht belehrt worden war, und daß, wie spätere Feststellungen ergaben, auch gegen ihn der Verdacht der Beteiligung an der gewerbsmäßigen Hehlerei besteht;

**3.** daß in der Voruntersuchung ein Augenschein in dem dem Gerichtsgebäude gegenüberliegenden Privathaus eingenommen worden ist, ohne daß der in Untersuchungshaft befindliche Angeschuldigte H von dem Termin benachrichtigt worden war, geschweige denn anwesend war;

**4.** daß der Angeschuldigte S während der Voruntersuchung die Bestellung eines Verteidigers schriftlich beantragt hatte, dieser Antrag aber, wohl versehentlich, nicht verbeschieden worden war;

**5.** daß er selbst in der Voruntersuchung als Stellvertreter des Untersuchungsrichters das Ersuchen um Einvernahme eines Zeugen an ein auswärtiges Gericht sowohl in den Akten als auch in der Ausfertigung unterschrieben hat;

**6.** daß die Ladung zur Hauptverhandlung auf den 25. Mai dem Angeklagten T am 20. Mai zugestellt worden ist.

Welche Folgerungen ergeben sich hieraus für die Obliegenheiten des Amtsrichters?

# FALL 4.

## Der Streit um den Haftbefehl.

In der Hauptverhandlung vor dem Amtsrichter in Mannheim beantragte der in Untersuchungshaft befindliche Angeklagte, nachdem er wegen Rückfalldiebstahls unter Annahme mildernder Umstände zu sechs Monaten Gefängnis, wobei drei Monate der erlittenen Untersuchungshaft auf die Strafe angerechnet wurden, verurteilt worden war, und er sowohl wie der Staatsanwalt auf das Rechtsmittel der Berufung verzichtet hatten, sofort nach Verkündung des Urteils und Verzicht auf die Berufung, ihn aus der Untersuchungshaft zu entlassen, damit er zu Hause seine dringenden Feldgeschäfte erledigen könne.

Der über diesen Antrag gehörte Staatsanwalt beantragte Abweisung desselben mit der Erklärung, er halte zwar auch eine Fluchtgefahr nicht mehr für vorliegend, allein er erachte es für rechtlich unzulässig, in diesem Stadium des Verfahrens noch einen Beschluß auf Aufhebung des Haftbefehls zu fassen.

Als der Amtsrichter trotzdem einen dahingehenden Beschluß erließ, daß der Haftbefehl aufgehoben werde, erklärte der Staatsanwalt, daß er gegen diesen Beschluß Beschwerde einlege und deshalb beantrage, den Vollzug der Entscheidung auszusetzen.

Der Amtsrichter gab diesem letzteren Antrag des Staatsanwalts statt und legte die Akten mit dem alle diese Vorgänge beurkundenden Hauptverhandlungsprotokoll dem Landgericht (Strafkammer) Mannheim zur Entscheidung vor.

Wie ist das Verfahren des Amtsrichters zu beurteilen?

# FALL 5.

## Der flüchtige Angeklagte.

In der Hauptverhandlung wegen Erpressung vor dem Schöffengericht in Karlsruhe stellte der Angeklagte Müller nach seiner Einvernahme den Antrag auf Ladung neuer Zeugen, durch welche er nachweisen werde, daß er nicht die Absicht gehabt habe, sich zu Unrecht zu bereichern. Durch Gerichtsbeschluß wurde dieser Antrag verworfen. Darauf verließ der Angeklagte in einem unbewachten Augenblick den Verhandlungssaal.

Der Staatsanwalt beantragte, die Verhandlung zu Ende zu führen, den Angeklagten jedoch unter weitgehender Berücksichtigung seiner

Verteidigung nicht wegen Erpressung, sondern wegen Nötigung zu verurteilen. Das Schöffengericht ging nicht auf diesen Antrag ein, beraumte Termin zur Fortsetzung der unterbrochenen Hauptverhandlung auf den elften Tag nach der Unterbrechung an, und erließ gegen den Angeklagten wegen Fluchtverdachts Haftbefehl.

Ein Freund des Angeklagten, Privatier Ohnesorg, leistete sofort durch Hinterlegung von 5000 DM in bar Sicherheit und wendete dadurch die Vollstreckung des Haftbefehls ab. Müller hatte sich darauf zu seinen Verwandten nach Stuttgart begeben.

Ohnesorg teilte darauf der Staatsanwaltschaft die Adresse des Müller, die er wußte, mit. Daraufhin erwirkte die Staatsanwaltschaft die Verhaftung des Müller.

Der Staatsanwalt beantragte nunmehr die Sicherheit für die Staatskasse für verfallen zu erklären. Ohnesorg wendete dagegen ein, nach § 121 StPO. sei durch die Verhaftung des Angeklagten die Sicherheit frei geworden, auch sei ja die Verhaftung durch ihn ermöglicht worden und er deshalb gemäß § 121 Abs. 2 StPO. schon aus diesem Grunde von der Haftung zu befreien.

1. Hätte das Schöffengericht, als Müller aus der Hauptverhandlung weglief, Urteil erlassen können?

2. Ist die Sicherheit als für die Staatskasse verfallen zu erklären?

# FALL 6.

## Der Tod des Angeklagten vor der Hauptverhandlung.

Nach Eröffnung des Hauptverfahrens vor dem Amtsrichter war der Angeklagte gestorben, bevor es zur Hauptverhandlung gekommen war. Der Verteidiger des Angeklagten, der seine Vollmacht dem Gericht bereits vor diesem Zeitpunkt vorgelegt hatte, richtete nun an das Amtsgericht den Antrag, das Verfahren einzustellen und gemäß § 467 StPO. auszusprechen, daß die dem Angeklagten erwachsenen Kosten der Verteidigung der Staatskasse auferlegt würden. Der Amtsrichter wies diesen Antrag durch Beschluß ab, mit der Begründung, daß der vorliegende Fall Anlaß zu einer Einstellung des Verfahrens nicht biete.

Hierauf stellte die Staatsanwaltschaft beim Amtsrichter den Antrag auf Anberaumung eines Termins zur Hauptverhandlung, damit durch Urteil die Einstellung des Verfahrens ausgesprochen werde. Der Amtsrichter lehnte diesen Antrag ab mit der Begründung, daß im Hinblick auf den Tod des Angeklagten eine Hauptverhandlung nicht mehr stattfinden könne.

Die Staatsanwaltschaft legte nun gegen die bezeichneten beiden Entscheidungen die Beschwerde ein und beantragte in erster Reihe, die Einstellung des Verfahrens zu verfügen evtl. anzuordnen, daß zwecks Einstellung durch Urteil Termin zur Hauptverhandlung zu bestimmen sei.

Wie wird das Beschwerdegericht entscheiden?

# FALL 7.

## Die Berufung des Prokuristen Müller.

Der Kaufmann Karl Mayer in Heidelberg hatte am 2. Juli 1949 in einer Heidelberger Zeitung ein Inserat erlassen, dessen Inhalt den Tatbestand des § 4 des Gesetzes gegen den unlauteren Wettbewerb erfüllte (wissentlich unwahre Angaben über Beschaffenheit, Ursprung und Herstellungsart der von ihm vertriebenen Waren). Ein Konkurrent des Mayer, der zunächst ohne Inanspruchnahme einer Behörde den Fall zu klären versucht hatte, stellte am 15. Oktober 1949 Strafantrag bei der Staatsanwaltschaft Heidelberg. Diese erhob nach eingehenden Ermittlungen Anklage gegen Mayer wegen Vergehens nach § 4 des U.W.G. Das Hauptverfahren wurde vom Amtsgericht (Einzelrichter) Heidelberg eröffnet und Verhandlungstermin auf 7. Januar 1950 bestimmt.

Kurze Zeit später lief bei der Staatsanwaltschaft eine Polizeimeldung des Inhalts ein, daß der Hauptschuldige an dem unlauteren Wettbewerb — insbesondere durch Abfassung des Inserats — der inzwischen aus der Firma Mayer ausgeschiedene Prokurist Heinrich Müller sei, über dessen Beteiligung am besten der frühere Lehrling Schmitt Auskunft geben könne.

Unter Übersendung dieser Meldung an den Amtsrichter beantragte der Staatsanwalt Aufhebung des Termins zur Hauptverhandlung und Überlassung der Akten zwecks Vornahme weiterer Erhebungen. Diese verzögerten sich erheblich, weil zunächst weder der Aufenthalt des Müller noch derjenige des Schmitt bekannt war. (Der Angeklagte Mayer selbst, der kurz nach Eröffnung des Hauptverfahrens schwer erkrankte, hatte bei seiner polizeilichen Vernehmung eine Beteiligung des Müller in Abrede gestellt.) Nach mehrmonatlichen Bemühungen konnte schließlich Köln als Aufenthaltsort des Schmitt ermittelt werden.

Der Staatsanwalt sandte daraufhin die Akten an das Amtsgericht Köln, mit der Bitte, den Zeugen Schmitt darüber zu vernehmen, was ihm von der Beteiligung Dritter, insbesondere des Prokuristen Müller, an dem dem Mayer zur Last gelegten Vergehen bekannt sei. Am 7. Juni 1950 verfügte das Amtsgericht Köln mit dem Betreff: „In Strafsachen gegen Karl Mayer in Heidelberg wegen unlauteren Wettbewerbs" die Ladung des Schmitt auf 5. Juli 1950. Schmitt bestätigte bei seiner Vernehmung, daß Müller bei Abfassung des fraglichen Inserats vom 2. Juli 1949 maßgebend beteiligt war. Außerdem ergab die Vernehmung, daß Müller nach seinem Ausscheiden aus der Firma Mayer nach Frankfurt verzogen war. Bei der alsbald erfolgten richterlichen Vernehmung des Müller als Beschuldigten gab dieser zu, daß er den Mayer bei der Abfassung des Inserats beraten hatte.

Der Staatsanwalt erhob nunmehr auch gegen Müller Anklage, und zwar wegen Beihilfe zu dem von Mayer begangenen Wettbewerbsvergehen. Der Amtsrichter in Heidelberg eröffnete demgemäß am 10. August 1950 das Hauptverfahren auch gegen Müller.

Am 15. September 1950 fand, da Mayer infolge Krankheit immer noch verhandlungsunfähig war, gegen Müller, und zwar in dessen Abwesenheit gemäß § 232 StPO. Hauptverhandlung vor dem Amtsrichter in Heidelberg statt. Müller wurde zu 500 DM Geldstrafe, hilfsweise 1 Monat Gefängnis verurteilt.

Dieses Urteil wurde Müller am 1. Oktober 1950 gemäß § 232, Abs. 4 StPO. zugestellt. Am 6. Oktober traf beim Amtsrichter ein Schreiben des Müller vom 4. Oktober ein, in dem er erklärte, daß er gegen das Urteil Berufung einlege, da ihm die Strafe zu hoch sei.

In der Berufungsverhandlung vor der Strafkammer Heidelberg, zu der Müller, der sich auf einer Geschäftsreise in Heidelberg befand, in Begleitung eines Rechtsanwalts erschienen war, wurde von seiten des Verteidigers die Frage aufgeworfen, ob die Anklage nicht, da sie ein im Wege der Privatklage verfolgbares Vergehen zum Gegenstande habe, vor das Schöffengericht gehöre. Er wolle aber, so führte der Verteidiger aus, diese Frage dahingestellt sein lassen, denn das Verfahren müsse ohnedies eingestellt werden, da der Strafantrag nicht rechtzeitig gestellt, und überdies die Strafverfolgung gegen Müller verjährt sei.

Der Vertreter der Staatsanwaltschaft (ein junger Assessor) trat diesen Ausführungen des Verteidigers mit der Behauptung entgegen, das Gericht sei nicht befugt, die vom Verteidiger erhobenen Einwendungen gegen die Weiterführung des Verfahrens zu prüfen, da der Angeklagte seine Berufung auf das Strafmaß beschränkt habe; dadurch sei, so fuhr der Assessor fort, der gesamte außerhalb der

Straffrage liegende tatsächliche und rechtliche Fragenkomplex rechtskräftig geworden und könne nicht mehr zum Gegenstande der Urteilsfindung in der Berufungsinstanz gemacht werden. Er könne es sich daher ersparen, so schloß der Vertreter der Staatsanwaltschaft seine Ausführungen, auf die Fragen der Zuständigkeit, des Strafantrags und der Verjährung einzugehen. Er beantrage die Verwerfung der Berufung des Angeklagten, da die vom Amtsrichter gegen ihn ausgesprochene Strafe durchaus schuldangemessen sei.

**1.** Welche Grundsätze bestehen bezüglich der Frage der teilweisen Anfechtung?

**2.** Ist die Ansicht des Vertreters der Staatsanwaltschaft richtig?

**3.** Wie sind die Einwendungen des Rechtsanwalts zu beurteilen?

**4.** Wie wird die Strafkammer, die eine Geldstrafe von 200 DM für angemessen hält, entscheiden?

# FALL 8.

## Der beleidigte Gemeinderat.

Gegen den Schneider Nörgelmann wurde das Hauptverfahren eröffnet, weil er durch ein und dieselbe Handlung zu X. im Monat August 1950 den Gemeinderat von X. als solchen und die Gemeinderatsmitglieder mit dem Bürgermeister durch eine in der Anklage näher bezeichnete Kundgebung beleidigt habe.

Eine Ermächtigung i. S. des § 197 StGB. liegt vor; außerdem haben sämtliche Gemeinderatsmitglieder und der Bürgermeister Strafantrag gestellt.

Der Amtsrichter hat den Angeklagten wegen Beleidigung des Gemeinderats (§§ 186, 197 StGB.) verurteilt und in den Entscheidungsgründen ausgeführt, daß lediglich der Tatbestand des § 186 StGB. und nicht auch derjenige des § 185 StGB. gegeben sei, und welche Gründe für die Strafzumessung maßgebend waren. Bezüglich der Frage, ob auch eine Beleidigung der einzelnen Mitglieder und des Bürgermeisters vorliege, enthalten die Urteilsgründe keine Feststellungen.

Die Strafkammer erläßt auf die Berufung des Angeklagten, der die ihm zur Last gelegten Äußerungen bestreitet, folgendes Urteil: „Das Urteil des Amtsgerichts v. .... wird aufgehoben. Der Angeklagte wird freigesprochen, soweit er wegen Beleidigung des Gemeinderats verurteilt worden ist. Insoweit treffen die Kosten die

Staatskasse. Im übrigen wird die Sache an das Amtsgericht zur Erledigung des Eröffnungsbeschlusses zurückverwiesen."

Auch die Strafkammer hält, wie in den Urteilsgründen ausgeführt wird, die dem Angeklagten zur Last gelegten Äußerungen für erwiesen, ist aber der Ansicht, daß eine Beleidigung des Gemeinderats nicht vorliege, hält aber mit Rücksicht auf den Inhalt des Eröffnungsbeschlusses eine Prüfung für nötig, ob nicht durch die den Gegenstand der Anklage bildende Kundgebung die einzelnen Gemeinderatsmitglieder und der Bürgermeister beleidigt seien.

In der erneuten Hauptverhandlung erkennt der Amtsrichter abermals dahin, daß der Angeklagte wegen Beleidigung des Gemeinderats verurteilt wird und führt in den Urteilsgründen aus, warum eine gleichzeitige Beleidigung auch der einzelnen Gemeinderatsmitglieder und des Bürgermeisters nicht vorliege.

Gegen dieses Urteil legt der Staatsanwalt Revision ein lediglich mit der Begründung, daß das Amtsgericht bei seiner zweiten Entscheidung an die rechtliche Beurteilung des Berufungsgerichts gebunden gewesen sei. Es liege eine Verletzung des § 328 Abs. 2 StPO. vor; es werde daher Aufhebung des Urteils und Zurückverweisung beantragt.

**1.** Die Urteile des Amtsgerichts und der Strafkammer sind auf ihre Richtigkeit nachzuprüfen.

**2.** Wie wird das Revisionsgericht, das der Ansicht ist, daß nicht eine Beleidigung des Gemeinderats, sondern eine solche der Gemeinderatsmitglieder und des Bürgermeisters vorliege, entscheiden?

## FALL 9.

### Ein kompliziertes Revisionsverfahren.

Der Amtsrichter in Mannheim hat am 1. März 1950 auf Antrag der Staatsanwaltschaft Mannheim gegen den Tüncher Rudolf Finzer und den Gipser Otto Brunner aus Mannheim durch Strafbefehl eine Gefängnisstrafe von je zwei Monaten festgesetzt, unter der Beschuldigung, daß sie in gemeinschaftlicher Ausführung am 5. Februar 1950 dem Spezereihändler Friedrich Krause in Mannheim aus seiner unverschlossenen Ladenkasse 500 DM gestohlen haben. Die Beschuldigten hatten die Tat zugegeben. Der Strafbefehl wurde rechtskräftig. Nachdem beide die gegen sie erkannte Gefängnisstrafe verbüßt hatten, erfuhr der Kriminalkommissar Benz, der den Fall bearbeitet hatte, von dritter Seite, daß Finzer an seinen Bruder, den Arbeiter Karl Finzer, einen Brief geschrieben habe, der das Geständnis enthalte, daß Brunner und er bei dem Diebstahle noch eine verschlossene Kassette, die ganz hinten in der Ladenkasse gestanden und in der Krause weitere 2000 DM verwahrt habe, mit entwendet und nachher in der Wohnung des Finzer erbrochen und das Geld sich angeeignet hätten. Krause, der das Fehlen der Kassette noch nicht bemerkt hatte, bestätigte dem Kommissar Benz auf Vorhalt ihren Verlust. Kommissar Benz begab sich darauf ohne besonderen Auftrag der Staatsanwaltschaft zu Karl Finzer und vernahm ihn zur Sache. Dieser bestritt, von seinem Bruder einen Brief des besagten Inhalts erhalten zu haben und verbat sich die Durchsuchung seiner Person und seiner Wohnung, die ihm der Kommissar androhte, wenn er den Brief nicht freiwillig herausgebe. Bei der trotzdem vorgenommenen Durchsuchung fand der Beamte den Brief, beschlagnahmte ihn und legte ihn mit entsprechender Meldung der Staatsanwaltschaft vor. Mittlerweile hatte die Staatsanwaltschaft in Erfahrung gebracht, daß Finzer in seiner Jugend mehrere Vorstrafen wegen einfachen und schweren Diebstahls erlitten hatte. (Diese Tatsache war infolge eines Irrtums der Strafregisterbehörde dem Amtsrichter bei Erlassung des Strafbefehls nicht bekannt.) Die Staatsanwaltschaft erwirkte gegen die beiden Beschuldigten Haftbefehl und erhob vor der Strafkammer Mannheim eine neue Anklage gegen Rudolf Finzer und Otto Brunner wegen gemeinschaftlich verübten schweren Diebstahls i. S. der §§ 242, 243 Z. 2, 47 StGB., begannen seitens Finzer unter den Rückfallvoraussetzungen des § 244 StGB. Gleichzeitig wurde gegen diesen Beschuldigten als gefährlichen Gewohnheitsverbrecher die Sicherungsverwahrung beantragt.

In der Hauptverhandlung vor der Strafkammer am 15. August 1950, in der die beiden Angeklagten von Rechtsanwalt Dr. Fischer verteidigt wurden, gaben die Angeklagten den einfachen Diebstahl wieder zu, bestritten aber, auch die Kassette gestohlen zu haben. Der Brief des Rudolf Finzer an seinen Bruder Karl kam zur Verlesung. Kommissar Benz bestätigte als Zeuge den Hergang bei der Beschlagnahme des Briefes. Ein zweiter Zeuge, der Schlosser Fritz Brenneisen, dessen Ladung vor der Hauptverhandlung von dem Verteidiger zur Entlastung der Angeklagten beantragt und von dem Vorsitzenden des Gerichts auch verfügt worden war, war trotz ordnungsgemäßer Ladung in der Hauptverhandlung nicht erschienen. Der Verteidiger beantragte wegen Ausbleibens dieses Zeugen die Vertagung der Hauptverhandlung und erneute Ladung des Zeugen. Der Antrag wurde vom Gericht ohne Angabe von Gründen abgelehnt.

Die Beweisaufnahme wurde darauf geschlossen und von dem Vorsitzenden nach Anhörung des Staatsanwalts und des Verteidigers, und nachdem die beiden Angeklagten das letzte Wort erhalten hatten, nach geheimer Beratung folgendes Urteil verkündet:

„Die Angeklagten Rudolf Finzer und Otto Brunner aus Mannheim werden wegen gemeinschaftlich verübten schweren Diebstahls i. S. der §§ 242, 243 Z. 2, 47 StGB. verurteilt, und zwar Finzer zu einer Gefängnisstrafe von 1 Jahr und 2 Monaten und Brunner zu einer Gefängnisstrafe von 8 Monaten. Die Angeklagten haben die Kosten des Verfahrens zu tragen. Der gegen den Angeklagten Finzer gestellte Antrag auf Sicherungsverwahrung wird abgelehnt."

Gleichzeitig wurde durch Gerichtsbeschluß die Fortdauer der Untersuchungshaft verkündet.

Bei der Eröffnung der Urteilsgründe führte der Vorsitzende aus, daß das Gericht auf Grund des verlesenen Briefes des Angeklagten Rudolf Finzer an seinen Bruder Karl die volle Überzeugung gewonnen habe, daß beide Angeklagten gemeinschaftlich bei dem Diebstahle auch die Kassette des Spezereihändlers Krause entwendet, diese nachher in der Wohnung des Rudolf Finzer erbrochen und ihren Inhalt sich angeeignet hätten. Diese Tat erfülle den Tatbestand der §§ 242, 243 Z. 2, 47 des StGB. Im übrigen machte der Vorsitzende eingehende, in der Hauptsache rechtliche Ausführungen über die Gründe, die für das Gericht bestimmend gewesen seien, bezüglich der Tat des Angeklagten Finzer das Vorliegen der Rückfallvoraussetzungen nach § 244 StGB. zu verneinen und den Antrag auf Sicherungsverwahrung abzulehnen. Schließlich nahm der Vorsitzende noch zur Frage des Strafmaßes Stellung und gab zum Schluß die Gründe bekannt, die zur Nichtanrechnung der Untersuchungshaft führten. Die schriftlichen Urteilsgründe hatten im wesentlichen den gleichen Inhalt.

Gegen das Urteil legten beide Angeklagte Revision ein, und zwar Finzer mit einem Schreiben vom 23. August 1950, das am 24. August 1950, und Brunner mit einem Schreiben vom 19. August, das am 20. August 1950 bei der Strafkammer einkam. Nachdem den Angeklagten am 15. September 1950 das Urteil zugestellt war, beauftragten sie ihren Verteidiger, der schon inhaltlich seiner in erster Instanz vorgelegten Vollmacht zur Einlegung von Rechtsmitteln befugt war, die Revision zu begründen. Er tat dies mit folgender Revisionsrechtfertigung, die am 20. September 1950 bei der Strafkammer einkam:

Mannheim, den 19. September 1950.

In St.S. gegen Rudolf Finzer und Otto Brunner aus Mannheim wegen schweren Diebstahls.

Ich beantrage die Aufhebung des gegen Finzer und Brunner erlassenen Urteils der Strafkammer in Mannheim vom 15. August 1950 und Zurückverweisung der Sache zur anderweiten Verhandlung und Entscheidung an die Vorinstanz.

Es wird Verletzung von Rechtsnormen über das Verfahren gerügt, und zwar:

**1.** Es wird gerügt, daß das Gericht die Beweisaufnahme nicht auf den vorgeladenen Zeugen Schlosser Brenneisen erstreckt und dem auf Vertagung der Hauptverhandlung wegen Ausbleibens dieses Zeugen gestellten Antrage nicht stattgegeben und zudem den ablehnenden Beschluß nicht begründet hat.

**2.** Es wird weiter gerügt, daß der Brief des Angeklagten Finzer an seinen Bruder Karl als Urkunde in der Hauptverhandlung verlesen worden ist, anstatt den Karl Finzer über den Inhalt des Briefes zu vernehmen.

**3.** Es wird außerdem Verletzung des Grundsatzes „ne bis in idem" gerügt. Die beiden Angeklagten hätten von der Strafkammer nicht verurteilt werden dürfen, weil sie wegen derselben Tat durch den Strafbefehl des Amtsrichters vom 1. März 1950 bereits rechtskräftig bestraft worden sind. Die Anwendung des Strafgesetzes auf das festgestellte Sachverhältnis ist daher fehlerhaft und somit auch das materielle Recht verletzt.

Dr. Fischer, Rechtsanwalt.

Nachdem die Akten zur Gegenerklärung der Staatsanwaltschaft vorgelegt waren, und diese auf eine Gegenerklärung verzichtet hatte, erfolgte die Einsendung der Akten an das Revisionsgericht durch die Staatsanwaltschaft.

Am 15. November 1950 fand die Hauptverhandlung vor dem Revisionsgericht statt. Während gerade der Fall verhandelt wurde, kam ein Telegramm des Rechtsanwalts Dr. Fischer folgenden Inhalts ein:

„Ich nehme die Revision des Angeklagten Rudolf Finzer gegen das Urteil der Strafkammer Mannheim vom 15. August 1950 hiermit zurück." Dr. Fischer, Rechtsanwalt.

Das Telegramm kam in der Hauptverhandlung, noch bevor sich das Gericht zur Beratung zurückgezogen hatte, zur Verlesung. Der

Vertreter der Staatsanwaltschaft stimmte der Zurücknahme der Revision zu.

**1.** Entspricht die Revisionsrechtfertigung des Rechtsanwalts Fischer vom 19. September 1950 den Vorschriften der Strafprozeßordnung?

**2.** Sind die Revisionsrügen berechtigt?

**3.** Wie wird das Revisionsgericht über die Revisionen der beiden Angeklagten Finzer und Brunner entscheiden?

## FALL 10.

### Unzuverlässiges Kanzleipersonal.

Am 15. November 1950 wurde der Angeklagte Karl Weiß von der Strafkammer Mannheim wegen mehrerer Verbrechen nach § 176 Abs. 1 Nr. 3 StGB. zu einer Zuchthausstrafe von zwei Jahren verurteilt. Am 19. November 1950 bat Weiß seinen Verteidiger, gegen dieses Urteil Revision einzulegen. Infolge Verschuldens des Kanzleipersonals des Rechtsanwalts gelangte das die Revisionseinlegung enthaltende Schriftstück mit Vollmacht erst am 24. November 1950 zum Landgericht. Dieses verwarf gemäß § 346 StPO. durch Beschluß, der dem Rechtsanwalt am 7. Dezember 1950 zugestellt wurde, die Revision als unzulässig.

Am 12. Dezember 1950 kam beim Landgericht ein auf die Revisionseinlegung bezugnehmender Antrag des Rechtsanwalts vom 11. Dezember auf Wiedereinsetzung in den vorigen Stand ein. Diesem Antrag hatte der Verteidiger eine eidesstattliche Versicherung seines Bürovorstehers beigefügt, in der dieser bekundete, daß der Schreiber X, der im Auftrag des Bürovorstehers am 22. November 1950 mit dem die Revisionseinlegung enthaltenden Schriftstück zum Landgericht geschickt worden sei, auf ausdrückliches Befragen nach seiner Rückkehr die Ausführung des Auftrags behauptet, in Wirklichkeit aber das Schriftstück erst zwei Tage später beim Gericht abgegeben habe.

Die Strafkammer erließ am 22. Dezember 1950 entgegen dem Antrag des Staatsanwalts, der unter Hinweis auf § 45 Abs. 2 und unter Bezugnahme auf § 346 Abs. 2 StPO. die Verwerfung des Gesuchs beantragte, folgenden Beschluß:

Der Angeklagte wird in bezug auf den Ablauf der Frist zur Einlegung der Revision gegen das Urteil der Strafkammer Mannheim vom 15. November 1950 in den vorigen Stand wieder eingesetzt. Die

Kosten der Wiedereinsetzung hat der Angeklagte zu tragen. (§§ 46, 473 Abs. 3 StPO.)

**1.** War die Wiedereinsetzung in den vorigen Stand sachlich gerechtfertigt und entsprach das Verfahren den gesetzlichen Vorschriften?

**2.** Welche Bedeutung kommt insbesondere den Einwendungen des Staatsanwalts zu?

# FALL 11.

## Der wankelmütige Angeklagte.

Am 15. September 1950 wurde der Händler Emil Schwarz vom Amtsrichter in Stuttgart wegen Urkundenfälschung, begangen in Tateinheit mit Betrug, zu neun Monaten Gefängnis verurteilt. Der Angeklagte, dessen Antrag auf Aufhebung des Haftbefehls abgelehnt worden war, verzichtete am 20. September 1950 zu Protokoll des Gefängnisaufsehers auf das Rechtsmittel der Berufung, erklärte dann aber am gleichen Tage in einem Schreiben seine „Unterschrift für hinfällig" und legte Berufung ein.

Beide Schriftstücke sind am 21. September 1950 bei dem Amtsgericht eingegangen.

Das Landgericht — Strafkammer — Stuttgart, an das die Akten gemäß § 321 StPO. gelangt waren, verwarf gemäß § 322 Abs. 1 S. 1 als Berufungsgericht durch Beschluß am 16. Oktober 1950 die Berufung als unzulässig mit der Begründung, es sei nach den angestellten Ermittlungen anzunehmen, daß dem Amtsgericht der Widerruf des Rechtsmittelverzichts mit der Berufungseinlegung erst nach Eingang des Verzichts zugegangen sei.

Auf sofortige Beschwerde des Verteidigers des Angeklagten wurde der Beschluß des Landgerichts durch das Oberlandesgericht Stuttgart aufgehoben und das Landgericht angewiesen, der Berufung des Angeklagten Fortgang zu geben. Das Oberlandesgericht stellte sich dabei auf den Standpunkt, daß zugunsten des Angeklagten anzunehmen sei daß der Widerruf des Verzichts mit der Berufungseinlegung zuerst bei dem Amtsgericht eingegangen sei, da eine Klarstellung nach dieser Richtung nicht habe geschaffen werden können.

In der darauf anberaumten Berufungsverhandlung vom 15. Dezember 1950 beantragte der Verteidiger lediglich Herabsetzung der vom Amtsrichter ausgesprochenen Strafe, da die Notlage, in der sich sein Mandant zur Zeit der Tat befunden habe, nicht genügend berücksichtigt worden sei. Der Staatsanwalt stellte den Antrag, die Berufung abermals als unzulässig zu verwerfen, da der Gerichtsbeschluß vom 16. Oktober 1950 zu Recht ergangen sei; eine Herabsetzung der Strafe komme jedenfalls nicht in Frage. Der Verteidiger erhielt auf seinen Antrag nochmals das Wort und erklärte, die Strafkammer dürfe gar nicht prüfen, ob der oberlandesgerichtliche Beschluß zu Recht ergangen sei, sondern habe ihn als rechtskräftige und bindende Vorentscheidung anzusehen, und demgemäß in Befolgung der vom Oberlandesgericht erteilten Weisung in der Sache selbst zu entscheiden.

Die Strafkammer gelangte nach abermaliger Prüfung der Frage, ob wirksam Berufung eingelegt sei, zu dem in dem Beschluß vom 16. Oktober 1950 festgestellten Ergebnis und verwarf daher durch Urteil die Berufung als unzulässig gemäß § 322 Abs. 1, S. 2 StPO.

Enthält das Urteil der Strafkammer eine Gesetzesverletzung?

## FALL 12.

### Ein unbefriedigendes Ergebnis.

Gegen A war wegen vorsätzlicher leichter Körperverletzung seines Bruders nach § 223, 232 StGB. auf Anklage des Amtsanwalts das Hauptverfahren vor dem Amtsrichter eröffnet worden.

In der Hauptverhandlung bezeugte der Bruder unbeeidigt, daß ihn der Angeklagte gepackt und zu Boden geworfen habe, nahm aber den Strafantrag zurück. Der Amtsrichter verkündete Urteil auf Einstellung des Verfahrens.

Später wurde dem Staatsanwalt eine Polizeimeldung vorgelegt, worin ein Augenzeuge bestätigt, daß A den Bruder mit dem Eisenteil eines Hammers zu Boden geschlagen habe, und durch einen Sachverständigen wurde ferner festgestellt, daß der Verletzte durch die Kopfwunde geisteskrank geworden ist. Ein weiterer Zeuge gibt an, in Gegenwart des Bruders ohne Widerspruch des letzteren habe A anläßlich eines Wirtshausgespräches später zugestanden, daß der Vorgang in dieser Weise sich abgespielt habe.

Hat der Staatsanwalt die Möglichkeit, die Verurteilung des A wegen Verbrechens nach § 224 StGB. herbeizuführen?

**1.** Durch eine Anklage wegen dieses Verbrechens?

**2.** Durch Antrag auf Wiederaufnahme des Verfahrens zuungunsten des Angeklagten?

# FALL 13.

## Die Schlägerei in der Neujahrsnacht.

In der Neujahrsnacht 1949/50 fand in D. zwischen jungen Burschen eine Schlägerei statt, bei welcher der nicht ohne sein Verschulden hineingezogene bisher unbestrafte Schlosser Fritz Knittel dem ihm entgegenkommenden Eduard Müller mit einem Stock einen Schlag über den Kopf versetzte. Der Amtsanwalt beantragte auf Einkunft der Meldung gegen den Schlosser Fritz Knittel ohne weiteres einen Strafbefehl beim Amtsgericht D. auf 200 DM Geldstrafe, für den Fall der Unbeibringlichkeit für 10 DM je einen Tag Gefängnis wegen Vergehens gegen § 223a StGB. Der Strafbefehl erging antragsgemäß am 15. Januar 1950 und wurde einspruchslos rechtskräftig; die Geldstrafe wurde samt Kosten sofort bezahlt. Kurze Zeit später stellte es sich heraus, daß bei derselben Schlägerei ein weiterer Beteiligter, der Kaufmann Max Oser, von einem nicht ermittelten Mitbeteiligten einen Schlag auf das rechte Auge erhalten habe, das sich mit der Zeit so verschlimmerte, daß es operativ beseitigt werden mußte. Auf Grund dieser nachträglichen Feststellung erhob nunmehr der Staatsanwalt gegen alle an der Schlägerei Beteiligten, auch gegen den — durch Strafbefehl des Amtsrichters in D. vom 15. Januar 1950 unter dem Gesichtspunkte des § 223a StGB. rechtskräftig bestraften — Fritz Knittel Anklage vor dem Amtsrichter wegen Vergehens gegen § 227 Abs. 1 StGB. Der Amtsrichter erkannte mit Urteil vom 20. März 1950 gegen Fritz Knittel — entsprechend dem Antrage des Staatsanwalts, jedoch entgegen dem Antrage der Verteidigung, welche Verbrauch der Strafklage durch den rechtskräftigen Strafbefehl geltend machte und Freisprechung beantragte — wegen Vergehens gegen § 227 Abs. 1 StGB. auf drei Monate Gefängnis, von denen jedoch die durch den Strafbefehl festgesetzte Geldstrafe von 200 DM unter Umwandlung dieser Geldstrafe in 20 Tage Gefängnis, in Abzug zu kommen habe. In seinen Entscheidungsgründen stellte der Amtsrichter zwar fest, daß bei Knittel die durch den Strafbefehl gesühnte gefährliche Körperverletzung und seine den Gegenstand der jetzigen Urteilsfindung bildende Beteiligung an der Schlägerei eine und dieselbe Handlung im Sinne des § 73 StGB. sei, daß aber dem rechtskräftigen Strafbefehl nur ein auf § 223a StGB. beschränkter Verbrauch der Strafklage zugestanden werden könne, der einer weiteren Aburteilung derselben Tat unter dem ganz neuen Gesichtspunkte des § 227 Abs. 1 StGB. nicht entgegenstehe, nur eben mit der im Urteil zum Ausdruck gekommenen Maßgabe, daß die schon rechtskräftig erkannte und sogar bereits vollstreckte Strafe von der jetzt dazu erkannten Strafe in Abzug zu bringen sei.

Gegen dieses Urteil ließ der Verurteilte Knittel durch seinen Verteidiger form- und fristgerecht Berufung einlegen mit dem Antrage auf Aufhebung des Urteils und Freisprechung, da er durch den Strafbefehl vom 15. Januar 1950 für diese Tat unter allen möglichen strafrechtlichen Gesichtspunkten bereits rechtskräftig bestraft sei und das angefochtene Urteil auf einer Verletzung des Rechtsgrundsatzes „ne bis in idem" beruhe. Die Staatsanwaltschaft machte demgegenüber geltend, daß der rechtskräftige und vollstreckte Strafbefehl wegen Vergehens gegen § 223a StGB. einer weiteren Bestrafung unter dem Gesichtspunkte des § 227 Abs. 1 StGB., der beim Strafbefehl noch nicht habe in Erwägung gezogen werden können, billigerweise nicht im Wege stehen könne. Die Berufung sei daher als unbegründet zu verwerfen.

**1.** Wie wird das Berufungsgericht entscheiden?

**2.** Wie wäre zu verfahren und zu entscheiden gewesen, wenn sich nach Rechtskraft des Strafbefehls gegen Fritz Knittel etwa herausgestellt hätte, daß durch die von Fritz Knittel dem Eduard Müller zugefügte Körperverletzung der Tod dieses Verletzten (durch Schädelbruch und Hirnhautentzündung) verursacht wurde? (§ 226 StGB.)

**3.** Wie hätte entschieden werden müssen, wenn nur der Tatbestand einer fahrlässigen Tötung (§ 222 Abs. 1 a. a. O.) nachweisbar gewesen wäre?

## FALL 14.

### Die Einziehung des Jagdgewehrs.

Der Staatsanwalt hat bei dem Amtsrichter Erlaß eines Strafbefehls gegen einen Landwirt beantragt, weil er unter Verletzung fremden Jagdrechts dem Wilde nachgestellt hat. (§ 292 StGB.) Der Antrag lautete auf einen Monat Gefängnis und Einziehung des Gewehrs, das dem Bruder des Landwirts gehörte. Der Amtsrichter erkannte auf die beantragte Gefängnisstrafe, die Einziehung des Gewehrs ist jedoch nicht ausgesprochen worden. Nachdem der Landwirt die Gefängnisstrafe bereits verbüßt hatte, kamen die Akten dem Staatsanwalt wieder in die Hände, und er ersah aus ihnen, daß seinem Antrag auf Einziehung des Gewehrs nicht entsprochen war. Er erhob darauf wegen derselben Tat Anklage vor dem Amtsrichter unter Hinweis darauf, daß dem Antrage auf Einziehung des Gewehrs nicht entsprochen sei, in diesem Umfange deshalb Rechtskraft nicht habe eintreten können. Der Amtsrichter, der lediglich infolge eines Irrtums die Einziehung des Gewehrs nicht ausgesprochen hatte, schloß sich dieser Auffassung an und verurteilte den Landwirt zu einer Gefängnisstrafe von einem Monat unter Anrechnung der bereits verbüßten Strafe und sprach die Einziehung des Gewehrs aus. Der Landwirt und dessen Bruder begaben sich darauf unmittelbar nach der Verkündung des Urteils zu einem Rechtsanwalt und berieten sich mit ihm, ob mit Aussicht auf Erfolg das Urteil des Amtsrichters angefochten werden könne. Man entschloß sich, Berufung einzulegen.

1. Wie wird der Rechtsanwalt die Berufung begründen?

2. Was hätte der Staatsanwalt tun müssen, um die beantragte Einziehung des Gewehrs durchzusetzen, wenn er vor der Rechtskraft des Strafbefehls von der unterbliebenen Einziehung Kenntnis bekommen hätte?

3. Hätte der Staatsanwalt nach Rechtskraft des Strafbefehls die Einziehung des Gewehrs gemäß §§ 430 ff. StPO erreichen können?

4. Wie wäre die Frage 3 zu beantworten, wenn das Gewehr dem Landwirt selbst gehört hätte?

5. Wie wäre die Rechtslage, wenn das Gewehr dem Landwirt gehört hätte und dieser vor Erlaß des Strafbefehls gestorben wäre?

## FALL 15.

### Das Wiederaufnahmeverfahren des Josef Brandel.

Josef Brandel ist am 1. Dezember 1950 von dem Amtsrichter in Karlsruhe wegen gefährlicher Körperverletzung (§ 223a StGB.) zu einer Gefängnisstrafe von einem Monat verurteilt worden, weil er nach den Feststellungen des Gerichts in der Nacht vom 28. auf 29. Oktober 1950 dem Ignaz Treiber auf der Straße aufgelauert und mit einem starken Stock einen Schlag auf den Kopf versetzt hatte. Das Urteil stützte sich hauptsächlich auf das Zeugnis des beeidigten Gustav Kaiser, der angab, er habe unmittelbar vor dem Überfall den Angeklagten Brandel mit einem Prügel bewaffnet hinter der Wirtschaft gesehen, in der sich der überfallene Treiber befunden habe.

Der Angeklagte hatte in der Hauptverhandlung zwar zugegeben, daß er den Treiber mit seinem Stock geschlagen, dagegen in Abrede gestellt, daß er ihm aufgelauert habe und geltend gemacht,

**1.** er sei von Treiber überfallen worden, und er habe lediglich in Notwehr gehandelt;

**2.** überdies sei er unter den Nachwirkungen eines epileptischen Anfalles gestanden und infolge davon unzurechnungsfähig gewesen.

Der Amtsrichter hatte den ersten Teil der Verteidigung durch das Zeugnis des Kaiser und den zweiten durch ein ausführlich begründetes Gutachten des Gerichtsarztes als widerlegt angesehen.

Nach Eintritt der Rechtskraft des Urteils erschien der auf freiem Fuß befindliche Verurteilte auf der Geschäftsstelle des Amtsgerichts seines Wohnortes (Durlach), übergab eine von ihm verfaßte und unterzeichnete Erklärung und trug vor, er wolle einen Antrag auf Wiederaufnahme des Verfahrens stellen, die Begründung sei in der übergebenen Schrift enthalten. Dementsprechend nahm der Urkundsbeamte zu Protokoll, daß der Erschienene den Antrag auf Wiederaufnahme des durch das rechtskräftige Urteil des Amtsrichters zu Karlsruhe vom 1. Dezember 1950 erledigten Verfahrens stelle und sich trotz gegenteiliger Belehrung durch ihn, den Beamten, zur Begründung auf die dem Protokoll als Anlage beigefügte, vom Verurteilten übergebene schriftliche Erklärung beziehe. In dem übergebenen Schriftstück ist gesagt, daß sich der Antrag auf § 359 Ziff. 5 der StPO. stütze und hierzu folgendes vorgetragen:

**1.** Der Zeuge Kaiser sei wissentlich von der Wahrheit abgewichen; man berufe sich auf Schulze und Müller, die bezeugen würden, daß Kaiser gar keine Wahrnehmungen gemacht haben konnte, weil er an fraglichem Abend seine fern vom Tatort gelegene Wohnung nicht verlassen hatte; mithin lägen eine neue Tatsache und neue Beweismittel vor, die geeignet seien, seine Freisprechung zu begründen.

**2.** Es werde das in der Hauptverhandlung abgegebene Gutachten angefochten.

**a)** Er berufe sich auf den praktischen Arzt Dr. Blum, der als Sachverständiger begutachten werde, daß er bei Begehung der Tat unzurechnungsfähig gewesen sei. Auch dieses neue Beweismittel sei zur Begründung seiner Freisprechung geeignet.

**b)** Zum mindesten werde der Sachverständige Blum dartun, daß bei Begehung der Tat seine Zurechnungsfähigkeit gemindert gewesen sei. In diesem Falle werde ihm das Gericht mildernde Umstände zubilligen und eine geringere Strafe gegen ihn aussprechen.

Das Amtsgericht Durlach legte den Antrag dem Amtsgericht Karlsruhe zur Entschließung vor. Wie ist der Antrag zu beurteilen

1. nach Form,
2. nach Inhalt (das Vorbringen unter 1 und 2a—b soll im einzelnen behandelt werden)

und welchen Beschluß wird der Amtsrichter in Karlsruhe auf den Antrag erlassen?

# FALL 16.

## Die Privatklage des Agenten Fritz Leicht.

Dem in Köln wohnhaften Agenten Fritz Leicht hatte am 1. November 1950 der ebenfalls in Köln wohnhafte Maurermeister August Stein bei einem Wirtshausstreit vorgeworfen, die Ehefrau Leicht treibe Ehebruch mit dem in Bonn wohnhaften Regierungsbaumeister Franz Hergert. Es sei eine Schande für einen Staatsbeamten, dem man so etwas nachsage, eine noch größere Schande aber sei es für den „gefälligen" Ehemann, der diesem Treiben ruhig zusehe. Leicht erhob am 2. November 1950 Privatklage für sich und namens seiner Ehefrau, von der er Vollmacht vorlegte, gegen Stein wegen Verleumdung (§ 187 StGB.) beim Amtsrichter in Köln. Die Privatklage wurde dem Stein vorschriftsmäßig mitgeteilt und nach Zahlung des Gebührenvorschusses am 15. November 1950 das Hauptverfahren antragsgemäß eröffnet. Am 30. November 1950 fand Hauptverhandlung vor dem Amtsrichter in Köln statt, zu der die Eheleute Leicht und Stein erschienen. Letzterer gab die Äußerung zu und beantragte lediglich die eidliche Vernehmung der Ehefrau Leicht als Zeugin über ihre Beziehungen zu Hergert. Der Amtsrichter gab dem Antrag statt; die Ehefrau Leicht wurde als Zeugin vernommen und beschwor, daß sie zu Hergert in keinerlei geschlechtsvertraulichen Beziehungen stehe. Daraufhin verurteilte der Amtsrichter den Angeklagten auf Grund des § 187 StGB. zu sechs Wochen Gefängnis. Hiergegen legte der Angeklagte frist- und formgerecht Berufung ein. Nach Ablauf der Fristen der §§ 314, 317 StPO. wurden die Akten der Strafkammer des Landgerichts Köln prozeßordnungsgemäß vorgelegt.

Inzwischen hatte aber auch Hergert durch Leicht von der Äußerung des Stein erfahren. Er machte davon seiner vorgesetzten Behörde Mitteilung und diese stellte auf Grund des § 196 StGB. am

10. November 1950 Strafantrag gegen Stein bei der Staatsanwaltschaft Köln. Die Staatsanwaltschaft ließ Stein, Hergert und die Eheleute Leicht durch die Kriminalpolizei vernehmen; dabei war wohl von dem Privatklageverfahren die Rede, der Kriminalbeamte war aber der Ansicht, daß dieses für das staatsanwaltschaftliche Verfahren ohne Bedeutung sei, belehrte auch die Beteiligten in diesem Sinne und unterließ es zudem, die betreffenden Angaben in seiner Meldung zu erwähnen. Die Staatsanwaltschaft erhob nunmehr öffentliche Klage vor dem Amtsgericht Köln, und die zuständige Abteilung des Amtsgerichts (eine andere als die mit der Privatklage befaßte) eröffnete am 25. November 1950 das Hauptverfahren. In der Sache fand am 10. Dezember 1950 Hauptverhandlung vor dem Amtsrichter statt. Zu derselben war außer dem Angeklagten nur Hergert als Zeuge erschienen, die weiter geladene Ehefrau Leicht war am Tage vor der Verhandlung an einem Herzschlag verstorben. Der Angeklagte bestritt auch jetzt die Äußerung nicht und wendete gegenüber der Anklage nur ein, er sei ja wegen der Äußerung bereits verurteilt. Der Amtsrichter erhob kurzerhand die Akten des Privatklageverfahrens, entnahm daraus, daß dieses noch nicht rechtskräftig abgeschlossen sei, beachtete aber den Einwand des Angeklagten nicht weiter, da das Offizialverfahren dem Privatklageverfahren vorgehe. Er vernahm dann den Hergert als Zeugen, verlas nach Verkündung eines entsprechenden Gerichtsbeschlusses trotz Widerspruchs des Angeklagten aus dem Protokoll der Hauptverhandlung vom 30. November 1950 die Aussagen der Ehefrau Leicht und verurteilte schließlich den Stein wegen Verleumdung des Hergert zu drei Monaten Gefängnis.

Auch hiergegen legte der Verurteilte form- und fristgerecht Berufung mit dem Antrag auf Freisprechung ein.

Gemäß § 321 StPO. gelangen die Akten an den Staatsanwalt. Er zieht die Akten des Privatklageverfahrens bei und prüft die beiden Verfahren sowohl in der Richtung etwaiger Verstöße gegen Verfahrensnormen und ihrer Wirkungen, als nach der des Erfolgs der Berufungen an Hand des Strafprozeßrechts.

Welches wird das Ergebnis dieser kritischen Prüfung sein? Welche Erklärungen wird er abzugeben, welche Anträge zu stellen haben, wenn er die Verurteilung des Stein wegen Beleidigung der Eheleute Leicht und des Hergert erzielen will?

Kann er die Verurteilung des Stein zu der als angemessen zu erachtenden Strafe von drei Monaten Gefängnis erreichen?

# FALL 17.

## Eine überstürzte Anzeige.

Der 18 Jahre alte Sohn eines Kaufmanns war in Mannheim eines Nachts auf der Straße vor einer Wirtschaft, in der er vorher mit seinem Vater gewesen war, mit einem Schlosser in Streit geraten, in dessen Verlauf der Schlosser dem Sohne des Kaufmanns mit einem kräftigen Stock — seiner Art nach zweifellos ein gefährliches Werkzeug — einen schweren Schlag auf den Kopf versetzte und ihn nicht unerheblich verletzte. Eine mehrwöchentliche kostspielige Krankenhausbehandlung war notwendig geworden.

Bei dem Schlosser befand sich in der Unglücksnacht dessen Freund, ein Schreiner, der sich aber bei dem ganzen Streit passiv verhielt. In dem Augenblick, als der Sohn des Kaufmanns den Schlag erhielt, kam sein Vater gerade aus der Wirtschaft heraus und sah noch, wie sein Sohn den Schlag bekam und zusammenbrach, und wie unmittelbar darauf zwei jüngere Männer davonsprangen. Als den einen erkannte er in der Dunkelheit den Schreiner, den Schlosser erkannte er dagegen nicht. Trotzdem nun der Kaufmann darüber, wer von den beiden den Schlag geführt hatte, sich keineswegs ganz sicher war, erklärte er schon bei der Anzeige, die er noch in der gleichen Nacht bei der Kriminalpolizei erstattete, und auch bei späteren Vernehmungen mit Bestimmtheit, der Schreiner sei der Täter gewesen. Der Schreiner, der in Haft genommen wurde, bestritt mit allem Nachdruck, der Täter gewesen zu sein und erklärte immer und immer wieder, er sei nur zufällig Zeuge des Streites gewesen, der andere junge Mann habe die Tat vollführt, wie dieser heiße und wer er sei — er wollte seinen Freund, in der Hoffnung, daß er selbst bald wieder auf freien Fuß komme, schonen — wisse er aber nicht; er sei nur deshalb davongesprungen, weil er eben den Unannehmlichkeiten, denen Zeugen zumeist ausgesetzt seien, habe aus dem Wege gehen wollen.

Die Staatsanwaltschaft erwirkte die Aufhebung des Haftbefehls und stellte das Verfahren gegen den Schreiner wegen gefährlicher Körperverletzung nach § 223a StGB. mangels Beweises ein. Der Generalstaatsanwalt wies die Beschwerde des Vaters zurück, das Oberlandesgericht beschloß entsprechend dem Antrage des letzteren die Erhebung der öffentlichen Klage gegen den Schreiner wegen Vergehens nach § 223a StGB. Die Staatsanwaltschaft erhob demgemäß Anklage gegen den Schreiner vor dem Amtsrichter in Mannheim. Kurz darauf starb der Sohn und zwar an einer Lungenentzündung, die in keinerlei ursächlichem Zusammenhang mit der Mißhandlung stand.

Nach Eröffnung des Hauptverfahrens schloß sich der Kaufmann der erhobenen öffentlichen Klage als Nebenkläger an. Der Amtsrichter sprach nach Anhörung der Staatsanwaltschaft durch Beschluß die Berechtigung des Nebenklägers zum Anschlusse aus.

In der Hauptverhandlung vor dem Amtsrichter erschien der Kaufmann in Begleitung eines mit Vollmacht versehenen Rechtsanwalts. Der Nebenkläger wurde als Zeuge vernommen. Er bestätigte unter Eid seine schon bei der Anzeige und im Vorverfahren gemachten Angaben, allerdings mit der Einschränkung, daß er nicht mehr mit Bestimmtheit wie bisher aufrechterhalten könne, daß der Angeklagte tatsächlich der Täter gewesen sei. Nach reiflicher Überlegung sei er zu der Überzeugung gelangt, daß er sich in der Person getäuscht und auch der andere junge Mann den Schlag geführt haben könne. Nach seiner Vernehmung war die Beweislage trotzdem immerhin so, daß mit der Verurteilung des Schreiners zu rechnen war. Da trat der im Gerichtssaal als Zuhörer anwesende Schlosser an den Richtertisch und bat um seine Vernehmung; er sei in der Lage, wichtige Angaben zu machen. Das Gericht beschloß, ihn — zunächst unbeeidigt — zu hören. Der Schlosser gab darauf eine wahrheitsgemäße Schilderung des ganzen Verlaufes des Streites und versicherte, daß nicht der Schreiner, sondern er der Täter gewesen sei.

Der Staatsanwalt beantragte die Freisprechung des Angeklagten und sein Verteidiger außerdem, daß die sämtlichen der Staatskasse und dem Schreiner erwachsenen Kosten des Verfahrens dem Nebenkläger auferlegt werden sollten, da der Nebenkläger durch seine ursprüngliche bestimmte Angabe bei der Anzeigeerstattung und den späteren Vernehmungen, der Schreiner sei der Täter gewesen, zum mindesten grob fahrlässig gehandelt und dadurch das Verfahren gegen diesen veranlaßt habe. Der Nebenkläger und sein Vertreter traten diesem letzteren Antrage des Verteidigers entgegen.

Der Amtsrichter sprach darauf zwar den Angeklagten von der erhobenen Anklage frei, wies aber den Antrag des Verteidigers, die der Staatskasse und dem Angeklagten erwachsenen Kosten des Verfahrens dem Nebenkläger aufzuerlegen, in der Formel des Urteils mit der in den Entscheidungsgründen gegebenen Begründung zurück, das Gericht habe sich nicht davon überzeugen können, daß die Anzeige des Nebenklägers auf grober Fahrlässigkeit beruhe.

Gegen das Urteil hat der Verteidiger des freigesprochenen Angeklagten form- und fristgerecht Berufung eingelegt und in seiner Berufungsrechtfertigung folgendes ausgeführt:

Die Frage, ob der Kaufmann überhaupt als Nebenkläger von dem Erstinstanzgericht hätte zugelassen werden dürfen, wolle er dahingestellt sein lassen. Sein Angriff richte sich lediglich gegen die Ablehnung seines Antrags auf Überbürdung der Kosten des Verfahrens auf den Nebenkläger. Der Nebenkläger habe durch seine bestimmte Angabe bei der Anzeigeerstattung und den späteren Vernehmungen, der Schreiner sei der Täter gewesen, zum allermindesten grob fahrlässig gehandelt und deshalb beantrage er, das Urteil des Amtsrichters bezüglich dieses Punktes aufzuheben und seinem von ihm in der ersten Instanz gestellten Antrage, den er wiederhole, zu entsprechen.

**1.** Durfte der Kaufmann als Nebenkläger zugelassen und eidlich als Zeuge vernommen werden?

**2.** Unterliegt die Frage der Anschlußberechtigung der Prüfung des Berufungsgerichts?

**3.** Auf welche Bestimmung gründet sich der Antrag des Verteidigers in der Kostenfrage?

**4.** Wie wäre die Frage der Zulassung als Nebenkläger zu entscheiden, wenn eine schwere Körperverletzung i. S. des § 224 StGB. in Frage stünde, ein Anklageerzwingungsverfahren nicht stattgefunden hätte und der Sohn nicht gestorben wäre?

# FALL 18.

## Der falsche Angeklagte.

Ein in Karlsruhe unter dem Namen Erwin Weltz wohnhafter Mechaniker war vom dortigen Amtsgericht wegen Übertretung nach § 360 Nr. 4 StGB. im Abwesenheitsverfahren nach § 232 StPO. zu einer Haftstrafe von 2 Wochen verurteilt worden. Die Zustellung des Urteils an ihn erwies sich als unmöglich, weil er kurz nach der Urteilsverkündung Karlsruhe verlassen hatte und sein Aufenthalt nicht ermittelt werden konnte. Es wurde deshalb ein Suchvermerk bei der Strafregisterbehörde niedergelegt. Diese teilte nach 4 Monaten mit, Weltz sei inzwischen in Stuttgart verurteilt worden und wohne noch dort. Nunmehr wurde das Urteil dem Weltz in Stuttgart gemäß § 232 Abs. 4 S PO. durch Übergabe zugestellt. Er legte rechtzeitig Berufung ein mit der Begründung, er sei nicht der Täter; zur Zeit der Tat habe er sich im Rheinland aufgehalten, es liege jedenfalls ein Mißbrauch seines Namens und seiner Ausweispapiere vor, die ihm vor Jahresfrist von einem Berufsgenossen gestohlen worden seien.

Die Erhebungen ergaben die Richtigkeit dieser Angaben, worauf die Strafkammer den Erwin Weltz, der die Berufung eingelegt hatte, unter Aufhebung des amtsrichterlichen Urteils freisprach. In den Gründen wurde ausgeführt: Als Verurteilter sei immer der anzusehen, der vor Gericht gestanden oder gegen den sich die in seiner Abwesenheit durchgeführte Verhandlung gerichtet habe. Trotzdem müsse demjenigen, der dem Namen nach verurteilt worden sei, solange als die Persönlichkeit des wahren Täters noch nicht feststehe, das Recht zustehen, das gegen ihn ergangene, äußerlich zu Recht bestehende Urteil aus der Welt zu schaffen. Hierzu stehe ihm nur das ordentliche Rechtsmittel zur Verfügung, nachdem das Urteil ihm zugestellt worden sei. Der dem Namen nach verurteilte Nichttäter müsse danach freigesprochen werden, während gegen den wahren Täter, dessen Persönlichkeit zunächst nicht feststeht, für den Fall der Ermittelung eine neue Anklage zu erheben sei.

Fragen:

I. Ist das Verfahren und das Urteil des Berufungsgerichts richtig? Wenn nicht, wie hätte es verfahren und entscheiden müssen?

II. Welche Wirkungen hätte das Urteil des Amtsrichters für den Verurteilten, und welche für den richtigen Namensträger gehabt, wenn es rechtskräftig geworden wäre?

III. Welche Ersatzansprüche hätte der richtige Erwin Weltz gehabt, und gegen wen, wenn gegen ihn eine Geldstrafe oder Freiheitsstrafe infolge eines hier nicht interessierenden Irrtums vollstreckt worden wäre?

IV. Was hat zu geschehen, wenn sich in einer Hauptverhandlung folgendes herausstellt:

1. Der geladene Erschienene ist nicht der Täter; die Ladung war nicht dem Täter, sondern einer anderen Person gleichen Namens zugestellt worden;
2. Der Erschienene ist nicht der Täter, sondern dessen Bruder, der sich für den Täter verurteilen lassen will;
3. Der unter dem Namen Karl Maier Erschienene ist zwar der Täter; er heißt aber in Wirklichkeit August Müller, und hat sich vor Jahren den Namen Karl Maier zu Unrecht beigelegt.
4. Der Erschienene ist nicht der Täter August Müller, sondern eine andere Person gleichen Namens, der infolge eines hier nicht interessierenden Irrtums schon die Anklageschrift zugestellt worden ist.

Zweiter Teil

# Die Lösungen

Der I. Teil: „Die Fälle" (Seiten 1–28) liegt gesondert geheftet in der Tasche des hinteren Deckels

# ZU FALL 1.

## A.

## Die Zuständigkeit und der Aufbau der Strafgerichte.

I. Unter **Zuständigkeit** versteht man die Befugnis eines Gerichts, in einer Strafsache eine Entscheidung zu treffen. Man unterscheidet sachliche und örtliche Zuständigkeit.

1. Durch die Vorschriften über die sachliche Zuständigkeit wird festgestellt, welche Art von Gericht für die Verhandlung und Entscheidung einer bestimmten Strafsache berufen ist. Die diesbezüglichen Bestimmungen enthält das Gerichtsverfassungsgesetz (GVG.). (Siehe unten Abschnitt B.)

2. Die Bestimmungen über die örtliche Zuständigkeit regeln die Frage, welches der sachlich zuständigen Gerichte im Einzelfall in Tätigkeit zu treten hat. Die diesbezüglichen Bestimmungen enthält die Strafprozeßordnung (StPO.). (Siehe unten Abschnitt C.)

II. Der **Aufbau der Strafgerichte.**

1. Die ordentliche Strafgerichtsbarkeit wird ausgeübt durch Amtsgerichte, Landgerichte, Oberlandesgerichte und durch den Bundesgerichtshof (das Obere Bundesgericht für das Gebiet der ordentlichen Gerichtsbarkeit). Als Träger der Strafgerichtsbarkeit kommen schließlich noch die Friedensgerichte in Betracht.

2. Die Amtsgerichte entscheiden durch Einzelrichter oder Schöffengerichte (Amtsrichter als Vorsitzender und zwei Schöffen, § 29 GVG.). Ferner gibt es beim Amtsgericht noch den Jugendrichter (Amtsrichter).

3. Bei den Landgerichten entscheiden die Strafkammern, die für die Entscheidungen außerhalb der Hauptverhandlung besetzt sind mit drei Richtern und in der Hauptverhandlung in einer Besetzung von drei Richtern und zwei Schöffen (große Strafkammer) oder in einer Besetzung von einem Richter und zwei Schöffen (kleine Strafkammer) in Tätigkeit treten (§ 76 GVG.). Ferner gibt es bei den Landgerichten noch die Jugendkammern (drei Richter und zwei Schöffen) sowie die Schwurgerichte (drei Richter und sechs Geschworene, § 81 GVG.).

4. Bei den Oberlandesgerichten entscheiden Strafsenate, besetzt mit drei Richtern, in der Hauptverhandlung des ersten Rechtszuges mit fünf Richtern (§ 122 GVG.).

**5.** Die Strafsenate des Bundesgerichtshofs entscheiden in der Besetzung von fünf Mitgliedern (§ 139 GVG.). Der große Senat für Strafsachen besteht aus dem Präsidenten und acht Mitgliedern (§ 132 GVG.).

**6.** Wegen der Friedensgerichte siehe unten Nachtrag S. 45.

**7.** In erster Instanz entscheiden: Der Amtsrichter (einschließlich Jugendrichter), das Schöffengericht, die große Strafkammer (einschließlich Jugendkammer), das Schwurgericht und die Strafsenate des Bundesgerichtshofs (ausnahmsweise diejenigen der Oberlandesgerichte). In der Berufungsinstanz entscheiden die große und die kleine Strafkammer. In der Revisionsinstanz entscheiden die Strafsenate der Oberlandesgerichte und des Bundesgerichtshofs.

## B.

## Die sachliche Zuständigkeit im einzelnen.

**I.** Das **Amtsgericht** ist zuständig (siehe § 24 GVG.) für Übertretungen (siehe aber Nachtrag S. 45 Friedensgerichte) und für Vergehen, wenn nicht die Staatsanwaltschaft wegen der besonderen Bedeutung des Falles Anklage beim Landgericht erhebt, ferner für Verbrechen, wenn nicht die Zuständigkeit des Schwurgerichts oder des Bundesgerichtshofs begründet oder im Einzelfall eine höhere Strafe als zwei Jahre Zuchthaus oder Ausspruch der Sicherungsverwahrung zu erwarten ist, oder die Staatsanwaltschaft wegen der besonderen Bedeutung des Falles Anklage beim Landgericht erhebt. Das Amtsgericht darf nicht auf eine höhere Freiheitsstrafe als zwei Jahre Zuchthaus und nicht auf Sicherungsverwahrung erkennen.

**1.** Der Amtsrichter entscheidet als Einzelrichter (siehe § 25 GVG.):

**a)** Bei Übertretungen;

**b)** bei Vergehen, wenn sie im Privatklageweg verfolgt werden; ferner wenn die Tat mit keiner höheren Strafe als Gefängnis von sechs Monaten allein oder in Verbindung mit anderen Strafen oder mit Nebenfolgen bedroht ist; und schließlich, wenn die Staatsanwaltschaft Anklage zum Einzelrichter erhebt und keine höhere Strafe als Gefängnis von einem Jahr zu erwarten ist;

**c)** bei Verbrechen, die nur wegen Rückfalls Verbrechen sind, wenn die Staatsanwaltschaft Anklage zum Einzelrichter erhebt und keine höhere Strafe als Gefägnis von einem Jahr zu erwarten ist.

**2.** Das Schöffengericht (ein Richter und zwei Schöffen) entscheidet (siehe § 28 GVG.) in allen zur Zuständigkeit der Amtsgerichte gehörenden Strafsachen (siehe oben Abschnitt I), soweit nicht der Amtsrichter allein entscheidet. Die außerhalb der Hauptverhandlung erforderlichen Entscheidungen werden von dem Amtsrichter erlassen.

3. Der Jugendrichter (Einzelrichter):

a) Seine Strafgewalt (siehe § 26 GVG. und § 26 RJGG.): Jugendgefängnis bis zu vier Jahren oder auf unbestimmte Dauer, ferner alle Zuchtmittel und Erziehungsmaßregeln, ferner alle Nebenstrafen und Nebenfolgen, ferner Unterbringung in einer Heil- und Pflegeanstalt.

b) Seine Zuständigkeit: Für alle Jugendgerichtssachen im Rahmen seiner Strafgewalt, soweit nicht Anklage vor der Jugendkammer erhoben wird.

c) Unzulässig ist gegen einen Jugendlichen (§§ 51, 53 RJGG.): Strafbefehlsverfahren (§§ 407ff. StPO.), beschleunigtes Verfahren (§ 212 StPO.), Entschädigungsverfahren (§§ 403ff. StPO.) sowie Privatklage (§§ 374ff. StPO.) und Nebenklage (§§ 395ff. StPO.).

II. Beim **Landgericht** entscheiden als erkennende Gerichte die Strafkammern (kleine und große Strafkammern), die Schwurgerichte und die Jugendkammern.

1. Die kleine Strafkammer (Vorsitzender und zwei Schöffen) tritt nur als Berufungsgericht gegen Urteile des Amtsrichters in Tätigkeit (§ 76 GVG.).

2. Die große Strafkammer (drei Richter mit Einschluß des Vorsitzenden und zwei Schöffen) ist zuständig:

a) Als erkennendes Gericht des ersten Rechtszuges für alle Verbrechen, die nicht zur Zuständigkeit des Amtsgerichts, des Schwurgerichts oder des Bundesgerichtshofs gehören. Die große Strafkammer ist ferner zuständig für alle Vergehen und Verbrechen, die von der Staatsanwaltschaft bei ihr angeklagt werden (siehe oben Abschnitt I), oder vom Amtsgericht an sie verwiesen sind, weil seine Strafgewalt zu ihrer Aburteilung nicht ausreicht.

b) Als Berufungsgericht gegen die Urteile des Schöffengerichts (siehe §§ 74, 76 GVG.).

c) Für das Sicherungsverfahren nach §§ 429aff. als erkennendes Gericht des ersten Rechtszuges (§ 429b Abs. 3 StPO.).

(Die Strafkammern, besetzt mit drei Richtern, sind ferner gemäß § 73 GVG. noch zuständig für die die Voruntersuchung betreffenden Entscheidungen und schließlich für die Entscheidungen über Beschwerden gegen Verfügungen des Untersuchungsrichters und des Amtsrichters sowie gegen Entscheidungen des Amtsrichters und des Schöffengerichts.)

**3.** Die Schwurgerichte (drei Richter mit Einschluß des Vorsitzenden und sechs Geschworene) sind zuständig für Mord (§ 211 StGB.), Totschlag (§ 212 StGB.) und Kindstötung (§ 217 StGB.), ferner für die Verbrechen des StGB. nach §§ 178, 221 Abs. 3 letzter Halbsatz, 226, 229 Abs. 2 letzter Halbsatz, 239 Abs. 3, 251, 252, 255 StGB., wenn die Strafe aus § 251 StGB. zu entnehmen ist, §§ 307, 311 StGB., wenn die Strafe aus § 307 StGB. zu entnehmen ist, §§ 312 Abs. 1 letzter Halbsatz, 321 Abs. 2 letzter Halbsatz, 324 letzterHalbsatz, 341 i.Verb. mit 239 Abs. 3 StGB. und § 5 Abs. 2 zweiter Halbsatz, Abs. 3 des Sprengstoffgesetzes (§ 80 GVG.).

Die drei Richter und sechs Geschworenen entscheiden über die Schuld- und Straffrage gemeinschaftlich; Beschlüsse und Verfügungen außerhalb der Hauptverhandlung erlassen während der Tagung die drei richterlichen Mitglieder des Schwurgerichts und außerhalb der Tagung die Strafkammer (drei Richter). (§ 82 GVG.)

**4.** Die Jugendkammern (drei Richter, zwei Schöffen). Ihre Strafgewalt umfaßt alle nach dem Reichsjugendgerichtsgesetz zulässigen Strafen und Maßnahmen (§ 26 Abs. 2 RJGG.). Sie sind zuständig in allen Fällen, in denen die Staatsanwaltschaft vor der Jugendkammer Anklage erhebt. Beschlüsse und Verfügungen außerhalb der Hauptverhandlung erläßt die mit drei Richtern besetzte Strafkammer (§ 76 Abs. 1 GVG.).

**III.** Bei den **Oberlandesgerichten** entscheiden Strafsenate.

Sie sind gemäß § 120 GVG. zuständig:

**1.** In erster und letzter Instanz (besetzt mit fünf Richtern einschließlich des Vorsitzenden) in den in § 120 Abs. 1 GVG. genannten Ausnahmefällen des Hochverrats (§ 122 Abs. 2 GVG.);

**2.** in der Besetzung mit drei Richtern einschließlich des Vorsitzenden (siehe § 122 GVG. Abs. 1) zur Verhandlung und Entscheidung über das Rechtsmittel der Revision

**a)** gegen die mit der Berufung nicht anfechtbaren Urteile des Amtsrichters (siehe §§ 313, 334 StPO.),

**b)** gegen die Berufungsurteile der kleinen und großen Strafkammer,

**c)** ausnahmsweise gegen die Urteile der großen Strafkammer und der Schwurgerichte, wenn nämlich die Revision ausschließlich auf die Verletzung einer in den Landesgesetzen enthaltenen Rechtsnorm gestützt wird (§ 121 Abs. 1 Nr. 1 GVG.).

(Die Oberlandesgerichte sind schließlich noch zuständig zur Entscheidung über die Beschwerde gegen strafrichterliche Entscheidungen, soweit nicht die Zuständigkeit der Strafkammer oder des Bundesgerichtshofs begründet ist (§ 121 Abs. 2 Nr. 2 GVG.).

**IV.** Beim **Bundesgerichtshof** entscheiden die Strafsenate (besetzt mit fünf Richtern mit Einschluß des Vorsitzenden § 139 GVG.)

**1.** in erster und letzter Instanz in den Fällen des Hochverrats und der Parlamentssprengung (§ 134 GVG.);

**2.** über die Revision gegen die Urteile der Schwurgerichte und die Urteile der großen Strafkammer im ersten Rechtszuge, soweit nicht die Zuständigkeit der Oberlandesgerichte begründet ist (§ 135 GVG.).

**V.** Der **Instanzenzug** (Rechtszug).

| | | | | |
|---|---|---|---|---|
| Erste Instanz | **Amtsrichter** | **Schöffengericht** (1 Richter, 2 Schöffen) | **GroßeStrafkammer** (3 Richter, 2 Schöffen) | **Schwurgericht** (3 Richter, 6 Geschworene) |
| Berufung | **Kleine Strafkammer** (1 Richter, 2 Schöffen) | **GroßeStrafkammer** (3 Richter, 2 Schöffen) | | |
| Revision | **Oberlandesgericht** (3 Richter) Im Falle des § 313 StPO. ist Berufung ausgeschlossen u. nur die Revision gegeben. | **Oberlandesgericht** (3 Richter) | **Bundesgerichtshof** (5 Richter) **Oberlandesgericht** (3 Richter) falls Landesrecht verletzt. | **Bundesgerichtshof** (5 Richter) **Oberlandesgericht** (3 Richter) falls Landesrecht verletzt. |
| | Im übrigen kann jedes Urteil des Amtsrichters und des Schöffengerichts unter Umgehung der Berufungsinstanz sofort mit der Revision angefochten werden. (§ 335 StPO.) | | | |

## VI. Die Prüfung der sachlichen Zuständigkeit durch das Gericht.

Die Prüfung der sachlichen Zuständigkeit ist niemals von einem Antrage oder einem Einwande abhängig. Das Gericht hat vielmehr von Amts wegen gemäß § 6 StPO. in jeder Lage des Verfahrens seine Zuständigkeit zu prüfen.

**1.** Die Prüfung der sachlichen Zuständigkeit in erster Instanz:

**a)** Vor Eröffnung des Hauptverfahrens:

aa) Ist der Amtsrichter schon bei Erhebung der Klage der Ansicht, daß die bei ihm eingereichte Sache die Zuständigkeit des Amtsgerichts übersteigt, so legt er die Akten durch Vermittlung der Staatsanwaltschaft dem Landgericht zur Entscheidung vor (§ 209 Abs. 3 StPO.). Einer ausdrücklichen Unzuständigkeitserklärung bedarf es in diesem Falle nicht.

bb) Das Landgericht ist gemäß § 209 Abs. 1 StPO. befugt, das Hauptverfahren auch vor den zu seinem Bezirk gehörenden Gerichten niederer Ordnung zu eröffnen. In einem solchen Falle muß sich das für zuständig erachtete Gericht der Hauptverhandlung unterziehen, auch wenn es sich selbst für unzuständig hält.

**b)** Nach Eröffnung des Hauptverfahrens:

aa) Gewinnt das Gericht erst in der Hauptverhandlung die Überzeugung, daß seine Zuständigkeit zur Aburteilung der Tat nicht ausreicht, dann muß es durch Beschluß seine Unzuständigkeit aussprechen und die Sache an das zuständige Gericht verweisen (§ 270 Abs. 1 StPO.). (Nach E. 64, 179 kann eine solche Verweisung schon dann stattfinden, sobald sich in der Verhandlung, ohne daß alle zu Gebote stehenden Beweismittel vorher erhoben zu werden brauchen, ein die höhere Zuständigkeit begründeter Verdacht ergibt.)

bb) Ein Gericht darf sich aber in der Hauptverhandlung nicht deshalb für unzuständig erklären, weil die Sache vor ein Gericht niederer Ordnung gehöre (§ 269 StPO.).

**2.** Das mit der Berufung befaßte Gericht (Strafkammer) hat die sachliche Zuständigkeit des Gerichts erster Instanz gemäß § 328 Abs. 3 StPO. ebenfalls von Amts wegen zu prüfen und gegebenenfalls unter Aufhebung des angefochtenen Urteils die Sache an das zuständige Gericht zu überweisen, und zwar, im Gegensatz zu dem Fall des § 270 StPO. nicht durch Beschluß, sondern durch Urteil (siehe auch E. 75, 304.)

**3.** Das mit der Revision befaßte Gericht kann die Frage, ob die strafbare Handlung, wie sie in dem Urteile oder in dem Beschlusse über die Eröffnung des Hauptverfahrens qualifiziert worden ist, eine die Zuständigkeit des Vorderrichters überschreitende ist, nicht von Amts wegen prüfen, sondern nur, wenn sie gemäß § 352 StPO. zum Gegenstand eines Revisionsantrags (§ 338 Nr. 4 StPO.) gemacht worden ist. (Siehe aber OLG. Zelle, Jur. Rundschau 50, S. 144.) Wird daraufhin festgestellt, daß das Gericht der vorigen Instanz sich mit Unrecht für zuständig erklärt hat, so verweist das Re isionsgericht nach Aufhebung des Urteils die Sache an das zuständige Gericht (§ 355).

**4.** Die Untersuchungshandlungen eines sachlich unzuständigen Gerichts sind nicht schon aus diesem Grunde ungültig.

**VII. Besondere sachliche Zuständigkeit auf Grund des Zusammenhangs.** (§§ 2—5 StPO.)

**1.** Besteht zwischen einer Strafsache und einer anderen Strafsache, für die ein Gericht höherer Ordnung sachlich zuständig ist, ein Zusammenhang, so können beide Strafsachen im Wege der Verbindung bei dem Gericht höherer Ordnung anhängig gemacht werden. (§ 2 StPO.)

2. Ein Zusammenhang ist nach § 3 StPO. vorhanden:

a) wenn eine Person mehrerer Straftaten beschuldigt wird (persönlicher Zusammenhang), oder

b) wenn bei einer strafbaren Handlung mehrere Personen als Täter, Teilnehmer, Begünstiger oder Hehler beschuldigt werden (sachlicher Zusammenhang).

3. Die Verbindung kann erfolgen:

a) durch die Staatsanwaltschaft, indem sie von vornherein die Strafsachen gemeinsam bei dem Gericht höherer Ordnung anklagt,

b) oder nachträglich durch Gerichtsbeschluß. (§ 4 StPO.)

4. Auch wenn der Zusammenhang nicht der in § 3 bezeichnete ist, kann das Gericht die Verbindung mehrerer bei ihm anhängiger Strafsachen zum Zwecke gleichzeitiger Verhandlung anordnen. (§ 237 StPO.)

VIII. Als **Verwaltungsbehörden,** gegen deren Straffestsetzung der Beschuldigte jeweils die Entscheidung des ordentlichen Gerichts herbeiführen kann (die die Gefällsdelikte betreffenden §§ 419—429 StPO. wurden gemäß § 479 Ziff. 1 und 2 RAbgOrd. in Wegfall gebracht) kommen in Frage:

1. Die Finanz- und Landesfinanzämter für Steuerzuwiderhandlungen. (§§ 421 ff. RAbgOrd.)

2. Die Reichspostdirektionen für Post- und Portodefraudationen. (§§ 34 ff. Postges.)

3. Die Seemannsämter für Zuwiderhandlungen gegen die Seemannsordnung.

(N.B. Die Befugnis der Polizeibehörden, bei Übertretungen durch Strafverfügung eine Strafe festzusetzen, war in der amerikanischen und britischen Zone schon in den Jahren 1946 und 1947 aufgehoben worden. Nunmehr ist mit Inkrafttreten der neuen Strafprozeßordnung (siehe § 413 StPO.) für das ganze Bundesgebiet die polizeiliche Strafverfügung beseitigt worden. Zum Erlaß einer Strafverfügung ist nur der Amtsrichter befugt.)

## C.

## Die örtliche Zuständigkeit.

(In den folgenden Ausführungen betreffen die Paragraphenzahlen die Strafprozeßordnung.)

Die Frage der örtlichen Zuständigkeit ist, wie schon oben in Abschnitt A I 2 erwähnt wurde, in der Hauptsache in der Strafprozeßordnung behandelt (§§ 7—21). Der Ausdruck Gerichtsstand betrifft ausschließlich die örtliche Zuständigkeit. (N. B. Die hier behandelten Fragen betreffen nur die örtliche Zuständigkeit für den Prozeß als Ganzes; die örtliche Zuständigkeit für einzelne Prozeß handlungen (Vernehmung von Zeugen, Verhaftung usw.) ist jeweils bei den betreffenden Gesetzesstellen behandelt.)

**I. Die einzelnen Gerichtsstände.**

**1.** Begründet wird der Gerichtsstand in erster Linie durch den Ort der begangenen Tat (§ 7), ferner durch den Wohnsitz, bzw. gewöhnlichen Aufenthaltsort, bzw. letzten Wohnsitz (§ 8) des Beschuldigten.

**a)** Diese Gerichtsstände sind gleichberechtigt; gesetzlich steht keinem von ihnen ein Vorrang vor den anderen zu.

**b)** In der Praxis wird man allerdings den Gerichtsstand der begangenen Tat (er ist nach § 3 des Strafgesetzbuches sowohl dort begründet, wo die Ausführungshandlung vorgenommen wurde, als auch dort, wo der Erfolg eingetreten ist) gegenüber dem Gerichtsstand des Wohnsitzes bzw. Aufenthaltsorts den Vorzug geben, und zwar deshalb, weil der Staatsanwaltschaft die Person des Täters und infolgedessen der Gerichtsstand des Wohnsitzes häufig zunächst unbekannt ist. Abgesehen davon wird aber auch meistens die Erhebung der Beweise am sichersten und schnellsten am Tatort erfolgen können. Der Gerichtsstand des Wohnsitzes wird in der Regel nur dann in Frage kommen, wenn besondere Umstände vorliegen, wie z. B. die Tatsache, daß die Zeugen sämtlich am Wohnsitz des Beschuldigten, der von dem Tatort weit entfernt liegt, wohnhaft sind. (Der Gerichtsstand des Verwahrungsorts nach § 8a StPO. a. F. ist in die neue Strafprozeßordnung nicht übernommen worden.)

**2.** Der Gerichtsstand der Ergreifung (§ 9).

**a)** Er kommt in Frage, wenn die strafbare Handlung außerhalb des Geltungsbereichs der StPO. begangen ist und ein Gerichtsstand in Gemäßheit des § 8 nicht begründet ist.

**b)** Er ist ferner gegeben, wenn die Handlung im Inlande begangen ist, jedoch weder der Gerichtsstand der begangenen Tat noch der Gerichtsstand des Wohnsitzes ermittelt ist.

**3.** Der Gerichtsstand des Heimathafens (§ 10).

Er ist für solche Straftaten begründet, welche auf einem deutschen Schiff außerhalb des Geltungsbereichs der StPO. oder in offener See begangen werden, und zwar ist in einem solchen Falle das Gericht zuständig, in dessen Bezirk der Heimathafen oder der Hafen liegt, welchen das Schiff nach der Tat zuerst erreicht.

**4.** Der Gerichtsstand für exterritoriale Deutsche (§ 11).

**5.** Der Gerichtsstand des Zusammenhangs (§ 13).

**a)** Er ist für zusammenhängende Strafsachen, die einzeln nach Z. 1 bis 4 zur Zuständigkeit verschiedener Gerichte gehören würden, bei jedem Gericht gegeben, welches für eine der zusammenhängenden Strafsachen gegeben ist.

**b)** Ein Zusammenhang ist nach § 3 vorhanden, wenn eine Person mehrerer strafbarer Handlungen beschuldigt wird, oder wenn bei einer strafbaren Handlung mehrere Personen als Täter, Teilnehmer, Begünstiger oder Hehler beschuldigt werden.

**6.** Der Gerichtsstand des Auftrags (§ 15).

Er wird dadurch begründet, daß das obere Gericht einem an sich örtlich unzuständigen Gericht die Untersuchung und Entscheidung einer Strafsache überträgt. Dies ist möglich, wenn das an sich zuständige Gericht an der Ausübung des Richteramts rechtlich oder tatsächlich verhindert ist oder wenn von einer Verhandlung vor diesem Gericht eine Gefährdung der öffentlichen Sicherheit zu besorgen ist.

**7.** In Jugendsachen gibt es noch die Gerichtsstände der Vormundschaft und des Aufenthalts. (§ 27 Reichsjugendgerichtsgesetz.)

## II. Mehrfacher Gerichtsstand.

**1.** Unter mehreren nach §§ 7—11 zuständigen Gerichten gebührt dem der Vorzug, welches die Untersuchung zuerst eröffnet hat. (§ 12 Abs. 1.)

Es hat also zunächst die Staatsanwaltschaft darüber zu entscheiden, bei welchem Gericht die Klage erhoben werden soll, wobei dem von der Staatsanwaltschaft bestimmten Gericht kein Recht zusteht, die Eröffnung der Untersuchung deshalb abzulehnen, weil es zweckmäßiger sei, die Sache vor ein anderes zuständiges Gericht zu bringen.

Gelangt die zuerst mit der Sache befaßte Staatsanwaltschaft zu der Überzeugung, daß es zweckmäßiger ist, die Sache in einem anderen Bezirk verfolgen zu lassen, so kann sie die für den anderen Gerichtsstand zuständige Staatsanwaltschaft um Übernahme ersuchen. Lehnt diese die Übernahme ab, so kann die mit der Sache zuerst befaßte Staatsanwaltschaft die Entscheidung der gemeinsam vorgesetzten Instanz einholen.

Sind mit der gleichen Sache zwei Staatsanwaltschaften befaßt, so hat die später befaßte Behörde der früher befaßten die Sache zu überlassen; wird eine Einigung nicht erzielt, entscheidet wieder die gemeinsam vorgesetzte Instanz.

**2.** Nach Abs. 2 des § 12 besteht die Möglichkeit, aus Zweckmäßigkeitsgründen auf Antrag oder von Amts wegen die Wirkung der Vorschrift des Abs. 1 wieder aufzuheben und die bereits eröffnete Untersuchung und Entscheidung der Sache einem anderen der von vornherein zuständig gewesenen Gerichte zu übertragen.

### III. Die Prüfung der örtlichen Zuständigkeit.

**1.** Im Gegensatz zur sachlichen Zuständigkeit gehört die örtliche Zuständigkeit, da diese für den Angeschuldigten regelmäßig nicht so bedeutsam ist wie die Frage der sachlichen Zuständigkeit, nicht zu den allgemeinen Prozeßvoraussetzungen (siehe Nachtrag zu Fall7); das Gericht ist also nicht verpflichtet, in jeder Lage des Verfahrens seine örtliche Zuständigkeit von Amts wegen zu prüfen. Hat das Gericht den Fehler nicht beachtet, bzw. der Rügeberechtigte nicht rechtzeitig Einwand erhoben, so nimmt das Verfahren seinen Fortgang.

**2.** Von Amts wegen hat das Gericht gemäß § 18 nur bis zur Eröffnung des Hauptverfahrens seine örtliche Zuständigkeit zu prüfen und bei Bejahung der Unzuständigkeit die Eröffnung des Hauptverfahrens gemäß § 204 wegen Unzuständigkeit abzulehnen

**3.** Das Recht des Beschuldigten, die Unzuständigkeit geltend zu machen, ist im Interesse einer Einschränkung der Erörterung über die örtliche Zuständigkeit zeitlich beschränkt:

**a)** Hat eine Voruntersuchung stattgefunden und ist der Beschuldigte vor ihrer Eröffnung gehört worden, ohne die Unzuständigkeit gerügt zu haben, so geht er des Einwands für das ganze weitere Verfahren verlustig. Ist der Beschuldigte nicht gehört worden, so kann er den Einwand gemäß § 16 bis zum Schluß der Voruntersuchung geltend machen.

**b)** Ist eine Voruntersuchung nicht geführt worden oder auf den erhobenen Unzuständigkeitseinwand kein Beschluß ergangen, so muß der Beschuldigte den Einwand spätestens bis zum Beginn der Verlesung des Eröffnungsbeschlusses (§ 243 Abs. 2) geltend machen (§ 16).

**4.** In der Berufungs- und Revisionsinstanz kann die Frage der örtlichen Zuständigkeit nur noch soweit Gegenstand der Prüfung sein, als der Vorderrichter in der Hauptverhandlung noch befugt war, seine Zuständigkeit in Frage zu stellen. Es kann sich also nur darum handeln, ob der Vorderrichter einen vom Angeklagten rechtzeitig erhobenen Einwand der Unzuständigkeit mit Unrecht verworfen hat. (E. 17, 412.)

## D.
## Lösung des Falles A.

(In sämtlichen Lösungen betreffen die Paragraphenzahlen die Strafprozeßordnung.)

### I. Welches Gericht hat über den Antrag zu entscheiden?

**1.** Die „oberen Gerichte" i. S. der Bestimmungen der §§ 12, 13, 14, 19 sind der Bundesgerichtshof, die Oberlandesgerichte und die Landgerichte.

2. Zuständig sind als „obere Gerichte"

a) das Landgericht (Strafkammer), wenn es sich um Amtsgerichte oder Schöffengerichte desselben Landgerichtsbezirks handelt,

b) das Oberlandesgericht, wenn es sich um Gerichte desselben Oberlandesgerichtsbezirks handelt, und nicht Fall a) vorliegt, und

c) der Bundesgerichtshof, wenn Gerichte verschiedener Oberlandesgerichte in Frage stehen.

Im vorliegenden Fall, wo durch das Brandstiftungsverfahren die schwurgerichtliche Zuständigkeit gegeben ist, kommt demnach als maßgebendes Gericht das Oberlandesgericht Stuttgart in Frage.

## II. Wie wird das Oberlandesgericht entscheiden?

1. Die Zuständigkeit des Untersuchungsrichters in Heidelberg, der gemäß § 184 die Voruntersuchung eröffnet hat, ist gemäß §§ 7, 8 für die in Heidelberg begangene Brandstiftung und nach §§ 13, 2 für das von den drei Angeschuldigten gemeinsam in Stuttgart begangene Betrugsvergehen begründet.

2. Die beantragte Übertragung der Strafsachen nach Stuttgart gemäß § 12 Abs. 2 könnte nur erfolgen, wenn auch dort die Möglichkeit bestünde, die Anklagesachen in gleicher Weise wie in Heidelberg anhängig zu machen. Dies ist aber nicht der Fall.

a) Was die Brandstiftung betrifft, so wäre die Staatsanwaltschaft Stuttgart nicht in der Lage, die Eröffnung der Voruntersuchung gegen A zu erwirken, da der Antrag wegen Unzuständigkeit des Gerichts gemäß § 180 abgelehnt werden müßte, denn weder nach § 7 noch nach § 8 wäre ein örtlicher Gerichtsstand des Schwurgerichts in Stuttgart begründet.

b) Bezüglich der Betrugssache wäre allerdings gemäß §§ 7, 8, 13, 3 ein örtlicher Gerichtsstand gegen alle drei Angeschuldigten in Stuttgart gegeben, aber gemäß § 24 GVG. bei dem dortigen Amtsgericht bzw. der Strafkammer, nicht aber bei dem dortigen Schwurgericht.

In der Betrugssache könnte somit Anklage beim Amtsgericht (Einzelrichter oder Schöffengericht in Stuttgart) erhoben werden.

c) Unmöglich aber wäre es, mit dieser Anklage auch die wegen Brandstiftung zu verbinden, deren Aburteilung zur sachlichen und ausschließlichen örtlichen Zuständigkeit des Schwurgerichts Heidelberg gehört. Der § 13 bezieht sich nämlich nur auf verschiedene örtlich zuständige Gerichte gleicher Ordnung; kommt eine verschiedene sachliche Zuständigkeit in Frage, so ist für eine Verbindung der § 2 maßgebend, wonach zusammenhängende Strafsachen, welche einzeln zur Zuständigkeit von Gerichten verschiedener Ordnung gehören, verbunden nur bei demjenigen Gericht anhängig gemacht werden können, dem die höhere Zuständigkeit beiwohnt. Und umgekehrt kann eine zur Zuständigkeit eines Gerichts höherer Ordnung gehörige Strafsache in Verbindung mit einer zur Zuständigkeit eines Gerichts niederer Ordnung gehörigen bei diesem letzteren nicht anhängig gemacht werden. (Siehe E. 45, 166.)

Die Entscheidung des Oberlandesgerichts, die ohne mündliche Verhandlung, - aber nach Anhörung der Staatsanwaltschaft (§ 33) durch Beschluß zu erfolgen hat, hat dahin zu lauten, daß dem Antrag aus rechtlichen Gründen nicht entsprochen wird.

### III. Ist die Entscheidung anfechtbar?

Gegen die Entscheidung des „oberen Gerichts" gibt es kein Rechtsmittel.

**1.** Soweit das Oberlandesgericht und der Bundesgerichtshof in Frage kommt, ergibt sich die Unanfechtbarkeit aus § 304 Abs. 3.

**2.** Daß auch die Entscheidung des Landgerichts nicht angefochten werden kann, folgt aus der Tatsache, daß die Entscheidung gemäß § 12 Abs. 2 weder als eine solche erster Instanz, noch als eine solche der Berufungsinstanz i. S. des § 304 Abs. 1 angesehen werden kann.

## E.

## Lösung des Falles B.

### I. War das Schöffengericht in Karlsruhe zur Aburteilung zuständig?

Vorbemerkung: Das Wort Druckschrift i. S. des § 7 Abs. 2 umfaßt gemäß § 2 des Gesetzes über die Presse vom 7. Mai 1874 alle Erzeugnisse der Buchdruckpresse sowie alle anderen durch mechanische oder chemische Mittel bewirkten, zur Verbreitung bestimmten Vervielfältigungen von Schriften, bildlichen Darstellungen mit oder ohne Schrift, und von Musikalien mit Text oder Erläuterungen.

Hinsichtlich der strafbaren Handlung ist in § 7 Abs. 2 kein Unterschied gemacht zwischen den Delikten des gemeinen Rechts und den eigentlichen Preßdelikten, soweit nur ihr Tatbestand durch den Inhalt einer Druckschrift begründet werden kann.

**1.** Die Annahme des Schöffengerichts, daß die Veröffentlichung desselben Artikels in zwei verschiedenen Zeitungen eine Mehrheit von selbständigen Handlungen darstellt, enthält keinen Rechtsirrtum. (E. 14, 342.)

Es sind im vorliegenden Falle also zwei Tatorte i. S. des § 7 Abs. 2 vorhanden, nämlich Karlsruhe und Stuttgart.

**2.** Bezüglich des § 7 Abs. 2 führt das Reichsgericht in E. 36, 259 folgendes aus: „Nach der Entstehungsgeschichte des Gesetzes vom 13. Juni 1902 sollte durch die Abänderung des § 7 den in der Öffentlichkeit vielfach erörterten Unzuträglichkeiten des sog. fliegenden Gerichtsstandes der Presse abgeholfen werden, welche daraus hervorgingen, daß der Gerichtsstand der begangenen Tat für Preßdelikte bei jedem Gericht begründet war, in dessen Bezirk die Druckschrift Verbreitung gefunden hatte. Man wollte diesen Übelstand dadurch beseitigen, daß nicht mehr sämtliche Gerichte, auf deren Bezirk sich die durch den Inhalt der Druckschrift begangene Straftat erstreckt habe, nebeneinander zur Aburteilung zuständig sein sollten, sondern die örtliche Zuständigkeit sich auf dasjenige von diesen nach Abs. 1 des § 7 an sich zuständigen Gerichten beschränken solle, in dessen Bezirk die Druckschrift erschienen sei. Die Sondervorschrift des jetzigen Abs. 2 Satz 1 § 7 bildet demgemäß für Preßdelikte lediglich eine Einschränkung oder Ausnahme gegenüber dem Absatz 1."

Hieraus ergibt sich, daß, da der Abs. 2 sich nur auf den Gerichtsstand der begangenen Tat bezieht, die sonstigen Vorschriften über den Gerichtsstand nicht berührt werden, und daß insbesondere der Gerichtsstand des Wohnsitzes (§ 8) auch bei Preßdelikten allgemein anwendbar ist.

Die Karlsruher Zuständigkeit wegen der in Stuttgart begangenen Beleidigung war also aus § 8 gegeben. (Wohnsitz des Täters.)

## II. Der Beschluß des Schöffengerichts vom 20. Dezember 1950.

**1.** Vorbemerkung: Nach § 201 Abs. 1 hat der Vorsitzende des Gerichts die Anklageschrift dem Angeschuldigten mitzuteilen und ihn zugleich aufzufordern, sich innerhalb einer zu bestimmenden Frist zu erklären, ob er die Vornahme einzelner Beweiserhebungen vor der Hauptverhandlung beantragen oder Einwendungen gegen die Eröffnung des Hauptverfahrens vorbringen oder eine Voruntersuchung beantragen wolle. (Diese Vorschrift gilt nicht, wenn Anklage beim Antsrichter als Einzelrichter erhoben worden ist, § 201 Abs. 3).

Zu den Einwendungen, die der Angeklagte nach Mitteilung der Anklageschrift gegen die Eröffnung des Hauptverfahrens gemäß § 201 vorbringen kann, gehört auch diejenige der Unzuständigkeit.

**2.** Die Bestimmung des § 201 Abs. 1 Satz 1, wonach über die Anträge und Einwendungen das Gericht zu beschließen hat, besagt lediglich, daß das Gericht einen ausdrücklichen Beschluß erlassen muß. (Ein einfacher Bescheid des Vorsitzenden genügt ebensowenig wie eine stillschweigende Ablehnung durch den Eröffnungsbeschluß.) Nicht aber ist die Bestimmung dahin zu verstehen, als habe das Gericht einen besonderen Beschluß zu erlassen, bevor es weiter in der Sache beschließt; vielmehr bilden die Anträge und Einwendungen des Angeschuldigten in gleicher Weise wie auf der anderen Seite die Anträge der Staatsanwaltschaft das Material für die zu treffende Entscheidung (§§ 202 bis 205).

**3.** Die Verwerfung eines Antrags usw. kann also, wie im vorliegenden Falle geschehen, unter gleichzeitiger Eröffnung des Hauptverfahrens erfolgen. (Löwe, Anm. 12 zu § 201.)

Der Beschluß des Schöffengerichts vom 20. 12. 1950, der als eine außerhalb der Hauptverhandlung ergehende Entscheidung gemäß § 30 Abs. 2 GVG. von dem Amtsrichter erlassen wurde, geht also in Ordnung.

### III. Der in der Hauptverhandlung ergangene Beschluß.

**1.** Die Vorschriften der §§ 16—18 ergeben, daß das Gesetz das Bestreiten und die Prüfung der örtlichen Zuständigkeit möglichst einschränken will. Deshalb darf, wie schon oben ausgeführt, das Gericht nach Eröffnung des Hauptverfahrens seine örtliche Zuständigkeit nur auf Einwand des Angeklagten aussprechen (§ 18), und deshalb ist dem Angeschuldigten in Anerkennung seines Interesses, vor keinen anderen als den örtlich zuständigen Richter gestellt zu werden, zwar das Recht eingeräumt, seine Auffassung durch Erhebung eines Einwandes zur Geltung zu bringen, die Ausübung dieses Rechts aber an Fristen geknüpft, nach deren Ablauf der Fortgang des Verfahrens nicht mehr dadurch gehemmt werden kann, daß die örtliche Zuständigkeit des Gerichts in Zweifel gezogen wird. (E. 26, 341.)

**2.** Bezüglich dieser Fristen bestimmt § 16, wie schon oben in Abschnitt C III ausgeführt wurde, daß der Angeschuldigte den Einwand der Unzuständigkeit bei Verlust desselben bis zum Schlusse der Voruntersuchung, und falls eine solche nicht stattgefunden hat, spätestens vor der Verlesung des Eröffnungsbeschlusses in der Hauptverhandlung geltend machen muß.

Der im vorliegenden Falle vom Verteidiger des Angeklagten erst nach der Verlesung des Eröffnungsbeschlusses vorgebrachte Einwand der Unzuständigkeit war somit verspätet erhoben.

**3.** In § 201 Abs. 2 letzter Satz ist nun aber unter Hinweis auf § 182 Abs. 1 bestimmt, daß der Beschluß des Gerichts, durch welchen ein solcher Einwand verworfen wird, von dem Angeschuldigten durch die sofortige Beschwerde angefochten werden kann, die gemäß § 311 Abs. 2 innerhalb einer Frist von einer Woche eingelegt werden muß. Wird die Frist nicht gewahrt, so ist der Einwand der örtlichen Unzuständigkeit rechtskräftig abgewiesen, und diese Rechtskraft der Entscheidung hat zur Folge, daß der Einwand mit rechtlicher Wirkung nicht wiederholt werden kann (siehe E. 26, 340).

**4.** Im vorliegenden Falle kommen wir somit zu folgendem Ergebnis: Da der Angeklagte A von seinem Rechte, gegen den ihm zugestellten Eröffnungsbeschluß, durch welchen der Einwand der örtlichen Unzuständigkeit verworfen wurde, die sofortige Beschwerde einzulegen, keinen Gebrauch gemacht hat, war der Einwand, den der Verteidiger in der Hauptverhandlung wiederholt hat, bereits verbraucht und daher schon aus diesem Grunde zurückzuweisen.

Das Schöffengericht hätte also logischerweise nicht unter Bezugnahme auf § 16 den Einwand zurückweisen, sondern die obige Begründung (Verbrauch des Einwands) der Entscheidung zugrundelegen müssen.

**IV. Wäre der Amtsrichter in Karlsruhe auch dann für die Aburteilung beider Beleidigungen zuständig gewesen, wenn A seinen Wohnsitz in Stuttgart gehabt hätte?**

Hätte der Beschuldigte A seinen Wohnsitz in Stuttgart gehabt, dann hätte sich die Zuständigkeit des Amtsgerichts Karlsruhe zur Aburteilung der durch die Veröffentlichung in der dort erscheinenden Zeitung begangenen Beleidigung aus § 7 ergeben, während für die durch die Veröffentlichung in der Stuttgarter Zeitung begangene Beleidigung eine Zuständigkeit des Amtsgerichts Karlsruhe gemäß § 13 (Gerichtsstand des Zusammenhangs) begründet gewesen wäre, da ein Zusammenhang i. S. des § 3 auch dann vorhanden ist, wenn eine Person mehrerer strafbarer Handlungen beschuldigt wird.

## Nachtrag.

## Die Friedensgerichte.

### (Württemberg-Baden).

Maßgebend für Aufbau und Zuständigkeit der Friedensgerichte in Württemberg-Baden sind das Gesetz Nr. 241 über die Friedensgerichtsbarkeit vom 29. März 1949 (Reg.Bl. 49, S. 47) und die Verordnung Nr. 260 vom 8. Juni 1949 (Reg.Bl. 49, S. 119).

**I. Aufbau der Friedensgerichte.** (Siehe §§ 1 bis 3 Gesetz Nr. 241.)

**1.** Die Friedensgerichtsbarkeit wird ausgeübt in erster Instanz von Gemeindefriedensgerichten und staatlichen Friedensgerichten und in zweiter Instanz von Friedensobergerichten.

**2.** Die Gemeindefriedensgerichte können sein:

**a)** Kollegialgerichte (vor allem in den Landgemeinden), bestehend aus dem Bürgermeister als Vorsitzenden und zwei weiteren Mitgliedern, die ebenso wie deren Stellvertreter und der Stellvertreter des Bürgermeisters vom Gemeinderat auf drei Jahre gewählt werden.

**b)** Einzelrichtergerichte (vor allem in den Städten), bestehend aus einem Gemeindebeamten, der ebenfalls auf die Dauer von drei Jahren gewählt wird. Er muß entweder zum gehobenen Justiz- oder Verwaltungsdienst befähigt sein oder seine Befähigung anderweit, namentlich in einer öffentlichen Tätigkeit, erwiesen haben.

**3.** Die staatliche Friedensgerichtsbarkeit wird beim Amtsgericht ausgeübt, und zwar

**a)** in erster Instanz durch einen Rechtspfleger dieses Gerichts, also einen Beamten der gehobenen mittleren Laufbahn,

**b)** in zweiter Instanz durch ein Friedensobergericht, und zwar durch einen oder mehrere Richter des Amtsgerichts, die als Einzelrichter entscheiden.

## II. Die Zuständigkeit der Friedensgerichte in Strafsachen.

Vorbemerkung:

Die Friedensgerichte sind allgemein für die kleineren Zivil- und Strafsachen zuständig. (In Zivilsachen ist die Zuständigkeit in vermögensrechtlichen Streitigkeiten — mit gewissen Ausnahmen — bis zu einem Streitwert von 150 Mark begründet.) Grundsätzlich sind für alle Friedenssachen die Gemeindefriedensgerichte zuständig, während die staatlichen Friedensgerichte nur ausnahmsweise in Funktion treten.

**1.** Das Gemeindefriedensgericht mit erweiterter Zuständigkeit (siehe § 2 Abs. 4 Gesetz Nr. 241).

Als solches gilt ein mit einem Gemeindebeamten besetztes Friedensgericht (siehe oben Abschnitt I 2 b). Ein kollegiales Friedensgericht (siehe oben Abschnitt I 2 a) hat diese erweiterte Zuständigkeit nur dann, wenn sie ihm vom Landgerichtspräsidenten ausdrücklich übertragen wird.

**a)** Es ist nach § 5 Abs. I Nr. 1 des Gesetzes Nr. 241 zuständig für alle Übertretungen, d. h. solche Straftaten, die nach dem

Gesetz (siehe § 1 StGB.) mit Haft oder Geldstrafe bis zu 150 Mark bedroht sind, und zwar:

aa) Zum Erlaß einer gerichtlichen Strafverfügung, sowohl ohne mündliche Verhandlung als auch, falls erforderlich, nach mündlicher Verhandlung (siehe § 36 Abs. 4 VO. Nr. 260).

Die Strafverfügung wird rechtskräftig, wenn nicht rechtzeitig, d. h. binnen 1 Woche Einspruch erhoben wird (§ 36 Abs. 3 VO. Nr. 260).

bb) Zur Entscheidung über den Einspruch gegen die von ihm erlassene Strafverfügung (siehe § 5 Abs. 2 Gesetz Nr. 241), und zwar durch Beschluß, falls der Einspruch, weil verspätet, als unzulässig zurückgewiesen wird (siehe § 41 Abs. 2 VO. Nr. 260), andernfalls durch Urteil auf Grund mündlicher Verhandlung (siehe § 5 Abs. 2 Gesetz Nr. 241). (Das Urteil lautet gemäß § 52 VO. Nr. 260 auf Verwerfung des Einspruchs, Freisprechung, Verurteilung oder Einstellung des Verfahrens.)

Nachtrag zu a): Nachdem in der neuen Strafprozeßordnung vom 12. 9. 50 (§ 413) das Strafverfügungsrecht aus der Zuständigkeit der Polizei auf das Amtsgericht übertragen worden ist, die Amtsgerichte also nunmehr zur Aburteilung aller Übertretungen zuständig sind, ist mit der Einführung der Friedensgerichte die Zuständigkeit der Amtsgerichte in Württemberg-Baden eingeschränkt worden, weil hier die Friedensgerichte der Gemeinden für die Aburteilung der Übertretungen zuständig sind.

**b)** Das zu 1. genannte Gericht ist ferner zuständig in Privatklagesachen (§ 374 StPO.), also vor allem für Beleidigungen (§§ 185 bis 187, 189 StGB.), Hausfriedensbruch (§ 123 StGB.), Körperverletzung (§§ 223, 223a und 230), Sachbeschädigung (§ 303 StGB.), Bedrohung (§ 241 StGB.) und Verletzung des Briefgeheimnisses (§ 299 StGB.), sofern diese Straftaten auf der Gemeindemarkung begangen sind.

Die Zuständigkeit des Gemeindefriedensgerichts erstreckt sich bei den Privatklagesachen:

aa) auf Vergleich und den in § 380 StPO. vorgesehenen Sühneversuch (§ 5 Abs. 1 Nr. 2 Gesetz Nr. 241),

bb) bei Mißlingen des Vergleichs und des Sühneversuchs auf Erlaß eines Friedensspruches oder Urteils.

Der Friedensspruch kann lauten auf Verwarnung, Friedensbuße und Friedensbürgschaft, wenn die Tat nicht so ernst ist, daß eine strafrechtliche Ahndung unerläßlich ist (§ 6 Abs. 1 Gesetz Nr. 241). Die Friedensbürgschaft greift Platz, wenn zu befürchten ist, daß der Täter dem Verletzten gegenüber nicht Frieden halten wird; sie wird als Sicherheit dafür auferlegt, daß der Täter innerhalb einer bestimmten Frist, die höchstens zwei Jahre beträgt, Frieden hält. Das Gericht bestimmt den Geldbetrag, in dessen Höhe Sicherheit zu leisten ist und erklärt die Sicherheit für die Staatskasse verfallen, wenn der Verpflichtete innerhalb der Frist nicht Frieden hält (§ 6 Abs. 2 bis 4 Gesetz Nr. 241).

Das Urteil lautet gemäß § 52 VO. Nr. 260 auf Freisprechung, Verurteilung oder Einstellung des Verfahrens.

**c)** Zu a) und b): Dem Verletzten kann sowohl in Übertretungssachen als auch in Privatklagesachen eine Entschädigung bis zum Betrage von 300 Mark oder eine Buße (in den Fällen des § 188 und 231 StGB.) in gleicher Höhe zuerkannt werden (§ 7 Gesetz Nr. 241).

**2.** Das Gemeindefriedensgericht ohne erweiterte Zuständigkeit. Als solches gilt nach § 5 Abs. 2 Gesetz Nr. 241 das kollegiale Gemeindefriedensgericht (drei Mitglieder), wenn ihm keine erweiterte Zuständigkeit verliehen ist.

**a)** Es ist zuständig in Übertretungssachen:

aa) zum Erlaß einer gerichtlichen Strafverfügung, wenn keine mündliche Verhandlung erforderlich ist,

bb) zur Entscheidung über den Einspruch, aber nur über die Zulässigkeit desselben (§ 41 Abs. 1 VO. Nr. 260), der, wenn verspätet eingelegt, durch Beschluß als unzulässig zurückzuweisen ist (§ 41 Abs. 2 VO. Nr. 260), während bei Zulässigkeit des Einspruchs die Akten an das staatliche Friedensgericht abgegeben werden müssen (§ 41 Abs. 3 Satz 2 VO. Nr. 260).

**b)** Es ist ferner zuständig in Privatklagesachen, aber nur zum Vergleich und Sühneversuch nach § 380 StPO.

**c)** Dieses Gericht ist also nicht zuständig

aa) für Erlaß einer Strafverfügung nach mündlicher Verhandlung,

bb) für die Entscheidung über die Begründetheit des Einspruchs (in diesen beiden Fällen erfolgt Aktenabgabe an das staatliche Friedensgericht gemäß § 36 Abs. 4 Satz 2 VO. Nr. 260, bzw. § 5 Abs. 2 Satz 2 Gesetz Nr. 241 und § 41 Abs. 3 Satz 2 VO. Nr. 260),

cc) für Erlaß eines Friedensspruchs oder Urteils im Privatklageverfahren (in diesem Falle erfolgt gemäß § 56 Abs. 4 VO. Nr. 260 die Aktenabgabe an das staatliche Friedensgericht erst auf Betreiben des Privatklägers oder Widerklägers).

**3.** Das staatliche Friedensgericht beim Amtsgericht (ein Rechtspfleger als Einzelrichter, siehe oben Abschnitt I 3) ist zuständig:

**a)** soweit das Gemeindefriedensgericht mangels erweiterter Zuständigkeit nicht zuständig ist (siehe oben Abschnitt 2 c),

**b)** zur Erteilung von Rechtsauskunft an nicht bemittelte Rechtssuchende aus dem Bezirk des Amtsgerichts (§ 8 Nr. 1 Gesetz Nr. 241),

**c)** zur Entscheidung der ihm vom Friedensobergericht zugewiesenen Rechtssachen (§ 8 Nr. 2 Gesetz Nr. 241).

**4.** Das Friedensobergericht (siehe oben Abschnitt I 3 b) ist das den Friedensgerichten übergeordnete Rechtsmittel- und Dienstaufsichtsgericht.

Es ist zuständig (siehe §§ 6 Abs. 1, 10, 11 Gesetz Nr. 241 und § 57 VO. Nr. 260):

**a)** über Berufung gegen die Friedenssprüche und Urteile der Friedensgerichte,

**b)** über die Beschwerde gegen Beschlüsse und Verfügungen des Friedensgerichts, des Vorsitzenden oder des beauftragten oder ersuchten Richters zu entscheiden,

**c)** Rechtsauskunft zu erteilen,

**d)** den Friedensgerichten rechtliche Anleitung zu gewähren,

**e)** eine Rechtssache, die das Gemeindefriedensgericht verzögerlich behandelt oder um deren Abnahme es wegen deren Schwierigkeit nachgesucht hat, dem staatlichen Friedensgericht zuzuweisen.

Gegen die Entscheidung des Friedensobergerichts gibt es kein Rechtsmittel; sie ist endgültig (§ 11 Abs. 3 Gesetz Nr. 241).

**5.** Die Friedensgerichtsbarkeit ist ausgeschlossen:

**a)** wenn die Tat nicht auf der Gemeindemarkung begangen wurde (§ 5 Abs. 1 Gesetz Nr. 241),

**b)** bei Pressedelikten (§ 5 Abs. 3 Gesetz Nr. 241),

**c)** bei Verfehlungen Jugendlicher (§ 34 Abs. 6 VO. Nr. 260),

**d)** für die Behandlung von Haftsachen (§ 34 Abs. 7 VO. Nr. 260),

**e)** wenn Ausländer oder Staatenlose als Täter oder Verletzte in Frage kommen (§ 34 Abs. 1 VO. Nr. 260).

# ZU FALL 2.

## A.

## Vorbemerkung.

I. Ein Strafverfahren entsteht in der Regel auf Grund einer Strafanzeige, die gemäß § 158 bei der Staatsanwaltschaft, den Behörden und Beamten des Polizeidienstes und den Amtsgerichten mündlich oder schriftlich erstattet werden kann. (Wegen Strafantrag siehe Abs. 2 des § 158.)

**II.** Ein Strafverfahren kann auch ohne Anzeige oder Antrag aus eigener Initiative der Staatsanwaltschaft in Gang kommen, da diese nach § 152 Abs. 2 verpflichtet ist, wegen aller gerichtlich strafbaren und verfolgbaren Handlungen einzuschreiten, sofern zureichende tatsächliche Anhaltspunkte vorliegen. (Ob der Staatsanwalt, wenn er außeramtlich Kenntnis erlangt, einschreiten muß, ist bestritten.)

**III.** Dieses sog. Legalitätsprinzip, zu dessen strenger Durchführung die Strafbestimmung des § 346 StGB. sowie die Beschwerde im Aufsichtsweg (§ 147 GVG.) und die Beschwerde an den vorgesetzten Staatsanwalt nebst Antrag auf gerichtliche Entscheidung (§§ 172ff.) dienen, wird durchbrochen im Privatklageverfahren (§ 376), in Jugendgerichtssachen (§ 30 RJGG.), sowie schließlich in den Fällen der §§ 153, 153a, 154, 154a, 154b.

Der wesentliche Inhalt dieser Bestimmungen ist folgender:

**1.** Nach § 376 wird wegen der nach § 374 im Wege der Privatklage verfolgbaren Delikte (hierunter fallen vor allem die Vergehen der Beleidigung und Körperverletzung i. S. der §§ 223, 223a StGB.) öffentliche Klage von der Staatsanwaltschaft nur dann erhoben, wenn dies im öffentlichen Interesse liegt.

**2.** Nach § 153 I dürfen besonders leichte Übertretungen (Schuld des Täters gering und Folgen der Tat unbedeutend) nicht mehr verfolgt werden, es sei denn, daß ein öffentliches Interesse an der Herbeiführung einer gerichtlichen Entscheidung besteht.

Der Absatz II des § 153 sieht die Möglichkeit einer staatsanwaltschaftlichen Einstellung bei Vergehen vor. Diese Einstellung ist, obwohl sie nur mit Zustimmung des Amtsrichters erfolgen kann, nur eine solche nach § 171, so daß ein Verbrauch der Strafklage nicht eintritt (E. 67, 316).

Auch nach Klageerhebung kann nach Abs. III des § 153 das Gericht mit Zustimmung der Staatsanwaltschaft das Verfahren einstellen. In diesem Falle tritt ein Verbrauch der Strafklage ein, es sei denn, daß sich nachträglich herausstellt, daß es sich bei dem Gegenstand der Einstellung nicht um ein Vergehen, sondern um ein Verbrechen handelt. (E. 65, 291.) (Siehe auch Deutsche Rechtszeitschrift 1949, S. 450—451.)

**3.** § 153a lockert den Verfolgungszwang bei Auslandstaten.

**4.** § 154 behandelt die unbedeutenden Nebendelikte. Er verfolgt den Zweck, einer unnötigen Häufung von Anklagen gegen dieselbe Person vorzubeugen, z. B. Anklage wegen Diebstahls neben einer solchen wegen Mords. Ein Verbrauch der Strafklage tritt in diesem Falle, der sich im Gegensatz zu § 153 auch auf Verbrechen bezieht, weder bei der staatsanwaltschaftlichen (Abs. I) noch bei der gerichtlichen Einstellung (Abs. II) ein.

Nach Abs. III und IV tritt aber eine unterschiedliche Behandlung ein, je nachdem ob es sich um eine rechtskräftig erkannte oder um eine zu erwartende Strafe handelt.

**5.** § 154a behandelt die Einstellung bei Auslieferung und Ausweisung.

**6.** § 154b behandelt die Ermessensfreiheit gegenüber den Opfern einer Erpressung. Die Staatsanwaltschaft kann nämlich, wenn nicht die Tat, deren Offenbarung angedroht ist, selbst so schwer ist, daß im Interesse des Sühnegedankens ein Strafverfahren eingeleitet werden muß, auf die Verfolgung dieser Tat verzichten, wenn durch die Androhung der Offenbarung der Straftat eine Nötigung oder Erpressung begangen worden ist. Eine Zustimmung des Gerichts ist hierzu nicht erforderlich. Daß der Erpreßte selbst die Anzeige einreicht, ist nicht Voraussetzung der Einstellung. Ebensowenig ist erforderlich, daß die Nötigung oder Erpressung bereits vollendet ist. Die Zustimmung des Generalstaatsanwalts ist vorher einzuholen. (Richtlinien Nr. 149a.) Ein Verbrauch der Strafklage tritt nicht ein.

**IV.** Eine bei der Staatsanwaltschaft anhängig gewordene Strafsache kann auf folgende Arten erledigt werden:

**1.** durch Einstellung ohne Erhebung der öffentlichen Klage (§ 171),

**2.** durch Verwerfung des Antrags auf Erhebung der öffentlichen Klage durch das Oberlandesgericht bzw. den Bundesgerichtshof (§ 174),

**3.** dadurch, daß nach geführter Voruntersuchung oder auf eine unmittelbar erhobene Anklage (§ 199) von dem Gericht die Eröffnung des Hauptverfahrens abgelehnt (§ 204) oder das Verfahren gemäß § 205 (Abwesenheit des Angeklagten) oder § 206a (Verfahrenshindernis) vorläufig bzw. endgültig eingestellt wird,

**4.** dadurch, daß die öffentliche Klage zurückgenommen wird (§ 156),

**5.** durch das in der Hauptverhandlung ergehende Urteil des erkennenden Gerichts (§ 260).

## B.

## Lösung des Falles.

### I. Die Entscheidung des Staatsanwalts in Heidelberg vom 2. September 1950 und die gegen sie eingelegte Beschwerde.

**1.** Die staatsanwaltschaftliche Einstellung des Verfahrens, die einen Verbrauch des Strafklagerechts nicht bewirkt, kann auf verschiedene Weise erfolgen:

**a)** Der Staatsanwalt kann die Anzeige von vornherein zurückweisen, d. h. die Einleitung eines Strafverfahrens ablehnen, wenn sich schon aus dem Inhalte der Anzeige ergibt, daß eine strafbare Handlung, sei es aus rechtlichen, sei es aus tatsächlichen Gründen, nicht vorliegt, oder daß die Strafverfolgung z. B. wegen vollendeter Verjährung, wegen Fehlens des erforderlichen Strafantrags oder wegen Strafunmündigkeit nicht stattfinden kann.

**b)** Auf eine Anzeige dagegen, die nicht sofort zurückgewiesen werden kann, muß ein vorbereitendes Verfahren folgen, das einzustellen ist, sobald z. B. feststeht, daß der Nachweis einer strafbaren Handlung nicht erbracht werden, oder wenn der Täter nicht ermittelt werden kann, oder in den Fällen der §§ 153 ff.; der Beschuldigte ist von der Einstellung in Kenntnis zu setzen, wenn er als solcher vom Richter vernommen oder ein Haftbefehl gegen ihn erlassen war (§ 170 Abs. 2).

**c)** Schließlich führen der Durchführung des Verfahrens entgegenstehende Hindernisse, wie z. B. schwere Erkrankung, Abwesenheit des Beschuldigten, Immunität der Abgeordneten während der Sitzungsperiode, oder Zweckmäßigkeitsgründe zu einer „vorläufigen Einstellung".

**2.** Daß jeder Antragsteller i. S. des § 171, also jeder Anzeigende gegen den ablehnenden Bescheid der Staatsanwaltschaft eine Beschwerde hat, ergibt sich ohne weiteres aus der in der Organisation der Staatsanwaltschaft begründeten Befugnis und Verpflichtung der Vorgesetzten, erforderlichenfalls durch Anweisungen in die Tätigkeit der ihnen untergeordneten Beamten einzugreifen. (Siehe §§ 146, 147 GVG.)

Diese Beschwerde, sog. Aufsichtsbeschwerde, die im Gesetz nicht geregelt ist, ist an keine Frist oder Form gebunden.

**3.** Dem Antragsteller, welcher zugleich der Verletzte ist, hat das Gesetz in § 172 eine Beschwerde prozessualer Natur gegeben, indem in einem solchen Falle eine gerichtliche Entscheidung darüber herbeigeführt werden kann, ob die Staatsanwaltschaft mit Recht das Verfahren eingestellt hat.

**a)** Das Recht, auf gerichtliche Entscheidung anzutragen, ist von der Innehaltung beider in Absatz 1 bestimmten Fristen abhängig.

**b)** Als „Verletzter" hat jeder zu gelten, dessen Rechtssphäre durch das Delikt berührt wird.

Das RG. sagt hierzu in E. 23, 362: „Der Tendenz des § 172, jedem durch eine strafbare Handlung irgendwie in seiner Rechtssphäre Betroffenen eine Einwirkung auf die Erhebung der öffentlichen

Klage zu ermöglichen und damit die Durchführung des im § 152 Abs. 2 ausgesprochenen Prinzips zu sichern, mag es entsprechen, wenn der Kreis dieser Personen nicht zu eng begrenzt wird". Die Frage, ob „Verletzter" i. S. des § 172 auch der mittelbar Geschädigte oder nur der unmittelbar Verletzte ist, ist bestritten. In E. 69, 107 wird die letztere Ansicht vertreten, d. h., es wird verlangt, daß die Handlung unmittelbar in die Rechte des Antragstellers eingreift. Dies führt zu der bedenklichen Konsequenz, daß z. B. im Falle der Tötung die Angehörigen des Getöteten nicht als „verletzt" anzusehen sind. (Siehe hierzu den einen gegenteiligen Standpunkt vertretenden Beschluß des OLG. Hamm vom 16. Dezember 1947 — abgedruckt in der DRZ. 1948, Seite 179 —, daß nämlich der Witwe eines durch einen Unfall Getöteten ein Antragrecht i. S. des § 172 zustehe, da sie durch den Tod ihres Mannes ihre Unterhaltsansprüche verloren habe, insofern also als „mittelbar Verletzte" anzusehen sei. In gleichem Sinne hat das OLG. Freiburg entschieden (Beschluß vom 15. Juni 1949 in Deutsche Rechtszeitschrift 49, S. 502), und ganz allgemein den Grundsatz aufgestellt, daß als Verletzte im Falle der Tötung die nächsten, tatsächlich oder möglicherweise unterhaltsberechtigten Angehörigen des Getöteten zu gelten haben. Siehe aber andererseits wieder Beschluß des OLG. Hamburg vom 30. Dezember 1948, Monatsschrift für Deutsches Recht 49, S. 241. Siehe schließlich auch Fall 17, Abschnitt B I 2b und c S. 224, wo die Frage, wer als „Verletzter" i. S. des Nebenklageberechtigten nach § 395 Abs. 2 zu gelten hat, erörtert wird.)

Daß der Anzeiger Neumann im vorliegenden Falle als „verletzt" i. S. des § 172 zu gelten hat, bedarf keiner Erwähnung. (N.B. Außer in § 172 ist die Person des „Verletzten" noch von Bedeutung in §§ 22 Nr. 1 bis 4, 374, 61 Nr. 2, und schließlich in §§ 61, 65 StGB.)

c) Die Beschwerde des § 172 muß innerhalb der zweiwöchigen Frist bei dem vorgesetzten Beamten der Staatsanwaltschaft eingegangen sein; eine analoge Anwendung des § 306 Abs. 1 ist nicht zulässig.

Die Frist wird nach § 43 berechnet, d. h. sie endigt mit Ablauf des Tages, der durch seine Benennung dem Tag entspricht, an welchem die Frist begonnen hat. Fällt das Ende der Frist auf einen Sonntag, so endigt die Frist mit Ablauf des nächstfolgenden Werktags.

Im vorliegenden Falle hat die zweiwöchige Frist, da sie am Sonntag, dem 3. September, begonnen hat, am Montag, dem 18. September, geendigt. Die Beschwerdeschrift ist also noch rechtzeitig bei dem Generalstaatsanwalt in Karlsruhe eingetroffen.

## II. Die Entscheidung des Generalstaatsanwalts.

Bezüglich der Entscheidung des Generalstaatsanwalts vom 29. September 1950 bestehen keine Bedenken. Im Hinblick auf sein Recht und die Pflicht der Aufsicht und Leitung (s. § 147 GVG.) hätte er die Beschwerde auch dann einer sachlichen Prüfung unterziehen müssen, wenn sie erst nach Ablauf der zweiwöchigen Frist bei ihm eingekommen wäre. Diese zweiwöchige Frist hat, wie oben ausgeführt wurde, nur die Bedeutung, daß die Einhaltung dieser Frist eine Vorbedingung für den Antrag auf gerichtliche Entscheidung bildet.

## III. Der Antrag auf gerichtliche Entscheidung.

Da der Generalstaatsanwalt der Beschwerde des Professors Neumann keine Folge gegeben hat, stellt dieser gemäß § 172 nunmehr Antrag auf gerichtliche Entscheidung.

**1.** Die Vorschrift des § 172 bedeutet eine Durchbrechung des Anklagemonopols der Staatsanwaltschaft. Die Entscheidung der Frage, ob die öffentliche Klage zu erheben ist, soll nicht ausschließlich von einer abhängigen Verwaltungsbehörde getroffen werden, sondern es soll dem Verletzten das Recht zustehen, gegen die ablehnenden Verfügungen der Staatsanwaltschaft die Entscheidung eines unabhängigen Gerichtshofes anzurufen.

**a)** Dieses dem Verletzten zur Sicherung der Durchführung des Legalitätsprinzips gewährte Antragsrecht reicht aber nicht weiter als das in § 152 verankerte Prinzip selbst. Wo die Verfolgung nur fakultativ zulässig ist, ist ein Antragsrecht nicht gegeben; die Gerichte sind nicht zur Entscheidung von Opportunitätsfragen berufen. (Löwe, Anm. 4 zu § 172.) Ein Antrag auf gerichtliche Entscheidung entfällt daher insbesondere auch dann, wenn das Gesetz die Offizialverfolgung von dem Vorliegen eines öffentlichen Interesses abhängig gemacht hat, wie bei den im Privatklageweg verfolgbaren Delikten (§§ 374, 376) und im Falle des § 153 Abs. 1. Auf § 153 Abs. 2 ist § 172 deshalb nicht anwendbar, da hier die Staatsanwaltschaft nur mit Zustimmung des Amtsrichters von Erhebung der öffentlichen Klage absehen kann; da in diesem Falle also die Einstellungsverfügung der Staatsanwaltschaft schon vom Amtsrichter geprüft ist, bedarf es keiner nochmaligen Prüfung durch das Oberlandesgericht. (Siehe hierzu aber das einen gegenteiligen Standpunkt vertretende Urteil des OLG. Kiel vom 15. Oktober 1947 — abgedruckt in der Monatsschrift für Deutsches Recht 1948, S. 93 —, daß nämlich auch im Falle des Abs. 2 des § 153 ein Verfahren gemäß § 172 zulässig sei.)

**b)** Eine Ablehnung der Anklageerhebung liegt nur dann vor, wenn jede Verfolgung abgelehnt wird.

aa) Wird die Anklage unter einer anderen strafrechtlichen Qualifikation erhoben, als sie dem Antragsteller richtig erscheint, so gibt dies kein Antragsrecht; denn nur die Verfolgung der Tat an sich, nicht die unter einer bestimmten Qualifikation, kann der Antragsteller gemäß § 172 weiterbetreiben.

bb) Beschließt die Staatsanwaltschaft, weil der Durchführung der Klage ein Hindernis entgegensteht (siehe oben I, 1, c), das Verfahren „vorläufig einzustellen", dann wird sich die gerichtliche Entscheidung auf die Frage zu beschränken haben, ob das Vorhandensein des betreffenden Hindernisses anzuerkennen sei.

cc) Beschließt die Staatsanwaltschaft aber, wie vorliegend, das Verfahren aus Zweckmäßigkeitsgründen „vorläufig einzustellen", so entfällt die Möglichkeit, eine gerichtliche Entscheidung herbeizuführen.

Denn die Staatsanwaltschaft Heidelberg hat nicht erklärt, die Erhebung der Anklage gegen den Verlagsbuchhändler abzulehnen; sie will vielmehr bloß aus Gründen der Zweckmäßigkeit abwarten, bis der denselben Gegenstand behandelnde Zivilprozeß in Wiesbaden entschieden ist. (Siehe Beschluß des OLG. München vom 3. Oktober 1919 in „Alsberg, die strafprozessualen Entscheidungen der Oberlandesgerichte", Band 1, S. 370.)

Der Antrag des Rechtsanwalts Krücke auf gerichtliche Entscheidung wäre also aus diesem Grunde als unzulässig zu verwerfen, wenn die formellen Voraussetzungen des § 172 gegeben wären, was aber, wie unten ausgeführt wird, nicht der Fall war.

**2.** Der Antrag auf gerichtliche Entscheidung ist binnen einem Monat nach der Bekanntmachung bei dem zuständigen Gerichte zu stellen (§ 172 Abs. 1), und muß von einem Rechtsanwalt unterzeichnet und substantiiert sein. (§ 172 Abs. 2.)

**a)** Der Antrag muß also binnen einem Monat nach der Bekanntmachung beim Oberlandesgericht bzw. Bundesgerichtshof (§ 172 Abs. 3) einkommen; eine analoge Anwendung des § 306 erscheint nicht zulässig. Eine Nichtbeachtung dieser Vorschrift, sowie die Versäumung der zweiwöchigen Beschwerdefrist hat den Verlust des Rechtsbehelfs zur Folge. Eine Wiedereinsetzung in den vorigen Stand gemäß §§ 44ff. gibt es nur gegen die Versäumnis der zweiten, nicht der ersten Frist, denn die Wiedereinsetzung kommt nur für die bei den Gerichten wahrzunehmenden Fristen in Frage.

Im vorliegenden Falle ist der Schriftsatz des Rechtsanwalts Krücke an sich rechtzeitig (3. Oktober bis 3. November) beim Oberlandesgericht eingekommen.

**b)** Der Antrag muß ferner in der in Abs. 2 des § 172 verlangten Art substantiiert sein, d. h. er muß die Tatsachen, welche die Erhebung der öffentlichen Klage begründen sollen, und die Beweismittel angeben.

aa) Der Antrag muß also nicht nur den Beschuldigten in erkennbarer Weise bezeichnen, sondern muß auch eine in sich verständliche Sachdarstellung enthalten, die dem Gericht die Entscheidung darüber ermöglicht, ob der vorgetragene Sachverhalt ausreicht, um die Erhebung der öffentlichen Klage zu beschließen, oder ob noch die Einsicht in die von der Staatsanwaltschaft geführten Verhandlungen gemäß § 173 erforderlich ist. (Siehe Goldtammers Archiv, Band 58, S. 226, und Deutsche Rechtszeitschrift 1950, S. 12.)

bb) Im vorliegenden Falle fehlt dem Schriftsatz vom 20. Oktober eine solche Sachdarstellung; Rechtsanwalt Krücke hat sich vielmehr darauf beschränken zu können geglaubt, lediglich auf die bei den Akten der Staatsanwaltschaft Heidelberg befindliche Strafanzeige und die bei dem Generalstaatsanwalt eingereichte Beschwerdeschrift Bezug zu nehmen, was jedoch im Hinblick auf die strenge Vorschrift des § 172 Abs. 2 nicht zulässig ist. (Siehe Goldtammers Archiv, Band 38, S. 368, und Beschluß des OLG. Tübingen vom 7. Januar 1949 in Deutsche Rechtszeitschrift 1949, S. 165.)

Da somit innerhalb der vorgeschriebenen Frist — die ausführliche Sachdarstellung wurde ja erst am 10. November gegeben — nur ein unsubstantiierter Antrag beim Oberlandesgericht eingekommen ist, ist der Antrag auf gerichtliche Entscheidung zunächst schon aus diesem formellen Grunde als unzulässig zurückzuweisen.

(N. B. Diese Zurückweisung würde indes der späteren Anbringung eines substantiierten Antrags, wenn er noch innerhalb der einmonatigen Frist einkommt, nicht entgegenstehen.)

**c)** Der Antrag muß schließlich mittels eines von einem Rechtsanwalt unterzeichneten Schriftstücks angebracht werden, um dem Gericht die Prüfung völlig grundloser Anträge zu ersparen.

aa) Diese Bestimmung betrifft lediglich die Form der Erklärung und läßt die Frage nach der Legitimation desjenigen, der den Antrag bei Gericht anbringt, völlig unberührt.

bb) Bezüglich der Frage, in welcher Art der gewählte Verteidiger sich als solcher auszuweisen habe, enthält die Strafprozeßordnung keine allgemeinen Vorschriften; es ist hieraus die Absicht des Gesetzes zu erkennen, die Zulassung eines Verteidigers so wenig als möglich von formellen Erfordernissen abhängig zu machen. Insbesondere ist (ausgenommen die Fälle der §§ 234, 350, 387, 411, 431) Schriftlichkeit der Vollmacht nicht erforderlich. Sie wird zunächst bis zu ihrem Nachweis vermutet, wenn der Verteidiger schriftliche Eingaben für den Beschuldigten macht oder schriftlich Anträge für ihn stellt; handelt es sich um Erklärungen, die an eine Notfrist gebunden sind (z. B. Einlegung von Rechtsmitteln gemäß § 297), dann muß die Vertretungsmacht im Zeitpunkt der Rechtsmitteleinlegung vorhanden gewesen sein. Die nachträgliche Genehmigung des Berechtigten — einerlei ob sie innerhalb oder außerhalb der Rechtsmittelfrist erklärt wird — kann diese Unwirksamkeit nicht mehr beheben.

cc) Verschieden von dieser Frage nach der Zeit, zu welcher der Rechtsanwalt von seinem Vollmachtgeber zur Abgabe der Erklärung ermächtigt sein muß, ist die Frage, zu welchem Zeitpunkt die Legitimation des Rechtsanwalts dem Gerichte nachgewiesen werden muß.

In dieser Beziehung hat das Reichsgericht in E. 21, 127 seinen früheren (in E. 3, 91 niedergelegten) strengen Standpunkt aufgegeben und bezüglich des Angeklagten dahin entschieden, daß grundsätzlich die Wirksamkeit der von einem rechtzeitig bevollmächtigten Rechtsanwalte für den Angeklagten eingereichten Erklärung usw. nicht davon abhängen soll, daß auch die Legitimation des Rechtsanwalts innerhalb der fraglichen Frist nachgewiesen wird.

dd) Im vorliegenden Falle handelt es sich aber nicht um einen vom Beschuldigten bevollmächtigten Rechtsanwalt, sondern um einen solchen des Verletzten. Hier muß verlangt werden, daß die Vollmacht innerhalb der Monatsfrist dem Gericht vorgelegt wird. (Siehe Goldtammers Archiv 39, 477.)

ee) Da somit im vorliegenden Falle dem Oberlandesgericht innerhalb der gesetzlichen Frist, d. h. vor dem Ablaufe des 3. November 1950, ein Antrag des Verletzten deshalb nicht vorgelegen hat, weil die dem Rechtsanwalt Krücke erteilte Vollmacht erst mit Brief vom 10. Dezember 1950 eingereicht worden ist, muß der Antrag auch aus diesem Grunde als unzulässig zurückgewiesen werden.

## IV. Die Entscheidung des Oberlandesgerichts.

### 1. Die Entscheidung in der Sache selbst.

Aus den obigen Erörterungen ergibt sich, daß eine Sachentscheidung überhaupt nicht erfolgen kann, da, selbst wenn man einem Antrag auf gerichtliche Entscheidung gegen eine „vorläufige Einstellung" stattgeben wollte, der Antrag den Anforderungen des § 172 Abs. 2 nicht genügt.

Der Antrag ist demnach als unzulässig zurückzuweisen.

2. Die Kostenentscheidung.

a) Die durch das Verfahren über den Antrag veranlaßten Kosten, bezüglich deren das Gericht gemäß § 176 Sicherheitsleistung verlangen kann, bestehen in der in § 57 des Gerichtskostengesetzes vom 18. Juni 1878 (Fassung vom 5. Juli 1927) bestimmten Gebühr, in den durch die etwaigen Ermittlungen (§ 173 Abs. 3) verursachten Auslagen sowie in den notwendigen Auslagen, welche dem Beschuldigten entstanden sind. (Siehe Fall 6, Abschnitt A II 2a, S. 115.)

b) Diese Kosten sollen gemäß § 177 dem Antragsteller auferlegt werden, wenn der Antrag nach § 174 verworfen wird, „weil sich kein genügender Anlaß zur Erhebung der öffentlichen Klage ergibt".

Aus dieser Fassung des § 177 ist zu folgern, daß für den Antragsteller Kosten nicht erwachsen, wenn der Antrag, wie im vorliegenden Falle, wegen eines formellen Mangels, ohne sachliche Prüfung zurückgewiesen wird; denn dieser Fall ist in den §§ 174, 177 nicht vorgesehen, und es fehlt somit an einer gesetzlichen Vorschrift, auf Grund deren dem Antragsteller in diesem Falle Gebühren auferlegt werden könnten. (Siehe Löwe, Anm. 1 zu § 177.)

(N.B. Wird der Antrag aus sachlichen Gründen, deren Würdigung erst nach Prüfung der Formerfordernisse erfolgen darf, gemäß § 174 verworfen, so tritt nach Abs. 2 ein bedingter Verbrauch des Strafklagerechts ein. Erachtet dagegen das Gericht den Antrag für begründet, so beschließt es gemäß § 175 die Erhebung der öffentlichen Klage; die Durchführung dieses Beschlusses besteht darin, daß die Staatsanwaltschaft die öffentliche Klage nach Maßgabe des Beschlusses unverzüglich erhebt. Diese Regelung, die eine Durchbrechung des in § 150 GVG. niedergelegten Grundsatzes bedeutet, daß nämlich die Staatsanwaltschaft in ihren Amtsverrichtungen von den Gerichten unabhängig ist, hat für die Staatsanwaltschaft keinerlei weitere Bindungen bezüglich des nun folgenden Strafverfahrens. So braucht sie insbesondere keine sofortige Beschwerde gemäß § 210 Abs. 2 einzulegen, falls das Gericht die Eröffnung des Hauptverfahrens gemäß § 204 ablehnt. Ebensowenig ist sie gehindert, Freisprechung zu beantragen, oder im Falle der Freisprechung auf die Einlegung eines Rechtsmittels zu verzichten. Ebenso ist auch für die weiteren gerichtlichen Entscheidungen der Beschluß nach § 175 in keiner Weise präjudizierlich.)

(N.B. Das Klageerzwingungsverfahren steht dem Verletzten nur im Verfahren zur Vorbereitung einer erst zu erhebenden öffentlichen Klage zu, nicht aber in dem Verfahren bei Wiederaufnahme des Verfahrens nach rechtskräftiger Ablehnung der Eröffnung des Hauptverfahrens gemäß § 211. Urteil des OLG. Neustadt in Deutsche Rechtszeitschrift 49, S. 45.)

# ZU FALL 3.

## A.

## Vorbemerkung: Allgemeine Übersicht über den Verlauf des Strafverfahrens bis zur Hauptverhandlung.

**1. Das Strafverfahren zerfällt in drei Hauptteile:**

**a)** Das Vorverfahren. Zu ihm gehört:

aa) das sog. vorbereitende Verfahren, das im wesentlichen in der Hand des Staatsanwalts liegt (§§ 151—177).

bb) Die gerichtliche Voruntersuchung (§§ 178—197).

**b)** Das Hauptverfahren.

Zum Hauptverfahren im weiteren Sinn gehört:

aa) Das Eröffnungsverfahren (§§ 198—212b).

bb) Vorbereitung der Hauptverhandlung (§§ 213—225).

cc) Die Hauptverhandlung (§§ 226—275).

**c)** Das Vollstreckungsverfahren, das die Verwirklichung der vom Gericht gegen den Angeklagten verhängten Strafe bzw. Sicherungsmaßregel bezweckt und das allgemein in der Hand des Staatsanwalts liegt (s. Nachtrag zu Fall 4, S. 97).

**2. Die Anklage.**

**a)** Die Erhebung der Klage geschieht regelmäßig entweder durch den Antrag auf Voruntersuchung oder durch die Einreichung einer Anklageschrift (§ 170). (Wegen der Besonderheit im beschleunigten Verfahren s. unten Abschn. 7.) Als dritte Form der „Klageerhebung" hat schließlich der Antrag auf Erlassung eines Strafbefehls zu gelten (siehe Fall 14, Abschnitt A II, S. 188).

In dem Antrage auf Voruntersuchung ist stets die Erhebung der Klage enthalten, in der Einreichung der Anklageschrift nur dann, wenn nicht eine Voruntersuchung vorausgegangen ist (§ 199), andernfalls hat, da die Klage bereits erhoben war, die Einreichung der Anklageschrift nur die Bedeutung einer ein neues Prozeßstadium einleitenden Prozeßhandlung (§ 198).

**b)** Die Anklageschrift hat eine doppelte Funktion.

aa) Sie ist dazu bestimmt, das Gericht über die Sachlage in tatsächlicher und rechtlicher Beziehung zu informieren, und ihm dadurch die Möglichkeit zur Entscheidung darüber zu geben, ob die notwendigen Voraussetzungen für die Eröffnung des Hauptverfahrens gegeben sind.

bb) Die Anklageschrift ist ferner dazu bestimmt, den Angeschuldigten über die Richtung und Begründung der Anschuldigung und insbesondere über die gegen ihn vorzubringenden Beweise durch ein sog. Ermittlungsergebnis in Kenntnis zu setzen. (Von einem solchen Ermittlungsergebnis kann gemäß § 200 Abs. 2 nur abgesehen werden, wenn Anklage beim Amtsrichter als Einzelrichter erhoben wird.)

c) Die zwingenden Erfordernisse jeder Anklageschrift sind nach § 200:

aa) die Bezeichnung der Person des Angeschuldigten;

bb) die Bezeichnung der Tat, d. h. des geschichtlichen Vorgangs, der den Gegenstand der Anklage bildet, und die Angabe, welcher strafrechtliche Tatbestand durch diesen Vorgang nach Ansicht der Staatsanwaltschaft verwirklicht wird;

cc) die Angabe der Gesetzesbestimmungen (Paragraphen);

dd) die Angabe der Beweismittel, und zwar nicht nur der belastenden, sondern auch der entlastenden;

ee) die Angabe des Gerichts, vor welchem die Hauptverhandlung stattfinden soll;

ff) die Aufnahme eines Ermittlungsergebnisses (s. oben Ziff. 2b, bb).

d) Mängel der Anklageschrift.

aa) Sie berechtigen das Gericht, die Eröffnung des Hauptverfahrens bis zur Beseitigung des Mangels abzulehnen.

bb) Die Revision kann auf einen Mangel der Anklageschrift nicht gestützt werden, weil nicht die Anklageschrift, sondern der in der Hauptverhandlung allein zu verlesende Eröffnungsbeschluß die Grundlage der Hauptverhandlung bildet, das Urteil also nicht auf der Anklageschrift beruht (E. 31, 104). Auch steht dem Angeklagten kein Recht zu, wegen Mangelhaftigkeit der Anklage die Aussetzung der Verhandlung und die nachträgliche Vervollständigung der Anklageschrift zu verlangen (Goldtammers Archiv 35, 321).

cc) Immer aber bildet die Anklage, besonders im Falle des § 266 (nachträgliche Klageerweiterung während der Hauptverhandlung, siehe Nachtrag zu Fall 5, Abschn. III, S. 112) eine unentbehrliche Voraussetzung für das gerichtliche Verfahren (siehe E. 77, 34).

e) Die Zurücknehmbarkeit der Klage.

aa) Gemäß § 156 kann die öffentliche Klage nur bis zur Eröffnung der Voruntersuchung oder des Hauptverfahrens zurückgenommen werden.

bb) Beantragt die Staatsanwaltschaft nach geführter Voruntersuchung, den Angeschuldigten außer Verfolgung zu setzen, so kann sie dieses Ergebnis nicht erzwingen. Vielmehr ist das Gericht nach Maßgabe des § 208 Abs. 1 befugt, trotzdem die Eröffnung des Hauptverfahrens zu beschließen; die Staatsanwaltschaft ist in diesem Falle gemäß § 208 Abs. 2 verpflichtet, eine dem Beschluß entsprechende Anklageschrift einzureichen.

cc) Wegen Zurücknahme des Antrags auf Strafbefehl siehe Fall 14, Abschnitt A VI, S. 189.

dd) Wegen Zurücknahme der Privatklage, siehe Fall 16, Abschnitt A VII 5, S. 211.

**3. Die gerichtliche Voruntersuchung** (§§ 178—197).

**a)** Sie ist dazu bestimmt, die gegen den Angeschuldigten wegen einer bestimmten Tat erhobene Beschuldigung so weit zu klären, daß eine Entscheidung des Gerichts darüber erfolgen kaun, ob das Hauptverfahren zu eröffnen oder der Angeschuldigte außer Verfolgung zu setzen ist (§ 190). Sie dient daher demselben Zweck wie das vorbereitende Verfahren, jedoch mit dem Unterschiede, daß in der Voruntersuchung bereits die Anschuldigung wegen einer bestimmten Tat gegen eine bestimmte Person als Täter oder Teilnehmer gerichtet ist.

Der Wert der Voruntersuchung liegt im allgemeinen darin, daß der Leiter der Voruntersuchung die zur Durchführung des Verfahrens notwendigen Zwangsmaßnahmen, wie Verhaftung, Beschlagnahme und Durchsuchung in eigener Person vornehmen kann, also ohne jeweils die Mitwirkung des für diese Maßnahmen an sich zuständigen Gerichts (in der Regel des Amtsgerichts) in Anspruch nehmen zu müssen.

**b)** Eine notwendige Voruntersuchung findet statt:

aa) In den zur Zuständigkeit des Bundesgerichtshofs, des Oberlandesgerichts im ersten Rechtszuge oder des Schwurgerichts gehörenden Strafsachen. Im letztgenannten Falle (Schwurgericht) entfällt eine Voruntersuchung, wenn der Beschuldigte durch einen Richter vernommen ist, der Tatbestand einfach liegt und die Voruntersuchung nach dem Ermessen der Staatsanwaltschaft nicht erforderlich ist. Doch kann der Angeschuldigte in der Erklärung über die Anklageschrift (§ 201) die Durchführung einer Voruntersuchung beantragen; dem Antrag ist stattzugeben (§ 178 Abs. 1).

bb) In den zur Zuständigkeit der Strafkammer im ersten Rechtszug und zur Zuständigkeit des Schöffengerichts gehörenden Sachen, wenn der Angeschuldigte in der Erklärung über die Anklageschrift (§ 201) oder die Staatsanwaltschaft dies beantragt und erhebliche Gründe geltend macht, aus denen eine Voruntersuchung erforderlich erscheint (§ 178 Abs. 2).

**c)** Für die Entscheidung über die Eröffnung der Voruntersuchung ist, falls der Untersuchungsrichter im Hinblick auf § 180

Bedenken gegen die Eröffnung der Voruntersuchung trägt, die Strafkammer zuständig (§ 73 GVG.). Der die Eröffnung der Voruntersuchung anordnende Beschluß der Strafkammer kann nicht angefochten werden (§ 182 Abs. 2); gegen den ablehnenden Beschluß findet sofortige Beschwerde statt (§ 183).

**d)** Im übrigen steht die Eröffnung und Leitung der Voruntersuchung nach § 184 dem Untersuchungsrichter zu. In einigen Fällen hat das Gericht an Stelle des Untersuchungsrichters zu entscheiden, so z. B. bei Unterbringung in einer Heil- und Pflegeanstalt zur Vorbereitung eines Gutachtens über den Geisteszustand des Beschuldigten (§ 81), ferner in den Fällen der §§ 115a, 197 Abs. 2. Für die Entscheidung von Beschwerden gegen den Untersuchungsrichter ist gemäß § 304 die Strafkammer zuständig.

**e)** Ein Recht auf Teilnahme an der Voruntersuchung haben die Prozeßbeteiligten nur bei der vorweggenommenen Beweisaufnahme des § 193, also nicht bei der Vernehmung des Angeschuldigten; diese findet ebenso wie im vorbereitenden Verfahren (§ 169 Abs. 2), in Abwesenheit der Staatsanwaltschaft und des Verteidigers statt (§ 192 Abs. 2).

**f)** Nach Schluß der Voruntersuchung legt der Untersuchungsrichter der Staatsanwaltschaft die Akten zur Stellung ihrer Anträge vor. Der Staatsanwalt erhebt nun entweder Anklage in derselben Form, wie wenn keine Voruntersuchung stattgefunden hätte, oder er stellt den Antrag bei Gericht, den Angeschuldigten außer Verfolgung zu setzen. Der Staatsanwalt kann also das Verfahren nicht selbst einstellen, und hat auch keine Möglichkeit, die Außerverfolgungsetzung zu erzwingen. (Siehe § 208 und die Ausführungen oben in Abschnitt 2 e.)

### 4. Die Eröffnung des Hauptverfahrens (§§ 198 bis 212b).

**a)** Nach stattgehabter Voruntersuchung entscheiden gemäß § 198 in den zur Zuständigkeit des Bundesgerichtshofs oder der Oberlandesgerichte gehörigen Sachen diese Gerichte (Strafsenate), sonst das Landgericht (Strafkammer) darüber, ob das Hauptverfahren zu eröffnen oder der Angeschuldigte außer Verfolgung zu setzen oder das Verfahren vorläufig einzustellen ist.

**b)** Der Beschluß über die Eröffnung des Hauptverfahrens (§§ 203, 207), der den Gegensatz zu der in § 204 bezeichneten Entscheidung bildet, ist zu erlassen, wenn das Gericht auf Grund des ihm von der Staatsanwaltschaft vorgelegten Aktenmaterials die Überzeugung gewinnt, daß der Angeschuldigte einer strafbaren Handlung hinreichend verdächtig, d. h. daß eine strafbare und schuldhafte Handlung des Angeschuldigten wahrscheinlich ist.

**c)** Mit dem Eröffnungsbeschluß ist die Sache bei dem erkennenden Gericht anhängig geworden; diesem steht von nun an die Ausübung der richterlichen Gewalt zu, jedoch mit der Maßgabe, daß in schöffengerichtlichen Sachen die vor dem Beginn der Hauptverhandlung erforderlichen Entscheidungen von dem Amtsrichter (§ 30 Abs. 2 GVG.), in schwurgerichtlichen Sachen die vor dem Beginn der Sitzungsperiode erforderlichen von der Strafkammer zu erlassen sind (§ 82 Abs. 2 GVG.).

**d)** Der Eröffnungsbeschluß bildet die notwendige Voraussetzung und Grundlage der Hauptverhandlung. Er begrenzt das Gebiet der Urteilsfindung (§§ 264—266) und gibt ferner dem Angeklagten darüber Belehrung, wie er seine Verteidigung zweckmäßig und erschöpfend zu führen habe (E. 10, 57).

**e)** Das Gericht hat die Eröffnung des Hauptverfahrens abzulehnen (siehe Löwe, Anm. 1 zu § 203),

aa) wenn die öffentliche Klage erhoben wurde, obwohl eine Prozeßvoraussetzung oder eine Klagevoraussetzung fehlte, ferner wenn ein Prozeßhindernis der Erhebung der Klage oder der Fortsetzung des Verfahrens entgegenstand (siehe Nachtrag zu Fall 7, S. 137).

bb) wenn die Tat unter kein Strafgesetz fällt;

cc) wenn es an genügenden Beweisen fehlt;

dd) wenn ein Schuldausschließungsgrund (z. B. Unzurechnungsfähigkeit) als hinreichend bewiesen anzusehen ist;

ee) wenn ein Strafausschließungsgrund oder ein Strafaufhebungsgrund vorliegt.

**f)** Gelangt eine Strafsache, abgesehen von den besonderen Fällen der §§ 212, 266, 411, ohne vorgängigen Eröffnungsbeschluß zur Hauptverhandlung (ein Fall, der in der Praxis wohl selten vorkommen dürfte), so muß auf Einstellung erkannt werden, um einem anderweiten Verfahren Raum zu geben (E. 24, 65).

**g)** Dem gänzlichen Fehlen des Eröffnungsbeschlusses ist der Fall gleich zu setzen, daß der Eröffnungsbeschluß wesentliche Mängel enthält, welche in der Hauptverhandlung nicht mehr verbessert werden können. Ein solcher Mangel liegt z. B. vor, wenn der Eröffnungsbeschluß von zwei Richtern der Strafkammer erlassen worden ist (E. 43, 218), oder wenn einer der in §§ 22, 23 genannten Ausschließungsgründe gegeben war (E. 55, 113).

**h)** Der Eröffnungsbeschluß kann von dem Angeklagten nicht angefochten werden (§ 210 Abs. 1). Gegen den Beschluß, durch den die Eröffnung des Hauptverfahrens abgelehnt oder abweichend von dem Antrag der Staatsanwaltschaft die Verweisung an ein Gericht niederer Ordnung ausgesprochen worden ist, steht der Staatsanwaltschaft sofortige Beschwerde zu (§ 210 Abs. 2).

**i)** Ist die Eröffnung des Hauptverfahrens durch einen nicht mehr anfechtbaren Beschluß abgelehnt, so kann die Klage nur auf

Grund neuer Tatsachen oder Beweismittel wieder aufgenommen werden (§ 211).

**5.** Das Gesetz bezeichnet mit dem Ausdruck **„Vorbereitung der Hauptverhandlung"** (§§ 214—225) den Inbegriff aller derjenigen Handlungen des Gerichts, der Staatsanwaltschaft und des Angeklagten, welche in den Zeitraum zwischen dem Erlaß der das Hauptverfahren eröffnenden Entscheidung und dem Beginn der Hauptverhandlung selbst fallen.

Die im Gesetz für dieses Stadium des Verfahrens vorgesehene Tätigkeit des Vorsitzenden besteht in der Hauptsache darin,

**a)** den Termin zur Hauptverhandlung zu bestimmen (§ 213),

**b)** die Ladung des Angeklagten und des Verteidigers zu bewirken und die Vorbereitungen für die Beweisaufnahme zu treffen, d. h. die Ladungen der Zeugen und Sachverständigen, sowie die Herbeischaffung der als Beweismittel dienenden Gegenstände zu veranlassen (§§ 214—222);

**c)** die kommissarische Vernehmung der Zeugen und Sachverständigen, deren Vernehmung in der Hauptverhandlung Hindernisse entgegenstehen, anzuordnen (§ 223). Dabei ist die Bestimmung des § 224 zu beachten, die auch auf den Fall zur Anwendung gelangt, daß vor der Hauptverhandlung ein Augenschein einzunehmen ist (§ 225).

**6. „Angeschuldigter"** heißt der Beschuldigte, gegen den die öffentliche Klage erhoben worden ist, während der Beschuldigte, gegen den das Hauptverfahren eröffnet worden ist, als „Angeklagter" bezeichnet wird (§ 157). „Beschuldigter" ist die allgemeine Bezeichnung für denjenigen, gegen den ein Strafverfahren im Gange ist.

**7. Das beschleunigte Verfahren** (§§ 212—212b).

Die Grundsätze für dieses Verfahren sind folgende:

**a)** Im Verfahren vor dem Amtsrichter und dem Schöffengericht kann der Staatsanwalt schriftlich oder mündlich den Antrag auf Aburteilung im beschleunigten Verfahren stellen, wenn der Sachverhalt einfach und die sofortige Aburteilung möglich ist (§ 212). (In Jugendstrafsachen ist dieses Verfahren ausgeschlossen, § 51 Abs. 2 RJGG.).

**b)** Stellt die Staatsanwaltschaft den Antrag, so wird, ohne daß es einer Entscheidung über die Eröffnung des Hauptverfahrens bedarf, die Hauptverhandlung sofort durchgeführt, oder mit kürzester Frist anberaumt (§ 212a Abs. 1).

Der Einreichung einer Anklageschrift bedarf es nicht. Die Anklage kann vielmehr mündlich erhoben werden (§ 212a Abs. 2).

Einer Ladung des Beschuldigten (die Frist beträgt 24 Stunden) bedarf es nur, wenn er sich nicht freiwillig zur Hauptverhandlung stellt oder nicht dem Gericht vorgeführt wird (§ 212a Abs. 3).

**c)** Der Amtsrichter oder das Schöffengericht lehnt die Aburteilung im beschleunigten Verfahren ab, wenn sich

aa) die Sache zur Verhandlung in diesem Verfahren nicht eignet oder wenn

bb) eine höhere Strafe als 1 Jahr Gefängnis zu erwarten ist. Zuchthaus oder eine Maßregel der Sicherung und Besserung darf in diesem Verfahren nicht verhängt werden (§ 212b Abs. 1).

Die Ablehnung kann auch in der Hauptverhandlung bis zur Verkündung des Urteils erfolgen (§ 212b Abs. 2).

Im Falle der Ablehnung bedarf es der Einreichung einer neuen Anklageschrift (§ 212 Abs. 3).

**8.** Die Hauptverhandlung und deren Verlauf: Siehe Vorbemerkung zu Fall 5.

## B.

## Lösung des Falles.

**I. In dem vorbereitenden Verfahren ist ein zur Hauptverhandlung nicht geladener Zeuge beeidigt worden mit der im Protokoll angegebenen Begründung, daß dem Zeugen das Erscheinen in der Hauptverhandlung wegen großer Entfernung nicht zugemutet werden könne.**

**1.** Vorbemerkung: Zeugen sind am Verfahren unbeteiligte Personen, die über von ihnen gemachte sinnliche Wahrnehmungen von Tatsachen aussagen sollen (E. 52, 289).

**a)** Zeugen können daher nicht sein:

aa) der amtierende Richter (dagegen kann der Richter I. Instanz in der zweiten Instanz als Zeuge vernommen werden, ebenso der Untersuchungsrichter),

bb) der amtierende Staatsanwalt (wird seine Vernehmung als Zeuge beschlossen, so muß an seiner Stelle ein anderer Staatsanwalt der weiteren Verhandlung beiwohnen, das gleiche gilt für den Verteidiger),

cc) der Privatkläger (der Nebenkläger kann Zeuge sein),

dd) der Mitbeschuldigte, es sei denn, daß das Verfahren gegen ihn abgetrennt ist (E. 52, 138).

**b)** Jeder ordnungsmäßig geladene Zeuge (s. §§ 214, 220, 386) hat vor dem Richter, vor den er geladen ist, zu erscheinen. Unentschuldigtes Ausbleiben hat die in § 51 genannten Folgen (Verurteilung in die Kosten und zu einer Ordnungsstrafe in Geld, hilfsweise bis zu 6 Wochen Haft; außerdem kann zwangsweise Vorführung angeordnet werden). Die Erscheinungspflicht einer unmittelbar geladenen Person (§§ 220, 386) ist davon abhängig, daß dieser bei der Ladung entweder die gesetzliche Entschädigung bar dargeboten oder deren Hinterlegung bei der Geschäftsstelle nachgewiesen wird. Ist dies der Fall, so zieht ein unentschuldigtes Ausbleiben dieselben Folgen nach sich, die beim Nichterscheinen eines amtlich Geladenen nach § 51 eintreten.

**c)** Jeder Zeuge muß über den Gegenstand seiner Vernehmung aussagen (§ 69) und muß, wenn es für erforderlich gehalten wird, seine Aussagen beschwören. (Wegen der Ausnahmen siehe die Ausführungen in Abschnitt II, S. 69—70.)

Die unberechtigte Zeugnis- oder Eidesverweigerung hat, wie das unentschuldigte Ausbleiben, nach § 70 Verurteilung in die Kosten und zu einer Ordnungsstrafe in Geld, hilfsweise Haftstrafe bis zu 6 Wochen zur Folge; außerdem kann zur Erzwingung des Zeugnisses die Haft angeordnet werden. (N.B. Die Maßnahmen des § 70 dürfen nur zur Herbeiführung verweigerter, nicht dagegen zur Erreichung wahrheitsgemäßer Aussagen angewandt werden. E. 73, 31. Siehe auch Vorbem. Fall 4, Abschn. II, S. 90.)

**d)** Jeder Zeuge ist einzeln und nach seiner Vernehmung zu vereidigen (§ 59 S. 1). Die Vereidigung selbst geschieht nach § 66c in der Weise, daß der Zeuge nicht die ganze Eidesnorm und Eidesformel nachspricht, sondern nur sagt: „Ich schwöre es, so wahr mir Gott helfe", nachdem vorher der Richter an den Zeugen die Worte gerichtet hat: „Sie schwören bei Gott dem Allmächtigen und Allwissenden, daß Sie nach bestem Wissen die reine Wahrheit gesagt und nichts verschwiegen haben".

**e)** Jeder Zeuge hat nach § 71 nach Maßgabe der Gebührenordnung Anspruch auf Entschädigung für Zeitversäumnis und auf Erstattung der Reisekosten.

**2.** Die Vereidigung der Zeugen erfolgt gemäß § 59 Satz 2 grundsätzlich in der Hauptverhandlung, abgesehen von dem Falle der kommissarischen Vernehmung gemäß § 223, die nach Eröffnung des Hauptverfahrens durch einen beauftragten oder ersuchten Richter erfolgen kann, wenn dem Erscheinen eines Zeugen oder Sachverständigen in der Hauptverhandlung für eine längere oder ungewisse Zeit Krankheit oder Gebrechlichkeit oder andere nicht zu beseitigende Hindernisse entgegenstehen, oder wenn einem Zeugen oder Sachverständigen das Erscheinen in der Hauptverhandlung wegen großer Entfernung nicht zugemutet werden kann.

Ausnahmsweise kann eine Beeidigung schon im Vorverfahren stattfinden, nämlich in der Voruntersuchung nach § 66 dann, wenn Gefahr im Verzug ist (E. 43, 336), oder der Eid als Mittel zur Herbeiführung einer wahren Aussage über einen für das weitere Verfahren erheblichen Punkt erforderlich erscheint, oder der Zeuge voraussichtlich am Erscheinen in der Hauptverhandlung verhindert sein wird, oder schließlich, wenn dem Zeugen das Erscheinen in der Hauptverhandlung wegen großer Entfernung nicht zugemutet werden kann. Im vorbereitenden Verfahren ist die Vereidigung eines Zeugen nach § 65 nur zulässig, wenn Gefahr im Verzug ist oder wenn der Eid als Mittel zur Herbeiführung einer wahren Aussage über einen für das weitere Verfahren erheblichen Punkt erforderlich erscheint. Im vorbereitenden Verfahren wegen einer Übertretung ist die Vereidigung unzulässig.

Darüber, ob eine der gesetzlichen Voraussetzungen für die Beeidigung des Zeugen vorliegt, hat in der Voruntersuchung der Untersuchungsrichter und im vorbereitenden Verfahren der die Vernehmung bewirkende Amtsrichter zu entscheiden.

Es steht somit für den vorliegenden Fall fest, daß die Beeidigung des Zeugen ungesetzlich war, da sie im vorbereitenden Verfahren aus einem Grunde vorgenommen wurde, der nach § 66 nur in der Voruntersuchung Platz greift.

**3.** Angesichts dieser Sachlage erhebt sich für den Vorsitzenden die Frage, ob trotz dieses Verstoßes die Verlesung des Protokolls über diese Zeugenvernehmung in der Hauptverhandlung erfolgen kann, oder ob die Ladung des Zeugen zur Hauptverhandlung bzw. eine kommissarische Vernehmung nach § 223 geboten erscheint.

**a)** Die Verlesung der Niederschrift über eine frühere richterliche Vernehmung (eine Abweichung von der Regel des § 250) darf an Stelle der mündlichen Vernehmung einer Person vor dem erkennenden Gericht nur unter den in § 251 bestimmten Voraussetzungen erfolgen. (S. hierzu Nachtrag A zu diesem Falle, S. 85.)

**b)** Nach § 251 Abs. 1 Ziff. 3 ist die Verlesung der Niederschrift (Protokoll) über eine frühere richterliche Vernehmung eines Zeugen u. a. auch dann zulässig, wenn dem Zeugen das Erscheinen in der Hauptverhandlung wegen großer Entfernung nicht zugemutet werden kann.

**c)** Bezüglich der Frage, ob und inwieweit äußere Formmängel des Protokolls, insbesondere Verstöße gegen die Vorschriften der §§ 168, 187, 188 oder Verletzung der Bestimmungen der §§ 169, 193, oder derjenigen über die Beeidigung (§§ 60—66e) die Beweiskraft des Protokolls aufheben und daher seine Verlesung und Verwertung in der Hauptverhandlung unzulässig machen, enthält die Strafprozeßordnung keine Bestimmungen.

Hiernach muß es in jedem einzelnen Falle der freien Würdigung des erkennenden Gerichts (§ 261) überlassen bleiben, welche Bedeutung den etwaigen Verstößen und Mängeln beizumessen und ob die Beweiskraft des Protokolls oder doch eines Teils desselben für aufgehoben zu erachten sei. (Siehe auch S. 87.)

**d)** Für den vorliegenden Fall ergibt sich demnach folgendes:

aa) Ein Mangel in der Form des Protokolls liegt laut Tatbestand nicht vor; es enthält insbesondere auch (gemäß § 66a) den vom Amtsrichter angenommenen Grund der Beeidigung.

bb) Abs. 4 des § 251 enthält bezüglich der Beeidigung der zur Verlesung gelangenden Aussagen von Zeugen und Sachverständigen nur die Bestimmurg, daß festgestellt werden muß, ob der Vernommene vereidigt worden ist, und daß eine Beeidigung nachgeholt werden kann, wenn sie dem Gericht notwendig erscheint und noch ausführbar ist. Damit hat der Gesetzgeber klar zum Ausdruck gebracht, daß der Grund der Beeidigung nicht einmal der Erwähnung, geschweige denn der Prüfung in der Hauptverhandlung bedarf.

cc) Der Verlesung der gesetzwidrig beeidigten Zeugenaussagen in der bevorstehenden Hauptverhandlung und ihre Verwertung im Urteil könnte also nur dann den Bestand des Urteils in Frage stellen, wenn festzustellen wäre, daß die Beweiskraft des Protokolls durch die Tatsache der unzulässigen Beeidigung beeinträchtigt worden sei. Diese Frage ist aber zu verneinen. Die Aussagen des fraglichen Zeugen sind dadurch, daß sie entgegen der Bestimmung des § 65 beeidigt worden sind, in keiner Weise in ihrer Glaubwürdigkeit beeinträchtigt worden. Ihre Verwertung als beeidigte Aussage kann daher eine wahrheitsgemäße Urteilsfindung nicht gefährden. Abgesehen davon hätte aber das Gericht auch ohne weiteres die Möglichkeit, die fraglichen Aussagen des Zeugen lediglich als unbeeidigte zu werten und dadurch einen Zusammenhang zwischen der Gesetzesverletzung und dem Urteil auszuschließen (§ 337).

Der Amtsrichter wird somit dem ersten im vorbereitenden Verfahren entstandenen Fehler keine weitere Beachtung schenken und insbesondere davon absehen, den Zeugen zur Hauptverhandlung zu laden. (Siehe auch E. 10, 157.)

**II. In der Voruntersuchung ist der Neffe N des Angeschuldigten H gemäß § 66 Nr. 4 eidlich vernommen worden, ohne daß er über sein Zeugnis- und Eidesverweigerungsrecht belehrt worden ist, und obwohl, wie sich nachträglich heraus-**

**gestellt hat, auch gegen ihn der Verdacht einer Beteiligung an der gewerbsmäßigen Hehlerei besteht.**

**1.** Nach § 52 ist zur Verweigerung des Zeugnisses berechtigt der Verlobte und Ehegatte des Beschuldigten und wer mit dem Beschuldigten in gerader Linie verwandt, verschwägert oder durch Annahme an Kindes Statt verbunden oder in der Seitenlinie bis zum dritten Grad verwandt oder bis zum zweiten Grad verschwägert ist, auch wenn die Ehe, durch welche die Schwägerschaft begründet ist, nicht mehr besteht.

**a)** Der Grad der Verwandtschaft bemißt sich nach der Zahl der sie vermittelnden Geburten. (Eltern und Kinder sind also im 1. Grad, Großeltern und Enkel im 2. Grad in gerader Linie, Geschwister im 2., Cousin und Cousine im 4., Onkel und Neffe im 3. Grad der Seitenlinie verwandt.)

Die Verwandten eines Ehegatten sind mit dem anderen Ehegatten verschwägert. Linie und Grad der Schwägerschaft bestimmen sich nach dem Grade der sie vermittelnden Verwandtschaft. (Schwiegervater und Schwiegertochter sind im 1. Grad in gerader Linie, der Ehemann mit dem Bruder seiner Frau im 2. Grad in der Seitenlinie verschwägert; nicht verschwägert sind die Ehemänner zweier Schwestern, oder ein Ehegatte mit dem Adoptivkind des anderen. E. 30, 75.)

Verlobte sind unverheiratete Männer und Frauen, zwischen denen ein wechselseitiges unbedingtes Eheversprechen ernstlich gegeben und angenommen ist. (E. 35, 49.)

**b)** Das Zeugnisverweigerungsrecht steht dem Zeugen auch dann zu, wenn er nur zu einem von mehreren Beschuldigten in einem Angehörigkeitsverhältnis steht, auch wenn dieser bereits rechtskräftig verurteilt oder gestorben ist; Voraussetzung ist nur, daß die mehreren Beschuldigten in irgendeinem Zeitpunkt in demselben Verfahren verfolgt worden sind. (E. 33, 350.)

**c)** Dem Neffen N stand somit ein Zeugnisverweigerungsrecht gemäß § 52 Nr. 3 zu, da er mit einem der Angeschuldigten in der Seitenlinie im dritten Grade verwandt ist. Über dieses Recht war der Zeuge gemäß § 52 Abs. 2 zu belehren.

(N. B. Zur Verweigerung des Zeugnisses sind nach § 53 ferner berechtigt Geistliche, Verteidiger, Rechtsanwälte und Ärzte sowie nach Maßgabe der neuen Nr. 4 des § 53 auch Redakteure, Verleger und Drucker, und nach § 54 öffentliche Beamte; in diesen Fällen ist eine Belehrung nicht erforderlich. [In E. 66, 273 ist entschieden, daß eine Person, der eine Blutprobe zum Zwecke der Blutgruppenbestimmung durch einen Sachverständigen entnommen worden ist, der Vernehmung des Sachverständigen und der Verwertung des Gutachtens unter Berufung auf § 53 Abs. 1 Nr. 3 und Abs. 2 i. Verb. mit

§ 76 nicht widersprechen kann, denn in diesem Falle komme nicht das Verhältnis eines Arztes zum hilfesuchenden Kranken in Frage, sondern das Verhältnis eines Beauftragten des Gerichts zu einer Person, deren Körperbeschaffenheit nach einer gewissen Richtung als Mittel zur Wahrheitsermittlung in einem anhängigen Verfahren dienen soll.] Es kann ferner nach § 55 jeder Zeuge die Auskunft auf solche Fragen verweigern, deren Beantwortung ihm selbst oder einem seiner Angehörigen (§ 52 Nr. 1—3) die Gefahr strafgerichtlicher Verfolgung zuziehen würde; der Umstand, daß der Zeuge bei Beantwortung einer Frage seine eigene Schande oder die eines Angehörigen würde bekennen müssen, berechtigt ebensowenig zur Verweigerung der Auskunft, wie die Gefahr, aus der Beantwortung der Frage einen Vermögensnachteil zu erleiden; § 68a bestimmt aber, daß Fragen nach Tatsachen, die dem Zeugen oder einer Person, die im Sinne des § 52 Abs. 1 sein Angehöriger ist, zur Unehre gereichen können, nur dann gestellt werden sollen, wenn es unerläßlich ist. Macht der Zeuge von dem Recht des § 55, über das er belehrt werden muß, keinen Gebrauch, so ist er verpflichtet, falls das Gericht es für erforderlich hält, die Aussage zu beeidigen, sofern nicht die Beeidigung nach § 60 Nr. 3 unzulässig, oder die Verweigerung der Eidesleistung aus § 63 zu begründen ist.)

**2.** Eidesverweigerungsberechtigt sind gemäß § 63 die in § 52 Abs. 1 bezeichneten Personen (Verlobte, Ehegatten, Verwandte und Verschwägerte des Beschuldigten). Die in § 63 zweiter Halbsatz für diese Personengruppe vorgesehene Belehrung muß ausdrücklich darüber erfolgen, daß der Zeuge, der ja, wie oben erwähnt, nach § 52 zunächst über sein Zeugnisverweigerungsrecht zu belehren ist, auch berechtigt ist, lediglich die Beeidigung zu verweigern.

Dem Neffen N stand somit nicht nur ein Zeugnis-, sondern auch ein Eidesverweigerungsrecht zu; über diese Rechte hätte er vor der Vernehmung belehrt werden müssen.

**3.** Unbeeidigt sind nach § 60 zu vernehmen: Die Eidesunmündigen, d. h. Personen unter 16 Jahren oder Verstandesunreife bzw. Verstandesschwache, die vom Wesen und der Bedeutung des Eides keine genügende Vorstellung haben (Nr. 1), die Eidesunfähigen nach § 161 StGB. (Nr. 2) und die der Beteiligung usw. Verdächtigen (Nr. 3).

**a)** Unter der „den Gegenstand der Untersuchung bildenden Tat" i. S. des § 60 Nr. 3 ist der ganze tatsächliche Vorgang zu verstehen, innerhalb dessen die abzuurteilende Straftat begangen wurde.

**b)** Beteiligter im Sinn des § 60 Nr. 3 ist (außer dem, dessen Handeln den Begriff der „Teilnahme" nach den §§ 47ff. StGB. erfüllt) derjenige, der bei dem fraglichen Vorgang in strafbarer Weise und in derselben Richtung wie der Angeklagte mitgewirkt hat und deshalb bei seiner Darstellung nicht die Unbefangenheit gegenüber dem Angeklagten besitzt, wie sie die Voraussetzung eines einwandfreien Zeugnisses bildet. (E. 77, 203.) So ist z. B. die Frau, die abgetrieben hat, in dem Verfahren gegen diejenige Person, die ihr das Mittel hierzu verschafft hat, uneidlich zu vernehmen, obwohl sie nicht Teilnehmerin i. S. der §§ 47ff. StGB. ist. (E. 57, 157.) Eine solche Beteiligung liegt insbesondere auch dann vor, wenn der rechtsverletzende Erfolg durch Zusammentreffen fahrlässigen Verhaltens des Angeklagten und des Zeugen herbeigeführt wurde. (Nebentäterschaft, s. E. 64, 377.) Ebenso ist der Angestiftete an der Tat des Anstifters „beteiligt" und deshalb im Strafverfahren gegen letzteren uneidlich zu vernehmen. (E. 70, 390). Fehlt es aber andererseits an einer solchen Mitwirkung des Zeugen an der Tat des Angeklagten, so ist der Umstand allein, daß sich die Tat des Zeugen in dem allgemeinen Rahmen des gleichen geschichtlichen Vorgangs abspielt und in derselben Richtung bewegt, in der auch die Tat des Angeklagten liegt, und daß sie mit der Tat in einem inneren oder äußeren, wenn auch noch so engen Zusammenhang steht, ohne Bedeutung. (E. 59, 167.)

**c)** Ob der Neffe B einer „Beteiligung" im oben erörterten Sinne tatsächlich verdächtig ist, läßt sich aus dem Wortlaut des Tatbestandes nicht ohne weiteres entnehmen.

(N. B. Gemäß § 61 kann von einer Beeidigung nach dem Ermessen des Gerichts abgesehen werden, 1. bei Personen, die z. Z. der Vernehmung das sechzehnte, aber noch nicht das achtzehnte Lebensjahr vollendet haben; 2. beim Verletzten sowie bei Personen, die i. S. des § 52 Abs. 1 Angehörige des Verletzten oder des Beschuldigten sind; 3. wenn das Gericht der Aussage keine wesentliche Bedeutung beimißt und nach seiner Überzeugung auch unter Eid keine wesentliche Aussage zu erwarten ist.)

**4.** Die rechtlichen Folgen einer entgegen dem Verbot des § 60 durchgeführten Vereidigung (N.B. durch dieses Verbot wird die strafrechtliche Verfolgung wegen Meineids nicht ausgeschlossen, auch nicht, wenn das 16. Lebensjahr noch nicht vollendet war, E. 36, 278), sowie einer unterlassenen Belehrung über das Zeugnis bzw. Eidesverweigerungsrecht (§§ 52 Abs. 2, 63) sind folgende:

**a)** Sämtliche Mängel enthalten eine Gesetzesverletzung und begründen daher gemäß § 337 die Revision, soweit das Urteil auf diesen Verstößen beruht, was dann der Fall ist, wenn das Urteil aus den diesbezüglichen Aussagen Folgerungen gezogen hat. (E. 44, 256.)

**b)** Erklärt im Falle der mangelnden Belehrung der Zeuge auf Grund nachträglicher Belehrung, daß er von dem Zeugnis- bzw. Eidesverweigerungsrecht keinen Gebrauch mache, so gilt der Mangel der Belehrung als behoben.

**c)** Verzichtet der Zeuge im Falle der nachträglichen Belehrung nicht auf sein Zeugnis- bzw. Eidesverweigerungsrecht, dann können die diesbezüglichen Mängel nur dadurch behoben werden, daß im Urteil ausdrücklich festgestellt wird, daß die Aussage unberücksichtigt geblieben ist. (E. 9, 386.)

**d)** Stellt sich die Beeidigung nachträglich gemäß § 60 als unzulässig heraus und bringt das Urteil zum Ausdruck, daß die Aussage nur als uneidliche gewürdigt worden ist, so ist der Verstoß damit geheilt. (E. 56, 94.) (Siehe aber Urteil des OLG. Düsseldorf vom 19. Mai 1949 in Juristische Rundschau 49, S. 516.)

**5.** Diese Erörterungen allgemeiner Art Ziff. 1—4 führen, unter Berücksichtigung des oben in Abschnitt I 3 c Gesagten, im vorliegenden Falle zu folgendem Ergebnis:

**a)** Da die Unterlassung der Belehrung i. S. der §§ 52 Abs. 2 und 63 der Vernehmung nicht nur die vom Gesetz durch die Belehrung erstrebte Sicherheit dafür entzieht, daß die Aussage des betreffenden Angehörigen unbeeinflußt und möglichst zuverlässig abgegeben worden ist, sondern die Vernehmung selbst zu einer illegalen macht, kann eine derartige Aussage auch nicht als ein gesetzlich zulässiges Beweismittel angesehen werden.

Sie kann deshalb auch nicht in der Hauptverhandlung verlesen und verwertet, d. h. gemäß § 251 zu einer Erkenntnisquelle für die richterliche Entscheidung gemacht werden, wobei es gleichgültig ist, ob die Prozeßbeteiligten (Staatsanwalt, Verteidiger und Angeklagter) mit der Verlesung einverstanden sind. (E. 20, 196.)

**b)** Die gleichen Folgen müßten eintreten, wenn der Fall des § 60 Nr. 3 gegeben ist. Denn die Möglichkeit, die fraglichen Aussagen als uneidliche zu werten und dadurch verlesbar und für die Urteilsfindung verwertbar zu machen, scheidet im vorliegenden Falle aus, da der gleichzeitige Fehler der mangelnden Belehrung auf diese Weise nicht zu beseitigen ist.

**c)** Falls also der Amtsrichter im vorliegenden Falle zu der Überzeugung gelangt, daß die Aussagen des Zeugen N für die Urteilsfindung von Wichtigkeit sind, wird er entweder den N zur Hauptverhandlung laden müssen, oder die Akten gemäß § 223 unter Benachrichtigung der Staatsanwaltschaft, des Angeklagten und des Verteidigers (§ 224) an das zuständige Amtsgericht übersenden mit dem Ersuchen um nochmalige Vernehmung des Zeugen N unter Beobachtung der Bestimmungen der §§ 52, 60, 63, 64.

**III. In der Voruntersuchung hat ein Augenschein in dem dem Gerichtsgebäude gegenüberliegenden Privathaus stattgefunden, ohne daß der in Untersuchungshaft befindliche Angeschuldigte H von dem Termin benachrichtigt worden war.** (Siehe auch Nachtrag B, S. 88.)

**1.** Vorbemerkung: Die Frage, welche Prozeßbeteiligten bei den einzelnen Verfahrensabschnitten ein Anwesenheitsrecht haben (Parteiöffentlichkeit), ist folgendermaßen zu beantworten:

**a)** Das Anwesenheitsrecht aller Prozeßbeteiligten im Vorverfahren (also des Beschuldigten, des Staatsanwalts und des Verteidigers im vorbereitenden Verfahren und in der Voruntersuchung) ist auf den Fall des § 193 bzw. § 169 beschränkt, d. h. dieses Recht ist nur für solche Beweisakte vorgesehen, deren Wiederholung in der Hauptverhandlung entweder nicht geschehen kann oder doch voraussichtlich nicht geschehen wird, die demnach als vorweggenommene Teile der Hauptverhandlung zu gelten haben. Es sind dies:

aa) Die Einnahme eines Augenscheins (§ 193 Abs. 1);

bb) die Vernehmung eines Zeugen oder Sachverständigen, dessen Erscheinen in der Hauptverhandlung für eine längere oder ungewisse Zeit Krankheit oder Gebrechlichkeit oder andere nicht zu beseitigende Hindernisse entgegenstehen oder dem das Erscheinen in der Hauptverhandlung wegen großer Entfernung nicht zugemutet werden kann (§ 193 Abs. 2). (N. B. Hat schon im Vorverfahren eine solche Vernehmung nach § 193 stattgefunden, dann erübrigt sich selbstverständlich eine kommissarische Vernehmung gemäß §§ 223 bis 225, da auch das gemäß § 193 aufgenommene Protokoll in der Hauptverhandlung verlesen werden kann, siehe Nachtrag A, Abschnitt D III, S. 85.)

**b)** Die Anwesenheit des Staatsanwalts und des Verteidigers bei der Vernehmung des Beschuldigten:

aa) Die richterliche Vernehmung des Beschuldigten im Vorverfahren (also sowohl im vorbereitenden Verfahren wie auch in der Voruntersuchung) erfolgt in Abwesenheit sowohl der Staatsanwaltschaft als auch des Verteidigers (§§ 192 Abs. 2, 169).

bb) An der polizeilichen Vernehmung des Beschuldigten kann die Staatsanwaltschaft wie bei allen polizeilichen Verhandlungen stets teilnehmen; dies ergibt sich daraus, daß die Polizei in Strafsachen als ein Organ der Staatsanwaltschaft erscheint. (N. B. Beschuldigter und Verteidiger haben keinen Anspruch auf Anwesenheit bei polizeilichen oder staatsanwaltschaftlichen Verhandlungen.)

**2.** Nach § 193 Abs. 4 hat der nicht auf freiem Fuß befindliche Angeschuldigte einen Anspruch auf Anwesenheit nur bei solchen Terminen, welche an der Gerichtsstelle des Orts abgehalten werden, wo er sich in Haft befindet. (Das gleiche gilt für die kommissarische Vernehmung, siehe § 224 Abs. 2.)

**a)** Der Ausdruck „nicht auf freiem Fuß befindlich" ist gewählt, um alle gesetzlich zulässigen Arten von Haft zu umfassen. Der Abs. 4 ist also anwendbar, gleichviel, ob der Angeschuldigte eine Freiheitsstrafe verbüßt, oder ob er sich in Untersuchungshaft, Zwangshaft (§ 70) oder in einer vom Zivilrichter oder von der Polizei verhängten Haft befindet.

**b)** Der Ausdruck „Gerichtsstelle" wird im Gesetz in verschiedenem Sinne gebraucht: während er in § 248 ganz allgemein Ort der Verhandlung bedeutet, ist in § 224 Abs. 2 und § 193 Abs. 4 unter diesem Begriff nur das regelmäßige Geschäftslokal des Gerichts zu verstehen.

Ein Anspruch auf Anwesenheit bei dem in einem Privathaus stattfindenden Augenschein stand dem Angeschuldigten im vorliegenden Falle also nicht zu.

**3.** Eine andere Frage ist aber die, ob der Angeschuldigte nicht von dem Termin hätte in Kenntnis gesetzt werden müssen.

**a)** Die zur Anwesenheit bei der Augenscheinseinnahme Berechtigten, welche nach Abs. 3 des § 193 benachrichtigt werden müssen, sind nach Abs. 1 die Staatsanwaltschaft, der Angeschuldigte und der Verteidiger.

**b)** Der Abs. 4 nun will die aus Abs. 1 und 3 sich ergebenden Rechte des Angeschuldigten für den Fall, daß er sich in Haft befindet, nicht beseitigen, sondern nur zum Ausdruck bringen, daß der an sich zur Anwesenheit berechtigte verhaftete Angeschuldigte zur Verhinderung von Fluchtversuchen oder Vermeidung von Transportschwierigkeiten keinen Anspruch darauf hat, an Ort und Stelle hingebracht zu werden, um sein Recht auszuüben. (E. 23, 143.)

Dagegen steht ihm ein Anspruch auf Benachrichtigung schon um deswillen zu, weil er ein wesentliches Interesse daran haben kann, sich bei dem auch für die Hauptverhandlung bedeutungsvollen Akt der Augenscheinseinnahme durch einen Verteidiger vertreten zu lassen.

Das Unterbleiben der Benachrichtigung enthält also im vorliegenden Falle einen Verstoß gegen das Gesetz.

**4.** Auf Grund dieser Feststellungen wird der Amtsrichter folgende Erwägungen anstellen:

**a)** Die Verlesung des Protokolls über den richterlichen Augenschein in der Hauptverhandlung gemäß § 249 hat stets zur Voraussetzung, daß das bei der Einnahme des Augenscheins beobachtete

Verfahren nicht an einem wesentlichen Mangel leidet; mit einem solchen ist aber nach den obigen Ausführungen das Augenscheinsverfahren im vorliegenden Falle behaftet, die Verlesung des diesbezüglichen Protokolls ist also an sich nicht statthaft.

**b)** Erhebt aber der Angeklagte in der Hauptverhandlung keinen Widerspruch gegen die Verlesung der Augenscheinseinnahmeverhandlung, bzw. stellt er keinen Antrag, die Augenscheinseinnahme unter Zuziehung des Verteidigers zu wiederholen, so wird hieraus geschlossen werden können, daß der Angeklagte mit der Verlesung einverstanden ist, daß er auf Geltendmachung des formalen Mangels verzichtet, der dann auch nicht mehr Gegenstand eines Revisionsangriffes werden könnte. (E. 23, 144.)

Der Amtsrichter wird also abwarten, ob der Angeklagte in der Hauptverhandlung gegen die Verlesung Widerspruch erhebt und dann gegebenenfalls einen neuen Augenschein anordnen müssen.

## IV. Der schriftliche Antrag des Angeschuldigten S, einen Verteidiger zu bestellen, ist nicht verbeschieden worden.

**1.** Vorbemerkung: Die notwendige Verteidigung.

**a)** In bestimmten Fällen ist die Verteidigung eine notwendige. Ist ein solcher Fall gegeben, dann darf eine Hauptverhandlung ohne Verteidiger nicht stattfinden; bleibt der Verteidiger in der Hauptverhandlung aus, entfernt er sich vorzeitig, oder weigert er sich, die Verteidigung zu führen, so hat der Vorsitzende sofort einen anderen Verteidiger zu bestellen (§ 145 Abs. 1). Ergibt sich erst im Laufe der Hauptverhandlung, daß die Verteidigung notwendig ist (z. B. es stellt sich während der Verhandlung heraus, daß die Unterbringung in einer Heil- oder Pflegeanstalt in Frage kommt), so hat der Vorsitzende dem Angeklagten einen Verteidiger zu bestellen; gegebenenfalls ist die Verhandlung auszusetzen (§ 145 Abs. 2 u. 3). Auch eine nur zeitweise Nichtanwesenheit des notwendigen Verteidigers in der Hauptverhandlung (z. B. bei der Urteilsverkündung, siehe E. 57, 264) bildet den absoluten Revisionsgrund des § 338 Nr. 5. Ob dies auch bei Abwesenheit während unwesentlicher Teile der Hauptverhandlung der Fall ist, ist bestritten. (Siehe E. 53, 171, wo entschieden wurde, daß auch eine Nichtanwesenheit während der Vernehmung des Angeklagten über seine persönlichen Verhältnisse die Revision nach § 338 Nr. 5 begründe. Siehe schließlich auch das eine mildere Auffassung enthaltende Urteil des OLG. Stuttgart vom 30. September 1949 in Deutsche Rechtszeitschrift 1950 S. 373.)

**b)** Die Verteidigung ist notwendig (§ 140), wenn

aa) die Hauptverhandlung vor dem Bundesgerichtshof oder dem Oberlandesgericht im ersten Rechtszug oder vor dem Schwurgericht stattfindet;

bb) eine Tat in Frage kommt, die nicht nur wegen Rückfalls ein Verbrechen ist und die Staatsanwaltschaft oder der Beschuldigte oder sein gesetzlicher Vertreter die Stellung eines Verteidigers beantragt;

cc) das Verfahren zur Anordnung der Sicherungsverwahrung oder zur Unterbringung in einer Heil- oder Pflegeanstalt oder zur Untersagung der Berufsausübung führen kann;

dd) der Beschuldigte taub oder stumm ist;

ee) wenn sich der Beschuldigte bis zur Hauptverhandlung in Haft befunden, diese länger als drei Monate gedauert hat und die Staatsanwaltschaft oder der Beschuldigte oder sein gesetzlicher Vertreter die Bestellung eines Verteidigers beantragt;

ff) zur Vorbereitung eines Gutachtens über den Geisteszustand des Beschuldigten seine Unterbringung in einer öffentlichen Heil- oder Pflegeanstalt in Frage kommt;

gg) die Hauptverhandlung gegen einen Abwesenden stattfindet (§ 277).

Schließlich ist ein Verteidiger zuzuziehen in der mündlichen Verhandlung über den Haftbefehl, wenn die Untersuchungshaft mindestens drei Monate gedauert hat (§ 115d Abs. 3) oder wenn der Angeschuldigte zur mündlichen Verhandlung über den Haftbefehl nicht vorgeführt wird (§ 115d Abs. 2 Satz 2).

**c)** In anderen als den genannten Fällen bestellt der Vorsitzende für das ganze Verfahren oder nur für einen Teil des Verfahrens einen Verteidiger, wenn wegen der Schwere der Tat oder wegen der Schwierigkeit der Sach- und Rechtslage die Mitwirkung eines Verteidigers geboten erscheint, oder wenn sich der Beschuldigte seiner Persönlichkeit nach nicht selbst verteidigen kann (§ 140 Abs. 2).

**d)** Außerhalb der oben erörterten Fälle steht dem Beschuldigten ein Anspruch auf Bestellung eines Verteidigers niemals und insbesondere auch dann nicht zu, wenn er armutshalber außer Stande ist, die Gebühren eines Wahlverteidigers, den sich der Beschuldigte gemäß § 137 in jeder Lage des Verfahrens nehmen kann, zu bezahlen. (Wegen der allgemeinen Rechte und Pflichten des Verteidigers s. Fall 6, Abschnitt A, S. 112 ff.)

**2.** Für den vorliegenden Fall ergibt sich folgendes:

**a)** Der Fall einer notwendigen Verteidigung liegt nicht vor. Zwar bildet eine Tat den Gegenstand des Verfahrens, die nicht nur wegen Rückfalls ein Verbrechen ist (gewerbsmäßige Hehlerei nach § 260 StGB.); aber die Bestellung eines Verteidigers war seitens des Angeschuldigten S in der Voruntersuchung, also vor Beginn der in § 140 Abs. 3 vorgesehenen Frist von einer Woche (früher

3 Tagen) beantragt worden. Dies genügt aber nicht zur Erfüllung der Voraussetzungen des § 140 Abs. 3. Anderenfalls wäre, wie in E. 58, 102 ausgeführt wird, der Vorsitzende genötigt, alle Eingaben, die der Angeschuldigte im Laufe des Vorverfahrens dem Gericht eingereicht hat, sorgfältig und genau zu prüfen, und das Übersehen eines solchen Antrags könnte zur Aufhebung des Urteils und zur Wiederholung der Hauptverhandlung führen. Der Gesetzgeber kann aber, so führt das RG. a.a.O. aus, nicht gewollt haben, daß der Bestand eines gerichtlichen Urteils durch solche Zufälligkeiten in Frage gestellt wird. (N.B. Der Angeschuldigte, der während der Frist des § 140 Abs. 3 einen Wahlverteidiger hat und deshalb unterlassen hat, die Bestellung eines Pflichtverteidigers zu beantragen, kann im Falle der Niederlegung der Wahlverteidigung die Stellung eines Pflichtverteidigers beantragen, und zwar innerhalb einer Frist von einer Woche (früher 3 Tagen), die mit der Kenntnis von der Niederlegung beginnt (E. 67, 3). Hat der Angeschuldigte erst nach Ablauf der Frist einen Wahlverteidiger bestellt, und hat dieser sodann die Verteidigung niedergelegt, so kann der Angeschuldigte die Bestellung eines Pflichtverteidigers nicht mehr beantragen, E. 70, 264.)

**b)** Obwohl also im vorliegenden Fall im Hinblick auf § 140, Abs. 3 eine notwendige Verteidigung nicht vorliegt, muß über den Antrag des Angeschuldigten S noch vor der Hauptverhandlung entschieden werden und die Entscheidung dem Angeschuldigten noch vorher bekannt gemacht werden, um ihn in die Lage zu versetzen, entweder selbst einen Verteidiger für die Hauptverhandlung zu wählen und sachlich zu unterrichten, oder gegen eine ablehnende Entscheidung von dem ihm nach § 304 zustehenden Beschwerderecht noch vor der Hauptverhandlung Gebrauch zu machen. (S. E. 48, 387.)

Der Angeklagte darf bis zum Eintritt in die Hauptverhandlung damit rechnen, daß das Gericht ihm auf seinen vorher gestellten Antrag einen Verteidiger für die Hauptverhandlung bestellen werde, da es dessen Bestellung nicht abgelehnt hatte. Er ist dadurch möglicherweise veranlaßt worden, seinerseits von der Wahl eines Verteidigers bis zum Eingang der Entscheidung, die er bis zum Beginn der Hauptverhandlung erwarten darf, abzusehen.

Der Amtsrichter würde also durch die Unterlassung einer Entscheidung über den Antrag in das dem Angeschuldigten nach § 137 zustehende Recht eingreifen, sich in jeder Lage des Verfahrens, also auch vor der Hauptverhandlung, für diese des Beistands eines Verteidigers zu bedienen.

Auf diesen Verstoß könnte das Urteil, falls der Angeklagte in der Hauptverhandlung nicht ausdrücklich auf sein Recht aus § 137 verzichtet, sehr wohl beruhen (§ 337) und die Aufhebung des Urteils wäre im Falle einer diesbezüglichen Verfahrensrüge unabwendbar. (Siehe auch E. 73, 48 u. 52.)

Andererseits aber würde die Wiederholung des Antrags seitens des Angeklagten in der Hauptverhandlung u. U. zu einer Vertagung der Verhandlung führen müssen.

Der Amtsrichter wird demnach schon jetzt den Antrag auf Bestellung eines Verteidigers in bejahendem oder verneinendem Sinn verbescheiden.

**V. In der Voruntersuchung hat der Amtsrichter als Stellvertreter des Untersuchungsrichters das Ersuchen um Einvernahme eines Zeugen an ein auswärtiges Gericht sowohl in den Akten, als auch in der Ausfertigung unterschrieben.**

**1.** Vorbemerkung: Die §§ 22—25, 31 behandeln die Fälle, in denen eine Gerichtsperson (Richter und Urkundsbeamter der Geschäftsstelle) oder ein Schöffe oder Geschworener (siehe § 31) an der Ausübung seines Amtes in einer einzelnen Strafsache behindert ist.

Es gibt Ausschließungsgründe und Ablehnungsgründe.

**a)** Kraft Gesetzes ausgeschlossen ist der Richter usw.

aa) wenn er an der Sache interessiert ist, weil er selbst verletzt ist oder bestimmte Angehörige beschuldigt oder verletzt sind (§ 22 Nr. 1—3);

bb) wenn er bereits in der Sache tätig gewesen ist als Staatsanwalt, Polizeibeamter, Anwalt des Verletzten oder als Verteidiger, oder wenn er in der Sache als Zeuge oder Sachverständiger vernommen worden ist (§ 22 Nr. 4 u. 5);

cc) bei der Mitwirkung in höherer Instanz (Berufung oder Revision), wenn er bei der angefochtenen Entscheidung mitgewirkt hat (§ 23 Abs. 1), oder schließlich

dd) wenn er als Untersuchungsrichter die Voruntersuchung geführt hat (§ 23 Abs. 2).

Wirkt bei dem Urteil ein kraft Gesetzes ausgeschlossener Richter mit, dann ist der absolute Revisionsgrund des § 338 Nr. 2 gegeben.

**b)** Abgelehnt werden kann der Richter usw. von der Staatsanwaltschaft, dem Beschuldigten und dem Privatkläger (§ 24):

aa) wenn er kraft Gesetzes ausgeschlossen ist,

bb) wegen Besorgnis der Befangenheit (s. hierzu E. 61,67).

**c)** Der kraft Gesetzes ausgeschlossene Richter hat sich ohne weiteres des Richteramts zu enthalten; wegen des Verfahrens bei der Ablehnung vgl. §§ 25—29. Zu beachten ist, daß nach der Neufassung des § 25 die Ablehnung bis zum Beginn des an die Vernehmung des Angeklagten zur Sache anschließenden Teiles der Hauptverhandlung erfolgen kann.

**2.** Im vorliegenden Fall handelt es sich um die Frage, ob im Hinblick auf § 23 Abs. 2 der Amtsrichter von der Leitung der Hauptverhandlung ausgeschlossen ist.

**a)** Nach § 23 Abs. 2 darf der Untersuchungsrichter in den Sachen, in welchen er die Voruntersuchung geführt hat, nicht Mitglied des erkennenden Gerichts sein.

aa) Der Untersuchungsrichter hat die Voruntersuchung „in der Sache" nur dann geführt, wenn sie nicht nur die gleiche Tat betraf, sondern auch gegen die gleichen Personen eröffnet und geführt wurde, gegen die das Verfahren vor dem erkennenden Gericht gerichtet ist. (Im Gegensatz hierzu gilt für § 22 Nr. 4 und die dort behandelte staatsanwaltschaftliche Tätigkeit der Grundsatz, daß, solange dieselbe Tat den Gegenstand des Verfahrens bildet, es sich um dieselbe Sache i. S. des § 22 Nr. 4 handelt, ohne Rücksicht darauf, ob die staatsanwaltschaftlichen Amtshandlungen sich gerade gegen den Teilnehmer der Tat gerichtet haben, gegen den nunmehr das Hauptverfahren läuft.) Das RG. führt zu § 23 Abs. 2 in E. 62, 317 folgendes aus: „Wäre für die Gleichheit der ‚Sache' nach § 23 Abs. 2 die Gleichheit der den Gegenstand des Verfahrens bildenden Tat — und zwar in dem weiten Sinne des § 264 — allein und ohne jede Rücksicht auf die Person der an ihr Beteiligten entscheidend, dann wäre die Folgerung nicht zu umgehen, daß der Untersuchungsrichter, der die Voruntersuchung nur gegen den Täter geführt hat, schlechterdings kraft Gesetzes als Mitglied des gegen die Anstifter, Gehilfen, Begünstiger oder auch Hehler erkennenden Gerichtes ausgeschlossen wäre, auch wenn er gegen sie niemals eine Untersuchungshandlung vorgenommen hätte. Auch die Rücksicht auf das Schutzbedürfnis des Angeklagten gebietet keine andere Auslegung. Hätte der Untersuchungsrichter die Voruntersuchung gegen andere an der Tat Beteiligte in einer Art geführt, daß der Angeklagte daraus für sich einen vernünftigen Grund zum Mißtrauen gegen die Unbefangenheit dieses Richters entnehmen könnte, so stünde nichts entgegen, daß er ihn nach § 24 Abs. 1 wegen Besorgnis der Befangenheit ablehnt." (N.B. Die Würdigung des geltend gemachten Ablehnungsgrundes nach § 24 ist dem richterlichen Ermessen überlassen, wobei allein die Frage zu prüfen ist, ob vom Standpunkte des Angeklagten aus Grund zu der ernstlichen Besorgnis besteht, daß der Richter pflichtwidrig voreingenommen an die Prüfung der Sache herantreten werde. E. 62, 300.)

bb) Dem Untersuchungsrichter steht derjenige Richter gleich, der ihn, wenn auch nur bei einzelnen Untersuchungshandlungen, vertreten hat. (E. 18, 270.) Dagegen ist die Bestimmung nicht anwendbar auf den Amtsrichter, welcher auf Ersuchen des Untersuchungsrichters (§ 185 Satz 2), Handlungen der Voruntersuchung vorgenommen hat, ebensowenig auf den Vorsitzenden der Eröffnungskammer, der nach Schluß der Voruntersuchung zur weiteren Aufklärung des Sachverhalts einzelne Beweiserhebungen vor nimmt (E. 63, 337.) Dagegen findet nach E. 68, 377 § 23 II Anwendung auf den Untersuchungsrichter, der nach § 191 Untersuchungshandlungen vornimmt.

cc) Immer aber ist Voraussetzung für die Ausschließung gemäß § 23 Abs. 2, daß der Untersuchungsrichter bzw. dessen Stellvertreter wesentliche Akte der Voruntersuchung vorgenommen hat, d. h. solche, welche die Feststellung des Tatbestandes und die Sammlung der Beweise bezwecken, insbesondere Vernehmung von Zeugen oder Sachverständigen, Einnahme eines Augenscheins, Vernehmung des Angeschuldigten usw. (E. 18, 271), dagegen nicht die Eröffnung der Voruntersuchung, und zwar auch dann nicht, wenn mit ihr die Anordnung der Fortdauer der Untersuchungshaft verbunden ist. (E. 61, 415.) (N. B. Im Gegensatz hierzu kommt es bei der Frage, ob der Richter als Beamter der Staatsanwaltschaft usw. i. S. des § 22 Nr. 4 „in der Sache tätig" gewesen ist, auf die materielle Bedeutung des Amtsgeschäfts nicht an. E. 70, 162.)

**b)** Dadurch nun, daß im vorliegenden Falle der Amtsrichter als stellvertretender Untersuchungsrichter lediglich ein Ersuchen um Einvernahme eines Zeugen unterschrieben hat, hat er nicht die Voruntersuchung „geführt" i. S. des § 23 Abs. 2. Der Amtsrichter wird demnach dieser Feststellung keine weitere Beachtung schenken.

(N.B. Derjenige Untersuchungsrichter, bei dem die oben erörterten Voraussetzungen zutreffen, ist nicht nur von jeder Mitwirkung im erkennenden Gericht ausgeschlossen, sondern darf auch nicht an einer außerhalb der Hauptverhandlung ergehenden Entscheidung der Strafkammer, insbesondere nicht beim Beschluß über die Eröffnung des Hauptverfahrens mitwirken. Würde daher festgestellt, daß ein Richter an dem Eröffnungsbeschluß mitgewirkt hat, der z. B. als Stellvertreter des Untersuchungsrichters den Angeschuldigten, wenn auch nur einmal vernommen, und somit die Voruntersuchung i. S. des § 23 Abs. 2 „geführt" hat, so würde ein Sachurteil auf Grund eines solchen, einen wesentlichen prozessualen Mangel enthaltenden Eröffnungsbeschlusses, der vom Angeklagten beanstandet bzw. infolge Nichtkenntnis seiner Fehlerhaftigkeit nicht gerügt worden ist, unbedingt der Aufhebung in der Revisionsinstanz unterliegen. Denn mit der Revision kann gemäß § 336 auch der dem Urteil vorausgegangene Eröffnungsbeschluß angefochten werden, wenn auf dem wesentlichen prozessualen Mangel desselben das Urteil beruht. Eine absolute Gesetzesverletzung nach § 338 Nr. 2 würde in einem solchen Falle deshalb nicht vorliegen, weil der kraft Gesetzes ausgeschlossene Richter nicht an dem Urteile, sondern nur an einer Vorentscheidung teilgenommen hat. Andererseits aber kann die Möglichkeit nicht als ausgeschlossen gelten, daß bei der Mitwirkung einwandfreier Richter [der Untersuchungsrichter gilt in diesem Falle gemäß § 23 Abs. 2 als befangen] ein Eröffnungsbeschluß gar nicht zustande gekommen, mithin das angefochtene Urteil nicht erlassen worden wäre. Schon das Vorliegen einer solchen Möglichkeit aber berechtigt zu der Bejahung der Frage, ob das Urteil auf der fraglichen Gesetzesverletzung beruht. (Siehe Fall 9, Abschnitt A VII 2, S. 146.) Das Gericht müßte daher, da eine allgemeine Urteilsvoraussetzung fehlt, das Verfahren gemäß § 206a durch Beschluß außerhalb der Hauptverhandlung einstellen, um einem anderweitigen Verfahren nach Fassung eines legalen, rechtsgültigen Eröffnungsbeschlusses Raum zu geben. Siehe E. 10, 68 und E. 43, 217.)

**VI. Die Ladung zur Hauptverhandlung auf den 25. Mai war dem Angeklagten T am 20. Mai zugestellt worden.**

**1.** Gemäß § 217 muß zwischen der Zustellung der Ladung (§ 216) und dem Tage der Hauptverhandlung eine Frist von mindestens einer Woche liegen. Ist diese Frist nicht eingehalten worden, so kann der Angeklagte die Aussetzung der Verhandlung verlangen, solange mit der Verlesung des Beschlusses über die Eröffnung des Hauptverfahrens nicht begonnen ist.

**2.** Der Angeklagte kann auf die Einhaltung dieser Frist verzichten; ein Widerruf des Verzichts ist nicht statthaft.

Als stillschweigender Verzicht wird angesehen, wenn der Angeklagte im Falle der Nichteinhaltung der Frist es unterläßt, die Aussetzung der Hauptverhandlung zu beantragen.

Nach erfolgtem Verzicht kann die Nichteinhaltung der Frist eine Revision nicht begründen, und zwar auch dann nicht, wenn der Vorsitzende die nur instruktionelle Vorschrift des § 228 Abs. 3 außer acht gelassen hat. (R. 1, 262.)

(N.B. Nach E. 69, 23 und E. 57, 267 stellt auch ein Verstoß gegen § 229 keinen unbedingten Revisionsgrund dar, es ist in einem solchen Falle vielmehr zu untersuchen, ob das Urteil auf ihm beruht. Siehe Fall 5, Vorbemerkung Abschn. I 2b, S. 100.)

Es wird sich jedenfalls für den Amtsrichter empfehlen, den Angeklagten schon vor der Hauptverhandlung darüber zu hören, ob er auf die Frist des § 217 verzichte.

(N.B. Wird die Sache vom Revisionsgericht zurückverwiesen, so muß zum ersten Hauptverhandlungstermin die Frist wieder gewahrt werden. E. 42, 407.)

## Nachtrag A.

# Verlesung von Schriftstücken.

### A. Allgemeine Grundsätze.

**I.** Die gesetzlichen Bestimmungen über Verlesbarkeit von Urkunden (§§ 249—256) beziehen sich mit Ausnahme des § 251 Abs. 3 nur auf die Beweisaufnahme über die Schuld- und Strafzumessungsfragen. Dagegen ist das Gericht z. B. hinsichtlich des Beweises für die Feststellung der Prozeßvoraussetzungen, oder zur Vorbereitung der Entscheidung darüber, ob die Ladung und Vernehmung einer Person erfolgen soll (s. § 251 Abs. 3) an keine Beweisregel gebunden.

**II.** Soll mit Urkunden bewiesen werden, so sind diese, soweit der Verlesung keine gesetzlichen Hinderungsgründe entgegenstehen, zu verlesen, z. B. der beleidigende Brief, der gefälschte Wechsel, da in diesem Falle der Urkundenbeweis der unmittelbarste und deshalb dem Zeugenbeweis vorzuziehen ist (§ 249).

Es kann also jede bei den Akten befindliche Urkunde, deren Verlesung im Gesetz nicht verboten ist, verlesen werden. Dabei ist es gleichgültig, ob es sich um eine Originalurkunde oder um die unbeglaubigte Abschrift einer solchen handelt, und ob sie vom Angeklagten, einem Zeugen oder von einer dritten, am Prozeß nicht beteiligten Person herrührt. Es darf aber eine solche Verlesung stets nur zum Beweise dafür verwendet werden, daß ein Schriftstück dieses Inhalts vorhanden ist.

### B. Die im Gesetz ausdrücklich als verlesbar bezeichneten und daher als zum Beweise für die Richtigkeit ihres Inhalts geeigneten Urkunden sind folgende:

**I.** Nach § 249 Satz 2:

**1.** Früher ergangene Strafurteile, sowie Straflisten.

**2.** Auszüge aus Kirchenbüchern und Personenstandsregistern.

**3.** Protokolle über die Einnahme des richterlichen Augenscheins.

**II.** Nach § 256:

**1.** Die ein Zeugnis oder Gutachten enthaltenden Erklärungen öffentlicher Behörden.

**2.** Ärztliche Atteste über Körperverletzungen i. S. der §§ 223, 223a und 230 StGB. (also nicht über solche i. S. des § 224 StGB.).

**III.** Nach §§ 251—254: Vernehmungsprotokolle des Angeklagten, der Zeugen und Sachverständigen in bestimmten Ausnahmefällen. (S. unten Abschn. D.)

**C. Ausdrücklich im Gesetz verboten ist die Verlesung in folgenden Fällen:**

**I.** Nach § 256: Die Verlesung von Leumundszeugnissen öffentlicher Behörden. Für ihre Verlesbarkeit gilt also der auch für private Leumundszeugnisse geltende § 250, d. h. der Verfasser des Leumundszeugnisses muß persönlich vernommen werden und zwar ohne Unterschied, ob das Zeugnis den Angeklagten oder andere Personen betrifft (E. 53, 280).

**II.** Nach § 250: Die Verlesung von Vernehmungsprotokollen, es sei denn, daß einer der in §§ 251, 253, 254 aufgeführten Fälle vorliegt. (S. den folgenden Abschnitt D.)

**D. Die Verlesung von Vernehmungsprotokollen:**

**I.** Der Grundsatz des § 250:

**1.** Beruht der Beweis einer Tatsache auf der Wahrnehmung einer Person, so ist diese in der Hauptverhandlung zu vernehmen. Die Vernehmung darf nicht durch Verlesung des über eine frühere Vernehmung aufgenommenen Protokolls oder einer schriftlichen Erklärung ersetzt werden.

**2.** Dieser Grundsatz beruht auf der Erkenntnis, daß, wenn es sich um Wahrnehmungen handelt, die eine Person gemacht hat, der Beweis durch die Auskunftsperson besser ist als der Urkundenbeweis. Dieser Grundsatz der Mündlichkeit bzw. Unmittelbarkeit gilt vor allem für die Hauptverhandlung erster Instanz. In der Berufungsinstanz ist dieser Grundsatz in weitem Umfange durchbrochen und in der Revisionsinstanz ist der Grundsatz der Mittelbarkeit die Regel.

**3.** Die Bestimmung des § 250 schließt nicht die Möglichkeit aus, auch einen mittelbaren Beweis zu führen, insofern, als an Stelle der wahrnehmenden Person die Person vernommen wird, der gegenüber der Wahrnehmende Mitteilungen über seine Beobachtungen gemacht hat.

Es ist daher auch die Vernehmung von sog. Zeugen vom Hörensagen, insbesondere von Polizeibeamten zulässig, über die durch ihre Vernehmung veranlaßten Aussagen. (N.B. Das Gericht wird im allgemeinen die unmittelbare Beweisführung mit ihrer Möglichkeit, durch Fragen und Vorhaltungen auf den Inhalt der Bekundungen einzuwirken, als die zuverlässigere Beweisquelle bevorzugen; das pflichtgemäße Ermessen kann aber auch die mittelbare Beweisführung für ausreichend erachten, z. B. in großen Betrugsfällen, wenn eine große Zahl von geschädigten Personen zu vernehmen ist.)

**II.** Die Verlesung von Vernehmungsprotokollen des Angeklagten.

**1.** Bei Abwesenheit des Angeklagten:

Wird eine Hauptverhandlung unter den Voraussetzungen des § 232 oder des § 233 ohne den Angeklagten durchgeführt, so kann und muß die Niederschrift über eine richterliche Vernehmung des Angeklagten in der Hauptverhandlung verlesen werden (§ 232 Abs. 3 und § 233 Abs. 3, S. 2).

**2.** Bei Anwesenheit des Angeklagten:

**a)** Ist der Angeklagte im Termin anwesend, so kann ein richterliches Protokoll über seine frühere Aussage insoweit verlesen werden, als daraus der Beweis für ein Geständnis hergeleitet werden soll (§ 254 Abs. 1).

**b)** Das gleiche gilt von der Verlesbarkeit richterlicher Protokolle zwecks Feststellung von Widersprüchen zwischen der vor dem erkennenden Gericht gemachten und den früheren Aussagen des Angeklagten. (§ 254 Abs. 2.)

Zu a) ist nach E. 61, 72 folgendes zu bemerken:

Aus der Vorschrift des § 254 ist nicht zu folgern, daß die Verlesung polizeilicher Protokolle über ein im Vorverfahren von dem Angeklagten abgegebene Erklärung schlechthin unzulässig sei. Vielmehr kann auch ein polizeiliches Protokoll im Wege des Vorhalts verlesen werden, allerdings lediglich zu dem Zwecke, um festzustellen, daß ein Schriftstück des fraglichen Inhalts vorhanden ist. Verschieden von der Frage der Verlesbarkeit polizeilicher Protokolle ist aber ihre Verwertbarkeit bei Prüfung der Schuldfrage. Während nämlich bei Verlesung eines richterlichen Protokolls auf Grund einer solchen Verlesung gefolgert werden kann, daß der Angeklagte tatsächlich ein Geständnis des beurkundeten Inhalts abgelegt hat, kann das Vorhandensein eines polizeilichen Protokolls nicht als Beweismittel dafür verwendet werden, daß der Angeklagte bei einer polizeilichen Vernehmung die beurkundete Erklärung wirklich abgegeben hat. Bestreitet also der Angeklagte das in dem polizeilichen Protokoll enthaltene Geständnis, so darf der Inhalt des Protokolls oder Schriftstücks bei Prüfung des Schuldbeweises nicht verwertet werden.

Wenn jedoch der Angeklagte auf Vorhalt die Richtigkeit des ein Geständnis enthaltenden polizeilichen Protokolls und damit die Tatsache, daß er es so, wie polizeilich beurkundet, abgelegt habe, in der Hauptverhandlung ausdrücklich zugibt, so steht der Verwertung dieser auf die Verlesung des Protokolls von dem Angeklagten selbst abgegebenen Erklärung — und insofern allerdings mittelbar auch der Verwertung des Inhalts des Protokolls — ein prozessuales Hindernis nicht entgegen. Beweismittel ist in einem solchen Falle die eigene Erklärung des Angeklagten, zu deren Bestandteil er den Inhalt des von ihm anerkannten polizeilichen Protokolls gemacht hat.

M. a. W. Bei richterlichen Geständnissen hat das Gericht ohne weiteres die Möglichkeit, auf Grund des Protokolls für erwiesen zu erachten, daß der Angeklagte ein Geständnis abgelegt hat. Liegt dagegen nur ein polizeiliches Geständnis vor, so muß das Gericht, falls der Angeklagte bestreitet, ein Geständnis abgelegt zu haben, den Verhörsbeamten über das frühere Geständnis vernehmen.

**III.** Die Verlesung von Vernehmungsprotokollen von Zeugen, Sachverständigen und Mitbeschuldigten.

**1.** Die Verlesung bei Abwesenheit der Beweispersonen (§ 251):

**a)** In diesem Falle dürfen grundsätzlich (mit Ausnahme der Fälle des § 251 Abs. 2 und 3) nur richterliche Protokolle verlesen werden, und zwar mit Rücksicht darauf, daß beim richterlichen Protokoll auf die zutreffende Wiedergabe einer erschöpfenden Vernehmung vertraut werden kann. (E. 67, 254; 71, 12.)

**b)** § 251 Abs. 1 Nr. 1 enthält die absoluten Hinderungsgründe, die einer Vernehmung eines Zeugen, Sachverständigen oder Mitbeschuldigten entgegenstehen: Tod, Geisteskrankheit oder Unauffindbarkeit.

**c)** § 251 Abs. 1 Nr. 2 enthält relative Hinderungsgründe (im Wortlaut übereinstimmend mit § 223 Abs. 1), die dem Erscheinen der Beweisperson in der Hauptverhandlung für eine längere oder ungewisse Zeit entgegenstehen, nämlich Krankheit, Gebrechlichkeit oder andere nicht zu beseitigende Hindernisse.

**d)** § 251 Abs. 1 Nr. 3 enthält ebenfalls relative Hinderungsgründe (im Wortlaut übereinstimmend mit § 223 Abs. 2), nämlich die Fälle, daß der Beweisperson das Erscheinen in der Hauptverhandlung wegen großer Entfernung nicht zugemutet werden kann.

In den Fällen b) und c) (§ 251 Abs. 1 Nr. 1 und 2) darf gemäß § 251 Abs. 2 jedes Vernehmungsprotokoll, also auch ein solches der Polizei, des Finanzamtes oder des Notars, verlesen werden, und zwar nicht nur ein solches, das in demselben Verfahren, sondern auch jedes sonstige Protokoll, das in irgendeinem anderen Verfahren aufgenommen worden ist. (S. hierzu Wortlaut des § 251 Abs. 2 „Niederschriften über eine andere Ver nehmung".)

Im Falle d) (§ 251 Abs. 1 Nr. 3) dagegen kommen nur solche richterlichen Vernehmungsprotokolle in Frage, die in demselben Verfahren aufgenommen worden sind, und zwar nicht auf die Fälle des § 223 beschränkt.

**e)** Schließlich können solche richterlichen Vernehmungsprotokolle, die in demselben Verfahren aufgenommen worden sind, in jedem Falle verlesen werden, wenn der Staatsanwalt, der Verteidiger und der Angeklagte mit der Verlesung einverstanden sind. (§ 251 Abs. 1 Nr. 4.)

**2.** Verlesung von Vernehmungsprotokollen bei Anwesenheit des Zeugen oder Sachverständigen. (§ 253.)

**a)** In den folgenden beiden Fällen ist die Verlesung von Vernehmungsprotokollen jeder Art, also auch von polizeilichen zulässig, nämlich:

aa) zur Unterstützung des Gedächtnisses, wenn ein Zeuge oder Sachverständiger erklärt, daß er sich einer Tatsache nicht mehr erinnert (§ 253 Abs. 1), oder wenn

bb) ein in der Vernehmung hervortretender Widerspruch mit der früheren Aussage nicht auf andere Weise ohne Unterbrechung der Hauptverhandlung festgestellt oder behoben werden kann (§ 253 Abs. 2).

**b)** Verboten ist die Verlesung der Aussagen eines vor der Hauptverhandlung vernommenen Zeugen, welcher erst in der Hauptverhandlung von seinem Zeugnisverweigerungsrecht Gebrauch macht (§ 252). Diese Bstimmung hindert aber nicht, daß Verhörsbeamte über die vor ihnen gemachten früheren Bekundungen von Zeugen, die in der Hauptverhandlung ihr Zeugnis verweigern, dann vernommen werden dürfen, wenn der Zeuge bei der früheren Vernehmung über das Zeugnisverweigerungsrecht belehrt worden ist. (Diese in E. 48, 246 betr. richterliche Verhörsbeamte vertretene und in E. 72, 221 auch auf polizeiliche Verhörsbeamte ausgedehnte Ansicht ist allerdings sehr bestritten; s. hierzu „Jur. Rundschau" 1947, S. 167 und Süddeutsche J.Zeitung 1948, S. 471—473).

## E. Spezialbestimmungen über die Verlesung von sonstigen Urkunden.

**I.** Liegen die Voraussetzungen des § 251 Abs. 1 Ziff. 1 u. 2 vor, dann kann jede Urkunde, die eine von einem Zeugen, Sachverständigen oder Mitbeschuldigten stammende schriftliche Äußerung enthält, verlesen werden. (§ 251 Abs. 2 am Schluß.)

**II.** Soll die Verlesung zu anderen Zwecken als unmittelbar der Urteilsfindung (d. h. der Klärung der Schuld- und Strafzumessungsfragen), insbesondere zur Vorbereitung der Entscheidung darüber dienen, ob die Ladung und Vernehmung einer Person erfolgen sollen, so dürfen alle Arten von Vernehmungsprotokollen (also auch polizeiliche), Urkunden und andere als Beweismittel dienende Schriftstücke verlesen werden. (§ 251 Abs. 3.) (S. oben Abschn. A I, S. 82.)

**F. Bei der Verlesung von Vernehmungsprotokollen zu beachtende Formvorschriften und der Einfluß von Formmängeln oder sonstiger Mängel der Vernehmungsprotokolle auf ihre Verlesbarkeit und Beweiskraft.**

**I.** Die Verlesung eines Vernehmungsprotokolls darf nur stattfinden auf Grund eines sie anordnenden Gerichtsbeschlusses (also in keinem Falle auf Anordnung des Vorsitzenden allein), der den Grund der Verlesung enthalten muß, sowie bei einem richterlichen Vernehmungsprotokoll die Feststellung, ob der Vernommene vereidigt worden ist. (§ 251 Abs. 4.) Aus dem Beschluß muß ferner hervorgehen, daß der zur Verlesung berechtigende Grund noch fortdauert. (E. 59, 299.)

Das Fehlen eines solchen Gerichtsbeschlusses oder seiner Begründung rechtfertigt die Revision, sofern das angefochtene Urteil auf dieser Gesetzesverletzung beruht, d. h. wenn die Aussage der betreffenden Beweisperson bei der Urteilsfällung verwertet worden ist; denn der Mangel der Begründung entzieht den Beteiligten und dem Revisionsgericht die Möglichkeit, die Zulässigkeit der Verlesung zu prüfen und verleiht der Verlesung den Charakter eines gesetzlich unzulässigen Aktes, weil die Berechtigung zu einer Ausnahme von § 250 nicht ersichtlich ist. (E. 1, 236.)

**II.** Jede Verlesung nach § 251 kann aber nur erfolgen, wenn ein ordnungsmäßiges Protokoll vorliegt.

Bezüglich der Frage, ob und inwieweit Verstöße vor allem gegen die Bestimmungen über das Zeugnisverweigerungsrecht (§ 53), über Beeidigung (§§ 60—66e) oder sonstige, dem Protokoll anhaftende Mängel, z. B. Verletzung der Formvorschriften, der §§ 168, 187, 188 (z. B. fehlende Unterschriften, Nichtanwesenheit des Richters oder des Protokollführers, Rasuren, Durchstreichungen usw.) oder Verletzung der §§ 169, 193 die Beweiskraft des Protokolls aufheben und seine Verlesung in der Hauptverhandlung unzulässig machen, enthält die Strafprozeßordnung keine Bestimmung.

Es bleibt daher in jedem einzelnen Falle der freien Würdigung des erkennenden Richters (§ 261) überlassen, welche Bedeutung den etwaigen Verstößen und Mängeln beizumessen und ob die Beweiskraft des Protokolls oder doch eines Teils desselben für aufgehoben zu erachten sei (E. 34, 396) und demgemäß im Falle seiner Verlesung und Verwertung die Revision gerechtfertigt wäre und zur Aufhebung des Urteils führen würde. (Siehe auch S. 67—68.)

## Nachtrag B.

# Augenschein.

**1.** Unter den Begriff des Augenscheins fallen alle sinnlichen Wahrnehmungen des Gerichts, sei es, daß sie durch das Auge, sei es, daß sie durch andere Sinnesorgane gemacht werden.

**2.** Der Augenschein kann vorgenommen werden:

**a)** entweder innerhalb der Hauptverhandlung, also seitens des erkennenden Gerichts. In diesem Falle ist der Augenschein ein Akt der Beweisaufnahme.

**b)** oder außerhalb der Hauptverhandlung (§ 86),

aa) von dem Amtsrichter im vorbereitenden Verfahren (§§ 162, 165, 166, 169),

bb) von dem Untersuchungsrichter in der Voruntersuchung (§§ 193, 195),

cc) von einem beauftragten oder ersuchten Richter (§§ 185, 225, im Hauptverfahren, aber außerhalb der Hauptverhandlung.)

**3.** Besondere Formvorschriften bestehen nur für die Einnahme des Augenscheins außerhalb der Hauptverhandlung. (§§ 168, 187: Hinzuziehung eines Urkundsbeamten, § 249: Aufnahme eines Protokolls, durch dessen Verlesung in der Hauptverhandlung das Ergebnis der Augenscheinseinnahme dem erkennenden Gericht zur Kenntnis gebracht wird.)

**4.** Besondere Arten des Augenscheins:

**a)** Die richterliche Leichenschau und Leichenöffnung (§§ 87—91), die erstere unter Zuziehung eines Arztes, die letztere im Beisein von zwei Ärzten.

**b)** Lichtbilder, Fingerabdrücke und Messungen, § 81b. Diese Maßnahmen, zu deren Durchführung jede mit dem Erkennungsdienst oder dem Strafverfahren befaßte Behörde — also nicht nur der Richter — zuständig ist, dürfen nur beim Beschuldigten, bei unverdächtigen Personen nicht gegen deren Willen vorgenommen werden.

**c)** Die Schriftvergleichung, § 93.

**d)** Die körperliche Untersuchung, §§ 81a, 81c und 81d.

(Früher war streitig, ob die körperliche Untersuchung sich nach den Vorschriften über die Durchsuchung oder nach denjenigen über den Augenschein richte. Diese Streitfrage wurde durch § 81a beseitigt, wobei zu beachten ist, daß die körperliche Durchsuchung,

d. h. die Durchsuchung der äußeren Oberfläche des Körpers oder der Kleidung nach wie vor der Bestimmung der §§ 102, 103 unterliegt, siehe Fall 9, Abschn. B II, 2 a, aa, S. 152.)

aa) Der Beschuldigte darf körperlich untersucht werden zur Feststellung aller Tatsachen, die für das Verfahren von Bedeutung sind. (§ 81a Abs. 1 Satz 1.) Zu diesem Zweck sind körperliche Eingriffe, die von einem Arzt nach den Regeln der ärztlichen Kunst zu Untersuchungszwecken vorgenommen werden, sowie die Entnahme von Blutproben (zum Zwecke der Blutgruppenbestimmung oder der Feststellung des Alkoholgehaltes des Blutes) ohne Einwilligung des Beschuldigten zulässig, wenn kein Nachteil für seine Gesundheit zu besorgen ist (§ 81a Abs. 1 Satz 2).

bb) Bei unverdächtigen Personen, die als Zeugen in Betracht kommen, ist die körperliche Untersuchung ohne ihre Einwilligung nur zulässig, wenn festgestellt werden muß, ob sich an ihrem Körper eine bestimmte Spur oder Folge einer strafbaren Handlung befindet. Die Untersuchung kann aus den gleichen Gründen wie das Zeugnis verweigert werden. Die Untersuchung ist unzulässig, wenn sie dem Betroffenen bei Würdigung aller Umstände nicht zugemutet werden kann (§ 81c Abs. 1). Die Entnahme von Blutproben ist ohne Einwilligung des zu Untersuchenden zulässig, wenn kein Nachteil für seine Gesundheit zu besorgen ist und der Eingriff zur Erforschung der Wahrheit unerläßlich ist (§ 81c Abs. 2).

cc) Kann die körperliche Untersuchung einer Frau das Schamgefühl verletzen, so wird sie einer Frau oder einem Arzt übertragen. Auf Verlangen der zu untersuchenden Frau soll eine andere Frau oder ein Angehöriger zugelassen werden. Diese Vorschriften gelten auch dann, wenn die zu untersuchende Frau in die Untersuchung einwilligt (§ 81d).

dd) Die Anordnung der oben genannten Maßnahmen steht dem Richter, bei Gefährdung des Untersuchungserfolges durch Verzögerung auch der Staatsanwaltschaft und ihren Hilfsbeamten zu.

ee) Im Falle bb) gilt bei Weigerung des Betroffenen die Vorschrift des § 70 entsprechend. Unmittelbarer Zwang darf nur auf besondere Anordnung des Richters angewandt werden. Die Anordnung setzt voraus, daß der Betroffene trotz Auferlegung einer Ordnungsstrafe bei der Weigerung beharrt oder daß Gefahr im Verzug ist (§ 81c Abs. 4).

**5.** Ein Beweisantrag auf Einnahme eines Augenscheins kann abgelehnt werden, wenn der Augenschein nach dem pflichtgemäßen Ermessen des Gerichts zur Erforschung der Wahrheit nicht erforderlich ist (§ 244 Abs. 5).

# ZU FALL 4.

## A.

## Vorbemerkungen.

**I.** Die **Zwangsmittel** im Strafverfahren.

Die wirksame Durchführung des Strafverfahrens macht häufig schon im Vorverfahren die Anwendung von Zwangsmitteln erforderlich, d. h. von Eingriffen in die Rechtssphäre des einzelnen, nämlich

**1.** in die persönliche Freiheit (insbesondere Untersuchungshaft, einstweilige Unterbringung, vorläufige Festnahme, siehe folgender Abschn. II),

**2.** in die körperliche Unversehrtheit (körperliche Untersuchung, siehe Fall 3, Nachtrag B, Abschn. 4d, S. 88),

**3.** in das Eigentum (Beschlagnahme, siehe Fall 9, Abschn. B II 2a, bb, S. 152),

**4.** in das Hausrecht (Durchsuchung, siehe Fall 9, Abschn. B II 2a, aa, S. 152). (Siehe auch den wichtigen neuen § 136 a !)

**II.** Eine **Freiheitsbeschränkung** ist in der StPO. in folgenden Fällen vorgesehen.

**1.** Gegen den Beschuldigten: Die Verhaftung auf Grund richterlichen Haftbefehls (§§ 112ff.), die Unterbringung auf Grund richterlichen Unterbringungsbefehls (§ 126a) und die vorläufige Festnahme des § 127. Ferner die Verhaftung zur Durchführung der Hauptverhandlung (§§ 230, 236), und entsprechend für das Sicherungsverfahren die Bestimmungen der §§ 429aff. Ferner kommt gegen den Beschuldigten noch in Frage die Vorführung der §§ 133, II, 134, und das Festhalten der §§ 135, 231 und schließlich noch die Verbringung in eine Irrenanstalt zur Vorbereitung eines Gutachtens über den Geisteszustand (§ 81).

**2.** Gegen den Zeugen: **a)** Die Vorführung wegen Nichterscheinens (§ 51 Abs. 1) setzt eine ordnungsmäßig erfolgte Ladung voraus. Die Maßnahme kann neben der obligatorisch vorgesehenen Verurteilung in die Kosten (verursacht z. B. durch Verlegung des Termins) und Strafe (1—1000 DM, bzw. Haft bis 6 Wochen) verfügt werden.

**b)** Die Zwangshaft (§ 70 Abs. 2) setzt eine gesetzlich nicht vorgesehene Verweigerung des Zeugnisses oder der Eidesleistung voraus. Auch diese Maßnahme kann (wie im Falle a) erst nach Verurteilung in die Kosten usw. oder daneben durchgeführt werden. Die Haft darf höchstens 6 Monate bzw. 6 Wochen dauern und nicht über die Beendigung des Verfahrens in der betr. Instanz hinausgehen. (Siehe E. 25, 134; 36, 92.)

**3.** Jede Person, die die amtliche Tätigkeit eines Beamten (auch eines nichtrichterlichen) bei einer außerhalb der Amtsstelle vorgenommenen Amtshandlung (z. B. einer Durchsuchung, einer Augenscheinseinnahme u. a) vorsätzlich stört, kann gemäß § 164 festgenommen und bis zum nächstfolgenden Tag einschließlich festgehalten werden.

**4.** Siehe schließlich noch die in §§ 177, 178 GVG. vorgesehenen Strafmaßnahmen, wonach Beschuldigte, Zeugen usw. auf Beschluß des Gerichts aus dem Sitzungszimmer entfernt und während einer zu bestimmenden Zeit (bis zur Höchstdauer von 24 Stunden) festgehalten werden können, wenn sie einen zur Aufrechterhaltung der Ordnung erlassenen Befehl zuwiderhandeln (§ 177 GVG.), bzw. mit einer Ordnungsstrafe in Geld oder bis zu drei Tagen Haft belegt werden können, wenn sie sich in der Sitzung einer Ungebühr (z. B. grobe Beleidigung eines Zeugen) schuldig machen (§ 178 GVG.).

**III.** Die wichtigsten Vorschriften über die **Untersuchungshaft** im einzelnen:

**1.** Die Untersuchungshaft ist, da sie den schwersten Eingriff in die persönliche Freiheit des Beschuldigten vor seiner Verurteilung darstellt, an ganz bestimmte Voraussetzungen geknüpft.

**a)** Dringender Tatverdacht, d. h. ein hoher Grad von Wahrscheinlichkeit, daß der Beschuldigte die Tat begangen hat.

**b)** Vorliegen eines besonderen Haftgrundes, nämlich Fluchtverdacht (§ 112 Abs. 1 Nr. 1) oder Verdunklungsgefahr, auch Kollusionsgefahr genannt (§ 112 Abs. 1 Nr. 2).

Ist die Tat nur mit Haft oder Geldstrafe bedroht, so darf die Untersuchungshaft nur wegen Verdachts der Flucht und nur bei Vorliegen der weiteren in § 113 genannten Voraussetzungen verhängt werden. Ist die Untersuchungshaft lediglich wegen Fluchtverdachts verhängt, so kann der Angeschuldigte gegen Sicherheitsleistung mit der Untersuchungshaft verschont werden (§ 117).

**2.** Zuständig für die Erlassung des Haftbefehls ist nur der Richter (§ 114 Abs. 1), und zwar im vorbereitenden Verfahren der Amtsrichter, in der Voruntersuchung der Untersuchungsrichter und in der Hauptverhandlung das erkennende Gericht.

**3.** Die mündliche Verhandlung über den Haftbefehl ist in § 114d behandelt. Neben der im schriftlichen Wege zu erledigenden Beschwerde nach § 115, bzw. weiteren Beschwerde nach § 310 ist dem Beschuldigten, falls der Haftbefehl wegen eines Verbrechens oder Vergehens erlassen ist, die Möglichkeit gegeben, dem zuständigen Gericht mündlich seine Bedenken gegen die Verhaftung vorzutragen.

**a)** Beide Möglichkeiten stehen alternativ nebeneinander. Ist die Beschwerde eingelegt, so kann der Antrag auf mündliche Verhandlung noch gestellt werden, nicht aber umgekehrt; die Beschwerde wird aber hinfällig, wenn der Termin zur mündlichen Verhandlung anberaumt ist. (§ 115c Abs. 2.)

**b)** Dem Antrag auf mündliche Verhandlung muß zum ersten Male stets stattgegeben werden. Späterhin, d. h. wenn bereits eine mündliche Verhandlung auf Antrag (§ 114d) oder im Haftprüfungsverfahren (§ 115a) stattgefunden hat, entscheidet das Gericht über Anträge auf nochmalige mündliche Verhandlung nach freiem Ermessen (§ 114d Abs. 3). (Gegen den ablehnenden Beschluß ist das Rechtsmittel der Beschwerde und weiterer Beschwerde gemäß §§ 304, 310 gegeben.)

**4.** Die Bestimmungen über das Haftprüfungsverfahren sind in § 115a enthalten. Dieses Verfahren bezweckt, der übermäßigen Dauer der Untersuchungshaft entgegenzuwirken.

**a)** Die Prüfung findet zum ersten Male statt, wenn die Untersuchungshaft einen Monat gedauert hat (§ 115a Abs. 2). Läßt das Gericht den Angeschuldigten nicht frei, so bestimmt es zugleich, wann das Haftprüfungsverfahren zu wiederholen ist; die Frist soll in der Regel mindestens drei Wochen und darf nicht mehr als drei Monate betragen. Dasselbe gilt bei jeder Wiederholung des Haftprüfungsverfahrens (§ 115a Abs. 3).

**b)** Auch im Haftprüfungsverfahren hat der Angeschuldigte das Recht, mündliche Verhandlung zu beantragen, und zwar auch dann, wenn schon bei einer früheren Haftprüfung nach mündlicher Verhandlung entschieden worden ist. (Anders im Falle des § 114d, s. oben Abschn. 3b.)

**5.** Für die mündliche Verhandlung sowohl nach § 114d als auch nach § 115a gilt folgendes (§ 115d):

**a)** Von Ort und Zeit der mündlichen Verhandlung sind die Staatsanwaltschaft sowie der Angeschuldigte und der Verteidiger zu benachrichtigen. (§ 115d Abs. 1.)

**b)** Wird der Angeschuldigte zur mündlichen Verhandlung nicht vorgeführt (weil er verzichtet hat oder Hindernisse — weite Entfernung oder Krankheit — entgegenstehen), so muß ein Verteidiger seine Rechte wahrnehmen. (§ 115d Abs. 2.) Ein solcher muß auch dann zugezogen werden, wenn die Untersuchungshaft seit der Verhaftung drei Monate gedauert hat. (§ 115d Abs. 3.)

**c)** In der mündlichen Verhandlung sind die Beteiligten zu hören. Art und Umfang der Beweisaufnahme bestimmt das Gericht nach freiem Ermessen. Über die Verhandlung ist ein Protokoll wie in der Hauptverhandlung aufzunehmen. (§ 115d Abs. 5.)

**d)** Die Entscheidung, die am Schlusse der Verhandlung und, falls dies nicht möglich ist, spätestens innerhalb einer Woche zu erlassen ist (§ 115d Abs. 6), geht dahin, daß der Haftbefehl aufrecht zu erhalten oder aufzuheben, oder daß der Verhaftete gegen Sicherheit aus der Haft zu entlassen sei.

**e)** Nach Eröffnung des Hauptverfahrens findet eine Verhandlung über den Haftbefehl nicht mehr statt (§ 115b).

**6.** Da die Untersuchungshaft keine Strafhaft ist, kann sie auch nicht als Strafhaft vollstreckt werden. Die Vollstreckung muß vielmehr so durchgeführt werden, daß dem Verhafteten nur solche Beschränkungen auferlegt werden, die zur Sicherung des Zweckes der Haft oder zur Aufrechterhaltung der Ordnung im Gefängnis notwendig sind. (Siehe im übrigen § 116.)

**7.** Wie sich aus der Bezeichnung „Angeschuldigter" in § 112 ergibt, betreffen die §§ 112 bis 124 zunächst nur diejenige Haft, welche nach Erhebung der öffentlichen Klage verhängt worden ist (§ 157). Für vor Klageerhebung zu erlassende Haftbefehle (sie bilden in der täglichen Strafrechtspraxis die Mehrzahl) gelten gemäß § 125 die Bestimmungen der §§ 112ff. entsprechend.

**8.** Wegen Anrechnung der Untersuchungshaft vgl. § 450 StPO. und § 60 StGB.

**IV.** § 126a betrifft die **einstweilige Unterbringung** in den Fällen, in denen dringende Gründe für die Annahme vorhanden sind, daß jemand als Zurechnungsunfähiger oder vermindert Zurechnungsfähiger eine strafbare Handlung begangen hat, seine Unterbringung in einer Heil- oder Pflegeanstalt zu erwarten steht und die öffentliche Sicherheit die einstweilige Unterbringung erfordert.

**V.** Zur **vorläufigen Festnahme** des § 127 (eine Freiheitsentziehung ohne Haftbefehl) ist jedermann berechtigt, wenn der Täter auf frischer Tat betroffen wird, und wenn er fluchtverdächtig ist oder seine Persönlichkeit nicht festgestellt werden kann (Abs. 1). Darüber hinaus sind nach Abs. 2 die Staatsanwaltschaft und die Polizeibeamten zur v. F. berechtigt, wenn die Voraussetzungen eines Haftbefehls oder Unterbringungsbefehls vorliegen, und Gefahr im Verzuge ist. Der Festgenommene ist unverzüglich dem Richter vorzuführen, der ihn spätestens am folgenden Tag zu vernehmen hat (§ 128).

**VI.** Der **Steckbrief** (eine öffentliche Aufforderung zur Ergreifung eines Beschuldigten) kann durch den Richter oder Staatsanwalt erlassen werden auf Grund eines Haftbefehls oder Unterbringungsbefehls, wenn der Beschuldigte flüchtig ist oder sich verborgen hält (§ 131 Abs. 1), oder ohne Haftbefehl oder Unterbringungsbefehl, wenn ein Festgenommener entweicht oder sich sonst der Bewachung entzieht (§ 131 Abs. 2). In diesen Fällen kann auch die Polizeibehörde einen Steckbrief erlassen (§ 131 Abs. 2 S. 2).

## B.

## Lösung des Falles.

### I. Über Erlaß und Aufhebung des Haftbefehls.

**1.** Der Rückfalldiebstahl i. S. des § 244 StGB. ist ein Verbrechen, da als Strafe Zuchthaus angedroht ist. (§ 1 StGB.)

Bildet ein Verbrechen den Gegenstand der Untersuchung, und soll die Untersuchungshaft wegen Fluchtverdachts verhängt werden, so bedarf nach § 112 Abs. 2 Nr. 1 der Verdacht der Flucht keiner weiteren Begründung, weil hier die Vermutung dafür spricht, daß der Angeschuldigte zu fliehen versuchen werde. Trotzdem entbindet diese Bestimmung den Richter nicht von der Verpflichtung, jeweils zu prüfen, ob im einzelnen Fall nicht Umstände vorliegen, welche diese Vermutung als unbegründet erscheinen lassen.

Die Tatsache also, daß im vorliegenden Falle ein Verbrechen den Gegenstand der Untersuchung bildet, steht einer Aufhebung des Haftbefehls grundsätzlich nicht entgegen.

(N.B. Ist die Tat nur mit Haft oder Geldstrafe bedroht, so kommt als Haftgrund lediglich Fluchtverdacht in Frage, und zwar nur in den in § 113 angeführten Fällen.)

**2.** Der Haftbefehl ist nach § 123 aufzuheben, wenn der in ihm angegebene Grund der Verhaftung weggefallen ist, oder wenn der Angeschuldigte freigesprochen oder außer Verfolgung gesetzt wird. (N.B. Der Haftbefehl ist nach § 130 außerdem aufzuheben, wenn bei einem Antragsdelikt zunächst eine Verhaftung vorgenommen wurde, nachträglich aber ein Strafantrag nicht gestellt wurde.)

**a)** Die Aufhebung des Haftbefehls stellt also entweder eine selbständige Maßregel dar, oder ist die notwendige Folge der in der Hauptsache ergehenden Entscheidung.

**b)** Die ausdrückliche Erwähnung der Freisprechung in § 123 hat nicht die Bedeutung, daß ein auf Strafe lautendes Urteil etwa nicht geeignet wäre, die Aufhebung des Haftbefehls zu bewirken. Vielmehr muß auch ein derartiges Urteil diese Wirkung insoweit haben, als mit ihm die tatsächlichen Voraussetzungen des Haftbefehls in Wegfall gekommen sind; die Untersuchungshaft darf nicht lediglich deshalb fortdauern, weil der Angeschuldigte eine Freiheitsstrafe zu verbüßen hat, denn die Verurteilung zu einer Freiheitsstrafe begründet nicht ohne weiteres den Fluchtverdacht.

Die Tatsache also, daß ein auf Strafe lautendes Urteil ergangen war, stand einer Aufhebung des Haftbefehls an sich nicht entgegen.

## II. Die Stellungnahme des Staatsanwalts.

**1.** Strafurteile sind **nach** § 449 nicht vollstreckbar, bevor sie rechtskräftig geworden sind. Nicht nur durch Ablauf der Rechtsmittelfrist wird das Urteil rechtskräftig, sondern auch durch Zurücknahme des eingelegten Rechtsmittels, und durch den Verzicht auf Einlegung desselben.

Da im vorliegenden Falle sowohl der Verurteilte als auch der Staatsanwalt auf das Rechtsmittel verzichtet haben, ist das Urteil in diesem Augenblick rechtskräftig geworden.

**2.** Mit der Rechtskraft des Urteils ist das gerichtliche Verfahren beendet. Damit findet aber der richterliche Haftbefehl noch nicht seine Erledigung; er ändert nur seinen Charakter, indem er von der Rechtskraft des Urteils ab nicht mehr die Feststellung, sondern die Befriedigung des staatlichen Strafanspruchs zu sichern bestimmt ist.

**3.** Nachdem somit feststeht, daß der im Vorverfahren erlassene Haftbefehl über die Rechtskraft des Urteils fortdauert, erhebt sich die Frage, ob das erkennende Gericht die Behörde ist, die nach wie vor über die Aufrechterhaltung des Haftbefehls zu entscheiden hat. Die Frage ist bestritten.

Man wird wohl den Standpunkt vertreten müssen, daß mit der absoluten Rechtskraft des auf Strafe lautenden Urteils nunmehr die Staatsanwaltschaft als das nach § 451 Abs. 1 grundsätzlich zur Strafvollstreckung berufene Organ des Staats dominus litis wird und in dieser Eigenschaft die Verfügungsgewalt über den Verurteilten erlangt, soweit nicht ausdrücklich das Gesetz auch fernerhin dem Gericht für bestimmte, in den §§ 360 Abs. 2, 458, 462 erschöpfend aufgeführte Fälle eine Einwirkung auf die Strafvollstreckung einräumt. (Siehe hierzu Beschlüsse des OLG. Dresden vom 24. April 1912 und 30. März 1914, abgedruckt in „Alsberg, Strafprozessuale Entscheidungen der Oberlandesgerichte", Band 1, S. 254ff.)

**4.** Hieraus folgt:

Befindet sich der Angeklagte zur Zeit der Rechtskraft des Urteils in Untersuchungshaft, so ist der vorausgegangene richterliche Haftbefehl der Rechtstitel, auf den hin die Staatsanwaltschaft den Angeklagten in Haft behalten kann, es sei denn, daß der Amtsrichter eine Strafe bis zu 3 Monaten einschließlich ausgesprochen hat, in welchem Falle er selbst an Stelle des Staatsanwalts Vollstreckungsbehörde ist. (Siehe Änderung der Strafvollstreckungsordnung vom

7. Dez. 1935 durch Verfügung des RJM. vom 21. Jan. 1942). Gelangt die Staatsanwaltschaft zu der Überzeugung, daß Fluchtverdacht nicht mehr vorliegt, so kann sie selbständig, d. h. ohne das Gericht um Aufhebung des Haftbefehls angehen zu müssen, den Verurteilten aus der Haft entlassen.

Andererseits ist das Gericht mangels Zuständigkeit nicht berechtigt, nach Eintritt der absoluten Rechtskraft eine sachliche Entscheidung über die Frage der Fortdauer der Untersuchungshaft zu treffen. (Siehe hierzu aber die im Beschluß des OLG. Frankfurt a. M. vom 10. März 1947 — abgedruckt in der Deutschen Rechtszeitschrift, 1948, Seite 180 — vertretene gegenteilige Auffassung, daß nämlich auch nach Rechtskraft des Urteils der Verurteilte Untersuchungsgefangener sei und deshalb auch die Zuständigkeit des Gerichts zur Entscheidung über den Haftbefehl so lange bestehen bleibe, als nicht die Strafvollstreckung seitens der Staatsanwaltschaft gemäß § 451 eingeleitet sei. Siehe schließlich auch Monatsschrift für Deutsches Recht, 1948, S. 453, wo die gleiche Ansicht vertreten und zwecks Klärung dieser bestrittenen Frage eine gesetzliche Regelung gefordert wird.)

### III. Die Entscheidung des Amtsrichters.

**1.** Daß zur Aufhebung des Haftbefehls der Amtsrichter nach der herrschenden Ansicht nicht zuständig war, ergibt sich aus den Ausführungen zu II.

**2.** Auch die Aussetzung des Vollzugs der Entscheidung ist gesetzwidrig.

**a)** Zwar kann das Gericht usw. entgegen dem Grundsatz, daß durch Einlegung der Beschwerde der Vollzug der Entscheidung nicht gehemmt wird, anordnen, daß die Vollziehung der angefochtenen Entscheidung auszusetzen sei (§ 307).

**b)** Indes hat das Gesetz in § 123 Abs. 2 für Haftsachen ganz allgemein bestimmt, daß durch Einlegung eines Rechtsmittels die Freilassung des Angeschuldigten nicht verzögert werden darf; also weder die Beschwerde über einen die Haft betreffenden Beschluß, noch ein gegen die Entscheidung in der Hauptsache eingelegtes Rechtsmittel vermögen die Freilassung aufzuschieben.

Der Amtsrichter mußte also, wenn er sich schon zur Aufhebung des Haftbefehls für berechtigt hielt und einen diesbezüglichen Beschluß erlassen hatte, den Angeklagten auf freien Fuß setzen.

## Nachtrag.

# Die Strafvollstreckung.

Die Strafvollstreckung ist im 7. Buch der StPO. (§§ 449 bis 463a) geregelt.

Man unterscheidet zwischen Strafvollstreckung im engeren Sinn und Strafvollzug. Erstere bezieht sich auf den äußeren Gang der Strafvollstreckung, während der Strafvollzug die Durchführung der Strafvollstreckung im einzelnen regelt.

## I. Die Strafvollstreckung i. e. S.

Hierfür kommt neben der StPO. die Strafvollstreckungsordnung vom 7. Dez. 1935 (StVO.) mit verschiedenen Änderungen in Frage.

**1.** Voraussetzung der Strafvollstreckung:

**a)** Rechtskräftiges Strafurteil (§ 449).

**b)** Beglaubigte Abschrift der Urteilsformel, welche von dem Urkundsbeamten mit der Bescheinigung der Vollstreckbarkeit versehen sein muß (§ 451).

**2.** Als Vollstreckungsbehörden kommen nach § 2 StVO. in Betracht:

**a)** Der Oberstaatsanwalt beim Landgericht, soweit nicht ein anderes bestimmt ist;

**b)** der Amtsrichter in den Sachen, in denen er im ersten Rechtsgang entschieden hat, es sei denn, daß auf Freiheitsstrafe von mehr als drei Monaten entschieden ist;

**c)** der Jugendrichter regelmäßig in Jugendstrafsachen (siehe §§ 56, 57 RJGG.).

(N. B. Für die Vollstreckung von Ungebührstrafen sind die §§ 178 bis 180 GVG. und für die Vollstreckung von Erzwingungsstrafen ist § 36 StPO. maßgebend.)

**3.** Die Vollstreckung einer Freiheitsstrafe:

**a)** Sie hat grundsätzlich sofort nach der Rechtskraft des Urteils zu erfolgen. Aufschub kann von Amts wegen (§ 455) oder auf Antrag (§ 456) erfolgen.

**b)** Die Vollstreckung erfolgt durch Ladung des Verurteilten zum Strafantritt. Unter Umständen Haftbefehl und Steckbrief (§ 457).

**c)** Auf die Strafe ist unverkürzt die Untersuchungshaft anzurechnen, welche der Angeklagte seit Rechtsmittelverzicht oder Zurücknahme des Rechtsmittels oder nach Ablauf der Rechtsmittelfrist erlitten hat (§ 450). (Siehe auch § 461.)

**4.** Die Vollstreckung einer Vermögensstrafe:

**a)** Sie erfolgt nach den Vorschriften über die Vollstreckung der Urteile der Zivilgerichte (§ 463). (N. B. § 463 findet auch bei den auf Einziehung lautenden Entscheidungen Anwendung.)

**b)** Über den Aufschub der Vollstreckung bzw. die Gewährung von Teilzahlungen enthält nicht die StPO., sondern das StGB. Bestimmungen (siehe §§ 28ff. StGB.).

**c)** In den Nachlaß kann eine Geldstrafe nur dann vollstreckt werden, wenn das Urteil bei Lebzeiten des Verurteilten rechtskräftig geworden ist (§ 30 StGB.).

**5.** Werden bei der Strafvollstreckung richterliche Entscheidungen notwendig, so werden sie gemäß § 462 von dem Gericht des ersten Rechtszuges nach Anhörung der Parteien ohne mündliche Verhandlung erlassen. Solche Entscheidungen kommen vor allem in Betracht, wenn über die Auslegung eines Strafurteils oder über die Berechnung der erkannten Strafe Zweifel bestehen (§ 458).

**6.** Die Vorschriften über die Strafvollstreckung finden auch auf die Vollstreckung von Maßregeln der Sicherung und Besserung sinngemäß Anwendung, soweit nichts anderes bestimmt ist (§ 463a). Eine mit Freiheitsentziehung verbundene, neben einer Freiheitsstrafe angeordnete Maßregel der Sicherung und Besserung wird erst nach Vollzug der Freiheitsstrafe durchgeführt (§ 456 mit der in Satz 2 dieser Gesetzesstelle vorgesehenen Ausnahme für die Unterbringung in eine Heil- oder Pflegeanstalt oder eine Trinkerheilanstalt).

**7.** Ein Vollstreckungsbeamter, der eine rechtskräftige Strafe nicht vollstreckt, macht sich einer Begünstigung im Amte gemäß § 346 StGB. schuldig, und umgekehrt ist der Tatbestand des § 345 StGB. gegeben, wenn der Beamte vorsätzlich oder fahrlässig die Strafzeit zum Nachteil des Verurteilten falsch berechnet.

## II. Der Strafvollzug.

Er ist Sache der Justizverwaltung.

Durch die Strafvollzugsordnung vom 22. Juli 1940 wurden Grundsätze für den Vollzug der Freiheitsstrafen aufgestellt, insbesondere Anweisungen für die Gestaltung des Unterrichts und Bestimmungen betreffend den strengen Arrest und das Beschwerdewesen getroffen. In der genannten VO. sind auch Bestimmungen über den Vollzug von Sicherungsmaßregeln enthalten.

# ZU FALL 5.

## A.

## Vorbemerkung: Allgemeine Grundsätze betr. die Hauptverhandlung.

### I. Die Mündlichkeit, die Unmittelbarkeit, die Öffentlichkeit und der Verlauf der Hauptverhandlung.

**1.** Die Hauptverhandlung wird beherrscht in erster Linie von dem Grundsatz der Mündlichkeit, d. h. die Entscheidungen des Gerichts ergehen auf Grund einer Verhandlung, in der die Prozeßbeteiligten mündliche Vorträge halten und mündliche Anträge stellen. Nicht das, was in den Akten steht, sondern nur das, was mündlich dem Gericht zur Kenntnis gebracht wurde, darf als Erkenntnisquelle für die Urteilsfindung verwertet werden. (Ausnahmen von diesem Grundsatz sind vorgesehen in §§ 249, 251, 253, 254, siehe Nachtrag A zu Fall 3, S. 82ff. ferner im Berufungsverfahren und vor allem im Revisionsverfahren.)

**2.** Folgen des Grundsatzes der Unmittelbarkeit sind neben der Notwendigkeit der unmittelbaren Vorlage der Beweismittel vor Gericht das Erfordernis der Anwesenheit des Gerichts und der Prozeßbeteiligten (§§ 226, 230), sowie das Erfordernis des zeitlichen Zusammenhangs der Hauptverhandlung (§§ 229, 268).

**a)** Bei der Urteilsfindung können nur diejenigen Gerichtspersonen mitwirken, vor denen die Verhandlung der Sache stattgefunden hat, und diese Personen müssen gemäß § 226 während der ganzen Verhandlung einschließlich der Urteilsverkündung anwesend sein. (Ein Verstoß hiergegen bildet einen absoluten Revisionsgrund nach § 338, Nr. 5).

aa) Fällt im Laufe der Verhandlung ein Richter aus, so muß die Verhandlung vor dem neubesetzten Gericht von Anfang an wiederholt werden. Um dies zu vermeiden, kann bei Verhandlungen von längerer Dauer der Vorsitzende gemäß § 192 Abs. 2 GVG. sog. Ergänzungsrichter zuziehen.

bb) Dagegen ist ein Wechsel in der Person des Staatsanwalts in jedem Stadium des Verfahrens statthaft, wie sich aus § 227 ergibt (E. 16, 180).

cc) Der Verteidiger muß nur dann während der ganzen Verhandlung anwesend sein, wenn die Verteidigung nach § 140 Abs. 1 notwendig ist (dabei ist es gleichgültig, ob der Verteidiger gewählt oder bestellt ist). Ein Wechsel in der Person des Verteidigers ist gemäß § 227 in jedem Falle möglich. (Siehe im übrigen Fall 3, Abschnitt B IV, S. 75 und Fall 6, Abschnitt A I, S. 112.)

dd) Ebenso kann der Urkundsbeamte in jedem Stadium der Hauptverhandlung wechseln.

ee) Wegen der Erfordernisse der Anwesenheit des Angeklagten s. unten Abschnitt II, S. 104ff.

**b)** Der Grundsatz der Unmittelbarkeit macht es ferner erforderlich, daß die Hauptverhandlung ein zusammenhängendes Ganzes bildet (§§ 228, 229), d. h., daß eine Abschwächung des unmittelbaren Gesamteindrucks der mündlichen Verhandlung vermieden wird. (Siehe auch § 261.)

aa) Die Unterbrechung ordnet der Vorsitzende an (§ 228 Abs. 1 Satz 2). Eine unterbrochene Hauptverhandlung wird gemäß § 229 nach der Unterbrechung nur dann noch einmal von neuem begonnen, wenn die Hauptverhandlung insgesamt mehr als 10 Tage unterbrochen war.

Ein Verstoß gegen § 229 stellt keinen unbedingten Revisionsgrund in dem Sinne dar, daß er gemäß § 338 notwendig die Aufhebung des Urteils zur Folge haben müßte, ebensowenig wie das bei einer Verletzung des § 268 Abs. 2 S. 1 der Fall ist (E. 69, 23). Es ist vielmehr in einem solchen Falle stets zu untersuchen, ob das Urteil auf dem Verstoß beruht. Diese Frage wird allerdings oft nur schwer zu verneinen sein (E 57, 267), d. h. man wird wohl nur selten feststellen können, daß es ausgeschlossen erscheint, daß die über die Frist des § 229 hinausgehende Aussetzung den lebendigen Eindruck der mündlichen Verhandlung abgeschwächt habe.

bb) Die Aussetzung (Vertagung) d. h. die Bestimmung eines neuen Termins zur Hauptverhandlung beschließt das Gericht (§ 228 Abs. 1 Satz 1). Sie kommt z. B. in Betracht, wenn die Ladungsfrist nicht eingehalten ist, oder wenn weitere Beweiserhebungen erforderlich sind und die Frist des § 229 nicht ausreicht, oder wenn ein psychiatrisches Gutachten erforderlich wird.

**3.** Für die Hauptverhandlung gilt ferner der Grundsatz der Öffentlichkeit. Die diesbezüglichen Vorschriften der §§ 169ff. GVG. haben in ihrer Gesamtheit die Aufgabe, die Öffentlichkeit der Verhandlung als eine wesentliche Bedingung des öffentlichen Vertrauens zur Rechtsprechung der Gerichte zu gewährleisten (E. 70, 112).

**a)** Nichtöffentlich ist die Hauptverhandlung in Jugendsachen. Hier ist die Öffentlichkeit nicht nur während der Verhandlung, sondern auch während der Verkündung der Entscheidung ausgeschlossen (§ 32 RJGG.).

**b)** Die Öffentlichkeit kann für die ganze Verhandlung oder einen Teil derselben ausgeschlossen werden (§ 172 GVG.):

aa) wegen Gefährdung der öffentlichen Ordnung, insbesondere der Staatssicherheit (§ 172 GVG.). Gefährdung der öffentlichen Ordnung kann auch in einer Erschwerung der Wahrheitsermittlung (E. 30, 244) oder in einer fortwährenden Störung der Verhandlung (E. 30, 104) liegen;

bb) wegen Gefährdung der Sittlichkeit (§ 172 GVG.). (Verbot der Veröffentlichung des Verhandelten in § 184b StGB.);

cc) wegen Gefährdung eines wichtigen Geschäfts- oder Betriebsgeheimnisses (§ 172 GVG.). (Hierunter fallen vor allem die Werkspionageprozesse);

dd) wenn das Verfahren die Unterbringung in einer Heil- oder Pflegeanstalt zum Gegenstande hat, § 171a GVG.

In allen diesen Fällen (aa—dd) ist die Urteilsverkündung öffentlich, und zwar muß die Wiederherstellung der Öffentlichkeit vor der Urteilsverkündung durch das Protokoll beurkundet werden, § 173 Abs. 1 GVG. Durch einen besonderen Beschluß kann in den Fällen aa—cc für die Verkündung der Urteilsgründe wieder die Öffentlichkeit ausgeschlossen werden, § 173 Abs. 2 GVG. (N. B. Nach § 175 Abs. 1 GVG. kann bestimmten Personen der Zutritt zu öffentlichen Verhandlungen versagt und nach Abs. 2 bestimmten Personen der Zutritt zu nichtöffentlichen Verhandlungen gestattet werden.)

**c)** Die nichtöffentliche Verkündung der Urteilsformel hat nicht zur Folge, daß das so verkündete Urteil etwa für nichtig zu erachten ist, denn die Öffentlichkeit ist nicht ein Wesensmerkmal der Verkündung, sondern nur ein Formerfordernis. Die Nichtöffentlichkeit bei der Verkündung bildet auch keinen absoluten Revisionsgrund i. S. des § 338 Nr. 6, denn die Urteilsverkündung ist zwar ein Teil der Hauptverhandlung, gehört aber nicht mehr zur mündlichen Verhandlung i. S. des § 338 Nr. 6 (E. 71, 377). Da somit die fragliche Gesetzesverletzung nur einen relativen Revisionsgrund i. S. des § 337 darstellt, könnte sie nur dann zur Aufhebung des Urteils führen, wenn das Urteil auf diesem Verstoß beruht, d. h. wenn Anhaltspunkte für die Annahme vorhanden wären, daß das Urteil anders ausgefallen wäre, wenn das Gericht vor der Verkündung durch Beschluß die Öffentlichkeit wieder hergestellt hätte. Eine Möglichkeit, die aber kaum denkbar ist. (Siehe auch SJZ. 1948, Spalte 212.) (N.B. § 338 Nr. 6 ist nur verletzt, wenn die Öffentlichkeit ungesetzlich beschränkt worden ist. Wenn daher eine an dem Verfahren nicht beteiligte Person ungeachtet des Ausschlusses der Verhandlung beigewohnt hat, so liegt darin keine Beschränkung der Öffentlichkeit. Siehe Urteil des OGH. Köln vom 23. Januar 1950 in Monatsschrift für Deutsches Recht 1950, S. 238.)

**d)** Der Beschluß über den Ausschluß der Öffentlichkeit während der Hauptverhandlung oder eines Teiles derselben muß öffentlich verkündet werden, § 174 Abs. 1 S. 2 GVG.; ein

Verstoß hiergegen begründet einen absoluten Revisionsgrund nach § 338 Nr. 6 (E. 70, 109). Dem Beschluß muß ferner eine Verhandlung vorausgehen, § 174 Abs. 1 S. 1 GVG., um den Prozeßbeteiligten Gelegenheit zur Äußerung zu geben. Ein Verstoß hiergegen bildet aber (im Gegensatz zur früheren Rechtsprechung) keinen absoluten Revisionsgrund i. S. des § 338 Nr. 6, sondern nur einen relativen, d. h. der Verstoß führt nur dann zur Aufhebung des Urteils, wenn dieses auf ihm beruht. (E. 69, 401.)

**4.** Der Verlauf der Hauptverhandlung.

**a)** Die Prozeßleitung steht dem Vorsitzenden zu, § 238. Er bestimmt die Reihenfolge der vorzunehmenden Prozeßhandlungen, soweit nicht besondere Vorschriften (§§ 243, 257, 258, 268) Platz greifen. Er hat für Aufrechterhaltung der Ordnung zu sorgen, § 176 GVG.; er kann Rügen und Warnungen erteilen und auch den Saal räumen lassen. Dem Gericht vorbehalten sind alle Maßregeln, welche den Charakter einer Strafe haben (§§ 177, 178 GVG.), insbesondere die Entfernung einer Person aus dem Sitzungszimmer. (Siehe im übrigen Fall 4, Abschnitt A II 4, S. 91.) Eine Beanstandung der Verhandlungsleitung als unzweckmäßig, ungeeignet oder unangemessen ist ausgeschlossen. Lediglich über eine gesetzlich unzulässige Anordnung des Vorsitzenden kann die Entscheidung des Gerichts angerufen werden, § 238 Abs. 2.

**b)** Die Reihenfolge im Gang der Verhandlung ist im § 243 gesetzlich festgelegt. Aufruf der Sache, Aufruf der Zeugen und Sachverständigen (erstere müssen nach dem Aufruf den Sitzungssaal verlassen, § 243 Abs. 4), Vernehmung des Angeklagten zur Person, Verlesung des Eröffnungsbeschlusses, Vernehmung des Angeklagten zur Sache (die übrigen Prozeßbeteiligten haben kein unmittelbares Fragerecht), die Beweisaufnahme § 244 (hierunter fällt die Vernehmung der Zeugen und Sachverständigen, die Verlesung von Schriftstücken und die Einnahme eines Augenscheins; näheres hierüber siehe Nachträge zu Fall 3 und Fall 9), Schlußvorträge § 258 (Angeklagter hat das letzte Wort), und schließlich Erlaß des Urteils (§ 260).

**c)** Das Sitzungsprotokoll (Sitzungsniederschrift).

Über die Hauptverhandlung ist ein Protokoll aufzunehmen, das vom Vorsitzenden und dem Urkundsbeamten zu unterschreiben ist, § 271.

aa) Das Protokoll muß enthalten:

$\alpha$) die in § 272 aufgeführten fünf Punkte;

$\beta$) eine Wiedergabe des Ganges und Ergebnisses der Hauptverhandlung, § 273 Abs. 1. Aus der Hauptverhandlung vor dem Amtsgericht (Amtsrichter und Schöffengericht) sind außerdem die wesentlichen Ergebnisse der Vernehmungen der Zeugen und Sachverständigen in das Protokoll aufzunehmen, § 273 Abs. 2.

bb) Grundsätze für die Beweiskraft des Protokolls:

§ 274 legt nicht allgemein dem Sitzungsprotokoll erhöhte Beweiskraft bei. Vielmehr regelt § 274 ebenso wie der gleichlautende § 164 ZPO. nur die Beweiskraft, die das obere Gericht dem Protokoll beizumessen hat, wenn zwecks Entscheidung über die Gesetzmäßigkeit des bisherigen Verfahrens „die Beobachtung der für die Hauptverhandlung vorgeschriebenen Förmlichkeiten" nachzuprüfen ist, z. B. ob der Zeuge beeidigt worden, ob er auf sein eventuelles Zeugnisverweigerungsrecht hingewiesen, ob ein bestimmter Beweisantrag gestellt, bzw. wie er beschieden wurde, ob ein bestimmtes Schriftstück verlesen worden ist u. ä. Bezüglich aller dieser „Förmlichkeiten" gilt folgender Grundsatz: Was nicht im Protokoll beurkundet ist, gilt als nicht geschehen. Was andererseits im Protokoll steht, gilt als so geschehen, wie es niedergeschrieben ist. Diese positive und negative Beweiskraft des Protokolls kann durch andere Beweise als durch den der „Fälschung", d. h. einer Urkundenfälschung nach § 267 StGB. oder der Falschbeurkundung i. S. des § 348 Abs. 1 StGB. weder widerlegt, noch ergänzt werden (siehe hierzu E. 58, 58). Diese Beweisregel des § 274 erstreckt sich aber nicht auf die Erklärungen des Angeklagten zur Schuldfrage, insbesondere also auch nicht auf ein vom Angeklagten abgelegtes Geständnis oder sonstige von ihm abgegebene Erklärungen, mögen sie auch unter Beobachtung des Abs. 3 des § 274 in das Protokoll aufgenommen worden sein. Dasselbe gilt von den Aussagen der Zeugen. Ebensowenig erstreckt sich die Beweiskraft des Protokolls auf Tatsachen, die für ein anderes Strafverfahren von materiellrechtlicher Bedeutung sind. So wäre es z. B. für die Frage, ob A in dem Strafverfahren B einen Meineid geleistet hat, ohne Bedeutung, ob das Protokoll jenes Strafverfahrens die Feststellung enthält, daß A beeidigt worden ist, d. h. in dem jetzt wegen Meineids eingeleiteten Strafverfahren wäre das Gericht an die in dem Verhandlungsprotokoll des Strafverfahrens B getroffene Feststellung nicht gebunden und könnte nach freier richterlicher Überzeugung die Eidesleistung als nicht geschehen ansehen.

cc) Bezüglich der Frage, inwieweit die Urkundspersonen, also der Vorsitzende und der Gerichtsschreiber, nachträglich das fertige Protokoll ohne Minderung seiner Beweiskraft berichtigen oder ergänzen können, gilt folgendes: Ist ein Rechtsmittel eingelegt und eine Rüge erhoben, welche sich auf das Protokoll bezieht, so waren nach früherer Rechtsprechung spätere Erklärungen der Gerichtspersonen, welche den für die erhobene Rüge entscheidenden Punkt des Protokolls betreffen und derselben die bisherige Grundlage entziehen würden, nicht zu berücksichtigen (E. 43, 1). Diese Rechtsprechung hatte zur Folge, daß unter Umständen Urteile auf Grund angeblicher Verfahrensverstöße aufgehoben werden mußten, von denen durch die Erklärungen der Urkundsbeamten feststand, daß sie nicht begangen worden waren. Im Hinblick auf den das Strafverfahren beherrschenden Grundsatz, mit möglichster Beschleunigung der Wahrheit und der Gerechtigkeit zum Siege zu verhelfen, hat der Große Senat für Strafsachen in der Entscheidung vom 11. Juli 1936 (E. 70, 241) mit der in E. 43, 1 niedergelegten Rechtsprechung gebrochen. Es kann also nunmehr das Protokoll (die Niederschrift) auch noch nach Geltendmachung einer diesbezüglichen Verfahrensrüge wirksam berichtigt werden. (Siehe aber die von dieser Entscheidung des RG. abweichende und den alten, in E. 43, 1 niedergelegten Standpunkt vertretende Entscheidung des Kammergerichts vom 9. Juni 1947, abgedruckt in der Süddeutschen Juristenzeitung 1947, Nr. 8, S. 443/47.)

### II. Die Grundsätze betr. die Anwesenheit des Angeklagten.

**1.** Die Strafprozeßordnung verlangt grundsätzlich die persönliche Anwesenheit des Angeklagten in der Hauptverhandlung und kennt kein eigentliches Kontumazialverfahren, § 230 Abs. 1. Sie vertritt den Grundsatz, daß der Angeklagte nicht ungehört verurteilt werden darf, weil das Gericht die materielle Wahrheit nur dann restlos ergründen kann, wenn der Angeklagte in Person vor ihm gestanden hat. Dieser Grundsatz gilt im allgemeinen auch für die Berufungsinstanz (siehe aber § 329), nicht aber für die Revisionsinstanz (§ 350). Die Anwesenheit ist während der ganzen Dauer der Hauptverhandlung notwendig; auch nur vorübergehende Abwesenheit begründet die Revision (§ 338 Ziff. 5). (Siehe aber Beschluß des OLG. Darmstadt vom 15. November 1948 in Juristische Rundschau 1949 S. 515.)

**2.** Der nicht auf freiem Fuß befindliche Angeklagte wird vorgeführt; der auf freiem Fuß befindliche wird gemäß § 216 geladen; erscheint er nicht, so muß die Verhandlung vertagt werden, und es wird, wenn sein Ausbleiben nicht genügend entschuldigt ist, seine Vorführung angeordnet oder ein Haftbefehl erlassen (§ 230 Abs. 2). (N. B. Das Gesetz stellt hier einen selbständigen Verhaftungsgrund auf; die Voraussetzungen der §§ 112, 113 brauchen nicht vorzuliegen.)

**3.** In Abwesenheit des Angeklagten kann, abgesehen von den schon oben (Abschnitt II 1) erwähnten Fällen der §§ 329, 350 in folgenden Fällen verhandelt werden:

**a)** Nach § 232, d. h. wenn keine höhere Strafe als Haft, Geldstrafe oder Einziehung allein oder in Verbindung miteinander, zu erwarten ist, also nur in geringfügigen Fällen (Übertretungen und leichte Vergehen).

aa) Es kommt in diesem Falle also nicht darauf an, mit welcher Strafe die Tat bedroht ist, sondern darauf, welche Strafe der Angeklagte im Einzelfalle zu erwarten hat. Muß wider Erwarten auf eine höhere Strafe oder eine Maßregel der Sicherung und Besserung erkannt werden, so darf ein solches Urteil in Abwesenheit des Angeklagten nicht ergehen (§ 232 Abs. 1 Satz 2). Die Verhandlung muß dann ausgesetzt werden.

bb) Zur Sicherung des Angeklagten ist dieses Abwesenheitsverfahren an folgende weitere Voraussetzungen geknüpft: Der Angeklagte muß ordnungsmäßig geladen sein; eine Ladung durch öffentliche Bekanntmachung genügt nicht (§ 232 Abs. 2). Ferner muß in der Ladung darauf hingewiesen sein, daß in Abwesenheit verhandelt werden kann (§ 232 Abs. 1 Satz 1), und schließlich muß das in Abwesenheit des Angeklagten ergehende Urteil durch Übergabe zugestellt werden (§ 232 Abs. 4).

cc) Hat die Hauptverhandlung gemäß § 232 ohne den Angeklagten stattgefunden, so kann er gegen das Urteil binnen einer Woche nach seiner Zustellung die Wiedereinsetzung in den vorigen Stand unter den gleichen Voraussetzungen wie gegen die Versäumung einer Frist nachsuchen. Hat er von der Ladung zur Hauptverhandlung keine Kenntnis erlangt, so kann er stets die Wiedereinsetzung in den vorigen Stand beanspruchen. Hierüber ist der Angeklagte bei der Zustellung des Urteils zu belehren (§ 235).

**b)** Nach § 233, d.h. wenn der Angeklagte auf seinen Antrag (zu dessen Stellung der Verteidiger einer besonderen Ermächtigung bedarf, siehe E. 54, 210) von der Verpflichtung zum Erscheinen in der Hauptverhandlung entbunden wird, vorausgesetzt, daß keine höhere Strafe als Freiheitsstrafe bis zu sechs Monaten oder Geldstrafe oder Einziehung, allein oder in Verbindung miteinander, zu erwarten ist. Muß wider Erwarten auf eine höhere Strafe oder eine Maßregel der Sicherung und Besserung erkannt werden, so darf ein solches Urteil in Abwesenheit des Angeklagten nicht ergehen (§ 233 Abs. 1 Satz 2). Wegen der weiteren Voraussetzungen dieses Verfahrens siehe § 233 Abs. 2 und 3.

**c)** Im Falle des § 231 Abs. 2. Siehe hierzu die Ausführungen unten in Abschnitt B I 1.

Soweit nach den vorstehenden Erörterungen in Abwesenheit des Angeklagten verhandelt werden kann, also in den Fällen der §§ 232 und 233, aber auch im Falle des § 231 Abs. 2, ist der Angeklagte gemäß § 234 befugt, sich durch einen mit schriftlicher Vollmacht versehenen Verteidiger vertreten zu lassen. (N. B. Das gleiche gilt gemäß § 350 für die Revision, sowie gemäß § 387 für das Privatklageverfahren und gemäß § 411 für das Einspruchsverfahren nach vorausgegangenem Strafbefehl.)

**4.** Bei zeitweiser Abwesenheit des Angeklagten kann in folgenden Fällen verhandelt werden:

**a)** Wenn der Angeklagte gemäß § 177 GVG. wegen Nichtbefolgung eines zur Aufrechterhaltung der Ordnung erlassenen Befehls aus dem Sitzungszimmer entfernt wird (§ 247 Abs. 2).

**b)** Wenn der Angeklagte wegen Gefahr der Beeinflussung von Mitangeklagten oder Zeugen aus dem Sitzungszimmer abtreten muß (§ 247 Abs. 1).

**c)** Wenn der jugendliche Angeklagte wegen der Gefahr nachteiligen Einflusses bei Erörterung bestimmter Fragen (z. B. der häuslichen Familienverhältnisse) das Sitzungszimmer verlassen muß (§ 34 Abs. 1 RJGG.).

**d)** Wenn dem Angeklagten auf seinen Wunsch im Interesse seiner Gesundheit erlaubt wird, daß er sich für die Zeit der Erstattung eines ärztlichen Gutachtens über seinen körperlichen oder geistigen Zustand aus dem Sitzungszimmer entfernt. (E. 60, 313.)

In allen Fällen hat der Vorsitzende dem Angeklagten nach dessen Rückkehr den wesentlichen Inhalt desjenigen mitzuteilen, was in seiner Abwesenheit ausgesagt oder sonst verhandelt worden ist, § 247 Abs. 1 Satz 2.

(Siehe auch die Entscheidung in Bd. 60, 179, wo das Vorgehen eines Vorsitzenden gebilligt wird, der zwecks Prüfung des Wahrnehmungsvermögens einer genotzüchtigten Frau zunächst einen Zeugen auf der Anklagebank Platz nehmen ließ, und dann dem erst später vorgeführten wirklichen Angeklagten das Protokoll über den Erkennungsversuch vorlas. Das Wesentliche sei, so führt das RG. aus, daß die Anwesenheit des Angeklagten ein Hindernis für die unbeeinflußte Wahrheitsforschung gewesen wäre; dies sei der Grundgedanke des § 247 Abs. 1, der eine ausdehnende Auslegung zulasse. In der gleichen Richtung bewegt sich E. 73, 355: Das Gericht kann den Angeklagten auch dann aus dem Sitzungszimmer entfernen, wenn es befürchtet, ein Zeuge werde, falls er in Gegenwart des Angeklagten vernommen werde, infolge eines Nervenleidens, das er durch die Handlung des Angeklagten erlitten hat, nicht aussagen.)

**5.** In §§ 276ff. wird das Verfahren gegen Abwesende behandelt, d. h. gegen solche Beschuldigte, die sich der deutschen Gerichtsbarkeit dadurch entziehen, daß sie sich im Auslande aufhalten oder im Inlande verbergen.

## B.

## Lösung des Falles.

### I. Hätte das Schöffengericht Urteil erlassen können?

**1.** Nach § 231 Abs. 1 darf sich der erschienene Angeklagte aus der Verhandlung nicht entfernen.

Entfernt er sich dennoch, so kann die Hauptverhandlung in seiner Abwesenheit zu Ende geführt werden, wenn seine Vernehmung über die Anklage schon erfolgt war, und das Gericht seine fernere Anwesenheit nicht für erforderlich erachtet (§ 231 Abs. 2).

Für diese Vorschrift war die Erwägung maßgebend, daß es ebensosehr gegen das Interesse der Strafrechtspflege wie gegen die Rücksicht auf die Würde des Gerichts verstoßen würde, wenn dem Angeklagten die Möglichkeit gewährt wäre, eine begonnene, und vielleicht schon dem Abschluß nahe Hauptverhandlung dadurch, daß er sich entfernt oder bei ihrer Wiedereröffnung ausbleibt, unwirksam und gleichsam ungeschehen zu machen; die Bestimmung soll Platz greifen, wenn von dem Angeklagten versucht wird, vorsätzlich dem Gange der Rechtspflege entgegenzutreten. (E. 58, 152.)

**2.** Urteil wegen Erpressung.

Ob während des weiteren Verlaufs der Verhandlung die Anwesenheit des Angeklagten erforderlich ist, steht zu entscheiden in dem Ermessen des Gerichts, („kann") wenn nur die eine Voraussetzung gegeben ist, daß seine Vernehmung über die Anklage gemäß § 243 Abs. 3 erfolgt ist.

Da nach dem Tatbestand unterstellt werden muß, daß die Vernehmung nach § 243 Abs. 3 stattgefunden hat, hätte das Schöffengericht die Verhandlung zu Ende führen und Urteil wegen Erpressung erlassen können.

**3.** Urteil wegen Nötigung.

**a)** Für den Fall, daß, nachdem der Angeklagte sich entfernt hat, eine Klagänderung gegenüber dem Eröffnungsbeschluß in Frage kommt, hat das Gesetz keine Entscheidung darüber getroffen, welcher der beiden dem § 231 Abs. 2 zugrundeliegenden Gedanken der stärkere ist: Die Voraussetzung des rechtlichen Gehörs oder das öffentliche Interesse an der ungestörten Durchführung des Verfahrens.

**b)** Die Rechtsprechung (E. 32, 98 und 99) hat sich für den ersten Gesichtspunkt entschieden, mit folgender Begründung: „Die Fiktion, daß der Angeklagte durch seine willkürliche Entfernung auf seine Verteidigung überhaupt verzichtet habe, ließe sich mit den Prinzipien des Strafprozesses nicht vereinigen, und ebensowenig darf dem Gesetze die Absicht unterstellt werden, dem Angeklagten in diesem Falle eine Ungehorsamsstrafe damit aufzuerlegen, daß er das Recht auf Belehrung nach § 265 verwirkt hätte. Die Nichtbeachtung der letzteren Vorschrift würde zu unbilligen Ergebnissen führen, wo innerhalb der weitgesteckten Grenzen zulässiger Klagänderung (§ 155, 264) eine Verurteilung wegen eines nach Umständen gegenüber der ursprünglichen Anklage weit schwereren Delikts erfolgen kann, auf

Grund einer Strafrechtsnorm, an welche der Angeklagte vielleicht nicht gedacht hat."

**c)** Das Schöffengericht durfte also, strenggenommen, ein Urteil wegen Nötigung gegen den nicht anwesenden Angeklagten nicht erlassen, da nach § 265 Abs. 1 eine von dem Eröffnungsbeschluß abweichende Verurteilung nicht erfolgen darf, ohne daß eine Hinweisung des Angeklagten auf die Veränderung des rechtlichen Gesichtspunktes erfolgt ist; daß die Veränderung schon vor der Entfernung des Angeklagten hervorgetreten war, bleibt dabei ohne Bedeutung.

(N. B. Nach E. 63, 430 muß ein Angeklagter selbst dann, wenn er im Eröffnungsbeschluß der Alleintäterschaft beschuldigt ist, aber unter der wahlweisen Feststellung, er habe allein oder gemeinschaftlich mit einem anderen gehandelt, verurteilt werden soll, auf diese Veränderung des rechtlichen Gesichtspunktes hingewiesen werden.)

**d)** Andererseits aber will der § 265 lediglich verhüten, daß durch die Änderung der Klage die Verteidigung des Angeklagten beeinträchtigt wird. Wenn nun, wie im vorliegenden Falle, der Angeklagte zu dem von ihm selbst angeregten veränderten rechtlichen Gesichtspunkt schon Stellung genommen hat (er hatte ja die Ladung von Zeugen zum Beweise dafür beantragt, daß er nicht die Absicht gehabt habe, sich zu Unrecht zu bereichern), dürfte kaum ersichtlich sein, daß und wie der Angeklagte bei erfolgtem Hinweis sich hätte anders verteidigen können.

Einer auf Verletzung des § 265 gestützten Revision müßte daher im vorliegenden Falle der Erfolg versagt bleiben, da als völlig ausgeschlossen erscheinen muß, daß das Urteil durch die Außerachtlassung dieser Vorschrift beeinflußt wurde, daß es also auf der Gesetzesverletzung i. S. des § 337 beruhe. (Daß der absolute Revisionsgrund nach § 338 Ziff. 5 nicht vorliegt, bedarf nach den obigen Ausführungen keiner weiteren Begründung.)

Das Schöffengericht hätte also auch Urteil wegen Nötigung erlassen können.

## II. Ist die Sicherheit als für die Staatskasse verfallen zu erklären?

**1.** Ohnesorg hat gemäß § 117 Sicherheit geleistet, und zwar, wie sich aus § 122 Abs. 1 ergibt, dafür, daß der Angeschuldigte sich weder der Untersuchung noch dem Antritt der zu verhängenden Freiheitsstrafe entziehen werde.

**2.** Ein Freiwerden der Sicherheit tritt nach § 121 Abs. 1 ein, wenn der Angeschuldigte zur Haft gebracht, oder wenn der Haftbefehl aufgehoben worden ist, oder wenn der Antritt der erkannten Freiheitsstrafe erfolgt. Immer aber wird die Sicherheit nur unter der Voraussetzung frei, daß nicht schon vor dem Freiwerden eine den

Verfall begründende Tatsache (§ 122) eingetreten ist. (Siehe die Eingangsworte zu § 121 „eine noch nicht verfallene Sicherheit".)

Da der Angeklagte, bevor die Sicherheit gemäß § 121 freigeworden war, geflohen war, und dadurch gemäß § 122 bewirkt hat, daß die Sicherheit der Staatskasse verfiel, kann Ohnesorg, der gemäß § 122 Abs. 2 zu dem Antrag des Staatsanwalts zu hören war, seine Einwendungen nicht auf § 121 Abs. 1 stützen.

**3.** Ebensowenig kann Ohnesorg seine Befreiung mit Abs. 2 des § 121 begründen, da auch diese Gesetzesstelle ebenso wie Abs. 1 zur Voraussetzung hat, daß die Sicherheit noch nicht gemäß § 122 verfallen ist.

**4.** Die gemäß § 122 Abs. 3 zu fällende Entscheidung des Gerichts hat also dahin zu lauten, daß die von dem Privatier Ohnesorg geleistete Sicherheit in Höhe von 5000 Mark der Staatskasse verfallen ist, da der Angeklagte sich durch die Flucht der Untersuchung entzogen hat.

Diese Entscheidung hat gemäß § 122 Abs. 3, solange sie noch mit der sofortigen Beschwerde anfechtbar ist, die Wirkung eines vorläufig vollstreckbaren, die rechtskräftige Entscheidung die eines rechtskräftigen Zivilendurteils.

(N. B. Das Rechtsverhältnis zwischen dem Angeklagten und dem Privatier Ohnesorg wird durch diese Entscheidung nicht berührt.)

## Nachtrag.

## Das Verhältnis des Urteils zum Eröffnungsbeschluß.

**I.** Nach **§ 264** ist Gegenstand der Urteilsfindung, die in der Anklage, d. h. dem Eröffnungsbeschluß, bezeichnete Tat, wie sie sich nach dem Ergebnisse der Verhandlung darstellt.

**1.** Das erkennende Gericht ist also an den Eröffnungsbeschluß nur insofern gebunden, als es nur die in diesem bezeichnete Tat, d. h. dasselbe historische Vorkommnis, nicht aber ein anderes zum Gegenstand der Aburteilung machen darf. Dabei ist zu beachten, daß der verfahrensrechtliche Begriff der Tat in § 264 mit dem sachlich-rechtlichen der strafbaren Handlung i. S. des § 74 StGB. nichts gemein hat. Er umfaßt vielmehr den von der Anklage betroffenen Vorgang einschließlich aller damit zusammenhängenden oder darauf bezüglichen Vorkommnisse und tatsächlichen Umstände, die geeignet sind, das in diesen Bereich fallende Tun des Angeklagten unter irgendeinem rechtlichen Gesichtspunkt als strafbar erscheinen zu lassen. (E. 62, 112.)

**2.** Die Identität der Tat vorausgesetzt, ist dem erkennenden Gericht jede Abweichung von dem Eröffnungsbeschluß gestattet.

**a)** Der gleiche konkrete Vorgang wird in tatsächlicher Hinsicht sowohl noch dann vorliegen, wenn nach dem Ergebnis der Verhandlung Zeit oder Ort der Handlung oder Einzelheiten der Ausführungsweise anders erscheinen, als im Eröffnungsbeschluß unterstellt wurde, als auch dann, wenn die Willensrichtung des Angeklagten oder die äußere Art seiner Beteiligung sich anders darstellt. (E. 5, 250.)

**b)** Um eine lediglich rechtliche Abweichung handelt es sich, wenn das erkennende Gericht, obgleich das Beweisergebnis mit den tatsächlichen Annahmen des Eröffnungsbeschlusses übereinstimmt, doch die Tat anders qualifiziert, als dies in dem Beschlusse geschehen ist, z. B. als Unterschlagung, statt als Diebstahl.

**c)** In den meisten Fällen der Klagänderung wird diese sowohl tatsächlicher wie rechtlicher Art sein, d. h. es wird das von dem Beschlusse abweichende Ergebnis des Beweises zugleich die Veränderung der Qualifizierung der Tat zur Folge haben. Dabei ist es gleichgültig, ob die die veränderte Qualifizierung bedingenden Tatumstände sich erst in der Hauptverhandlung herausstellen, oder ob sie bereits in den Akten bekannt waren; ebensowenig macht es einen Unterschied, ob die Tat nach dem Ergebnis der Hauptverhandlung im Vergleich mit ihrer Qualifizierung im Eröffnungsbeschluß sich als eine in höherem, in gleichem oder in geringerem Grade strafbare darstellt.

**3.** Entsprechend dem in § 155 Abs. 2 niedergelegtem Grundsatz hat das Gericht von Amts wegen die Frage der Klagänderung zu prüfen; es ist also hierzu weder ein Antrag des Staatsanwalts noch ein solcher des Angeklagten erforderlich.

**4.** Die in der täglichen Praxis der Gerichte am häufigsten vorkommenden Fälle der Abweichung des Urteils vom Eröffnungsbeschluß sind folgende:

**a)** Der Eröffnungsbeschluß hat fünf selbständige Betrugsfälle zum Gegenstande; das Gericht hält aber fortgesetzte Tat für gegeben: Der Angeklagte ist nur wegen Betrugs zu bestrafen, ohne daß eine Freisprechung erfolgen darf, da es sich nur um eine andere rechtliche Qualifikation der gleichen Vorgänge handelt.

**b)** Der Eröffnungsbeschluß nimmt umgekehrt fünf Betrugsfälle als fortgesetzte Tat an; das Gericht hält nur drei Fälle, ebenfalls als in fortgesetzter Tat begangen, für erwiesen: Keine Freisprechung von den zwei nicht erwiesenen Fällen, da wegen ein und derselben Tat nicht gleichzeitig Verurteilung und Freisprechung erfolgen kann.

c) Der Eröffnungsbeschluß enthält fünf selbständige Betrugsfälle; das Gericht hält nur vier für erwiesen, aber nicht als selbständige Handlungen, sondern als fortgesetzte Tat: Freisprechung von dem einen Betrugsfall. (E. 39, 146.)

d) Der Eröffnungsbeschluß nimmt fünf Betrugsfälle als fortgesetzte Tat an; das Gericht hält nur vier für erwiesen, und zwar als selbständige Handlungen: Freisprechung von dem einen Fall. (E. 57, 302.) (Wegen der Kostenentscheidung in den einzelnen Fällen vgl. §§ 464ff.)

**II.** Die Bestimmungen des **§ 265** bezwecken, dem Angeklagten, der seine Verteidigung auf die tatsächlichen und rechtlichen Grundlagen der Anklage eingestellt hat, gegen Überraschungen und Erschwerungen seiner Verteidigung zu schützen. Ein Beruhen des Urteils auf einer Verletzung des § 265 ist daher stets zu verneinen, wenn nicht ersichtlich ist, daß und wie der Angeklagte sich bei erfolgtem Hinweis anders hätte verteidigen können, d. h. wenn die Einflußlosigkeit des unterlassenen Hinweises ersichtlich ist. (E. 23, 77.)

Im einzelnen bestimmt § 265 folgendes:

**1.** Hinweisung des Angeklagten auf die Veränderung des rechtlichen Gesichtspunktes mit der Möglichkeit der Verteidigung, wenn er verurteilt werden soll:

a) auf Grund eines nicht im Eröffnungsbeschluß angeführten (schärferen oder milderen) Strafgesetzes (§ 265 Abs. 1),

b) wegen eines im Eröffnungsbeschluß nicht genannten Umstandes, der eine Strafverschärfung begründet (§ 265 Abs. 2), z. B. §§ 223a, 223b Abs. 1, 224 StGB. statt § 223 StGB. Dagegen gehören nicht hierher Umstände, die bloß Strafzumessungsgründe sind, z. B. ein „besonders schwerer Fall" i. S. des § 223b Abs. 2 StGB. (E. 70, 358),

c) wegen eines im Eröffnungsbeschluß nicht genannten Umstandes, der die Anordnung einer Maßregel der Sicherung und Besserung rechtfertigt (§ 265 Abs. 2).

**2.** Aussetzung der Hauptverhandlung.

a) Auf Antrag des Angeklagten (§ 265 Abs. 3), wenn

aa) die Veränderung der Sachlage in dem Hervortreten neuer Tatsachen besteht, welche der Angeklagte nicht aus dem Eröffnungsbeschluß ersehen konnte, und

bb) die Anwendung eines schwereren Strafgesetzes oder einer Strafschärfungsvorschrift oder einer Sicherungsmaßregel in Frage kommt (handelt es sich um ein milderes Strafgesetz, so genügt die Hinweisung des Abs. 1) und cc) der Angeklagte die neu hervorgetretenen Umstände bestreitet und behauptet, auf die Verteidigung nicht genügend vorbereitet zu sein.

**b)** Von Amts wegen oder auf Antrag (§ 265 Abs. 4), wenn die Aussetzung dem Gericht infolge der veränderten Sachlage zur genügenden Vorbereitung der Anklage oder der Verteidigung erforderlich erscheint. (Siehe hierzu E. 71, 336; 76, 85.)

**III.** Um Weiterungen und Verzögerungen zu vermeiden, bietet **§ 266** die Möglichkeit, auch eine vollkommen andere Tat als die in dem Eröffnungsbeschluß bezeichnete in dem gleichen Hauptverfahren zur Aburteilung zu bringen (sog. Klageerweiterung).

**1.** Voraussetzung hierfür ist lediglich, daß der Staatsanwalt in der Hauptverhandlung die Anklage schriftlich oder mündlich auf weitere Straftaten (im Gegensatz zum früheren Recht auch Verbrechen) erstreckt.

**2.** Zur Sicherung des Angeklagten ist dieses Verfahren an folgende weitere Voraussetzungen geknüpft:

**a)** Der Angeklagte muß der Ausdehnung der Anklage zustimmen;

**b)** der Vorsitzende muß dem Angeklagten Gelegenheit geben, sich zu verteidigen;

**c)** die Verhandlung muß auf seinen Antrag unterbrochen werden, es sei denn, daß der Antrag mutwillig oder nur zur Verzögerung des Verfahrens gestellt ist; auf das Antragsrecht muß der Angeklagte hingewiesen werden.

# ZU FALL 6.

## A.

## Vorbemerkungen.

### I. Allgemeines über die Stellung des Verteidigers.

**1.** Die Zuziehung eines Verteidigers hängt im allgemeinen von dem Willen des Beschuldigten oder seines gesetzlichen Vertreters ab; nur in vom Gesetz ausdrücklich bestimmten Fällen ist die Verteidigung eine notwendige. (Siehe Fall 3 Abschn. B IV, 1 b, S. 75.)

**2.** Über die rechtliche Stellung des Verteidigers enthält die Strafprozeßordnung keine bestimmten Normen. Er ist nicht Vertreter des Beschuldigten, sondern ein mit besonderen Vorrechten ausgestatteter Rechtsbeistand; daher können weder die Anwesenheit des Verteidigers die Anwesenheit des Beschuldigten, noch die Erklärungen des ersteren die Erklärungen des letzteren ersetzen. Ausnahmen finden nur in den gesetzlich bestimmten Fällen statt. (Siehe Löwe, Anm. 8 zum 11. Abschnitt des 1. Buches.)

Der Verteidiger ist auch nicht ein Werkzeug des Beschuldigten, sondern ein für den Prozeß bestimmter Spezialvormund; daher ist der Wille des Beschuldigten für den Verteidiger ebensowenig maßgebend wie der Wille des Mündels für den Vormund; der Verteidiger kann also Erklärungen abgeben, die mit denjenigen des Beschuldigten in Widerspruch stehen, und ist an die Anträge des letzteren nicht gebunden. Folgende Ausnahmen: Ein Rechtsmittel darf der Verteidiger nicht gegen den ausdrücklichen Willen des Beschuldigten einlegen (§ 297) und ebenso bedarf er zur Zurücknahme eines Rechtsmittels einer ausdrücklichen Ermächtigung des Beschuldigten. (N. B. Der gesetzliche Vertreter, insbesondere der eheliche Vater bzw. die eheliche Mutter, der Vormund, der Pfleger — nicht aber, wie früher, der Ehemann für die beschuldigte Ehefrau — können dagegen selbständig, also auch gegen den Willen des Beschuldigten von jedem Rechtsmittel Gebrauch machen, § 298.)

**3.** Streitig ist die Frage der Grenzen des Verteidigungsrechts, d. h. ob der Verteidiger Freisprechung beantragen darf, wenn er von der Schuld des Angeklagten überzeugt ist, z. B., wenn dieser ihm ein Geständnis seiner Schuld abgelegt hat.

Aus seiner Stellung als Beistand des Beschuldigten folgt jedenfalls, daß er zur Überführung des Beschuldigten nicht beitragen darf, sondern daß er in erster Linie den Unschuldigen vor ungerechter Verurteilung schützen und alle die Momente zur Geltung bringen soll, die geeignet sind, eine erwiesene Tat in einem milderen Lichte erscheinen zu lassen. Andererseits ist es aber mit seiner Standesehre nicht vereinbar, wenn er die Wahrheit bewußt verletzt.

**4.** Eine bestimmte Form der Vollmacht ist nicht vorgeschrieben (ausgenommen §§ 234, 350, 387, 411, 431, d. h. die Fälle, in denen der Angeklagte abwesend sein kann); es genügt vielmehr, wenn der Beschuldigte dem Gericht die erfolgte Wahl mitteilt, oder wenn der Angeklagte mit dem Verteidiger vor Gericht erscheint, und dessen Auftreten als Verteidiger dadurch billigt, daß er denselben Handlungen vornehmen läßt, welche nur dem Verteidiger zustehen. (E. 25, 152.) (Wegen der Frage, zu welchem Zeitpunkt die Legitimation des Rechtsanwalts dem Gericht nachgewiesen werden muß, siehe Fall 2, Abschn. B III 2c, S. 56.)

**5.** Die Vollmacht gilt für die ganze Dauer des Verfahrens einschließlich der Wiederaufnahme, falls nicht von dem Verteidiger selbst oder von dem Beschuldigten bzw. dessen gesetzlichen Vertreter etwas Entgegenstehendes erklärt wird.

**6.** Die Rechte des Verteidigers sind, abgesehen von denjenigen, die er neben dem Beschuldigten ausüben kann, folgende:

**a)** Das Recht der Akteneinsicht, § 147.

(Nach Schluß der Voruntersuchung bzw. nach Einreichung der Anklageschrift unbeschränkt, vor diesem Zeitpunkt nur insoweit, als dies ohne Gefährdung des Untersuchungszweckes möglich ist, oder insoweit Protokolle über die Vernehmung des Beschuldigten, über Gutachten von Sachverständigen und über gerichtliche Handlungen, denen der Verteidiger beiwohnen darf, in Frage stehen. Siehe auch E. 72, 268.)

**b)** Das Recht, mit dem verhafteten Beschuldigten zu verkehren, § 148.

(Nach Eröffnung des Hauptverfahrens unbeschränkt, vorher ist Beschränkung des schriftlichen und mündlichen Verkehrs möglich. Abs. 2 und 3 a. a. O.)

**c)** Das Recht auf Gebühren, § 150, falls der Verteidiger bestellt ist. (Dem gewählten Verteidiger steht dieser Anspruch selbst dann nicht zu, wenn die Verteidigung eine notwendige ist.)

**d)** Für das beschleunigte Verfahren (siehe Fall 3 Abschnitt A 7, S. 64) gelten folgende Spezialbestimmungen:

aa) Der Verteidiger kann die dem Gericht vorliegenden Akten von dem Zeitpunkt ab einsehen, in dem der Staatsanwalt bei Gericht den Antrag auf Aburteilung im beschleunigten Verfahren stellt (§ 147 Abs. 1 S. 2.)

bb) Von demselben Zeitpunkt an ist dem verhafteten Beschuldigten schriftlicher und mündlicher Verkehr mit dem Verteidiger ohne die im § 148 Abs. 2, 3 vorgesehenen Beschränkungen gestattet (§ 148 Abs. 4).

## II. Allgemeines über die Kosten des Verfahrens.

**1.** Nach § 464 muß grundsätzlich jedes Urteil, jeder Strafbefehl und jede eine Untersuchung einstellende Entscheidung, d. h. jede das gerichtliche Verfahren zum Abschluß bringende Prozeßhandlung Bestimmung darüber treffen, von wem die Kosten des Verfahrens zu tragen sind. Die Kostenentscheidung ist für sich allein mit den gegen die Entscheidung in der Sache gegebenen Rechtsmitteln anfechtbar. (Siehe Fall 7, Abschn. A II 4a, S. 131.)

Maßgebend für die Kostenfestsetzung ist das Gerichtskostengesetz vom 18. Juni 1878 in der Fassung vom 5. Juli 1927, abgeändert durch Gesetz vom 12. September 1950, und die Gebührenordnung für Zeugen und Sachverständige vom 21. Dezember 1925.

**2.** Man unterscheidet Gerichtskosten und außergerichtliche Kosten.

**a)** Zu den Gerichtskosten gehören

aa) die Gebühren.

Sie richten sich gemäß § 49 GKG. nach der Höhe der rechtskräftig erkannten Strafe. Bei Geldstrafen beträgt die Gebühr 10 v.H. ihres Betrags (§ 52 II a.a.O.); bei Freiheitsstrafen ist die Gebühr nach deren Dauer abgestuft von 5 bis 300 DM (§ 52 a.a.O.). Ermäßigung tritt ein, wenn die Strafe durch Strafbefehl oder Strafverfügung festgesetzt ist (§ 53 a. a. O.).

bb) Die Auslagen. Zu ihnen gehören u. a. die Schreibgebühren (§ 71 a. a. O.), die Gebühren für Zeugen und Sachverständige, die Tagesgelder für die Laienrichter (§ 72 a. a. O.), und die Zustellungs- und Ladungsgebühren (§ 73 a. a. O.).

**b)** Zu den außergerichtlichen Kosten gehören die notwendigen Auslagen des Angeklagten, des Privatklägers und des Nebenklägers (§ 467 Abs. 2), vor allem die Kosten der Verteidigung (nicht die vertragsmäßige Vergütung des Verteidigers). Ferner die Reisen zum Gerichtssitz und zum Verteidiger. Dagegen gehören nicht hierher die Auslagen für Erwerbsverlust und Zeitverlust.

**3.** Der Angeklagte hat die Kosten zu tragen soweit er verurteilt oder eine Sicherungsmaßregel gegen ihn angeordnet wurde. Zu den Kosten des Verfahrens gehören auch die Kosten der Vorbereitung der öffentlichen Klage und der Vollstreckung, sowie einer vom Gericht angeordneten Maßregel der Sicherung und Besserung, § 465.

Der Staatskasse fallen die Kosten zur Last, wenn der Angeklagte freigesprochen oder außer Verfolgung gesetzt wird, § 467 Abs. 1. Kosten, die durch eine schuldhafte Versäumnis des Angeklagten entstanden sind (z. B. Ausbleiben in der Hauptverhandlung und dadurch bedingte Aussetzung derselben und abermalige Ladung der Zeugen usw.) sind dem Angeklagten trotz Freispruchs aufzuerlegen; die dem Angeschuldigten erwachsenen notwendigen Auslagen können der Staatskasse auferlegt werden, § 467 Abs. 2.

Wird das Verfahren eingestellt, so trägt, mit Ausnahme des in § 470 behandelten Falles (Einstellung wegen Zurücknahme des Strafantrags, in welchem Falle der Antragsteller die Kosten zu tragen hat), ebenfalls die Staatskasse die Kosten. (E. 20, 118.)

**4.** Die Kostenpflicht in Privatklagesachen.

**a)** Wird der Beschuldigte verurteilt, so hat er außer den Gerichtskosten auch die notwendigen Auslagen des Privatklägers zu erstatten, § 471 Abs. 1.

**b)** Wird der Beschuldigte außer Verfolgung gesetzt oder freigesprochen, oder wird das Verfahren eingestellt, so fallen dem Privatkläger die Kosten des Verfahrens sowie die dem

Beschuldigten erwachsenen notwendigen Auslagen zur Last, § 471 Abs. 2.

**5.** Die Kosten eines zurückgenommenen oder erfolglos eingelegten Rechtsmittels treffen den, der es eingelegt hat. War das Rechtsmittel von der Staatsanwaltschaft eingelegt, so können die dem Beschuldigten erwachsenen notwendigen Auslagen der Staatskasse auferlegt werden. Hatte das Rechtsmittel teilweisen Erfolg (z. B. es wurde Freisprechung beantragt, aber nur Strafermäßigung erreicht), so kann das Gericht die Gebühr ermäßigen und die entstandenen Auslagen angemessen verteilen, § 473 Abs. 1.

**6.** Darüber, wie zu entscheiden ist, wenn das Rechtsmittel, abgesehen von der Freisprechung, den beabsichtigten Erfolg hatte, gibt das Gesetz keine unmittelbare Auskunft, denn § 467 betrifft nur den Fall, daß durch ein Rechtsmittel Freisprechung erstrebt und erreicht wird, nicht aber den Fall, daß das Urteil nur in einem Nebenpunkt, insbesondere im Strafausspruch angefochten und der erstrebte Erfolg, insbesondere eine Ermäßigung der Strafe erreicht wird. Nach E. 63, 311 ist in diesem Falle § 473 Abs. 1 S. 3 entsprechend anzuwenden, d. h. die Kosten sind in einem solchen Falle dem Gegner aufzuerlegen (s. auch Fall 7 Abschn. B III, S. 136.)

## B.

## Lösung des Falles.

### I. Der Antrag des Verteidigers.

**1.** Da nach den Bestimmungen des bürgerlichen Rechts (§§ 168, 672 BGB.), die auf das Verhältnis des Verteidigers zum Beschuldigten Anwendung zu finden haben, die Vollmacht durch den Tod des letzteren im Zweifel nicht erlischt, war der Verteidiger zur Stellung des fraglichen Antrags an sich legitimiert.

**2.** Der Zweck des Antrags ist der, die Anwaltskosten von der Staatskasse ersetzt zu erhalten, und zwar gemäß § 467 Abs. 2, der auch bei Einstellung Anwendung findet. (E. 20, 118.)

Aus dem Wortlaut dieser Gesetzesstelle („können") ergibt sich, daß die Anwendung dieser Bestimmung in das Ermessen des Gerichts gestellt ist, das nach Gründen der Billigkeit zu entscheiden hat.

### II. Die Entscheidungen des Amtsrichters.

**1.** Vorbemerkung: Allgemeines über die Einstellung des Verfahrens nach Eröffnung des Hauptverfahrens.

**a)** Die Einstellung **außerhalb** der Hauptverhandlung.

aa) In der alten StPO. war keine allgemeine Bestimmung darüber enthalten, ob nach Eröffnung des Hauptverfahrens notwendig eine Hauptverhandlung stattfinden müsse und nur in einer solchen eine die Untersuchung abschließende Entscheidung getroffen werden dürfe oder ob in bestimmten Fällen die Einstellung des Verfahrens auch außerhalb der Hauptverhandlung verfügt werden könne. Die alte StPO. enthielt lediglich in § 205 die Bestimmung, daß eine vorläufige Einstellung des Verfahrens (auch noch in der Hauptverhandlung) erfolgen kann (und zwar durch Beschluß), wenn dem weiteren Verfahren Abwesenheit des Angeschuldigten oder der Umstand entgegensteht, daß er nach der Tat in Geisteskrankheit verfallen ist.

bb) Diese Bestimmung des § 205 wurde in der neuen Strafprozeßordnung vom 12. September 1950 beibehalten, und zwar mit der Erweiterung, daß eine solche vorläufige Einstellung auch bei jedem anderen in der Person des Angeschuldigten liegenden Hindernis (wie z. B. mangelnde Verhandlungsfähigkeit wegen Gebrechlichkeit oder schwerer Krankheit) erfolgen kann.

Die neue Strafprozeßordnung vom 12. September 1950 enthält nun neben der Vorschrift des § 205 in § 206a, der auf der VO. vom 13. August 1942 beruht, die allgemeine Bestimmung (die übrigens schon vorher in den strafprozessualen Vorschriften für die amerikanische und englische Zone enthalten war), daß nämlich das Verfahren durch einen mit sofortiger Beschwerde anfechtbaren Beschluß außerhalb der Hauptverhandlung endgültig eingestellt werden kann, wenn nach Eröffnung des Hauptverfahrens ein Verfahrenshindernis festgestellt wird. Zu den Verfahrenshindernissen, auch Prozeßhindernisse genannt, gehören, wie in Fall 7 Nachtrag ausgeführt wird: Verjährung, bereits erfolgte rechtskräftige Entscheidung in der gleichen Sache (ne bis in idem), anderweitige Rechtshängigkeit und fehlender Strafantrag. (N. B. Die Beendigung eines Straf verfahrens durch einen außerhalb der Hauptverhandlung ergehenden Beschluß erfolgt außerdem in den Fällen der §§ 153 Abs. 3, 154 Abs. 2, 322 und 349.)

**b)** Die Einstellung **in** der Hauptverhandlung:

aa) In der alten StPO. war gesetzlich (§ 260 Abs. 3 a. F.) nur für einen Fall die Einstellung in der Hauptverhandlung (also durch Urteil) vorgesehen, wenn nämlich bei einer nur auf Antrag zu verfolgenden strafbaren Handlung der erforderliche Strafantrag nicht vorliegt, oder rechtzeitig zurückgenommen wird. Aber die Rechtsprechung (siehe E. 41, 154) hatte diesen § 260 Abs. 3 a. F. dahin ausgelegt, daß hier nur beispielsweise diese beiden besonders häufigen Fälle aufgeführt seien, und daß eine Einstellung, ebenso wie außerhalb der Hauptverhandlung, auch in der Hauptverhandlung immer dann (und zwar durch Urteil) auszusprechen sei, wenn irgendein Prozeßhindernis (siehe oben Abschn. 1 a, bb) die Erlassung eines Sachurteils unmöglich mache.

bb) Die neue StPO. vom 12. September 1950 hat diese Rechtsprechung zu Abs. 3 des § 260 in das Gesetz übernommen und nunmehr in § 260 Abs. 3 n. F. bestimmt, daß die Einstellung des Verfahrens in der Hauptverhandlung (also durch Urteil) immer dann auszusprechen ist, wenn irgendein Verfahrenshindernis (siehe oben Abschn. 1 a, bb) besteht, also nicht nur, wenn ein Strafantrag fehlt.

c) Abgesehen von diesen generellen Bestimmungen der §§ 205, 206a und 260 Abs. 3 ist eine Einstellung des Verfahrens nach wie vor in folgenden speziellen Fällen vorgesehen:

aa) Nach § 389: Wenn sich nach verhandelter Sache herausstellt, daß für das fragliche Delikt der Weg der Privatklage nicht statthaft ist; die Entscheidung erfolgt durch Urteil.

bb) Nach § 393: Wenn der Privatkläger verstorben ist; die Entscheidung erfolgt durch Beschluß (E. 16, 424), der das Verfahren endgültig beendigt, es sei denn, daß dem Gericht innerhalb der Frist des Abs. 3 die Erklärung der Fortsetzung nach Abs. 2 zugeht.

(N. B. Nach § 260 Abs. 1 schließt die Hauptverhandlung grundsätzlich mit der Erlassung eines Urteils, und zwar immer dann, wenn die Anklage erledigt, d. h. das Hauptverfahren beendigt wird. Ausnahmsweise endigt die Hauptverhandlung durch Beschluß, nämlich in folgenden Fällen: wenn die Hauptverhandlung ausgesetzt und eine neue anberaumt wird (§ 228), ferner wenn das Gericht nach dem Ergebnis der Hauptverhandlung die sachliche Zuständigkeit eines Gerichts höherer Ordnung für begründet hält, und deshalb die Sache an dieses Gericht gemäß § 270 verweist, ferner, wenn eine vorläufige Einstellung nach § 205 in Frage kommt und schließlich in den Fällen der §§ 153 Abs. 3, 154 Abs. 2, 154a Abs. 4, in welchen übrigens die Einstellung auch noch in der Berufungsinstanz und im Falle der Zurückverweisung nach § 354 Abs. 2 möglich ist, siehe E. 66, 326.)

**2.** Der erste Ablehnungsbeschluß des Amtsrichters.

**a)** Wie oben in Abschn. 1a, bb ausgeführt wurde, gehören zu den Verfahrenshindernissen i. S. des § 206a, die das Gericht zur Einstellung des Verfahrens nach Eröffnung des Hauptverfahrens, aber vor der Hauptverhandlung berechtigen (die Einstellung in der Hauptverhandlung ist in § 260 Abs. 3 vorgesehen) Verjährung, bereits erfolgte rechtskräftige Entscheidung in der gleichen Sache (ne bis in idem), anderweitige Rechtshängigkeit und fehlender Strafantrag.

Nicht aber gehört zu diesen Einstellungsgründen der Tod des Beschuldigten. Er hat vielmehr, ebenso wie die Abolition (Niederschlagung eines einzelnen Verfahrens) oder die Amnestie (Niederschlagung aller oder eines bestimmten Kreises anhängiger Verfahren) ein Erlöschen der Strafklage zur Folge; das Verfahren findet in diesem Falle also ohne Einstellungsverfügung sein Ende. Das Gericht hat lediglich die Beendigung des Verfahrens aktenmäßig festzustellen. (Siehe Löwe, Anm. 27a, Buch II, 1. Abschn. sowie Alsberg, strafprozessuale Entscheidungen der Oberlandesgerichte, 3. Band, S. 154—157; siehe auch E. 54, 11.)

**b)** Der erste Ablehnungsbeschluß des Amtsrichters, der den Antrag des Verteidigers betrifft, ist also richtig.

Eine Entscheidung über die Kostenfrage kann in diesem Stadium des Verfahrens demnach nicht stattfinden, da § 464 mindestens eine die „Untersuchung einstellende Entscheidung" voraussetzt.

**3.** Der zweite Ablehnungsbeschluß des Amtsrichters.

**a)** Da die Staatsanwaltschaft mit ihrem Antrag eine Einstellung des Verfahrens in der Hauptverhandlung gemäß § 260 erreichen will, wäre erste Voraussetzung hierfür, daß eine Hauptverhandlung überhaupt möglich ist. Eine solche Möglichkeit ist aber nicht gegeben. Der Grundsatz, daß ein Strafverfahren nur gegen eine lebende Person durchgeführt werden kann, hat im Gesetz nur zwei Ausnahmen: Das Wiederaufnahmeverfahren zugunsten eines bereits Verstorbenen gemäß § 371 (siehe Fall 15, Abschn. A IX, S. 199) und das sog. objektive Verfahren gemäß §§ 430ff., das die Einziehung gemäß § 42 StGB. bezweckt und an die Bedingung geknüpft ist, daß die Verfolgung und Verurteilung einer bestimmten Person nicht ausführbar ist (siehe Fall 14, Abschn. B III, S. 192).

Von diesen beiden gesetzlich besonders geregelten Fällen abgesehen ist jedenfalls eine Hauptverhandlung nach dem Tode des Beschuldigten schon deshalb nicht möglich, da ein Verstorbener nicht geladen, geschweige denn gegen ihn verhandelt werden kann.

**b)** Aus diesen Feststellungen ergibt sich für den vorliegenden Fall, daß auch der zweite Ablehnungsbeschluß des Amtsrichters, der den Antrag der Staatsanwaltschaft betrifft, zu Bedenken keinen Anlaß gibt.

Daß hiervon abgesehen der Antrag der Staatsanwaltschaft auch deshalb unbegründet ist, weil der Tod des Angeklagten eine Einstellung des Verfahrens nicht bewirken kann, ergibt sich aus den oben in Abschnitt 2 a gemachten Ausführungen.

## III. Die Beschwerde der Staatsanwaltschaft.

1. Vorbemerkung:

Allgemeines über die Rechtsmittel, insbesondere die Beschwerde.

a) Rechtsmittel i. S. der StPO. sind nur Beschwerde, Berufung und Revision. Sie haben den Zweck, die Nachprüfung einer noch nicht rechtskräftigen richterlichen Entscheidung durch einen höheren Richter zu ermöglichen (sog. Devolutiveffekt). Keine Rechtsmittel sind also: Der Antrag auf Wiederaufnahme des Verfahrens, das Gesuch um Wiedereinsetzung in den vorigen Stand, sowie der Einspruch gegen den amtsrichterlichen Strafbefehl.

b) Berufung und Revision greifen die Urteile an. Die Beschwerde richtet sich gegen Beschlüsse und Verfügungen.

c) Die Einlegung des Rechtsmittels muß bei demjenigen Gericht erfolgen, dessen Entscheidung angefochten wird (§§ 306, 314, 341). Ein Irrtum in der Bezeichnung des Rechtsmittels ist unschädlich (§ 300). Ein Vorbehalt bei Einlegung des Rechtsmittels macht dasselbe unwirksam.

Besondere Formen für die Einlegung des Rechtsmittels sind nicht vorgeschrieben; sie kann in allen Fällen zu Protokoll der Geschäftsstelle oder schriftlich erfolgen. Nur die Rechtfertigung der Revision ist nach § 345 Abs. 2 an eine bestimmte Form gebunden. Der Verteidiger bedarf zur Einlegung des Rechtsmittels keiner besonderen Vollmacht; sie kann vielmehr auch nach Ablauf der Rechtsmittelfrist vorgelegt werden, wenn die Bevollmächtigung nur innerhalb der Frist stattgefunden hat (E. 55, 213).

d) Zurücknahme eines Rechtsmittels sowie der Verzicht auf Einlegung eines Rechtsmittels kann schon vor Ablauf der Rechtsmittelfrist erfolgen. Der Verteidiger bedarf zur Zurücknahme einer ausdrücklichen Ermächtigung (§ 302), und ebenso zum Verzicht (E. 64, 164). Zurucknahme in der Hauptverhandlung ist nur mit Zustimmung des Gegners möglich, § 303.

Vor Verkündung (§ 35 Abs. 1) oder Zustellung (§ 35 Abs. 2) der Entscheidung mit ihren Gründen (§ 34) erfolgte, oder bedingte Erklärungen über Zurücknahme oder Verzicht sind unwirksam.

Wirksam gewordene Erklärungen können weder widerrufen (E. 40, 133), noch wegen Irrtums angefochten werden (E. 64, 15). (Siehe Fall 11, Abschn. B I 2, S. 173.)

e) Die Art des Rechtsmittels richtet sich nicht nach dem Inhalt, sondern nach der Form der anzufechtenden Entscheidung. (E. 23, 155 und E. 50, 22. Siehe aber E. 63, 247 und E. 65, 397, wo die Ansicht vertreten wird, daß die Beantwortung der Frage, ob die im einzelnen Falle erlassene gerichtliche Entscheidung als ein Beschluß oder als ein Urteil anzusehen sei, nicht davon abhänge, welche Bezeichnung ihr das Gericht verliehen habe, sondern in erster Linie komme es auf ihre Unterlage und ihren Inhalt an.) Ein Urteil kann nur durch Berufung oder Revision angefochten werden. (Näheres über Berufung Fall 7, Vorbemerkung, und über Revision Fall 9, Vorbemerkung.)

**f)** Bezüglich der Wirkung der Einlegung des Rechtsmittels gelten folgende Grundsätze:

aa) Die Rechtsmittel hemmen die formelle Rechtskraft und somit die Vollstreckung der Entscheidung (sog. Suspensiveffekt), mit Ausnahme der Beschwerde (siehe § 307).

bb) Jedes von der Staatsanwaltschaft zu Lasten des Angeklagten eingelegte Rechtsmittel hat die Wirkung, daß die angefochtene Entscheidung auch zugunsten des Beschuldigten abgeändert oder aufgehoben werden kann, § 301.

cc) Die vom Angeklagten (oder zu dessen Gunsten von der Staatsanwaltschaft) eingelegte Berufung oder Revision hat die Wirkung, daß das angefochtene Urteil nicht zum Nachteil des Angeklagten geändert werden kann (§§ 331, 358 Abs. 2). (Wegen dieses sog. Verbots der reformatio in peius s. Nachtrag, und wegen der Möglichkeit, Berufung und Revision auf bestimmte Beschwerdepunkte zu beschränken, s. Fall 7 Abschn. A II, S. 130ff.)

**g)** Für das Rechtsmittel der Beschwerde gilt im einzelnen folgendes:

aa) Die Beschwerde ist das Rechtsmittel gegen die Entscheidungen des Gerichts und der in § 304 Abs. 1 besonders genannten Richter, soweit es sich nicht um Urteile handelt, die nur mit der Berufung oder Revision angefochten werden können. Die Beschwerde richtet sich also vor allem gegen die Beschlüsse, d. s. sachliche oder förmliche bei der Durchführung des Verfahrens notwendig werdende Entscheidungen I. Instanz oder der Berufungsinstanz, welche nicht die Hauptsache betreffen, und ferner gegen die Verfügungen, d. s. Entscheidungen eines einzelnen Richters, nämlich des Vorsitzenden, des Untersuchungsrichters, des Amtsrichters und des beauftragten oder ersuchten Richters.

bb) Ausgeschlossen ist die Beschwerde mit der Wirkung, daß die nichtanfechtbaren Beschlüsse mit ihrer Erlassung formell rechtskräftig werden:

gemäß § 304 Abs. 1 in den im Gesetz ausdrücklich erwähnten Fällen (§§ 28 Abs. 1; 46 Abs. 2; 210 Abs. 1; 348 Abs. 2);

gemäß § 304 Abs. 3 gegen Beschlüsse und Verfügungen der Oberlandesgerichte und des Bundesgerichtshofs;

gemäß § 305 gegen Entscheidungen der erkennenden Gerichte, die der Urteilsfällung vorausgehen und in innerem Zusammenhang mit der Urteilsfällung stehen und zu deren Vorbereitung dienen

(E. 67, 310). (Z. B. Beschluß über Verlesung eines Protokolls oder über Ablehnung eines Beweisantrags.) Diese Beschlüsse können nur zusammen mit dem Urteil, also mit Berufung oder Revision angefochten werden. Ausgenommen sind Entscheidungen über Verhaftungen, die einstweilige Unterbringung, Beschlagnahmen oder Straffestsetzungen, sowie alle Entscheidungen, durch welche dritte Personen (§ 304 Abs. 2) betroffen werden. (Z. B. Beschwerde eines Zeugen oder Sachverständigen gegen Ordnungsstrafen, oder eines Nebenklägers, dem der Anschluß versagt wird);

gemäß § 310 gegen Entscheidungen des Beschwerdegerichts (weitere Beschwerde), ausgenommen Entscheidungen der Landgerichte (Strafkammern), welche Verhaftungen und einstweilige Unterbringung betreffen.

cc) Eingelegt wird die Beschwerde zu Protokoll der Geschäftsstelle oder schriftlich beim judex a quo, in dringenden Fällen auch beim Beschwerdegericht.

Befristet (eine Woche) ist die Beschwerde nur im Falle der sofortigen Beschwerde des § 311. (Fälle der sofortigen Beschwerde: §§ 46 Abs. 3; 206a Abs. 2; 210 Abs. 2; 322 Abs. 2; 372; 462 Abs. 4; 469 Abs. 3.)

dd) Das Gericht oder der Vorsitzende, dessen Entscheidung angefochten wird, hat, abgesehen vom Falle der sofortigen Beschwerde (siehe § 311 Abs. 3), der Beschwerde abzuhelfen, wenn sie für begründet gehalten wird (§ 306 Abs. 2).

ee) Die Entscheidung des Beschwerdegerichts, die ohne vorherige mündliche Verhandlung erfolgt, lautet entweder auf Verwerfung der Beschwerde als unzulässig (nicht statthaft, oder nicht form- oder fristgerecht eingelegt) oder auf Zurückweisung der Beschwerde oder, falls sachlich begründet, auf Aufhebung der angefochtenen Entscheidung und anderweitige Entscheidung in der Sache selbst. Das Beschwerdegericht hat also grundsätzlich die Vorinstanz nicht zu einer Änderung der angefochtenen Entscheidung anzuweisen, sondern unter Aufhebung der letzteren seinerseits diejenige Entscheidung zu erlassen, welche von ihm nach Lage der Sache für gerechtfertigt gehalten wird (§ 309 Abs. 2). Hat z. B. das Gericht des ersten Rechtszuges die Eröffnung des Hauptverfahrens zu Unrecht abgelehnt (§ 204), so erläßt das Beschwerdegericht selbst den Beschluß, welcher die Eröffnung des Hauptverfahrens ausspricht (§ 203). (Handelt es sich dagegen um die Unterlassung einer Sachentscheidung durch das Vordergericht, so kann das Beschwerdegericht, statt sie selbst zu treffen, eine diesbezügliche Anweisung an das Vordergericht erlassen, E. 19, 332.)

ff) Rechtskräftig wird eine mit der sofortigen Beschwerde anfechtbare Entscheidung, wenn die erstere nicht rechtzeitig eingelegt oder wenn sie verworfen wird; eine in der Beschwerdeinstanz ergehende abändernde Entscheidung wird wegen ihrer Unanfechtbarkeit sofort mit der Verkündung rechtskräftig.

2. Voraussetzung für den Gebrauch jedes Rechtsmittels, also auch der Beschwerde ist stets, daß derjenige, der sich des Rechtsmittels bedienen will, ein berechtigtes Interesse an der Aufhebung der anzufechtenden Entscheidung, die sich unmittelbar gegen ihn richtet, haben muß.

a) Dem Beschuldigten und den in § 304 Abs. 2 bezeichneten Personen (Zeugen, Sachverständigen, Nebenkläger, Verteidiger) kann ein solches Interesse nur dann zugebilligt werden, wenn sie durch die anzufechtende Entscheidung beschwert werden. (So kann z. B. der Beschuldigte gegen die seine Nichtschuld aussprechende Entscheidung kein Rechtsmittel einlegen, ebensowenig zum Zwecke der Verschärfung der Strafe.) Der Beschuldigte muß durch den Urteilstenor beschwert sein, d. h. er kann nicht die Gründe des Urteils anfechten. So kann er z. B. kein Rechtsmittel einlegen, wenn er nur „mangels Beweises" freigesprochen ist, während er behauptet, unschuldig zu sein. Bestritten ist die Frage der Beschwerung durch einen Freispruch wegen Unzurechnungsfähigkeit (§ 51 Abs. 1 StGB.). Das Reichsgericht hat diese Frage in E. 69, 12 unter Bezugnahme auf obigen Grundsatz verneint, d. h. mit der Begründung, daß nur das Ergebnis (also der Urteilstenor) und nicht die Begründung eines Urteilsspruchs angreifbar sei. Im Urteil des Kammergerichts vom 19. Dezember 1947 (siehe Deutsche Rechtszeitschrift 1948, S. 255) wurde der gegenteilige Standpunkt vertreten mit der Begründung, daß ein Angeklagter, der die Tat nicht begangen hat, ein berechtigtes ideelles und wirtschaftliches Interesse daran habe, nicht als geisteskrank zu gelten und deshalb die Möglichkeit haben müsse, ein solches freisprechendes Urteil anzufechten.

(N. B. Wenn auf Grund einer Amnestie das Verfahren in der Hauptverhandlung eingestellt wird, obwohl bei richtiger sachlich-rechtlicher Beurteilung des Sachverhalts das Vorliegen einer Straftat hätte verneint werden müssen, ist der Angeklagte durch die Einstellung „beschwert". Er kann daher das Einstellungsurteil mit dem Antrag, freigesprochen zu werden, anfechten. E. 70, 193; siehe auch E. 69, 157.)

b) Die Staatsanwaltschaft kann ein berechtigtes Interesse an der Aufhebung einer Entscheidung in allen Fällen haben, in denen ihr überhaupt ein Rechtsmittel zusteht.

Der Staatsanwalt kann also nicht nur zugunsten des Beschuldigten (§ 296 Abs. 2), sondern auch zugunsten anderer Personen ein Rechtsmittel einlegen, da er nicht ein Privatinteresse zu vertreten, sondern der objektiven Gerechtigkeit Geltung zu verschaffen hat. (E. 7, 410.)

**3.** Man wird daher im vorliegenden Falle dem Staatsanwalt das Recht zugestehen müssen, beide Entscheidungen des Amtsrichters mit der Beschwerde anzufechten, denn auch die erste Entscheidung, die sich eigentlich nur gegen den Verteidiger gerichtet hat, hatte die Einstellung des Verfahrens zum Gegenstande und war insofern geeignet, ein von der Staatsanwaltschaft zu vertretendes Interesse (ordnungsmäßige Erledigung des Strafverfahrens) zu begründen.

Daß die zweite Entscheidung offenbar nicht in Form eines formellen Beschlusses getroffen wurde, ist rechtlich bedeutungslos, da die Beschwerde gegen jede richterliche Maßnahme gegeben ist. (N. B. An eine Frist ist die Beschwerde nicht gebunden, da sie im Gesetz nicht als „sofortige Beschwerde" bezeichnet ist. S. § 311.)

### IV. Die Entscheidung des Beschwerdegerichts.

**1.** Zuständig ist für die Entscheidung über die Beschwerde, die zunächst gemäß § 306 Abs. 1 beim Amtsrichter einzureichen ist, der zur Abänderung der Entscheidung gemäß § 306 Abs. 2 befugt ist, die Strafkammer (§ 73 GVG.).

**2.** Die Entscheidung muß dahin lauten, daß die Beschwerde der Staatsanwaltschaft aus den oben erörterten Gründen als unbegründet verworfen wird. Die Kosten fallen gemäß § 473 der Staatskasse zur Last. (Eine weitere Anfechtung dieses Beschlusses ist gemäß § 310 Abs. 2 ausgeschlossen.) (N. B. Der Anwalt wird seine Kostenforderung gegen die Erben des verstorbenen Angeklagten geltend machen müssen.)

## Nachtrag.

### Das Verbot der sog. reformatio in peius.

**1.** Dieses Verbot ist im Gesetz ausdrücklich ausgesprochen für das Berufungsverfahren in § 331, für das Revisionsverfahren in § 358 Abs. 2, und für das Wiederaufnahmeverfahren in § 373 Abs. 2. Die Wissenschaft und höchstrichterliche Rechtsprechung haben dann das Anwendungsgebiet dieses Grundsatzes ausgedehnt auf die Fälle der §§ 328 Abs. 2 u. 3, 389, d. h. wenn in diesen drei Fällen auf die Berufung des Angeklagten das Berufungsgericht die Sache zurückverweist (§ 328 Abs. 2) bzw. an das zuständige Gericht verweist (§ 328 Abs. 3) oder im Privatklageverfahren das Verfahren einstellt (§ 389) und es nunmehr zu einer erneuten erstinstanzlichen Verhandlung kommt, dann darf in dieser erneuten Verhandlung das ursprüngliche Urteil ebenfalls nicht zum Nachteile des Angeklagten geändert werden. (Siehe E. 8, 307; 9, 324; 42, 423.)

**2.** Der Sinn dieses Verbots ist der, daß der höhere Richter, bzw. der durch Zurückverweisung oder im Wiederaufnahmeverfahren oder in den Fällen der §§ 328 Abs. 2 und 3, 389 mit der Sache befaßte zweite Richter auf das nur von dem Angeklagten oder doch zugunsten desselben eingelegte Rechtsmittel bzw. beantragte Wiederaufnahmeverfahren das in der Vorinstanz bzw. im ersten Verfahren ausgesprochene Urteil in Art und Höhe der Strafe nicht zum Nachteil des Angeklagten ändern darf, wohl aber bezüglich der Schuldfrage; es kann also der Angeklagte, wenn er allein Berufung eingelegt hat, zwar nicht mit einer schwereren Strafe t elegt werden als im ersten Rechtszug, aber z. B. wegen Raubs verurteilt werden, obwohl er vom Amtsgericht nur wegen Diebstahls bestraft worden war. Dieses Verbot der reformatio in peius steht aber der Anordnung der Unterbringung in einer Heil- oder Pflegeanstalt, einer Trinkerheilanstalt oder einer Entziehungsanstalt nicht entgegen, wohl aber der Anordnung der Sicherungsverwahrung, worauf aus deren Nichterwähnung in Absatz 2 der §§ 331, 358 und 373 zu schließen ist.

(Durch die Strafprozeßnovelle vom 28. Juni 1935 war dieses Verbot der reformatio in peius im ganzen Umfange auf gehoben worden.)

# ZU FALL 7.

## A.

## Vorbemerkung.

### I. Das Rechtsmittel der Berufung.

**1. Das Wesen der Berufung,** die gegen die Urteile des Amtsrichters bzw. Schöffengerichts gegeben ist (§ 312), besteht darin, daß dieses Rechtsmittel eine erneute Prüfung und Entscheidung der Tat- und Schuldfrage bewirkt, während mit der Revision, die nur eine rechtliche Nachprüfung des angefochtenen Urteils zur Folge hat, in der Regel (in dem für den Angeklagten günstigen Falle) nur die Aufhebung dieses Urteils wegen rechtlicher Verstöße und die Zurückverweisung der Sache in die Vorinstanz zur abermaligen Entscheidung erreicht werden kann. Die Berufung ist also ein unbeschränktes Rechtsmittel. Es gibt keinen Irrtum, der mit der Berufung nicht gerügt werden könnte, gleichgültig, ob er auf tatsächlichem oder rechtlichem, auf materiellrechtlichem oder prozessualem Gebiete liegt.

**2.** Das Berufungsgericht hat, vorbehaltlich der aus §§ 318, 327 und 331 sich ergebenden Einschränkungen in **absoluter Unabhängigkeit** von dem erstrichterlichen Verfahren und dessen Ergebnissen über den Gegenstand der Anklage von neuem zu verhandeln, dabei auch allen zutage tretenden Änderungen der Sachlage Rechnung zu tragen und ausschließlich auf Grund der Berufungsverhandlung nach eigener Überzeugung die Entscheidung zu treffen, und zwar grundsätzlich in der Sache selbst. Im Gegensatz zur Revision erfolgt bei der Berufung nur ausnahmsweise eine Zurückverweisung an die Vorinstanz (den Amtsrichter bzw. das Schöffengericht), nämlich im Falle des § 328 Abs. 2. Ob die Urteilsfindung auf Geschehnisse ausgedehnt wird, die erst in der Berufungsverhandlung als zu der „Tat" gehörig ermittelt werden, ist ohne Belang. Gegenstand der Urteilsfindung ist also nicht das, was der erste Richter als „Tat" ermittelt hat, sondern der Urteilsfindung unterliegen auch die Tatsachen und Vorgänge, die im Rahmen des § 264 bei erschöpfender tatsächlicher und rechtlicher Würdigung als die unter Anklage gestellte „Tat" zu erfassen gewesen wären; nicht der Tatbestand des angefochtenen Urteils, sondern die „Tat" in ihrem ganzen Umfange ist es, worüber die StPO. einen zweiten Rechtszug eröffnet und einen Anspruch auf abermalige Verhandlung und Entscheidung gewährt. Nur die Einbeziehung einer neuen selbständigen Straftat in das Strafverfahren (§ 266 Abs. 1) ist in der Berufungsinstanz ausgeschlossen. (E. 62, 130.) (Wegen der Beschränkung der Berufung siehe unten Abschnitt II, S. 130.)

**3.** Die wesentlichen Grundsätze über den **Gang des Berufungsverfahrens** sind in den §§ 323, 325, 326, 327, 328 enthalten.

**a)** Der Amtsrichter hat zunächst zu prüfen, ob Berufung eingelegt und ob dies rechtzeitig geschehen ist.

Ist die Berufung verspätet eingelegt, so hat sie der Amtsrichter als unzulässig zu verwerfen, § 319 Abs. 1.

Der Beschwerdeführer kann dann binnen einer Woche die Entscheidung des Berufungsgerichts beantragen, § 319 Abs. 2.

(N. B. Dieser Rechtsbehelf ist seinem Wesen nach eine sofortige Beschwerde, woraus folgt, daß eine weitere Beschwerde gegen diese Entscheidung des Berufungsgerichts nicht gegeben ist, siehe § 310 Abs. 2, und daß das Amtsgericht seine Entscheidung nicht zurücknehmen kann, siehe § 311 Abs. 3 und E. 38, 157. Diese Frage ist bestritten, siehe Löwe Anm. 3 zu § 319.)

Ist die Berufung rechtzeitig eingelegt, so hat nach Ablauf der Frist zur Rechtfertigung der Berufung der Urkundsbeamte die Akten dem Amtsanwalt vorzulegen. Dieser gibt sie der Staatsanwaltschaft beim Berufungsgericht weiter.

**b)** Aus dem Hinweis in § 323 Abs. 1 auf § 214 folgt, daß die Vorbereitung der Hauptverhandlung in der zweiten Instanz in demselben Maße Sache der Staatsanwaltschaft ist, wie in der ersten Instanz; es steht ihr also vor allem die Entschließung über den Umfang der Beweisaufnahme zu.

**c)** Nachdem die Staatsanwaltschaft dem Vorsitzenden des Berufungsgerichts die Akten gemäß § 321 übersandt hat, bestimmt der Vorsitzende den Termin zur Hauptverhandlung, ernennt den Berichterstatter und macht sich darüber schlüssig, ob hinsichtlich der Beweismittel die von der Staatsanwaltschaft aufgestellte Liste zu ergänzen ist, d. h. ob z.B. weitere Zeugen von Amts wegen zu laden sind; sodann gehen die Akten an die Staatsanwaltschaft zurück, welche nunmehr die erforderlichen Ladungen erläßt. Erachtet das Berufungsgericht in diesem Stadium des Verfahrens (also vor der Hauptverhandlung) die Bestimmungen über die Einlegung der Berufung nicht für beobachtet, so kann es das Rechtsmittel durch Beschluß als unzulässig verwerfen, § 322; in der Hauptverhandlung erfolgt die Verwerfung durch Urteil.

**d)** Die Hauptverhandlung verläuft, abgesehen von den in e) bis g) erwähnten Besonderheiten wie in der ersten Instanz, jetzt erster Rechtszug genannt (§ 332). Nachdem die Hauptverhandlung nach Vorschrift des § 243 Abs. 1 begonnen hat, hält ein Berichterstatter (bzw. der Vorsitzende, falls ein Urteil des Einzelrichters angefochten wird und daher die kleine Strafkammer als Berufungsgericht zuständig ist) in Abwesenheit der Zeugen einen Vortrag über die Ergebnisse des bisherigen Verfahrens, wobei das Urteil des ersten Rechtszugs verlesen werden muß (§ 324).

**e)** Da die Sache in der Berufungsinstanz aufs neue verhandelt werden muß, bedarf es regelmäßig einer abermaligen Beweisaufnahme, es sei denn, daß nach Lage der Sache in der zweiten Instanz ein Grund vorliegt, von einer Beweisaufnahme ganz oder teilweise abzusehen (§ 323 Abs. 2). So wird eine abermalige Beweisaufnahme wohl stets entbehrlich sein, wenn die Sache gemäß § 328 Abs. 2 in die erste Instanz zurückzuverweisen ist, oder wenn lediglich über eine Rechtsfrage zu entscheiden ist. Dagegen wird eine abermalige Beweisaufnahme durch nochmalige Vernehmung der in erster Instanz gehörten Zeugen (also nicht nur durch Verlesung ihrer in erster Instanz gemachten Angaben nach § 325) immer dann notwendig sein, wenn die Schuldfrage nicht ganz eindeutig geklärt ist.

**f)** Eine Durchbrechung des in § 250 niedergelegten Grundsatzes der Unmittelbarkeit der Beweisaufnahme (Mündlichkeit der Aussagen der Zeugen und Sachverständigen) enthält § 325 insofern, als, abgesehen von den Fällen der §§ 251, 253, an Stelle der abermaligen mündlichen Vernehmung die Verlesung des in erster Instanz aufgenommenen Protokolls gestattet sein soll, wenn Staatsanwaltschaft und Angeklagter zustimmen (die Zustimmung kann nicht widerrufen werden, E. 63, 302), oder die Zeugen usw. zur Berufungsverhandlung nicht geladen (oder gestellt) sind und der Angeklagte ihre Ladung nicht so rechtzeitig beantragt hat, daß sie noch ausführbar war. Eine solche Beweisaufnahme durch

Verlesung der Aussagen der in der Hauptverhandlung des ersten Rechtszuges vernommenen Zeugen und Sachverständigen wird vor allem dann Platz greifen, wenn durch die Verlesung die fragliche Tatsache ebenso sicher aufgeklärt werden kann wie durch die Vernehmung. (N. B. Eine solche ausnahmsweise an Stelle der unmittelbaren Vernehmung eines Zeugen gestattete Verlesung seiner Aussage setzt, wie im Falle des § 251, stets voraus, daß bei seiner Vernehmung die Vorschriften über die Beeidigung, und zwar nach Maßgabe der hierfür zur Zeit der Berufungsverhandlung bestehenden Zulässigkeit und Möglichkeit, beachtet sind. Ist also ein in erster Instanz uneidlich vernommener Zeuge inzwischen eidesmündig geworden, so ist die Verlesung seiner uneidlichen Aussage nicht statthaft (E. 63, 229), es sei denn, daß das Gericht eine der Voraussetzungen des § 61 für vorliegend erachtet.

**g)** Die Entscheidung des Berufungsgerichts:

aa) Ist die Berufung begründet, dann wird das angefochtene Urteil aufgehoben und, wie oben in Abschnitt 2 erörtert wurde, in der Regel vom Berufungsgericht in der Sache selbst entschieden (§ 328 Abs. 1). (Wegen des Verbots der reformatio in peius siehe Nachtrag zu Fall 6, S. 124.)

bb) Ergibt die Berufungsverhandlung, daß die Berufung unbegründet ist, dann wird sie verworfen. (Das Gesetz schreibt für diesen Fall keine besondere Formel vor.)

cc) Hat das Amtsgericht seine Zuständigkeit zu Unrecht angenommen, dann verweist das Berufungsgericht gemäß § 328 Abs. 3 unter Aufhebung des angefochtenen Urteils die Sache an das zuständige Gericht, und zwar durch Urteil, das, wie jedes andere Berufungsurteil mit der Revision anfechtbar ist (E. 65, 397).

dd) Wegen des Falles des § 328 Abs. 2 siehe Fall 8 Abschnitt III 2, S. 141.

**h)** Die seitens des Angeklagten eingelegte Berufung gilt im Falle des nicht genügend entschuldigten Ausbleibens des Angeklagten bzw. seines Vertreters (soweit eine Vertretung zulässig ist) gemäß § 329 Abs. 1 als zurückgenommen; sie wird daher ohne jedes Eingehen auf die Sache, also auch ohne vorgängige Berichterstattung (§ 324) durch Urteil verworfen (E. 59, 277); hat die Staatsanwaltschaft die Berufung eingelegt, so ist über diese trotz Abwesenheit des Angeklagten zu verhandeln oder die Vorführung oder Verhaftung des Angeklagten anzuordnen.

aa) „Nicht genügend entschuldigt" ist der Angeklagte dann, wenn ihm kein Entschuldigungsgrund zur Seite steht, und nicht schon dann, wenn er sich nicht genügend entschuldigt hat. Es sind also auch von Amts wegen Entschuldigungsgründe zu berücksichtigen (E. 62, 421). Die Frage, ob ein genügender Entschuldigungsgrund vorliegt, hat der Tatrichter nach pflichtgemäßem Ermessen zu entscheiden. Ein Ausbleiben wird z.B. dann als genügend entschuldigt zu gelten haben, wenn der Angeklagte vor der Verhandlung in der Berufungsinstanz seine Entbindung vom Erscheinen beantragt oder ein Gesuch um Terminsverlegung eingereicht, aber keinen diesbezüglichen Bescheid erhalten hat (E. 59, 277; siehe auch E. 64, 246, und Monatsschrift für Deutsches Recht 1949, S. 78.)

bb) Eine Vertretung durch einen Verteidiger ist nach § 234 im ersten Rechtszug insoweit zulässig, als die Hauptverhandlung ohne Anwesenheit des Angeklagten stattfinden kann, also in den Fällen der §§ 232, 233 und des § 231 Abs. 2 (siehe Fall 5 Abschnitt A II 3 c, S. 105). Das gleiche muß gemäß § 332 auch für die Hauptverhandlung in der Berufungsinstanz gelten, wobei aber zu beachten ist, daß der Angeklagte im Falle des § 233 speziell vom Erscheinen in der Berufungsverhandlung entbunden sein muß, daß also eine für den ersten Rechtszug erlangte Befreiung nicht ohne weiteres auch für die Berufungsinstanz genügt. (Siehe zu diesem umstrittenen Fragenkomplex Löwe Anm. 2 zu § 329.)

cc) „Sofort" heißt ohne jede Prüfung der Sach- und Rechtslage. Ob in dem Falle, daß beide Teile Berufung eingelegt haben, die Entscheidung in einem Urteil oder durch zwei äußerlich getrennt gehaltene Urteile erfolgt, ist nach E. 65, 231 (234) Zweckmäßigkeitsfrage; jedenfalls aber muß über beide Berufungen in einer Hauptverhandlung verhandelt werden.

**4.** Die in der Praxis am häufigsten vorkommenden **Urteilsformeln des Berufungsgerichts** lauten:

**a)** Das Berufungsgericht hält die Berufung für unbegründet: Die Berufung wird auf Kosten des Angeklagten (der Staatskasse) verworfen.

**b)** Die Berufung ist teilweise begründet: Die Berufung des Angeklagten (der Staatsanwaltschaft) wird mit der Maßgabe verworfen, daß die Aberkennung der bürgerlichen Ehrenrechte in Wegfall kommt.

**c)** Das Berufungsgericht hält nicht, wie die erste Instanz, fünf Diebstähle für erwiesen, sondern nur drei: Das Urteil des Amtsrichters wird aufgehoben. Der Angeklagte wird wegen Diebstahls in drei Fällen zu einer Gesamtgefängnisstrafe von x Monaten verurteilt. Im übrigen wird er freigesprochen. Soweit Verurteilung erfolgte, hat der Angeklagte die Kosten des Verfahrens zu tragen, im übrigen fallen die Kosten der Staatskasse zur Last.

**d)** Angeklagte A und B sind in erster Instanz verurteilt worden. Das Berufungsgericht hält nur die Schuld des A für erwiesen: Das Urteil des Amtsgerichts wird, soweit es den Angeklagten B betrifft, aufgehoben; dieser Angeklagte wird auf Kosten der Staatskasse freigesprochen. Die Berufung des Angeklagten A wird auf dessen Kosten verworfen.

e) Das Berufungsgericht hält das Strafmaß erster Instanz für zu hoch: Das Urteil des Amtsgerichts wird im Strafmaß aufgehoben. Der Angeklagte wird zu x Monaten Gefängnis und zur Tragung der Kosten verurteilt.

f) Das Berufungsgericht hält die Kostenentscheidung im Privatklageverfahren für falsch: Das Urteil des Amtsgerichts wird hinsichtlich der Kostenentscheidung aufgehoben. Im übrigen wird die Berufung verworfen. Die gerichtlichen Kosten werden dem Privatkläger auferlegt, die außergerichtlichen gegeneinander aufgehoben.

(N.B. Wegen der Kostenentscheidung bei teilweisem Erfolg vgl. § 473 und Fall 6, Abschn. A II 6, S. 116.)

## II. Über die teilweise Anfechtung im allgemeinen.

**1.** Jeder Angeklagte, der verurteilt worden ist, hat nicht nur das Recht, die ihm nachteilige Entscheidung anzufechten, sondern kann auch darüber entscheiden, in welchem Umfange er das Rechtsmittel einlegen will. Andererseits verbietet die StPO. dem Rechtsmittelrichter grundsätzlich, das angefochtene Urteil weiter nachzuprüfen, als die Anfechtungsanträge des Angeklagten gehen (§§ 316 Abs. 1, 318, 327, 343 Abs. 1, 352 Abs. 1).

**2.** Eine Beschränkung der Anfechtung ist sowohl bei der Berufung als auch bei der Revision stets dann zulässig und als solche wirksam, wenn der angefochtene Teil der Entscheidung, losgelöst von dem nichtangegriffenen Teile, einer selbständigen Prüfung und Beurteilung zugänglich ist, ohne ein erneutes Eingehen auf diese anderen Teile notwendig zu machen. (E. 42, 30 und 242; 47, 227; 65, 296; 71, 265. Siehe auch Südd. JurZ. 49, Sp. 60.)

Die Beschränkung kann schon bei der Einlegung des Rechtsmittels oder in der Berufungs- bzw. Revisionsrechtfertigung, schließlich aber auch noch in der Hauptverhandlung erfolgen. Da die nachträgliche Beschränkung aber eine teilweise Rücknahme des Rechtsmittels bedeutet, so untersteht sie der Schranke des § 303. Andererseits aber ist die einmal erfolgte Beschränkung unwiderruflich.

**3.** Ist das Rechtsmittel (Berufung oder Revision) auf solche rechtlich abtrennbaren Teile beschränkt, so ist das Urteil im übrigen rechtskräftig geworden. Es liegt eine sog. teilweise Rechtskraft vor. Sie hat für die von ihr erfaßten Teile des Urteils die gleiche rechtliche Wirkung wie die völlige Rechtskraft für das ganze Urteil.

Für ihren Bereich bewirkt die durch die Rechtsmittelbeschränkung hervorgerufene teilweise Rechtskraft demnach den Verbrauch der Strafklage und erzeugt damit insoweit ein Prozeßhindernis (ne bis in idem), das sowohl vom Berufungsgericht als auch vom Revisionsgericht von Amts wegen zu berücksichtigen ist. (Siehe Nachtrag.)

**4.** Unter Zugrundelegung des oben in Abschn. 2 erwähnten Grundsatzes gilt für die Praxis folgendes:

**a)** Eine Beschränkung der Anfechtung ist zulässig und wirksam:

aa) wenn das Urteil mehrere sachlich (i. S. des § 74 StGB.) zusammentreffende Straftaten zum Gegenstande hat; hier kann jede Straftat gesondert zum Gegenstande eines Rechtsmittels gemacht werden;

bb) bezüglich der Straffrage gegenüber der Schuldfrage (E. 45, 149; 47, 227; 54, 180);

cc) Innerhalb der Straffrage hinsichtlich einer von mehreren Hauptstrafen, E. 47, 227 (z. B. einer Geldstrafe, welche als zweite Hauptstrafe bei Verurteilung wegen Betrugs i.w.R. neben Zuchthausstrafe verhängt werden muß); ferner hinsichtlich der Bildung einer Gesamtstrafe (E. 37, 284), einer hilfsweisen Freiheitsstrafe (E. 39, 393), einer Nebenstrafe (E. 42, 31), (z. B. Zulässigkeit der Polizeiaufsicht, Einziehung, Aberkennung der bürgerlichen Ehrenrechte);

dd) hinsichtlich der Anrechnung der Untersuchungshaft (E. 41, 319).

ee) hinsichtlich der Kostenentscheidung.

**b)** Nicht zulässig und somit unwirksam ist dagegen:

aa) die Beschränkung auf die Schuldfrage ohne Anfechtung im Strafmaß, da die Strafe ohne eine ordnungsmäßige Schuldfeststellung nicht verhängt werden kann;

bb) die Beschränkung innerhalb der Schuldfrage auf einen Teil derselben oder auf einen rechtlichen Gesichtspunkt (E. 63, 359);

cc) im Falle tateinheitlichen Zusammentreffens mehrerer strafbarer Handlungen die Beschränkung der Anfechtung auf einen dieser Tatbestände (E. 60, 109). Die Schuldfrage bei einer und derselben Handlung muß in all diesen Fällen nach allen für die richtige Gesetzanwendung maßgebenden Gesichtspunkten einheitlich geprüft werden.

**c)** Bezüglich der straferhöhenden und strafmindernden Umstände gilt folgendes (s. E. 69, 114):

aa) Liegen die besonderen Umstände in Merkmalen der Tat selbst begründet, so ist eine Beschränkung des Rechtsmittels unzulässig (so z. B. bei den Erschwerungsgründen des § 351 StGB., oder bei der Gewerbsmäßigkeit der Begehung nach § 260 StGB., siehe E.64, 151), weil hier die Gewerbsmäßigkeit einen untrennbaren Bestandteil der Schuldfrage bildet.

bb) Handelt es sich dagegen um Umstände, die nur äußerlich zu der Tat hinzutreten oder in besonderen Eigenschaften oder Verhältnissen des Täters begründet sind, so ist die Beschränkung zulässig und wirksam (so z. B. bei der Reizung i. S. des § 213 StGB., beim Rückfall nach §§ 244, 264 StGB., sowie in den Fällen der §§ 157, 158 StGB.).

**5.** Besondere Fälle.

**a)** Die Beschränkung des Rechtsmittels auf die Straffrage hat zur Folge, daß auch die Zurechnungsfähigkeit des Angeklagten nach § 51 Abs. 1 StGB., da sie ein Bestandteil der Schuld ist, für den Rechtsmittelrichter rechtskräftig feststeht und nicht mehr zum Gegenstand seiner Entscheidung gemacht werden kann, selbst dann nicht, wenn er bei erneuter Würdigung der Teile der angefochtenen Entscheidung, die seiner Nachprüfung noch unterstehen, zu der Ansicht kommen sollte, daß der Erstrichter die Zurechnungsfähigkeit des Angeklagten zu Unrecht bejaht hat. Andererseits aber handelt es sich bei der verminderten Zurechnungsfähigkeit des § 51 Abs. 2 StGB. um eine Bestimmung, die außerhalb der Schuldfeststellung liegt und nur die Strafe betrifft, indem sie dem Richter lediglich einen gesetzlichen Strafermäßigungsgrund (strafmindernden Umstand) zur Verfügung stellt. Ein Rechtsmittel kann also grundsätzlich auf die Frage der Anwendung des § 51 Abs. 2 wirksam beschränkt werden. (E. 69, 110.)

**b)** Die Beschränkung des Rechtsmittels eines als gefährlicher Gewohnheitsverbrecher nach § 20a StGB. Verurteilten, gegen den auch die Sicherungsverwahrung angeordnet wurde, auf diese letztere Maßregel ist — jedenfalls dann, wenn die Strafen nach § 20a geschärft worden sind — rechtlich unwirksam. Denn die Gefährlichkeit des Täters i. S. des § 20a StGB. und die sich daraus für die Allgemeinheit ergebende Gefahr i. S. des § 42e StGB. kann nur einheitlich beurteilt werden. Das auf die Sicherungsverwahrung beschränkte Rechtsmittel erfaßt demnach auch den Strafausspruch, soweit er auf § 20a StGB. beruht. Andererseits aber reicht das auf die Sicherungsverwahrung beschränkte Rechtsmittel (das, wie gesagt, auch die Frage „gefährlicher Gewohnheitsverbrecher" mit umfaßt) über den Strafausspruch nicht hinaus, d. h. die Schuldfrage bleibt unberührt, da § 20a nicht einen Umstand begründet, der sachlich-rechtlich nicht von der Schuldfrage gelöst werden könnte, insbesondere aber keinen straferhöhenden Umstand im Sinn des § 263 Abs. 2 darstellt. (E. 68, 385.)

In einer neuerlichen Entscheidung (E. 73, 81) wird eine Beschränkung des Rechtsmittels auf die Sicherungsverwahrung auch für den

Fall abgelehnt, daß die Strafe — versehentlich — nicht dem § 20a entnommen wurde, vorausgesetzt, daß zwischen der Höhe der Strafe und der Ablehnung der Sicherungsverwahrung ein innerer Zusammenhang besteht.

**c)** Die Frage der Beschränkung eines Rechtsmittels auf die Anordnung der Unterbringung in eine Heilanstalt nach § 42b StGB. hat das RG. in E. 71, 265 folgendermaßen entschieden: Es ist zwischen den Fällen des § 51 Abs. 1 und denen des § 51 Abs. 2 StGB. zu unterscheiden.

aa) Soweit der § 51 Abs. 2 (verminderte Z.) in Frage steht, kann ein Angeklagter regelmäßig wirksam auf eine Nachprüfung des Schuldspruchs verzichten. Er kann in einem solchen Falle auch seine Anfechtung auf die Maßregel des § 42b StGB. beschränken, da diese hier neben die Strafe tritt. Es kann dann auch eine Nachprüfung geboten sein, ob eine mit Strafe bedrohte Handlung dargetan oder die Zurechnungsfähigkeit rechtlich bedenkenfrei beurteilt worden ist. Diese Nachprüfung kann dann gegebenenfalls zur Aufhebung der Maßregel des § 42b StGB. führen, während es bei der daneben ausgesprochenen Strafe, die der Verurteilte nicht beanstandet und also hingenommen hat, bewendet.

bb) Anders liegt aber der Fall, wenn das Gericht die Merkmale des § 51 Abs. 1 StGB. (Unzurechnungsfähigkeit) festgestellt hat. Dann ist die Sicherungsmaßregel an die Stelle der Strafe getreten; sie ist dadurch bedingt, daß das Gericht eine mit Strafe bedrohte, aber nicht schuldhaft begangene Handlung feststellt. Bei dieser ganz besonders gearteten Verfahrenslage ist die Anordnung der Unterbringung so untrennbar mit der Tat- und Schuldfrage verbunden, daß nur eine einheitliche Beurteilung möglich ist. Das Rechtsmittel erstreckt sich daher in diesem Falle auf den Urteilsspruch in seiner Gesamtheit.

**6.** Die unzulässige Beschränkung des Rechtsmittels auf einen Teil der Entscheidung hat nicht die Folge, daß das Rechtsmittel wirkungslos ist; vielmehr muß in einem solchen Falle das Urteil auch wegen der dem angefochtenen Teil in der logischen Reihenfolge vorausgehenden Teile bis zu dem als angefochten gelten, der eine selbständige Nachprüfung zuläßt. (E. 65, 296.)

## B.

## Lösung des Falles.

### I. Ist die Ansicht des Vertreters der Staatsanwaltschaft richtig?

**1.** Die Erklärung des Müller in seinem Schreiben vom 4. Oktober 1950, daß er gegen das Urteil Berufung einlege, da ihm „die Strafe zu hoch" sei, bedeutet eine Beschränkung der Berufung auf das Strafmaß.

Diese Beschränkung des Rechtsmittels hat nach den in Abschnitt A II 3, S. 130 gemachten Ausführungen zur Folge, daß der übrige Teil des Urteils, insbesondere der Schuldausspruch in Rechtskraft übergegangen ist.

**2.** Durch diese Beschränkung der Berufung auf das Strafmaß wird aber nicht die Verpflichtung der Strafkammer berührt, von Amts wegen zu prüfen, ob alle Prozeßvoraussetzungen (Verfahrensvoraussetzungen) gegeben sind, bzw. ob das Fehlen solcher der Weiterführung des Verfahrens entgegensteht. (Siehe E. 62, 262.)

**3.** Da, wie im Nachtrag ausgeführt ist, sowohl die sachliche Zuständigkeit als auch die Fragen der Verjährung und des Strafantrags zu diesen Prozeßvoraussetzungen gehören bzw. ihr Vorliegen oder Fehlen Verfahrenshindernisse darstellen, mußte die Strafkammer im vorliegenden Falle von Amts wegen auch diese Punkte prüfen, obwohl der Angeklagte seine Berufung auf das Strafmaß beschränkt hatte.

Der seitens der Staatsanwaltschaft vertretene Standpunkt ist somit rechtsirrig.

**II. Die Beurteilung der Einwendungen des Rechtsanwalts.**

**1.** Die Frage der sachlichen Zuständigkeit.

**a)** Das Vergehen des § 4 Abs. 1 des Gesetzes gegen den unlauteren Wettbewerb vom 7. Juni 1909 i. d. F. des Gesetzes vom 26. Februar 1935, das nach § 374 Abs. 1 Nr. 7 StPO. im Wege der Privatklage verfolgt werden kann (die öffentliche Klage wird gemäß § 376 StPO. von der Staatsanwaltschaft nur dann erhoben, wenn dies im öffentlichen Interesse liegt) gehörte in Württemberg-Baden nach der VO. vom 7. Juli 1947 (Reg.-Bl. Württemberg-Baden S. 86) ursprünglich zur Zuständigkeit des Schöffengerichts. Durch VO. vom 22. September 1949 (Reg.-Bl. Württemberg-Baden S. 219), in Kraft getreten am 29. November 1949, wurde diese Zuständigkeitsbestimmung wieder aufgehoben.

**b)** Wäre demnach der Fall vor dem 29. November 1949 zur Verhandlung gekommen, wäre also das Schöffengericht zur Aburteilung zuständig gewesen, dann hätte die Strafkammer nach der zwingenden Vorschrift des § 328 Abs. 3 verfahren müssen, d. h. sie hätte das Urteil des Amtsrichters aufheben und die Sache an das Schöffengericht Heidelberg verweisen müssen, ohne sich noch mit der Frage der Verjährung oder des Strafantrags befassen zu dürfen. (N.B. Stellt das Gericht I. Instanz das Fehlen der Prozeßvoraussetzung der sachlichen Zuständigkeit fest, so hat es ein Sachurteil zu erlassen, wenn die Sache an ein Gericht niederer Ordnung gehört, § 269; andernfalls muß es gemäß § 270 durch Beschluß — also nicht durch Urteil wie im Falle des § 328 Abs. 3 — die Sache an das zuständige Gericht verweisen. Siehe Fall 1 Abschn. B VI, S. 35.)

2. Auch bezüglich der Bemängelung des Strafantrags befindet sich der Rechtsanwalt in einem Irrtum, da Gegenstand des Strafverfahrens ein Vergehen nach § 4 UWG. bildet, zu dessen Verfolgung gemäß § 22 a. a. O. ein Strafantrag nicht erforderlich ist.

Wäre das Vergehen des § 4 a.a.O. ein Antragsdelikt, dann wäre allerdings festzustellen, daß der Strafantrag des Konkurrenten vom 15. Oktober 1949, der an sich gemäß § 22 Abs. 3 a.a.O. zur Stellung eines solchen berechtigt wäre, wohl verspätet gestellt worden ist, vorausgesetzt, daß der Konkurrent schon vor dem 15. Juli 1949 „Kenntnis" von der strafbaren Handlung gehabt hat (§ 61 StGB.). In diesem Falle hätte die Strafkammer das Verfahren wegen Fehlens einer Prozeßvoraussetzung (nämlich eines rechtzeitig gestellten Strafantrags) einstellen müssen, wenn nicht durch die Beschränkung der Berufung auf das Strafmaß das Urteil in seinem Schuldanspruch rechtskräftig geworden wäre und deshalb nicht mehr hätte aufgehoben werden können. Das Berufungsgericht hätte also in diesem Falle lediglich den Strafausspruch aufheben und den Angeklagten von Strafe freistellen müssen. (Siehe hierzu Monatsschrift für Deutsches Recht 47, S. 274.). Das Reichsgericht (siehe E. 65, 150) vertritt allerdings den Standpunkt, daß in einem solchen Falle das Berufungsgericht trotz der bezüglich der Schuldfrage eingetretenen Rechtskraft das Verfahren gemäß § 260 Abs. 3 einstellen müsse.

3. Was nun die Frage der Verjährung betrifft, ist die Rechtslage folgende:

a) Durch Art. 13 der Strafrechtsnovelle vom 28. Juni 1935 ist die Verjährungszeit für die Strafverfolgung von Vergehen, welche durch Verbreitung von Druckschriften strafbaren Inhalts begangen werden, von früher 6 Monaten auf 1 Jahr erhöht worden.

Da im vorliegenden Falle die Tat, an der Müller beteiligt war, am 2. Juli 1949 (Tag der Veröffentlichung des fraglichen Inserats in der Heidelberger Zeitung) begangen wurde, war die Verjährung gemäß § 67 Abs. 4 StGB. um 12 Uhr in der Nacht vom 1. zum 2. Juli 1950 eingetreten, falls in der Zwischenzeit keine Unterbrechung der Verjährung erfolgt war.

b) Unterbrochen wird die Verjährung nach § 68 StGB. durch jede Handlung des Richters, welche wegen der begangenen Tat gegen den Täter gerichtet ist. Zur Unterbrechung der Verjährung geeignet ist jede Handlung des Richters, die bestimmt und geeignet ist, die Erledigung der Strafsache zu fördern und die damit der Verfolgung der zur Untersuchung stehenden Straftat dient. Bei der Entscheidung der Frage, ob eine solche Unterbrechung vorliegt, ist stets der gesamte Inhalt der Akten zu prüfen. (E. 63, 321.)

aa) Die Handlung muß wegen der begangenen Tat vorgenommen werden.

Es muß ein historischer bestimmter Vorgang, der als strafbare Handlung erscheint, die Veranlassung zur Vornahme der richterlichen Handlung gegeben haben.

bb) Die Unterbrechungshandlung muß sich gegen eine bestimmte Person als Täter oder Teilnehmer richten.

Die Handlung muß dazu bestimmt sein, den Täter oder Teilnehmer durch Einleitung oder Fortführung des Strafverfahrens zur Verantwortung zu ziehen.

**c)** Da im vorliegenden Falle aus der Polizeimeldung, die mit den Gerichtsakten an das Amtsgericht Köln gelangt war, ohne weiteres ersichtlich ist, daß mit dem Ersuchen um Zeugenvernehmung lediglich die Einleitung eines Strafverfahrens gegen Müller beabsichtigt war, konnte auch die Ladung des Zeugen Schmitt vom 7. Juni 1950 notwendigerweise nur diesem Zwecke dienen. Daß der Betreff, unter dem die Ladung erfolgte, gegen Kar Mayer lautete, scheint dabei von untergeordneter Bedeutung zu sein.

Die Verjährung der Strafverfolgung gegen Müller muß somit als durch die richterliche Ladung des Zeugen Schmitt vom 7. Juni 1950 unterbrochen gelten. (Würde die Strafkammer das Vorliegen der Verjährung bejahen, so müßte die gleiche Entscheidung wie im Falle des fehlenden Strafantrags — siehe oben Abschnitt 2, Abs. 2 — getroffen werden.)

**III. Die Entscheidung der Strafkammer** (bei Verneinung der Verjährung) wird lauten: Auf die Berufung des Angeklagten Heinrich Müller wird das Urteil des Amtsrichters in Heidelberg im Strafmaß dahin abgeändert, daß eine Geldstrafe von 200 DM, an deren Stelle im Unbeibringlichkeitsfalle 2 Wochen Gefängnis treten, ausgesprochen wird. Die Kosten der Berufung fallen der Staatskasse zur Last.

(N.B. In Fall 6 Abschn. AII 6, S.116 über die Kosten wurde erwähnt, daß das Gesetz keine unmittelbare Bestimmung darüber enthält, wie bei vollem Erfolge des Rechtsmittels die Kostenentscheidung zu lauten hat, daß aber § 473 Abs. 1 S. 3 entsprechend anzuwenden ist. Für den vorliegenden Fall ist nun zu beachten, daß bei Beschränkung des Rechtsmittels auf das Strafmaß nicht notwendig jede Herabsetzung der Strafe unbedingt als voller Erfolg des Rechtsmittels anzusehen ist. Hat, wie im vorliegenden Falle, der Beschwerdeführer die Ermäßigung der Strafe in das Ermessen des Gerichts gestellt und nimmt dieses eine Herabsetzung der Strafe um mehr als die Hälfte vor, wird man ohne Bedenken dieses Ergebnis als vollen Erfolg bewerten können. [Siehe E. 63, 311.] Ferner sei abschließend bemerkt, daß die Strafkammer die erstinstanzliche

Strafe nicht hätte erhöhen können, da nur der Angeklagte Berufung eingelegt hatte. [Verbot der reformatio in peius. Siehe § 331 und Nachtrag zu Fall 6, S. 124.])

## Nachtrag.

## Prozeßvoraussetzungen.

**I.** Prozeßvoraussetzungen (Verfahrensvoraussetzungen, auch Bedingungen der Strafverfolgbarkeit genannt) sind Tatsachen, von deren Vorhandensein die Einleitung, oder — falls ihr Fehlen zunächst übersehen worden ist — die Fortsetzung des Strafverfahrens abhängig ist.

Die allgemeinen Prozeßvoraussetzungen sind diejenigen, die stets gegeben sein müssen, während die besonderen Prozeßvoraussetzungen nur in bestimmten Fällen vorliegen müssen.

**II.** Zu den allgemeinen Prozeßvoraussetzungen gehören:

**1.** Die Zulässigkeit des Verfahrens vor den ordentlichen Gerichten.

**2.** Die sachliche Zuständigkeit.

**3.** Nicht eingetretene Verjährung.

**4.** Nicht eingetretene Amnestie (E. 71, 252).

**5.** Nicht bestehende anderweitige Rechtshängigkeit.

**6.** Nicht bereits erfolgte rechtskräftige Entscheidung in der gleichen Sache. (Grundsatz ne bis in idem, siehe Fall 12, S. 175.) Hierher gehört auch der Fall der durch beschränkte Rechtsmitteleinlegung bewirkten teilweisen Rechtskraft. (Siehe oben die Ausführungen in Abschn. A II 3, S. 130.)

Die Fälle 3 bis 6 sowie die Fälle des folgenden Abschnitts III werden auch negative Prozeßvoraussetzungen oder Prozeßhindernisse und in der neuen StPO. „Verfahrenshindernisse" genannt (siehe §§ 206a, 260 Abs. 3 und Fall 6, Abschn. B II 1, S. 117. Siehe ferner Deutsche Rechtszeitschrift 49, S. 505, wo insbesondere darauf hingewiesen wird, daß für alle Prozeßvoraussetzungen die Beweisregel „In dubio pro reo" gilt.)

**III.** Zu den besonderen Prozeßvoraussetzungen gehören:

**1.** Der Strafantrag bei Antragsdelikten.

**2.** Die Ermächtigung (§ 197 StGB.).

**3.** Die Auflösung der Ehe durch rechtskräftiges Urteil in den Fällen der §§ 170, 172, 238 StGB.

**IV.** Das Fehlen einer Prozeßvoraussetzung, bzw. das Vorliegen eines Prozeßhindernisses (Verfahrenshindernisses) hat das Gericht in jedem Stadium des Verfahrens von Amts wegen zu berücksichtigen. Dies gilt nach der neueren Rechtsprechung nunmehr auch für das Revisionsgericht, das somit zur Prüfung dieser Fragen auch dann verpflichtet ist, wenn der fragliche Mangel nicht zum Gegenstande einer Verfahrensrüge nach § 344 Abs. 2 gemacht worden ist. (Siehe E. 65, 150; 67, 53; 68, 18 und 120; 72, 379.) Denn die Aufgabe des Revisionsgerichts in der Frage der Verfahrensvorausstzungen bestehe, so führt das RG. aus, nicht ausschließlich in der Prüfung, ob der Vorderrichter einen Verstoß begangen hat, sondern vor allem in der Prüfung der Frage, ob das Revisionsgericht selbst berechtigt ist, in der Sache zu entscheiden, ob also zur Zeit seiner Entscheidung alle Verfahrensvoraussetzungen erfüllt sind.

**V.** Das Fehlen einer Prozeßvoraussetzung bzw. das Vorliegen eines Prozeßhindernisses (Verfahrenshindernisses) hemmt die Einleitung oder Durchführung eines Verfahrens und hindert somit eine endgültige Sachentscheidung. Das Verfahren ist, abgesehen von dem Falle der fehlenden sachlichen Zuständigkeit (siehe Fall 1 Abschn. B VI S. 35) einzustellen, und zwar außerhalb der Hauptverhandlung durch Beschluß (§ 206a), in der Hauptverhandlung gemäß § 260 Abs. 3 durch Urteil (siehe Fall 6, Abschnitt B II 1, S. 117).

## ZU FALL 8.

### I. Vorbemerkungen materiellrechtlicher Art:

**1.** Von dem Grundsatz, daß juristische Personen, Korporationen oder andere durch eine Kollektivbezeichnung zusammengefaßte Personeneinheiten nicht als solche, sondern nur insofern beleidigt werden können, als durch die Beleidigung die einzelnen durch den Kollektivbegriff bezeichneten physischen Personen betroffen werden, macht das Gesetz in §§ 196, 197 eine positive Ausnahme insofern, als Behörden und gewisse politische Körperschaften als beleidigungsfähig anerkannt werden.

**2.** Unter „politischer Körperschaft" i. S. des § 197 (ein Begriff, der den Gegensatz bildet zu privaten und religiösen Körperschaften) ist jede Körperschaft zu verstehen, die, ohne Behörde zu sein, zur Förderung staatlicher Zwecke rechtlich berufen ist.

Daß unter diesen Begriff auch ein Gemeinderat fällt, ist nicht zweifelhaft (siehe E. 33, 68 und Petters, „Praktische Strafrechtsfälle mit Lösungen", Fall 7 Abschnitt A VI).

**3.** Beleidigung einer solchen Körperschaft liegt dann vor, wenn die Körperschaft in bezug auf die Tätigkeit, die ihr als solcher obliegt, beleidigend angegriffen wird. (Siehe E. 40, 184;

41, 168.) Eine gegen ihre Mitglieder als Einzelpersonen gerichtete Beleidigung ist daher nicht ohne weiteres eine Beleidigung der Körperschaft, wie umgekehrt eine Beleidigung der Körperschaft nicht notwendigerweise eine solche der Einzelmitglieder darstellt. Es ist also zwischen der Körperschaft einerseits und ihren Mitgliedern andererseits zu unterscheiden, zumal die Körperschaft fortbesteht, auch wenn ein Wechsel unter ihren Mitgliedern eingetreten ist.

**4.** Während die Verfolgung von Beleidigungen der einzelnen Mitglieder von der Stellung eines Strafantrags i. S. des § 61 StGB. abhängig ist, verlangt das Gesetz zur Ahndung einer Beleidigung einer Körperschaft als solcher eine Ermächtigung (§ 197 StGB.). Da nun für die Ermächtigung eine besondere Form im Gesetz nicht vorgeschrieben ist (siehe E. 18, 382), genügt die in dem Strafantrage liegende bestimmte Erklärung des Willens, daß die Beleidigung verfolgt werde. Umgekehrt aber liegt in einer solchen „Ermächtigung" nicht ohne weiteres ein Strafantrag der einzelnen Mitglieder zur Verfolgung der gegen sie in ihrer Eigenschaft als Einzelpersonen begangenen Beleidigung. (E. 41, 168; 47, 63.)

**5.** Im vorliegenden Falle, in dem sowohl eine Ermächtigung als auch Strafanträge der sämtlichen Einzelmitglieder des Gemeinderats einschließlich des Bürgermeisters vorliegen, sind rechtlich die formellen Voraussetzungen sowohl für eine Bestrafung des Täters wegen Beleidigung des Gemeinderats als solchen, als auch für eine strafrechtliche Erfassung einer eventuell gegen die Einzelmitglieder gerichteten Kundgebung gegeben. (N.B. Die Ermächtigung braucht nicht positiv zum Ausdruck zu bringen, daß der Wille auf Strafverfolgung gerichtet ist, sondern nur negativ, daß er der Verfolgung nicht entgegenstehe; die Ermächtigung kann nicht zurückgenommen werden. Siehe E. 33, 66.)

## II. Das erste Urteil des Amtsrichters.

**1.** Die Bestimmung des § 73 StGB. behandelt an sich nur den Fall der Verwirklichung mehrerer Straftaten durch ein und dieselbe Handlung, wenn diese Straftaten den Tatbestand verschiedener Strafgesetze bilden, umfaßt aber seinem Wortlaute nach nicht den Fall, wenn eine und dieselbe Handlung dasselbe Strafgesetz mehrfach verletzt.

Allein der daselbst ausgesprochene Grundsatz, daß in dem Falle, wenn eine und dieselbe Handlung mehrere Strafgesetze verletzt, nur ein Strafgesetz, und zwar das die schwerste Strafe, bzw. die schwerste Strafart androhende zur Anwendung zu kommen hat, stellt es außer Zweifel, daß auch in dem Falle, wenn eine und dieselbe Handlung eine mehrfache Verletzung desselben Strafgesetzes enthält (sog. gleichartige Idealkonkurrenz), das betreffende Strafgesetz nur einmal zur Anwendung gebracht werden darf. (E. 2, 257.)

**2.** Nach § 264, der das Verhältnis des Urteils zur Anklage, d. h. zum Eröffnungsbeschluß behandelt, ist das Gericht an den Eröffnungsbeschluß insofern gebunden, als es nur die in dieser bezeichnete Tat, nicht aber eine andere zum Gegenstand der Aburteilung machen darf, andererseits aber den Eröffnungsbeschluß erschöpfen muß. (Siehe Nachtrag zu Fall 5, S. 109.)

**a)** Dasselbe historische Vorkommnis, d.h. dasselbe konkrete Tun des Angeklagten vorausgesetzt, kann aber das erkennende Gericht wie im Nachtrag zu Fall 5 Abschn. 2 erörtert wurde, sowohl in tatsächlicher als auch in rechtlicher Beziehung von dem Eröffnungsbeschluß abweichen.

**b)** Andererseits aber muß das Gericht im Falle einer Änderung des rechtlichen Gesichtspunktes die im Eröffnungsbeschluß formulierte Klage vollständig erschöpfen, d. h. sich in den Entscheidungsgründen über das Vorhandensein oder Nichtvorhandensein der in dem Beschlusse bezeichneten Tatbestandsmerkmale ausdrücklich aussprechen; es darf also die dort angenommene strafrechtliche Qualifikation der Tat nicht mit Stillschweigen übergehen.

Hat das Gericht erster Instanz die Klage nicht vollständig erschöpft, so liegt ein Mangel des Verfahrens vor, welcher im Wege der Revision gemäß § 344 Abs. 2 geltend gemacht werden kann.

Das Urteil des Amtsrichters ist also insofern fehlerhaft, als es sich nicht in den Gründen darüber ausspricht, daß der Angeklagte einer Beleidigung der Gemeinderatsmitglieder und des Bürgermeisters nicht für schuldig befunden wurde.

### III. Das Urteil der Strafkammer.

**1.** Die strafbare Handlung als solche ist nicht teilbar in dem Sinne, daß in bezug auf einen rechtlichen Gesichtspunkt verurteilt, und in bezug auf den anderen freigesprochen oder die Erledigung in dieser Beziehung einem späteren Urteil vorbehalten bleibt. (Siehe auch Fall 18, Abschn. A I 9, S. 235.)

Wenn die Strafkammer der Ansicht war, daß möglicherweise eine Beleidigung der Gemeinderatsmitglieder und des Bürgermeisters vorliege, so mußte sie die diesbezügliche e dgültige Prüfung selbst vornehmen. Die Strafkammer durfte aber den Angeklagten nicht wegen der nach ihrer Ansicht nicht zutreffenden Beurteilung der Tat freisprechen. Das war eine unzulässige Teilung des Schuldausspruchs. Solange die Strafkammer eine Tat des Angeklagten annahm, konnte sie wegen dieser einen Tat nur verurteilen oder freisprechen.

2. Was im übrigen die Zurückverweisung in die erste Instanz betrifft, ist folgendes zu sagen:

a) Eine solche Zurückverweisung kann gemäß § 328 Abs. 2 erfolgen, wenn das Urteil an einem Mangel leidet, welcher die Revision wegen Verletzung einer Rechtsnorm über das Verfahren begründen würde.

b) Die Zurückverweisung hat aber nur zu erfolgen, „wenn die Umstände des Falles es erfordern", andernfalls erkennt das Berufungsgericht in der Sache selbst.

Die Entscheidung darüber, ob diese Voraussetzung als gegeben anzusehen ist, liegt in dem Ermessen des Gerichts. Die Zurückverweisung, die übrigens in der Praxis nur selten vorkommt, wird im allgemeinen nur da gerechtfertigt sein, wo der dem Verfahren anhaftende Mangel ein fundamentaler ist und nicht nur einen einzelnen Verfahrensakt, sondern das Verfahren als Ganzes betrifft. (Siehe § 338 Nr. 1, 2, 3, 5, 6, 7.)

c) Die Strafkammer jedenfalls hatte keinen Anlaß, im vorliegenden Falle, wo lediglich ein Mangel der Urteilsgründe vorlag, die Sache an die erste Instanz zurückzuverweisen. Sie hätte vielmehr, wie schon oben erwähnt, die Frage, ob durch die Kundgebung des Täters möglicherweise die Gemeinderatsmitglieder und der Bürgermeister beleidigt worden seien, in eigener Zuständigkeit prüfen müssen. Dabei hätten sich drei Möglichkeiten ergeben:

aa) Wäre die Strafkammer zur Bejahung dieser Frage gelangt, dann hätte sie, da ja ein Urteil wegen Beleidigung vorlag, die Berufung mit der Maßgabe verwerfen müssen, daß nicht eine Beleidigung des Gemeinderats, sondern eine solche der Gemeinderatsmitglieder und des Bürgermeisters vorliege, vorausgesetzt, daß gegen den Strafausspruch des Amtsrichters keine Bedenken bestanden. In den Urteilsgründen hätte dann erörtert werden müssen, warum die fragliche Kundgebung nicht eine Beleidigung des Gemeinderats, sondern nur eine solche der Mitglieder und des Bürgermeisters enthalte.

bb) Wäre die Strafkammer zu dem Ergebnis gelangt, daß die Strafe des Amtsrichters bei dieser Rechtslage zu hoch sei, dann hätte die Berufung mit der weiteren Maßgabe verworfen werden müssen, daß die Strafe herabgesetzt wird. (Eine Erhöhung der Strafe wäre, da ja nur der Angeklagte Berufung eingelegt hatte, im Hinblick auf § 331 ausgeschlossen gewesen.)

cc) Hätte die Strafkammer die Überzeugung gewonnen, daß weder eine Beleidigung des Gemeinderats noch eine solche der Mitglieder und des Bürgermeisters vorliege, dann hätte der Angeklagte unter Aufhebung des amtsgerichtlichen Urteils freigesprochen werden müssen.

**IV. Das zweite Urteil des Amtsrichters.**

**1.** Für die Revision gilt der Grundsatz, daß das Gericht, an das die Sache zur anderweiten Verhandlung und Entscheidung zurückverwiesen wird, an die rechtliche Beurteilung des Revisionsgerichts gebunden ist (§ 358 Abs. 1.)

**2.** Eine gleiche Regelung für die Berufungsinstanz enthält das Gesetz nicht. Der erstinstanzliche Richter, an den die Sache gemäß § 328 Abs. 2 zurückverwiesen wird, ist in seiner neuen Entscheidung sowohl auf tatsächlichem wie auch auf rechtlichem Gebiet vollkommen frei. Wiederholt er den formellen oder materiellen Verstoß, so wird das Berufungsgericht auf erneut eingelegte Berufung eine eigene Sachentscheidung treffen müssen, um das Verfahren zum Abschluß zu bringen, wobei das Berufungsgericht an seine frühere Entscheidung ebenfalls nicht gebunden ist.

Das Urteil des Amtsrichters, der im vorliegenden Falle entgegen der Entscheidung der Strafkammer wieder zu dem gleichen Ergebnis kommt wie in seiner ersten Entscheidung, enthält demnach keine Gesetzesverletzung.

**V. Das Urteil des Oberlandesgerichts.**

**1.** Das Urteil des Amtsrichters wurde vom Staatsanwalt gemäß § 335 mit der Revision angefochten.

Nach §§ 344, 352 wird die Prüfung des Revisionsrichters durch die Begründung der Revisionsanträge dergestalt begrenzt, daß, wenn bloße Mängel des Verfahrens gerügt werden, die in der Entscheidung selbst enthaltene unrichtige Anwendung einer Rechtsnorm nicht zur Aufhebung des Urteils führen kann. (Siehe Fall 9, Abschn. A VI 1, S. 145.)

**2.** Da im vorliegenden Falle der Staatsanwalt lediglich einen speziellen prozessualen Verstoß, nämlich eine angebliche Verletzung des § 328 Abs. 2 gerügt hat, ist das Oberlandesgericht nicht zu einer Aufhebung des amtsgerichtlichen Urteils befugt, obwohl es zu der Überzeugung gelangte, daß das Strafgesetz unrichtig angewandt wurde, d. h. daß der Angeklagte nicht einer Beleidigung des Gemeinderats, sondern nur einer solchen der einzelnen Gemeinderatsmitglieder und des Bürgermeisters schuldig sei.

**3.** Da, wie oben ausgeführt, die prozessuale Rüge des Staatsanwalts unbegründet ist, hat das Urteil des Oberlandesgerichts zu lauten: „Die Revision der Staatsanwaltschaft gegen das Urteil des Amtsgerichts wird als unbegründet verworfen. Die Staatskasse hat die Kosten des Verfahrens zu tragen."

# ZU FALL 9.

## A.

## Vorbemerkung: Das Rechtsmittel der Revision.

Für das Rechtsmittel der Revision gelten folgende Grundsätze:

**I.** Die Revision (§ 333) ist ein beschränktes Rechtsmittel. Sie hat nicht die Wirkung, daß eine Überprüfung der untergerichtlichen Tatfrageentscheidung erfolgt, sondern führt nur eine Überprüfung der Rechtsfrageentscheidung, sowie des die untergerichtliche Entscheidung tragenden Verfahrens herbei, und zwar nur in der Richtung des Revisionsangriffs. Die Feststellungen konkreter Tatsachen durch das Untergericht, insbesondere auch seine Beweiswürdigung sind durch die Revision grundsätzlich nicht zu erschüttern, es sei denn, daß die die Tatsachenfeststellungen betreffenden Urteilsgründe Widersprüche oder Verstöße gegen Erfahrungssätze oder die Denkgesetze enthalten; denn deren Berücksichtigung fällt nicht in das Gebiet der durch § 261 dem Tatrichter vorbehaltenen Beweiswürdigung, sondern gehört vielmehr zur „richtigen" Anwendung der Rechtsnormen auf die festgestellten Tatsachen, die das Revisionsgericht nach § 337 nachzuprüfen hat. (E. 61, 154.)

**II.** Die Einlegung der Revision erfolgt, ebenso wie die der Berufung, bei dem Gericht, dessen Urteil angefochten wird, zu Protokoll der Geschäftsstelle oder schriftlich, und zwar innerhalb einer Woche nach Verkündung bzw. nach Zustellung des Urteils, wenn es in Abwesenheit des Angeklagten verkündet wurde (§ 341). Binnen zwei weiteren Wochen muß eine Revisionsrechtfertigung erfolgen (§ 345). (Siehe unten Abschn. B I und E. 76, 280.)

Das Gericht, dessen Entscheidung angefochten wird, hat, ebenso wie bei der Berufung, zu prüfen, ob die Revision rechtzeitig eingelegt und ob die Revisionsanträge und deren Begründung rechtzeitig und in der vorgeschriebenen Form angebracht sind. Ist eine dieser Fragen zu verneinen, so wird die Revision durch Beschluß als unzulässig verworfen (§ 346). Gegen diesen Beschluß kann binnen einer Woche Antrag auf Entscheidung des Revisionsgerichts gestellt werden. (Das in Fall 7 Abschn. A I 3a, S. 126 zu § 319 Abs. 2 Ausgeführte gilt entsprechend für § 346 Abs. 2.)

Durch rechtzeitige Einlegung der Revision wird, ebenso wie gemäß § 316 bei der Berufung, die Rechtskraft des Urteils, soweit es angefochten ist, gehemmt, § 343 Abs. 1. (Wegen der Revisionsrechtfertigungsgründe siehe Abschn. B I 1, S. 148.) Gemäß § 347 wird nunmehr die Revisionsschrift dem Gegner, der binnen einer Woche eine Gegenerklärung einreichen kann, zugestellt. Dann erfolgt die Einsendung der Akten an das Revisionsgericht.

**III.** Ebenso wie das Berufungsgericht (siehe § 322) hat auch das Revisionsgericht zunächst eine Vorprüfung vorzunehmen und durch Beschluß die Revision zu verwerfen, wenn es sie für unzulässig hält (§ 349 Abs. 1).

Das Revisionsgericht hat aber, im Gegensatz zum Berufungsgericht, auch eine sachliche Vorprüfung vorzunehmen und die Revision durch Beschluß dann als unbegründet zu verwerfen, wenn es dieselbe einstimmig für offensichtlich unbegründet hält (§ 349 Abs. 2). (Siehe hierzu „Neue Juristische Wochenschrift" 1950, S. 201, wo insbesondere ausgeführt wird, daß eine Verwerfung durch Beschluß nur dann zulässig sei, wenn nicht nur die Beantwortung der Rechtsfragen einfach ist, sondern auch der Entscheidungsstoff so leicht überblickt werden kann, daß eine Hauptverhandlung mit ihren Sicherungsmöglichkeiten entbehrlich erscheint. Siehe auch Deutsche Rechtszeitschrift 1950, S. 219.) (N. B. Für die amerikanische und britische Zone war die weitere Möglichkeit vorgesehen, daß das Revisionsgericht eine Revision durch einstimmig gefaßten Beschluß für offensichtlich begründet erklären konnte; diese Möglichkeit, durch Beschluß ein Urteil für falsch zu erklären, wurde in die neue StPO. nicht übernommen.)

**IV.** Weder die Anwesenheit des Angeklagten noch diejenige eines Verteidigers ist in der Hauptverhandlung erforderlich. Der nicht auf freiem Fuß befindliche Angeklagte hat keinen Anspruch auf Vorführung (§ 350).

**V.** Die schriftliche Urteilsbegründung und der Inhalt des Sitzungsprotokolls der letzten Hauptverhandlung bilden die Grundlage für die Prüfung der Frage, ob eine Revision erfolgreich durchgeführt werden kann; mündlich verkündete Urteilsgründe sowie Vorgänge in der Hauptverhandlung, die aus dem Sitzungsprotokoll nicht hervorgehen, sind für die Revision bedeutungslos. Ebensowenig können neue Tatsachen und neue Beweismittel vorgebracht werden.

**VI.** Das angefochtene Urteil unterliegt, wie schon oben (unter I.) erwähnt wurde, nur einer Nachprüfung in rechtlicher Beziehung, während die tatsächlichen Feststellungen des Untergerichts für das Revisionsgericht bindend sind. Die Nachprüfung darf ferner nur erfolgen innerhalb der gestellten Revisionsanträge (§ 352). (Wegen der für die teilweise Anfechtung geltenden Grundsätze siehe Fall 7, Abschn. A II, S. 130.)

Hierbei ist folgendes zu beachten (§ 344):

**1.** Will der Beschwerdeführer einen Verstoß im Verfahren rügen (z. B. Verletzung der Bestimmungen über Beeidigung oder Nichtvereidigung von Zeugen oder Sachverständigen, über Verlesbarkeit von Urkunden, über das Erfordernis des Hinweises auf die Veränderung des rechtlichen Gesichtspunktes, oder Verletzung der die absoluten Revisionsgründe enthaltenden Bestimmungen des § 338), so genügt nicht die bloße Behauptung, daß das Urteil auf Mängeln des Verfahrens beruhe. Vielmehr muß in allen diesen Fällen der Beschwerdeführer diejenigen Tatsachen einzeln anführen, die die Verletzung der Verfahrensnorm ergeben.

Ist die Anfechtung auf eine Verfahrensrüge beschränkt, so darf ferner nur derjenige spezielle Verfahrensverstoß, den der Beschwerdeführer gerügt hat, nachgeprüft werden. Andere nicht gerügte Verfahrensverstöße kann in diesem Falle das Revisionsgericht ebensowenig prüfen wie die Frage, ob die materiellrechtliche Auffassung des Untergerichts Mängel aufweist.

Von den hier erwähnten eigentlichen Verfahrensnormen, deren Verletzung ausdrücklich gerügt werden muß, sind zu unterscheiden die Verfahrensvoraussetzungen (Prozeßvoraussetzungen und Prozeßhindernisse), die in jedem Stadium des Verfahrens von Amts wegen also ohne Rüge zu prüfen sind. (Siehe E. 68, 18 und Nachtrag zu Fall 7, S. 137.)

**2.** Bei der Rüge materieller Rechtsverletzungen genügt die bloße Behauptung des Beschwerdeführers, daß durch das Urteil das materielle Recht verletzt sei (§ 344). Das Revisionsgericht ist dann verpflichtet, von Amts wegen das Urteil nach allen Richtungen hin auf das Vorhandensein materieller Mängel zu prüfen, auch wenn der Beschwerdeführer den einen oder anderen Punkt speziell hervorgehoben haben sollte.

Bei der materiellen Rechtsverletzung sind folgende zwei Fälle zu unterscheiden:

**a)** ein Rechtssatz ist auf einen Sachverhalt angewendet worden, der nicht unter diesen Rechtssatz subsumiert werden konnte.

Hat z. B. der Verkäufer einer beweglichen Sache nach Abschluß des Kaufvertrags und Zahlung des Kaufpreises den in seinem Besitz gebliebenen Kaufgegenstand anderweitig nochmals verkauft, und ist er auf Grund dieses Tatbestands wegen Unterschlagung verurteilt worden, so wird die Revision mit Erfolg Verletzung des § 246 StGB. durch Anwendung rügen, weil der Angeklagte durch den Verkauf der Sache ohne nachfolgende Übergabe das Eigentum an der Sache nicht verloren hatte, somit der angeblich unterschlagene Gegenstand für ihn kein fremder war.

**b)** Die Anwendung eines Gesetzes ist unterblieben, obwohl nach dem festgestellten Sachverhalt seine Anwendung geboten war.

Ist z. B. bei Feststellung eines Diebstahls geringwertiger Gegenstände in den Urteilsgründen zum Ausdruck gebracht, daß der Täter sich in einer Notlage befunden habe, und ist trotzdem Urteil wegen Vergehens nach § 242 StGB. ergangen, dann wird die Revision mit Erfolg darauf gestützt werden können, daß § 242 durch Anwendung und § 248a StGB. durch Nichtanwendung verletzt sei.

**3.** Wegen Gesetzesverletzung bei der Straffindung siehe Fall 18, Abschn. A V 5, S. 239.

**VII.** Stellt sich die Revision als unbegründet heraus, so ist sie zu verwerfen. Ist sie dagegen begründet, so wird das angefochtene Urteil aufgehoben, § 353 Abs. 1. Gleichzeitig sind die dem Urteil zugrunde liegenden Feststellungen aufzuheben, sofern sie durch die Gesetzesverletzung betroffen werden, wegen deren die Aufhebung des Urteils erfolgte, § 353 Abs. 2. Hierbei ist folgendes zu beachten: Die tatsächlichen Feststellungen sind immer aufzuheben, wenn das Urteil wegen verfahrensrechtlicher Gesetzesverletzung aufgehoben werden muß, denn in diesem Falle muß der betroffene Teil in gesetzmäßiger Weise wiederholt werden, was ohne Änderung der tatsächlichen Feststellungen nicht möglich ist. Dagegen müssen im Falle einer sachlich rechtlichen Gesetzesverletzung die tatsächlichen Feststellungen nur dann aufgehoben werden, wenn die bisherigen Feststellungen ergänzt werden müssen, um die Tat unter allen für sie in Betracht kommenden rechtlichen Gesichtspunkten nachprüfen zu können.

Ein Urteil unterliegt, wie sich aus den obigen Ausführungen zusammenfassend ergibt, der Aufhebung infolge Revision, wenn folgende drei Voraussetzungen gegeben sind:

**1.** Wenn eine Verletzung des Gesetzes stattgefunden hat (§ 337), und zwar entweder infolge eines Fehlers im Verfahren (Verletzung eines Satzes des Strafprozeßrechts in seiner Anwendung auf den gegenwärtigen Prozeß, die fehlerhafte Vornahme oder Nichtvornahme einer Prozeßhandlung, insbesondere einer dem Urteil vorangegangenen Entscheidung) oder infolge eines in der materiellrechtlichen Entscheidung liegenden Fehlers, indem entweder der von dem Vorderrichter festgestellte Tatbestand die erfolgte Gesetzesanwendung nicht rechtfertigt oder ein Gesetz außer Anwendung geblieben ist, welches auf diesen Tatbestand hätte angewendet werden müssen.

**2.** Wenn das Urteil auf der Verletzung beruht, d. h., wenn im Falle der Verletzung einer materiellen Rechtsnorm ohne diese Verletzung die Entscheidung nicht so hätte ergehen können, wie sie ergangen ist, und im Falle der Verletzung einer prozeßrechtlichen Norm, wenn nicht klar erhellt, daß die Verletzung einen Einfluß auf das Urteil nicht gehabt hat, wenn also die Möglichkeit besteht, daß das Urteil auf dem prozessualen Verstoß beruht, wobei eine solche Möglichkeit ohne weiteres unterstellt wird, wenn es sich um einen sog. absoluten Revisionsgrund im Sinne des § 338 handelt.

**3.** Wenn eine gesetzmäßige Revisionsrechtfertigung (Revisionsantrag und Begründung) erfolgt ist.

(N. B. Trotz Vorliegens eines Kausalzusammenhangs darf, wenn bei Verletzung einer lediglich zugunsten des Angeklagten gegebenen Rechtsnorm — z. B. Fälle Nr. 5 und 8 des § 338 — trotzdem zu seinen Gunsten erkannt worden ist, jene Gesetzesverletzung nicht dazu benutzt werden, eine Aufhebung des Urteils zum Nachteil des Angeklagten herbeizuführen, § 339. Siehe hierzu E. 29, 44, und Neue Jur. Wochenschrift 1947, S. 312.)

**VIII.** Nach Aufhebung des Urteils entscheidet ausnahmsweise das Revisionsgericht an Stelle des Gerichts der Vorinstanz in der Sache selbst, wenn ohne weitere tatsächliche Erörterungen nur auf Freisprechung oder auf Einstellung oder auf eine absolut bestimmte Strafe zu erkennen ist, d. h. eine solche, bei deren Verhängung dem richterlichen Ermessen kein Spielraum gewährt wird (z. B. eine Geldstrafe, die in dem mehrfachen Betrage einer hinterzogenen Abgabe besteht), oder das Revisionsgericht in Übereinstimmung mit dem Antrage der Staatsanwaltschaft die gesetzlich niedrigste Strafe für angemessen erachtet (§ 354 Abs. 1). (Wegen Verweisung an das zuständige Gericht im Falle des § 355 siehe Fall 1, Abschn. B VI 3, S. 36.)

In allen anderen Fällen (und das ist die Regel) wird die Sache zur anderweiten Verhandlung und Entscheidung in die Vorinstanz zurückverwiesen (§ 354 Abs. 2). Der Urteilstenor lautet in diesem Falle z. B.: „Das Urteil der Strafkammer X wird nebst den ihm zugrunde liegenden Feststellungen aufgehoben und die Sache zur weiteren Verhandlung und Entscheidung an die Vorinstanz zurückverwiesen." (Über die Kostenfrage wird erst in dem Endurteil entschieden.) (Die Berufungsinstanz dagegen entscheidet grundsätzlich in der Sache selbst und verweist nur ausnahmsweise in die Vorinstanz zurück, nämlich im Falle des § 328 Abs. 2. Siehe Fall 7, Abschn. A I 2, S. 125.)

**IX.** Das Gericht, an welches die Sache verwiesen ist, hat eine neue Hauptverhandlung durchzuführen, bei der sie an die der Aufhebung des Urteils zugrunde liegende Rechtsansicht des Revisionsgerichts gebunden ist (§ 358 Abs. 1). (Siehe auch § 354a.)

**X.** Wenn das Urteil nur von dem Angeklagten oder zu seinen Gunsten von der Staatsanwaltschaft angefochten war, kann es nicht zum Nachteil des Angeklagten geändert werden. (§ 358 Abs. 2).

# B.
# Lösung des Falles.

## I. Entspricht die Revisionsrechtfertigung des Rechtsanwalts Fischer den Vorschriften der Strafprozeßordnung?

### 1. Die **Form** der Rechtfertigung.

**a)** Die Form, in welcher die Revisionsrechtfertigung anzubringen ist, schreibt § 345 Abs. 2 vor; verlangt wird eine von dem Verteidiger oder einem Rechtsanwalt unterzeichnete Schrift oder Erklärung des Angeklagten zu Protokoll der Geschäftsstelle.

Die Einreichung einer formlosen Rechtfertigungsschrift ist also ausgeschlossen. Der Grund der Bestimmung ist ein doppelter: einmal soll erreicht werden, daß dem Revisionsgericht die Prüfung ganz grundloser oder unverständlicher Anträge, wie sie häufig von Winkelschreibern verfaßt werden, erspart bleibt, und zum anderen liegt es im Interesse des Angeklagten selbst, daß seine Anträge usw. nicht in ungeeigneter Weise gestellt werden. (E. 18, 104; 64, 65.)

**b)** Die Unterzeichnung der Rechtfertigungsschrift durch einen Rechtsanwalt oder den Verteidiger wird verlangt, und zwar mit dem vollen bürgerlichen Namen.

Es genügt weder eine Unterstempelung noch die Unterzeichnung durch einen Beauftragten oder Bevollmächtigten, vielmehr muß die Unterschrift eine eigenhändige sein. (E. 69, 137.) (N. B. Seine Bevollmächtigung kann der Verteidiger noch nach Ablauf der Revisionsrechtfertigungsfrist nachweisen; siehe E. 21, 127 und Fall 2, Abschn. B III 2c, cc, S. 57.)

Die Revisionsrechtfertigung des Rechtsanwalts Fischer, die eigenhändig unterschrieben ist, genügt den Formerfordernissen des § 345 Abs. 2.

### 2. Der **Inhalt** der Revisionsrechtfertigung.

**a)** Im Gegensatz zu der Berufung bedarf die Revision stets einer Rechtfertigung; die bloße Einlegung des Rechtsmittels genügt nicht, um die Sache zur Entscheidung des Revisionsrichters zu bringen.

Die Revisionsrechtfertigung setzt sich nach § 344 zusammen aus dem Revisionsantrag und der Begründung desselben.

**b)** Die Bestimmung des § 344 wird ergänzt durch diejenige des § 352, nach der die Grundlage und den Stoff für die Entscheidung des Revisionsrichters der Inhalt der Revisionsrechtfertigung bildet, während die §§ 337, 338, die von der Begründung der Revision in abstracto handeln, die Bestimmungen darüber enthalten, was überhaupt Gegenstand der Beurteilung des Revisionsgerichts sein kann.

aa) Über die Revisionsanträge sagen die Motive (siehe Löwe Anm. 3 zu § 344): „Sie sollen den Streitgegenstand für die Revisionsinstanz feststellen; sie beziehen sich lediglich auf die Urteilsformel und müssen erkennen lassen, ob diese in ihrem ganzen Umfange oder nur zum Teil als unrichtig angegriffen wird. Dies hat seine besondere Bedeutung in den Fällen, wenn das Urteil mehrere strafbare Handlungen zum Gegenstande hat, oder wenn es mehrere Strafen nebeneinander verhängt." (Siehe wegen teilweiser Revision die Ausführungen in Fall 7 Abschn. A II, S. 130.)

Gegenstand des Antrags ist immer nur die Aufhebung des Urteils; einen Antrag bezüglich der im Falle der Aufhebung zu treffenden weiteren Entscheidung (§§ 354, 355) braucht der Beschwerdeführer nicht zu stellen.

bb) Bezüglich der Begründung der Revisionsanträge äußern sich die Motive folgendermaßen: „Es ergibt sich aus § 344 Abs. 2, daß erkennbar sein muß, ob die behauptete Gesetzesverletzung in der Entscheidung selbst oder in dem ihr zugrunde liegenden Verfahren oder in beiden zugleich gefunden werde. In dieser Beziehung wird die Prüfung des Revisionsrichters durch die Begründung der Revisionsanträge dergestalt begrenzt, daß beispielsweise dann, wenn bloß Mängel des Verfahrens gerügt werden, die in der Entscheidung selbst enthaltene unrichtige Anwendung einer Rechtsnorm nicht zu der Aufhebung des Urteils führen kann."

Sonach kann, wenn die Revision lediglich auf prozessuale Verstöße gegründet ist, an sich der Fall vorkommen, daß das Revisionsgericht das Rechtsmittel verwerfen muß, obwohl aus dem Urteil selbst klar erhellt, daß das Strafgesetz unrichtig angewendet ist.

Die allgemeine Redewendung, das Urteil werde „in seinem ganzen Umfange" angefochten, kann als zulässige Revisionsbegründung nicht angesehen werden. (E. 44, 261.)

(Siehe auch E. 73, 23: Die Revision ist unzulässig, wenn der Rechtsanwalt in der Revisionsbegründung zu erkennen gibt, daß er nicht die Verantwortung für die Revisionsbegründung übernehmen will. Das Rechtsmittel ist in einem solchen Falle als unzulässig zu verwerfen. § 349 Abs. 1 Satz 1. Ähnlich OLG. Bremen, Beschluß vom 2. Juli 1949, Deutsche Rechtszeitschrift 1950 S. 186. Siehe schließlich E. 64, 63: Eine vom Angeklagten verfaßte unsachgemäße Revisionsbegründung, die er zu Protokoll des Urkundsbeamten der Geschäftsstelle diktiert, ist unwirksam, wenn der Beamte zu erkennen gibt, daß er die Verantwortung für den Inhalt nicht übernehmen könne.)

Aus den vorstehenden Erörterungen im Zusammenhang mit den Ausführungen in der Vorbemerkung (Abschn. A VI, S. 144) ergibt sich, daß die Revisionsrechtfertigung des Rechtsanwalts Fischer auch inhaltlich den Anforderungen der Strafprozeßordnung genügt. Allerdings ist es in der Praxis üblich, die angeblich verletzte Rechtsnorm durch Bezeichnung des betreffenden Gesetzesparagraphen in der Revisionsrechtfertigung zu erwähnen; vorgeschrieben ist aber eine solche Benennung nicht.

**II. Die 3 Revisionsrügen.**

**1.** Die Nichtausdehnung der Beweisaufnahme auf den Zeugen Brenneisen und Ablehnung des Vertagungsantrags ohne Gründe.

**a)** Eine unbedingte Pflicht zur Vernehmung eines geladenen Zeugen besteht gemäß § 245 S. 1 nur dann, wenn der Zeuge erschienen ist. Will ein Prozeßbeteiligter einen geladenen aber nicht erschienenen Zeugen vernommen haben, so muß er in der Hauptverhandlung die Ladung beantragen. Dieser Antrag kann dann vom Gericht rechtswirksam nur aus den in § 244 Abs. 3 im einzelnen angeführten Gründen abgelehnt werden.

**b)** Einen unmittelbaren unbedingten Anspruch auf Aussetzung bzw. Vertagung der Hauptverhandlung hat der Angeklagte nicht, denn er würde ja sonst eine Möglichkeit besitzen, das Verfahren dadurch in die Länge zu ziehen, daß er Zeugen ladet, von denen er von vornherein weiß, daß sie nicht erscheinen werden.

Andererseits aber muß das Gericht, falls es die Vernehmung eines geladenen aber nicht erschienenen Zeugen nicht aus einem der in § 244 Abs. 3 aufgeführten Gründe (s. Nachtrag Abschn. B III 2a—g, S. 164) ablehnen kann, und Staatsanwaltschaft und Angeklagter auf die Vernehmung nicht verzichten, die Verhandlung vertagen zwecks Herbeischaffung des Zeugen.

Ob dem Gericht im vorliegenden Falle, in dem der Vertagungsantrag zugleich einen Beweisantrag (Vernehmung des Zeugen Brenneisen) enthielt, ein gesetzlicher Ablehnungsgrund zur Seite stand, ist aus dem Tatbestand nicht zu erkennen.

**c)** Jedenfalls aber liegt im vorliegenden Falle insofern eine Gesetzesverletzung vor, als der gemäß §§ 228 Abs. 1, 244 Abs. 6 erlassene Gerichtsbeschluß ohne Gründe geblieben ist entgegen der allgemeinen Vorschrift des § 34, wonach alle Entscheidungen, durch welche ein Antrag abgelehnt wird, mit Gründen versehen sein müssen, es sei denn, daß sich die Begründung aus dem Inhalt des Beschlusses von selbst ergibt. Diese Vorschrift beruht vor allem auf der Notwendigkeit, für die Beteiligten sowohl als für den Revisionsrichter klar ersichtlich zu machen, ob rechtliche oder tatsächliche Gründe die Ablehnung des Antrags herbeigeführt haben. Eine Begründung wäre nur dann entbehrlich gewesen, wenn der Antrag selbst nicht begründet gewesen wäre, oder wenn der Antragsteller über die Ablehnungsgründe nicht hätte im Zweifel sein können. (E. 57, 44.)

**d)** Nach § 338 Nr. 8 liegt ein absoluter Revisionsgrund vor, wenn die Verteidigung in einem für die Entscheidung wesentlichen Punkte durch einen Beschluß des Gerichts unzulässig beschränkt worden ist. Darin liegt zunächst, worauf in der Wissenschaft immer wieder hingewiesen wird, ein innerer Widerspruch, indem einerseits die unzulässige Beschränkung der Verteidigung vom Gesetzgeber den absoluten Revisionsgründen zugerechnet worden ist, gleichzeitig aber nur dann zur Aufhebung des Urteils führen soll, wenn die Beschränkung einen für die Entscheidung wesentlichen Punkt betrifft, mit anderen Worten, wenn auf ihr das Urteil beruht. Man muß daher zu dem Ergebnis kommen, daß die unzulässige Beschränkung der Verteidigung tatsächlich zu den relativen Revisionsgründen des § 337 gehört. (Siehe E. 44, 345.)

aa) Ob im vorliegenden Falle § 338 Nr. 8 insofern zur Anwendung gelangen kann, als schon die Ablehnung als solche eine unzulässige Beschränkung der Verteidigung bedeutete, kann dahingestellt bleiben, da, wie schon oben bemerkt, aus dem Tatbestand nicht ersichtlich ist, ob ein gesetzlicher Ablehnungsgrund i. S. des § 244 Abs. 3 vorlag.

bb) Jedenfalls aber bedeutete das Fehlen einer Begründung für die Ablehnung des Vertagungs- bzw. Beweisantrags eine unzulässige Beschränkung der Verteidigung. Denn wäre die Entschließung des Gerichts, die Verhandlung nicht zu vertagen, dem Angeklagten mit Gründen versehen bekanntgegeben worden, dann hätte er bzw. sein Verteidiger möglicherweise die Ablehnungsgründe widerlegen und Erklärungen abgeben können, welche geeignet waren, die Entscheidung zu beeinflussen. Es muß deshalb zugunsten des Beschwerdeführers angenommen werden, daß auf der ordnungswidrigen Behandlung des Vertagungs- bzw. Beweisantrags und der hierdurch herbeigeführten Beschränkung der Verteidigung das Urteil beruht oder i. S. des § 338 Nr. 8 gesprochen, daß die Verteidigung in einem für die Entscheidung wesentlichen Punkte unzulässig beschränkt worden ist. (Siehe E. 23, 137.)

cc) Diese Annahme wäre nur dann unbegründet, wenn nach Sachlage festzustellen wäre, daß der Angeklagte auch bei Angabe von Gründen nicht in der Lage gewesen wäre, die Erheblichkeit der von dem Zeugen Brenneisen zu erwartenden Angaben nachzuweisen oder andere Beweisanträge für seine Behauptung zu stellen.

**e)** Wir kommen somit im vorliegenden Falle zu dem Ergebnis, daß die auf das Fehlen der Entscheidungsgründe gestützte Revisionsrüge an sich geeignet ist, die Aufhebung des angegriffenen Urteils wegen Verletzung einer Verfahrensnorm herbeizuführen, vorausgesetzt, daß die oben in Abschnitt d, cc erwähnte Möglichkeit nicht gegeben ist.

**2.** Die Verlesung des Briefes in der Hauptverhandlung (siehe auch Nachtrag A zu Fall 3, S. 82).

**a)** Vorbemerkung: Allgemeines über Durchsuchung und Beschlagnahme.

aa) Die Durchsuchung (§§ 102 bis 110) ist eine behördliche Maßnahme zum Zwecke der Auffindung von Beweisstücken oder Einziehungsobjekten i. S. des § 94 oder zur Ergreifung einer Person.

Voraussetzung einer Durchsuchung ist immer, daß eine strafbare Handlung bereits begangen ist. Durchsucht werden können Wohnungen, Personen und Sachen. (N. B. Ebenso wie bei der Beschlagnahme gibt es auch bei der Durchsuchung eine solche außerhalb der StPO., die sich als Maßregel der präventiven Polizei darstellt oder aus gesundheits- oder sittenpolizeilichen Gründen vorgenommen wird.)

Die wichtigste und am häufigsten vorkommende Art der Durchsuchung ist die Haussuchung (§§ 102 bis 110), d. h. diejenige Durchsuchung, deren Gegenstand die Wohnung, die Geschäftsräume oder das befriedete Besitztum sind. Bei der Haussuchung ist zu unterscheiden zwischen der Durchsuchung bei verdächtigen und derjenigen bei unverdächtigen Personen. Die erstere ist in § 102, die letztere in § 103 geregelt. Zur Nachtzeit ist die Durchsuchung beschränkt (§ 104).

Zuständig zur Anordnung der Durchsuchung ist ebenso wie bei der Beschlagnahme der Richter, bei Gefahr im Verzuge auch die Staatsanwaltschaft oder ein Hilfsbeamter der Staatsanwaltschaft (§ 105 Abs. 1). (In den Fällen des § 104 Abs. 2 sind auch Polizeibeamte, die nicht Hilfsbeamte der Staatsanwaltschaft sind, ohne besondere Anordnung zur Durchsuchung berechtigt, siehe Abs. 3 des § 105.) Wegen der Ausführung der Durchsuchung vgl. §§ 105 Abs. 2, 106—109.

Die Durchsuchung von Personen, die nur bei Verdächtigen zulässig ist, unterliegt nur dann den Bestimmungen der §§ 102, 103, wenn es sich um eine Durchsuchung der äußeren Oberfläche des Körpers oder der Kleidung handelt, also bei vollkommener Wahrung der Integrität. Eine körperliche Untersuchung dagegen richtet sich nach den Vorschriften über den Augenschein (siehe Fall 3, Nachtrag B, Abschn. 4 d, S. 88).

bb) Die Beschlagnahme.

Beschlagnahme i. S. des tatsächlichen Inbeschlagnehmens ist eine behördliche Maßnahme, durch die einzelne Gegenstände, die als Beweismittel für die Untersuchung von

Bedeutung sein können oder der Einziehung unterliegen, in Verwahrung genommen oder sonst sichergestellt werden. Dieses tatsächliche Inbeschlagnehmen kann entweder in der Form einer einfachen Verwahrung oder Sicherstellung oder durch eine formelle Anordnung der Beschlagnahme erfolgen. (N. B. Ebenso wie bei der Durchsuchung gibt es auch bei der Beschlagnahme eine solche außerhalb der StPO., die sich als Maßregel der präventiven Polizei darstellt, also ohne Rücksicht auf eine etwa eintretende Strafverfolgung erforderlich ist, z. B. Wegnahme einer Waffe zum Zwecke der Verhütung einer Körperverletzung.)

Die einfache Verwahrung oder Sicherstellung darf jeder Polizeibeamte, also nicht nur der Hilfsbeamte der Staatsanwaltschaft ohne besondere Anordnung vornehmen, wenn die Gegenstände, die als Beweismittel für die Untersuchung von Bedeutung sein können oder der Einziehung unterliegen (z. B. §§ 40, 152, 245a, 295, 296 StGB.), sich entweder nicht im Gewahrsam einer Person befinden (z.B. Einbrecherwerkzeug am Tatort) oder wenn sie freiwillig herausgegeben werden (§ 94 Abs. 1).

Die formelle Beschlagnahme (§§ 94—101) ist notwendig, wenn die Gegenstände, welche als Beweismittel für die Untersuchung von Bedeutung sein können oder der Einziehung unterliegen, von der Person, die sie in Gewahrsam hat, nicht freiwillig herausgegeben werden (§ 94 Abs. 2). Zuständig für die Anordnung einer solchen formellen Beschlagnahme ist an sich nur der Richter, jedoch bei Gefahr im Verzuge (ebenso wie bei der Beschlagnahme) auch die Staatsanwaltschaft und ihre Hilfsbeamten. Eine besondere Form der Beschlagnahme ist nicht vorgesehen; es genügt eine diesbezügliche Erklärung an den Besitzer und die Weisung, daß er sich jeder Verfügung über die Sache zu enthalten habe. Von der Beschlagnahme ausgenommen sind bestimmte amtliche Akten (§ 96) und schriftliche Mitteilungen des Beschuldigten an Angehörige (§ 97), sowie die dem Verletzten durch die Straftat entzogenen Sachen, die immer möglichst bald dem Verletzten zurückzugeben sind. Eine Sonderregelung ist vorgesehen für die Postbeschlagnahme, die nur vom Richter und bei Gefahr im Verzuge von der Staatsanwaltschaft, dagegen nicht von deren Hilfsbeamten durchgeführt werden kann (siehe §§ 99, 100).

**b)** Der vorliegende Fall:

aa) Kriminalkommissar Benz war als Hilfsbeamter der Staatsanwaltschaft in Tätigkeit getreten und hat, da zweifellos die Gefahr bestand, daß der fragliche Brief, falls nicht sofort zugegriffen wurde, von Karl Finzer auf die Seite geschafft werde, aus eigener Initiative gehandelt. Es kann auch nicht zweifelhaft sein, daß Benz aus dem gleichen Grunde berechtigt war, die Durchsuchung ohne Zuziehung der in § 105 Abs. 2 genannten Personen (Gemeindebeamter oder zwei Gemeindemitglieder) vorzunehmen. Die Durchsuchung erfolgte bei einem Unverdächtigen (zu der Annahme, daß Karl Finzer der Teilnahme, Begünstigung oder Hehlerei verdächtig war, gibt der Tatbestand keinen Anlaß), und diente der Sicherstellung eines bestimmten Gegenstandes, nämlich des fraglichen Briefes (§ 103).

Da Karl Finzer den in seinem Gewahrsam befindlichen Brief nicht freiwillig herausgab, schritt Benz gemäß § 94 Abs. 2 zur Beschlagnahme. Da Karl Finzer gegen die Beschlagnahme Widerspruch erhoben hat, kommt § 98 Abs. 2 in Frage, wonach in einem solchen Falle die richterliche Bestätigung innerhalb von drei Tagen nachgesucht werden soll.

bb) Wenn es darauf ankommt, den Inhalt eines Schriftstücks zur Kenntnis der zur Urteilsfindung berufenen Personen zu bringen, so muß das Schriftstück in der Hauptverhandlung gemäß § 249 verlesen werden.

Der Grundsatz der Mündlichkeit wird durch eine solche Verlesung nicht berührt; denn dieser Grundsatz verbietet nur, daß vor dem erkennenden Gericht die mündliche Vernehmung einer Person über die von ihr gemachten Wahrnehmungen durch Verlesung des über eine frühere Vernehmung aufgenommenen Protokolls oder einer schriftlichen Erklärung ersetzt wird (§ 250), sofern nicht ein bestimmter gesetzlicher Grund diese Ersetzung rechtfertigt (§ 251).

cc) Für das schriftlich niedergelegte Geständnis des Angeklagten enthält zwar § 254 die Bestimmung, daß es verlesen werden darf, wenn es in einem richterlichen Protokoll enthalten ist, und zwar als Ersatz für die Vernehmung des betreffenden Beamten. Damit ist aber die Verlesung von anderen Schriftstücken, z. B. polizeilichen Vernehmungsprotokollen, Briefen des Angeklagten, die ein Schuldbekenntnis enthalten, nicht ausgeschlossen, wenn nur die Absicht der Ersetzung mündlicher Vernehmung durch Verlesung des Schriftstücks als ausgeschlossen gelten kann, was vor allem der Fall ist, wenn neben der Verlesung zugleich die Vernehmung des Angeklagten erfolgt. (E. 33, 36; 35, 234. Siehe auch Nachtrag A zu Fall 3, S. 82 ff.)

Eine prinzipielle Verpflichtung zur Vernehmung des Bruders des Angeklagten, statt der Verlesung des Briefes, bestand demnach an sich nicht für das Gericht.

dd) Dagegen enthält die Verlesung gerade dieses Briefes eine Verletzung des Gesetzes aus folgenden Gründen: Die Beschlagnahme des an seinen Bruder gerichteten Briefes des Angeklagten durch den Kommissar Benz bedeutete einen Verstoß gegen § 97, wonach schriftliche Mitteilungen zwischen dem Beschuldigten und denjenigen Personen, die wegen ihres Verhältnisses zu ihm nach §§ 52, 53 zur Verweigerung des Zeugnisses berechtigt sind, falls sie sich in Händen der letzteren Personen befinden und diese nicht einer Teilnahme, Begünstigung oder Hehlerei verdächtig sind, nicht beschlagnahmt werden dürfen. Dabei ist der Umstand, daß zur Zeit der Beschlagnahme gegen Finzer öffentliche Klage noch nicht erhoben war, ohne Belang, da der Ausdruck „Beschuldigter" in einem weiteren, auch den Verdächtigen umfassenden Sinn zu verstehen ist. (E. 20, 92.)

(N. B. Der Beschlagnahme sind ferner entzogen: in amtlicher Verwahrung befindliche Akten unter der Voraussetzung des § 96, sowie schriftliche Mitteilungen zwischen dem verhafteten Beschuldigten und seinem Verteidiger, § 148.)

Da die gemäß §§ 94 Abs. 2, 98 erfolgte Beschlagnahme des Briefes somit unzulässig war, durfte derselbe nach keiner Richtung als Beweismittel bei der Entscheidung in der Hauptsache verwertet werden. Da ferner nach den Gründen des Strafkammerurteils der Inhalt des gesetzwidrig beschlagnahmten und verlesenen Briefes Einfluß auf die Entscheidung in der Hauptsache gewonnen hat, das Urteil somit auf dieser Gesetzesverletzung beruht, unterliegt es an sich der Aufhebung.

(N. B. Die Verwahrung oder Sicherstellung freiwillig herausgegebener Schriftstücke ist keine gesetzwidrige Beschlagnahme; ihre Benutzung ist erlaubt auch gegen den Widerspruch der Person, die sie, ohne dazu verpflichtet zu sein, herausgegeben hat. E. 22, 52.)

**3.** Verletzung des Grundsatzes „ne bis in idem".

**a)** Der § 243 StGB. behandelt die verschiedenen straferhöhenden Merkmale, die zum Tatbestand des einfachen Diebstahls i. S. des § 242 StGB. hinzutreten können, und diesen dann zum sog. schweren Diebstahl machen. Der mittels Erbrechens von Behältnissen begangene schwere Diebstahl (§ 243 Abs. 1 Nr 2 StGB) setzt voraus, daß das Behältnis beim Erbrechen sich in dem Gebäude befindet, aus dem es gestohlen wurde. Wer sonach das Behältnis selbst erst aus dem Gebäude herausschafft und dann erst im Freien oder einem anderen Gebäude erbricht, begeht einen einfachen Diebstahl (E. 40, 97). (Diese Ansicht des Reichsgerichts ist im Schrifttum allerdings auf Widerspruch gestoßen. Das Reichsgericht selbst hat letztmals im Jahre 1940 — siehe E. 75, 43 — seine frühere Stellungnahme aufrechterhalten, ist aber über den Weg des damaligen § 2 — Analogie — zu dem Ergebnis gekommen, daß es für die Anwendung des fraglichen Tatbestands in § 243 Nr. 2 StGB. genüge, wenn das Erbrechen des Behältnisses, wenn auch außerhalb des Gebäudes, in unmittelbarem Anschluß an die Wegnahme erfolge. Denn, so argumentierte das Reichsgericht, dem § 243 Nr. 2 liege der Gedanke zugrunde, „den besonders betonten und betätigten Besitzwillen dadurch stärker zu schützen, daß schwerer bestraft wird, wer ihn überwindet". In Anlehnung an diese Rechtsprechung des Reichsgerichts hat das OLG. München im Urteil vom 24. März 1948 — SJZ. 49, 201 — dahin entschieden, daß das vom Reichsgericht über den Weg des ehemaligen § 2 gefundene Ergebnis auch nach Beseitigung des § 2 der Interpretation des § 243 Nr. 2 zugrunde zu legen sei.)

**b)** Wie im Fall 12 ausgeführt wird, wird das durch die strafbare Handlung begründete Klagerecht durch die über dasselbe ergangene rechtskräftige Entscheidung grundsätzlich dergestalt verbraucht, daß es nicht von neuem geltend gemacht werden kann. (Grundsatz „ne bis in idem".)

Dieser Grundsatz erleidet nach der Rechtsprechung des Reichsgerichts (wie in den Fällen 12 und 13 ausgeführt wird) für das Strafbefehlsverfahren insofern eine Einschränkung, als ein rechtskräftiger Strafbefehl einer neuen Aburteilung des Täters wegen der vom Strafbefehl erfaßten Tat dann nicht entgegensteht, wenn auf Grund der Hauptverhandlung die Tat unter einem nicht bereits in dem Strafbefehle gewürdigten anderweiten rechtlichen Gesichtspunkt als eine schwerer zu strafende sich darstellt.

Eine erneute Strafverfolgung aus dem nämlichen oder einem milderen rechtlichen Gesichtspunkt ist also unzulässig. Insofern hat auch der Strafbefehl den Verbrauch der Strafklage zur Folge.

**c)** Da im vorliegenden Falle die Entwendung der 500 DM und die Entwendung der Kassette, die sich ebenfalls in der Ladenkasse befand, zweifellos nur einen Diebstahl darstellen, also auf keinen Fall zwei selbständige Handlungen im Sinne des § 74 StGB. in Frage kommen, da ferner aber der Kassettendiebstahl nach der oben erwähnten Rechtsprechung des RG. ebenfalls nur ein einfacher Diebstahl war, also ein anderer rechtlicher Gesichtspunkt nicht in Frage kommt, enthält das Urteil der Strafkammer eine Gesetzesverletzung. M. a. W.: Hat der Strafbefehl die Tat rechtlich bereits so erfaßt, wie sie selbst nach Prüfung im ordentlichen Verfahren sich darstellt, dann hat sich die Strafgewalt des Staates in diesem Strafbefehl erschöpft, und eine abermalige Verurteilung im ordentlichen Verfahren wäre ebenso eine Verletzung des Grundsatzes „ne bis in idem", wie die wiederholte Bestrafung einer und derselben Tat durch mehrfache Strafbefehle. (E. 28, 84.)

Das Urteil der Strafkammer bedeutet demnach einen Verstoß gegen den Grundsatz „ne bis in idem".

(N. B. Wäre die Kassette im Gebäude erbrochen worden, bzw. würde man das oben erwähnte Münchener Urteil zugrunde legen, so stünde einem erneuten Strafverfahren unter dem Gesichtspunkt eines Verbrechens nach § 243 Nr. 2 StGB. kein Hindernis entgegen, da in diesem Falle eine „schwerer zu ahndende Tat" vorläge. Wäre das amtsrichterliche Verfahren durch Urteil erledigt worden, dann stünde der Einleitung eines neuen Strafverfahrens wegen Verbrechens nach § 243 Abs. 1 Nr. 2 StGB. der Grundsatz ne bis in idem entgegen.)

### III. Wie wird das Revisionsgericht entscheiden?

1. Die Revisionsrügen.

a) Die beiden ersten Rügen:

aa) Sie beziehen sich auf reine Verfahrensnormen. Sie können zur Aufhebung des Urteils daher nur führen, wenn der fragliche Verstoß, wie es im vorliegenden Falle geschehen ist, ausdrücklich gerügt wird und die Tatsachen angeführt werden, die die Verletzung der Verfahrensnormen ergeben. (Siehe die Erörterungen oben in Abschn. A, VI 1, S. 144.)

bb) Da keiner der Fälle des § 338 (absolute Revisionsgründe) vorliegt, ist weiter zu prüfen, ob das Urteil der Strafkammer auf der Gesetzesverletzung beruht (§ 337 Abs. 1), d. h. ob die Möglichkeit besteht, daß die Gesetzesverletzung Einfluß auf das Urteil gewonnen hat.

Diese Frage ist bezüglich der zweiten Rüge (Verlesung des fraglichen Briefes) ohne weiteres zu bejahen. Aber auch bezüglich der ersten Gesetzesverletzung (Ablehnung des Vertagungsantrages ohne Gründe) dürften die Voraussetzungen des § 337 erfüllt sein. (Siehe die Ausführungen in Abschn. II 1, S. 150.)

Wir kommen somit zu dem Ergebnis, daß schon die beiden ersten Verfahrensverstöße zur Aufhebung des Urteils der Strafkammer und zu einer Zurückverweisung gemäß § 354 Abs. 2 führen müßten, wenn das Verfahren im übrigen in Ordnung ginge.

b) Bei dem Grundsatz „ne bis in idem", dessen Verletzung mit der dritten Rüge geltend gemacht wird, handelt es sich um eine sog. Verfahrensvoraussetzung (auch negative Prozeßvoraussetzung oder Prozeßhindernis genannt, siehe E. 67, 54 und E. 68, 19), die in jedem Stadium des Verfahrens von Amts wegen, und zwar in der Revisionsinstanz ohne Rüge nach § 344 Abs. 2 zu prüfen ist. Wird das Fehlen einer Verfahrensvoraussetzung bejaht, so ist das angefochtene Urteil aufzuheben und das Verfahren ohne weiteres gemäß § 354 Abs. 1 einzustellen. (Siehe Nachtrag zu Fall 7, S. 137.)

Diese dritte Rüge enthält außerdem die Behauptung einer materiell-rechtlichen Gesetzesverletzung, nämlich die unrichtige Anwendung des § 243 StGB. auf den Kassettendiebstahl, der, wie oben ausgeführt, ebenfalls nur den Tatbestand des § 242 StGB. erfüllt.

(N.B. Bei Aufhebung wegen eines Verfahrensverstoßes muß die Sache stets in die Vorinstanz zurückverwiesen werden, weil die Revisionsinstanz nicht selbst Beweiserhebungen vornehmen kann, der betroffene Teil des Verfahrens aber in gesetzmäßiger Weise wiederholt werden muß. Bei Aufhebung wegen sachlich-rechtlichen Fehlers entscheidet, sofern die tatsächlichen Feststellungen von ihm nicht betroffen werden, und deshalb nicht mitaufgehoben werden müssen, der Fall des § 353 Abs. 2 also nicht vorliegt, das Revisionsgericht selbst auf Grund der festgestellten Tatsachen, vorausgesetzt, daß einer der in § 354 Abs. 1 genannten vier Fälle vorliegt. Siehe oben Abschn. A VIII, S. 147.)

**2.** Die Fristversäumnis in der Revisionseinlegung des Finzer.

**a)** Es handelt sich hier um eine sog. gesetzliche Erklärungsfrist (siehe Fall 10, Abschn. A I 1, S. 166).

Eine solche ist nur dann gewahrt, wenn innerhalb derselben entweder die Erklärung bei dem zuständigen Gericht zu Protokoll gegeben oder ein die Erklärung enthaltendes Schriftstück bei diesem Gericht eingegangen, d. h. in die Hände eines in Vertretung des Gerichts zur Empfangnahme eingehender Schriftstücke berufenen Beamten gelangt ist.

**b)** Nach § 341 muß die Revision bei dem Gerichte, dessen Urteil angefochten wird, binnen einer Woche nach Verkündung des Urteils zu Protokoll der Geschäftsstelle oder schriftlich eingelegt werden, vorausgesetzt, daß, wie im vorliegenden Falle, der Angeklagte bei der Verkündung anwesend war. (Andernfalls beginnt die Frist erst mit der Zustellung des Urteils, § 341 Abs. 2.)

Da das Urteil am 15. August 1950 verkündet worden ist, Finzers Revisionseinlegung vom 23. August aber erst am 24. August bei Gericht eingekommen ist (der letzte rechtzeitige Termin wäre gemäß § 43 der 22. August gewesen), hat die Revisionseinlegung als nicht rechtzeitig zu gelten. Es hätte daher schon die Strafkammer die Revision des Angeklagten Finzer durch Beschluß gemäß § 346 als unzulässig verwerfen müssen.

**c)** Da dieser Mangel aber von dem Vorderrichter übersehen wurde, hätte an sich nunmehr das Revisionsgericht gemäß § 349 die Revision des Finzer durch Beschluß als unzulässig verwerfen können; da wir uns aber schon im Stadium der Hauptverhandlung befinden, muß die Verwerfung durch Urteil ausgesprochen werden. (Siehe unten Z. 5c.)

**3.** Die Zurücknahme der Revision für Finzer.

**a)** Eine bestimmte Form für die Zurücknahme eines Rechtsmittels nach § 302 ist im Gesetz nicht vorgeschrieben; es gilt daher das gleiche wie für die Einlegung der Rechtsmittel; sie muß schriftlich oder zu Protokoll der Geschäftsstelle abgegeben werden. (E. 32, 279.)

**b)** Bezüglich der Frage, ob eine durch Telegramm abgegebene Erklärung als schriftliche im Sinne des Gesetzes anzusehen sei, hat das Reichsgericht nach ursprünglicher Verneinung sich später definitiv in bejahendem Sinne ausgesprochen. (E. 9, 38.)

c) Gemäß § 302 Abs. 2 bedarf aber der Verteidiger zur Zurücknahme eines Rechtsmittels (und nach E. 64, 164 auch zum Verzicht auf ein solches) einer ausdrücklichen Ermächtigung; diese kann schon im voraus, d. h. vor der Einlegung wirksam erteilt werden (E. 24, 142), wobei bestritten ist, ob die allgemeine Ermächtigung zur Zurücknahme von Rechtsmitteln ausreicht.

Jedenfalls liegt im vorliegenden Falle keine Ermächtigung vor, da lt. Tatbestand Rechtsanwalt Fischer inhaltlich seiner in erster Instanz vorgelegten Vollmacht nur zur Einlegung von Rechtsmitteln befugt war.

Die telegraphische Zurücknahme der Revision des Rechtsanwalts Fischer bezüglich des Angeklagten Finzer ist demnach rechtsunwirksam.

Bezüglich dieses Angeklagten hätte also, falls nicht die Voraussetzungen des § 357 vorlägen (siehe unten Abschnitt 5), das Urteil des Revisionsgerichts lauten müssen: Die Revision des Angeklagten Rudolf Finzer gegen das Urteil der Strafkammer Mannheim vom 15. August 1950 wird gemäß § 349 StPO. als unzulässig verworfen; der Angeklagte hat die Kosten zu tragen.

(N.B. Hätte eine rechtswirksame Zurücknahme der Revision vorgelegen — die nach § 303 erforderliche Zustimmung des Staatsanwalts war ja erteilt worden —, so wäre die an sich wegen verspäteter Revisionseinlegung gebotene Verwerfung der Revision nicht mehr zulässig gewesen; die Revision hätte dann vielmehr als durch die Zurücknahme erledigt erklärt werden müssen [siehe E. 55, 214], und das Urteil der Strafkammer wäre im Augenblick der Zurücknahme der Revision rechtskräftig geworden.)

4. Die Entscheidung bezüglich Brunner.

Da dieser Angeklagte rechtzeitig Revision eingelegt hatte, muß das Revisionsgericht, vorausgesetzt, daß es die oben erörterte Rechtsprechung des Reichsgerichts zu § 243 Nr. 2 aufrechterhalten will und somit eine Verletzung des Grundsatzes „ne bis in idem" feststellen muß, seine Entscheidung dahin treffen, daß das Urteil der Strafkammer aufzuheben und das Verfahren einzustellen ist unter Auferlegung der Kosten auf die Staatskasse.

(N.B. Das Urteil hätte, wie sich aus den Ausführungen oben zu 1b ergibt, auch dann auf Einstellung lauten müssen, wenn die Verletzung des Grundsatzes „ne bis in idem" nicht ausdrücklich gerügt worden wäre; denn es handelt sich bei diesem Grundsatz um eine von Amts wegen zu berücksichtigende Verfahrensvoraussetzung sog. negative Prozeßvoraussetzung. Siehe Fall 7, Nachtrag, Abschnitt IV, S. 137.)

Die rechtliche Situation wäre nun also folgende: Der Angeklagte Finzer wäre rechtskräftig zu einer Gefängnisstrafe von 1 Jahr 2 Monaten verurteilt, während das Verfahren gegen Brunner eingestellt werden müßte. Ein solches Ergebnis würde aber mit dem Grundsatz der Gerechtigkeit nicht vereinbar sein. Einen Ausweg schafft die Bestimmung des im folgenden Abschnitt erörterten § 357.

**5.** Die Wirkung des gegen Brunner ergangenen Urteils auf die prozessuale Rechtslage des Finzer.

**a)** § 357 lautet: „Erfolgt zugunsten eines Angeklagten die Aufhebung des Urteils wegen Gesetzesverletzung bei Anwendung des Strafgesetzes, und erstreckt sich das Urteil, soweit es aufgehoben wird, noch auf andere Angeklagte, die nicht Revision eingelegt haben, so ist zu erkennen, als ob sie gleichfalls Revision eingelegt hätten."

Es handelt sich also hier um einen der Ausnahmefälle, in denen nach der Strafprozeßordnung ein zuungunsten eines Angeklagten bereits rechtskräftig gewordenes Urteil zu dessen Gunsten trotz der eingetretenen Rechtskraft noch aufgehoben werden kann.

Der § 357 ist eine Billigkeitsvorschrift, durch die verhindert werden soll, daß bei sonst gleicher Lage ein Mitangeklagter, der Revision einlegt, ein günstigeres Ergebnis erzielt, als ein anderer Mitangeklagter, der sich bei dem ersten Urteil beruhigt (E. 71, 215). Nach erfolgter Aufhebung des Urteils ist ein solcher Mitangeklagter in jeder Beziehung so zu behandeln, als wenn er selbst Revision eingelegt hätte. Es findet also auch das Verbot der reformatio in peius (§ 358 Abs. 2) auf ihn Anwendung.

**b)** Die Voraussetzungen dieser Gesetzesstelle sind folgende:

aa) Identität der Tat, d. h. die Aufhebung des Urteils kann nur solchen Angeklagten zustatten kommen, welche nach der erstrichterlichen Feststellung bei derjenigen Tat beteiligt waren, auf welche sich die Revision bezieht, und bezüglich deren das erste Urteil aufgehoben wird; es ist also erforderlich ein Zusammenhang i. S. des § 3. (E. 6, 260; 72, 24.)

bb) Gesetzesverletzung bei Anwendung des Strafgesetzes.

Ursprünglich hat man im Hinblick auf die Fassung des § 357 angenommen, daß diese Gesetzesstelle nur dann Platz greife, wenn das fragliche Urteil auf einer unrichtigen Anwendung des sachlichen Rechts beruht. Nach der neueren Rechtsprechung (siehe E. 68, 18; 71, 251) trifft § 357 auch den Fall, daß die von Amts wegen vorzunehmende Prüfung der Verfahrensvoraussetzungen ergibt, daß das Verfahren sowohl gegenüber dem Beschwerdeführer als auch gegenüber einem Mitangeklagten, der keine Revision eingelegt hat, unzulässig ist. Von dem Geltungsbereich des § 357 ist also nur die auf besondere Rüge zu beachtende Verletzung einer reinen Rechtsnorm über das Verfahren ausgeschlossen.

cc) Gleicher Revisionsgrund für die mehreren Angeklagten d.h. es muß die bezüglich des Revidenten vorliegende Gesetzesverletzung ohne weiteres auch die Urteilsaufhebung bezüglich des anderen Angeklagten begründen.

c) Da im vorliegenden Falle die drei Voraussetzungen gegeben sind, und da den Angeklagten, welche die Revision nicht eingelegt haben, diejenigen gleichzuachten sind, die das Rechtsmittel zwar eingelegt, später aber wieder zurückgenommen haben, oder bezüglich deren das Rechtsmittel gemäß § 349 als unzulässig verworfen worden ist (E. 40, 220), ist das Revisionsgericht verpflichtet, die Aufhebung des Urteils auch gegenüber dem Angeklagten Finzer auszusprechen.

Das Urteil des Revisionsgerichts hat also zu lauten: Auf die Revision des Angeklagten Brunner wird das Urteil der Strafkammer Mannheim vom 15. August 1950 in vollem Umfange, gemäß § 357 auch soweit es den Angeklagten Finzer betrifft, aufgehoben. Das Verfahren gegen beide Angeklagte wird eingestellt; die Kosten trägt die Staatskasse.

(N.B. Wäre die Revisionsbegründung z.B. nicht eigenhändig von Dr. Fischer unterschrieben gewesen, hätte also in irgendeiner Form ein Verstoß nach § 345 Abs. 2 vorgelegen, dann hätte auch die Revision des Angeklagten Brunner als unzulässig verworfen werden müssen; das die schwere Gesetzesverletzung enthaltende Urteil der Strafkammer wäre dann in seinem ganzen Umfange rechtskräftig geworden. Die hierin liegende Härte hätte nur im Gnadenwege gemildert oder beseitigt werden können.)

## Nachtrag.

## Die Beweisaufnahme und deren Umfang.

### A.

### Beweisanträge vor der Hauptverhandlung. (§ 219.)

**I.** Grundsätzlich hat das erkennende Gericht nur einen Beweisantrag zu berücksichtigen, der in der Hauptverhandlung vorgetragen wird. (E. 61, 376.)

**II.** Verlangt der Angeklagte vor der Hauptverhandlung die Ladung von Zeugen oder Sachverständigen oder die Herbeischaffung anderer Beweismittel zur Hauptverhandlung, so hat er unter Angabe der Tatsachen, über welche der Beweis erhoben werden soll, seine Anträge bei dem Vorsitzenden des Gerichts zu stellen. Dieser hat darüber zu entscheiden und seine Verfügung dem Angeklagten bekannt zu machen. (§ 219.)

**1.** Der Vorsitzende kann einen solchen Antrag aus den in § 244 Absatz 3 genannten Gründen (mit Ausnahme der Wahrunterstellung, über die nur in der Hauptverhandlung entschieden werden kann) ablehnen.

**a)** Eine solche Ablehnung vor der Hauptverhandlung kann aber immer nur eine vorläufige Entscheidung sein. Die endgültige Entscheidung hierüber unterliegt ausschließlich dem Ermessen des erkennenden Gerichts.

**b)** Die Revision kann grundsätzlich nicht darauf gestützt werden, daß der Vorsitzende allein vor der Hauptverhandlung einen Beweisantrag zu Unrecht abgelehnt habe. Wünscht der Angeklagte, daß der Beweis trotz der Ablehnung des Antrags durch den Vorsitzenden erhoben werde, so muß er seinen Antrag in der Hauptverhandlung wiederholen und damit dem erkennenden Gericht zur Entscheidung unterbreiten. (E. 75, 165.)

**2.** Ein Bescheid des Vorsitzenden dahin, daß über einen gemäß § 219 gestellten Antrag des Angeklagten in der Hauptverhandlung entschieden werde, entspricht an sich nicht der Vorschrift des § 219. Trotzdem kann eine diesbezügliche Verfahrensrüge dann keinen Erfolg haben, wenn aus dem Bescheid zu erkennen ist, daß der Vorsitzende es ablehne, gemäß § 219 weiteres zu veranlassen, und daß er dem Angeklagten anheimgebe, seine Beweisanträge in der Hauptverhandlung vorzubringen.

**3.** Unzulässig ist aber ein solcher Bescheid und kann die Aufhebung des Urteils zur Folge haben, wenn in dem Angeklagten durch den Bescheid der Irrtum hervorgerufen wurde, er brauche seinen Antrag in der Hauptverhandlung nicht zu wiederholen, es werde keinesfalls eine ihm ungünstige Entscheidung ergehen, ohne daß das erkennende Gericht vorher über den an den Vorsitzenden gerichteten Antrag entscheide. (E. 61, 376.) Dieser Fall wird vor allem dann gegeben sein, wenn der Angeklagte rechtlich nicht erfahren war und keinen Verteidiger hatte.

## B.

## Die Beweisaufnahme in der Hauptverhandlung.

**I.** Der die ganze Beweisaufnahme beherrschende Grundsatz des § 244 Abs. 2 lautet: Das Gericht hat zur Erforschung der Wahrheit die Beweisaufnahme von Amts wegen auf alle Tatsachen und Beweismittel zu erstrecken, die für die Entscheidung von Bedeutung sind.

Diese gesetzliche Aufklärungspflicht, die auch in § 155 Ab. 2 dem Gericht auferlegt ist, kann u. U. zu dem Ergebnis führen, daß zwar die Ablehnung eines bestimmten Beweisantrags gerechtfertigt sein mag, daß aber der Tatrichter zugleich von Amts wegen zu prüfen haben kann, ob eine andere Aufklärungsmöglichkeit zur Verfügung steht, die möglicherweise zu einem Erfolg führen könnte. Die Nichtbenutzung eines solchen Beweismittels kann einen Verstoß gegen die Vorschrift des § 244 Abs. 2 darstellen. (Siehe E. 74, 147; 75, 11.)

**II.** Im übrigen ist, soweit es sich um praesente Beweismittel handelt, der Umfang der Beweisaufnahme in § 245 zwingend vorgeschrieben.

**1.** Sie muß sich erstrecken auf die sämtlichen vorgeladenen Zeugen und Sachverständigen, soweit sie erschienen sind. (§ 245 Satz 1.)

**a)** Die erste Voraussetzung für diese zwingende Vorschrift ist also, daß die Zeugen und Sachverständigen geladen sind.

aa) Dabei ist es gleichgültig, ob die Ladung vom Gericht oder vom Angeklagten gemäß § 220 Abs. 1 bewirkt wurde und ob die Ladung vor oder erst während der Hauptverhandlung erfolgt (§ 245 Satz 2).

bb) Dagegen kann die zwingende Vorschrift des § 245 Satz 1 keine Anwendung finden auf gestellte Personen, d. h. solche, die nicht geladen, sondern einfach zur Sitzung mitgebracht worden sind. Bezüglich dieser hat das Gericht die Erheblichkeit der Vernehmung zu prüfen und kann gegebenenfalls die Vernehmung wegen Unerheblichkeit ablehnen. Denn die Bestimmung des § 245 würde dem größten Mißbrauch ausgesetzt sein, wenn der Angeklagte einen unbedingten Anspruch auf Vernehmung aller derjenigen Personen hätte, die er im Laufe der Hauptverhandlung, womöglich aus dem Zuschauerraum, herbeiholt.

**b)** Es ist ferner erforderlich, daß die geladenen Zeugen und Sachverständigen auch erschienen sind, d. h. daß sie sich mindestens noch in einem Stadium des Prozesses gemeldet haben, in welchem die Vernehmung noch erfolgen kann.

Will ein Prozeßbeteiligter einen geladenen, aber nichterschienenen, oder einen geladenen und erschienenen, aber nach seiner Vernehmung bereits wieder entlassenen Zeugen oder Sachverständigen vernommen haben, so muß er in der Hauptverhandlung die Ladung beantragen; für diesen Antrag gilt dann die Bestimmung des § 244 Abs. 3.)

**2.** Die Beweisaufnahme muß sich ferner auf alle anderen herbeigeschafften Beweismittel erstrecken, so insbesondere auf Augenscheinsgegenstände (Überführungsstücke), Urkunden, Protokolle, insbesondere über kommissarische Vernehmungen und Augenscheinseinnahme u. dgl.

**3.** Eine Abstandnahme von der Erhebung herbeigeschaffter Beweise (geladene und erschienene Zeugen und Sachverständige und sonstige Beweismittel) ist nur dann statthaft, wenn nach der Überzeugung des Gerichts die Beweiserhebung zum Zwecke der Prozeßverschleppung beantragt ist (§ 245 Satz 1 2. Halbsatz) oder wenn die Staatsanwaltschaft und der Angeklagte mit der Abstandnahme einverstanden sind (§ 245 Satz 3.)

**III.** Die Ablehnung eines Beweisantrags. (§ 244 Abs. 3.)

**1.** Ein Beweisantrag, d. h. die Erhebung eines Beweises muß abgelehnt werden, wenn die Erhebung unzulässig ist (z. B. Verlesung einer Urkunde entgegen der Bestimmung des § 251).

**2.** Die Erhebung eines Beweises darf abgelehnt werden:

**a)** wenn sie wegen Offenkundigkeit überflüssig ist,

**b)** wenn die Tatsache, die bewiesen werden soll, für die Entscheidung ohne Bedeutung ist, d. h. für die Beurteilung der Schuld- und Straffrage überhaupt nicht in Betracht kommt,

**c)** wenn die zu erweisende Tatsache schon erwiesen ist,

**d)** wenn das Beweismittel völlig ungeeignet ist (z. B. Geisteskrankheit des Zeugen),

**e)** wenn das Beweismittel unerreichbar ist (z. B. Unauffindbarkeit des Zeugen),

**f)** wenn der Antrag zum Zwecke der Prozeßverschleppung gestellt ist, und schließlich

**g)** wenn eine erhebliche Behauptung, die zur Entlastung des Angeklagten bewiesen werden soll, so behandelt werden kann, als wäre die behauptete Tatsache wahr.

**3.** Unzulässig ist die Ablehnung eines Beweisantrags, als gegen das Verbot der Vorwegnahme des Beweisergebnisses verstoßend, mit der Begründung,

**a)** daß durch das Verhandlungsergebnis, insbesondere durch andere gehörte Zeugen, bereits das Gegenteil der zu beweisenden Tatsache bewiesen sei (E. 47, 105),

**b)** daß die zu beweisende Tatsache mit dem Ergebnis eines anderen Beweismittels in Widerspruch steht,

**c)** daß der Wert des Beweismittels zweifelhaft erscheine (E. 56, 134), insbesondere, daß ein Verdacht gegen die Glaubwürdigkeit des Zeugen (z. B. nahe Verwandtschaft mit dem Angeklagten) vorliege (E. 63, 332),

**d)** daß das Gericht sich bereits eine Überzeugung von der Sachlage verschafft habe (E. 44, 294.)

Schließlich darf nach der ausdrücklichen Bestimmung des § 246 Abs. 1 eine Beweiserhebung nicht deshalb abgelehnt werden, weil das Beweismittel oder die zu beweisende Tatsache zu spät vorgebracht worden seien. (Siehe aber die Bestimmung in § 246 Abs. 2 u. 3, wo dem Gedanken Rechnung getragen wird, daß jeder Prozeßbeteiligte dagegen geschützt sein soll, daß neue, ihm bisher nicht bekannte Beweise gegen ihn verwertet werden, ohne daß ihm die Möglichkeit gegeben ist, die Widerlegung derselben vorzubereiten.)

**4.** In allen Fällen bedarf die Ablehnung eines Beweisantrags eines Gerichtsbeschlusses, der vor Schluß der Beweisaufnahme zu verkünden und zu begründen ist. (§ 244 Abs. 6.)

**5.** Eventualanträge sind Anträge, die hilfsweise für den Fall gestellt werden, daß der Angeklagte nicht freigesprochen wird. Ein solcher Antrag braucht erst in den Urteilsgründen beschieden zu werden. (E. 29, 438; 62, 76.)

**IV.** Eine Sonderregelung besteht für Privatklagesachen. Hier ist gemäß § 384 Abs. 2 der Umfang der Beweisaufnahme in das Ermessen des Gerichts gestellt. (Die in den früheren Gesetzen für Übertretungen vorgesehene gleiche Regelung ist nicht in die neue StPO. aufgenommen worden.)

**V.** Besonders vorgeschrieben ist für alle Gerichte die Vernehmung eines Arztes als Sachverständigen über den geistigen und körperlichen Zustand des Angeklagten, wenn damit zu rechnen ist, daß die Unterbringung in einer Heil- oder Pflegeanstalt, einer Trinkerheilanstalt oder einer Entziehungsanstalt angeordnet werden wird (§ 246a).

Im übrigen enthält die StPO. bezüglich des Sachverständigenbeweises in § 244 Abs. 4 folgende neue Bestimmung: Ein Beweisantrag auf Vernehmung eines Sachverständigen kann, soweit nichts anderes bestimmt ist, auch abgelehnt werden, wenn das Gericht selbst die erforderliche Sachkunde besitzt. Die Anhörung eines weiteren Sachverständigen kann auch dann abgelehnt werden, wenn durch das frühere Gutachten das Gegenteil der behaupteten Tatsache bereits erwiesen ist; dies gilt nicht, wenn die Sachkunde des früheren Gutachters zweifelhaft ist, wenn sein Gutachten von unzutreffenden tatsächlichen Voraussetzungen ausgeht, wenn das Gutachten Widersprüche enthält, oder wenn der neue Sachverständige über Forschungsmittel verfügt, die denen eines früheren Gutachters überlegen erscheinen.

**VI.** Ein Beweisantrag auf Einnahme eines Augenscheins kann abgelehnt werden, wenn der Augenschein nach dem pflichtgemäßen Ermessen des Gerichts zur Erforschung der Wahrheit nicht erforderlich ist (§ 244 Abs. 5). (Siehe auch Fall 3, Nachtrag B, S. 88.)

# ZU FALL 10.

## A.

## Vorbemerkung: Allgemeines über die Wiedereinsetzung in den vorigen Stand.

**I.** Die StPO. gewährt in §§ 44ff. den Rechtsbehelf der Wiedereinsetzung nicht gegen Versäumung von Prozeßhandlungen, sondern nur gegen Versäumung von Fristen.

**1.** Man unterscheidet bei den Fristen:

**a)** Erklärungsfristen, das sind den Prozeßbeteiligten gesetzte Fristen. Sie sind entweder

aa) gesetzliche Parteifristen, deren Dauer genau bestimmt ist, meistens eine Woche (z. B. Rechtsmittelfristen), ausnahmsweise 2 Wochen (§§ 172, 345 Abs. 1), oder

bb) richterliche Parteifristen, das sind für den Einzelfall vom Richter festzusetzende Fristen (z. B. die Erklärungsfrist nach § 201).

**b)** Fristen, die vom Gericht bzw. der Staatsanwaltschaft einzuhalten sind (z.B. die Frist für die Urteilsverkündung, § 268, und die Ladungsfrist des § 217).

**2.** Die Berechnung der Fristen ist in §§ 42, 43 geregelt.

**II.** Ausnahmsweise ist Wiedereinsetznug auch gegen Versäumung einer Hauptverhandlung, also eines Termins gegeben, und zwar in folgenden vier Fällen:

**1.** § 235: Hauptverhandlung I. Instanz ohne Anwesenheit des Angeklagten gemäß § 232. Der Angeklagte hat hier zwei Rechtsbehelfe, nämlich Wiedereinsetzung nach § 235 oder die Anfechtung nach § 315 (Berufung) bzw. 342 (Revision). Erfolgt die Anfechtung nicht innerhalb der einwöchigen Frist in Verbindung mit, neben, oder nach dem Antrag auf Wiedereinsetzung, so gilt das als Verzicht auf die Anfechtung. Erfolgt nur Anfechtung, so kann der Antrag aufWiedereinsetzung auch innerhalb der Frist nicht nachgeholt werden (§ 315 Abs. 3). Der Angeklagte kann also innerhalb der einwöchigen Frist zuerst Wiedereinsetzung beantragen und später Berufung. Legt er zunächst nur Berufung ein, dann kommt ein Wiedereinsetzungsantrag nicht mehr in Frage.

**2.** § 329: Ausbleiben des Angeklagten in der Berufungsinstanz. (Gegen Versäumung der Hauptverhandlung vor dem Revisionsgericht gibt es keine Wiedereinsetzung, weil dort die Anwesenheit des Angeklagten oder eines Vertreters nicht erforderlich ist

§ 350.) (Siehe hierzu Beschluß des OLG. Kiel vom 1. Dezember 1949, abgedruckt in „Monatsschrift für Deutsches Recht“ 1950, S. 303.)

**3.** § 391: Ausbleiben des Privatklägers in I. oder II. Instanz.

**4.** § 412: Ausbleiben des Angeklagten in der Einspruchsverhandlung (nach Strafbefehl), in der der Einspruch gemäß § 412 Abs. 1 verworfen worden ist. (Siehe aber § 412 Abs. 2.)

Für diese vier Fälle gilt ferner folgendes: Die Wiedereinsetzung gegen die Versäumung der Hauptverhandlung ist lediglich davon abhängig, daß der Antragsteller infolge unabwendbaren Zufalls an der Einhaltung des Termins verhindert war; es ist also nicht erforderlich, daß der Antragsteller verhindert war, sein Nichterscheinen zur Hauptverhandlung rechtzeitig zu entschuldigen.

**III.** Die Wiedereinsetzung des § 44 ist kein Rechtsmittel; die §§ 296ff. finden daher auf sie keine Anwendung.

Die Wiedereinsetzung dient nicht dem Zwecke, eine gerichtliche Entscheidung anzufechten und ihre Nachprüfung zu veranlassen, sondern sie will der Prozeßpartei eine Handhabe bieten, sich gegen die sie unverschuldet treffenden Folgen zu wehren, welche das Gesetz an die Verabsäumung einer gesetzlichen oder richterlichen Frist knüpft. Das Institut will der Partei die Möglichkeit verschaffen, eine versäumte Prozeßhandlung noch nachzuholen mit der Wirkung der Rechtzeitigkeit. Daraus nun, daß die Nachholung eines prozessualen Aktes lediglich von dem Willen der Prozeßpartei abhängt, folgt, daß die Wiedereinsetzung in den vorigen Stand zu den persönlichen prozessualen Befugnissen gehört. welche nur von demjenigen ausgeübt werden können, welcher ihre Folgen für sich beansprucht. Daraus folgt, daß weder von Amts wegen eine Wiedereinsetzung gewährt werden kann (E. 76, 178) noch daß der Staatsanwaltschaft, ebensowenig wie sie in der Lage ist, die versäumte Prozeßhandlung für den Angeklagten nachzuholen, ein Recht zusteht, das dem Angeklagten gewährte Prozeßrecht der Wiedereinsetzung auszuüben. (E. 22, 32.) Dagegen kann die Staatsanwaltschaft, wie jeder Prozeßbeteiligte, die Wiedereinsetzung zu eigenen Gunsten in Anspruch nehmen.

**IV.** Die Versäumnisgründe sind glaubhaft zu machen. Hierunter ist die Erbringung eines nach billigem Ermessen zur Entscheidung genügenden Maßes von Wahrscheinlichkeit zu verstehen. Dies kann z.B. durch Vorlage eidesstattlicher Versicherungen oder anderer Erklärungen von Zeugen geschehen, und zwar ohne Rücksicht darauf, ob diese Beweismittel sonst zur Erbringung vollen Beweises über die Tat- und Schuldfrage im Strafprozeß genügend und zulässig sind (E. 28, 8). (Siehe auch §§ 26, 56.)

## B.

## Lösung des Falles.

### I. War die Wiedereinsetzung sachlich gerechtfertigt?

**1.** Was als „unabwendbarer Zufall" i. S. des § 44 anzusehen ist, läßt sich nicht erschöpfend bestimmen; das Gesetz begnügt sich deshalb damit, die Naturereignisse als die hier hauptsächlich in Betracht kommenden Zufälle beispielsweise anzuführen. Im übrigen entscheidet das richterliche Ermessen darüber, ob dasjenige Vorkommnis, auf welches das Gesuch um Wiedereinsetzung gestützt wird, einen unabwendbaren Zufall darstellt.

Nach der Ansicht des Reichsgerichts ist unter einem unabwendbaren Zufall ein Ereignis zu verstehen, das unter den gegebenen nach der Besonderheit des Falles zu berücksichtigenden Umständen auch durch die äußerste diesen Umständen angemessene und vernünftigerweise zu erwartende Sorgfalt nicht abgewendet werden kann. (E. 40, 120.)

**2.** Im Anschluß an diese Definition nun hatten die Strafsenate des Reichsgerichts für das Gebiet der Strafprozeßordnung früher den Grundsatz aufgestellt, daß ein Verschulden des Verteidigers einen die Wiedereinsetzung in den vorigen Stand begründenden unabwendbaren Zufall nicht darstelle. Konnte demnach bei einem Antrag auf Wiedereinsetzung nichts weiter in Betracht kommen als das geltend gemachte Verschulden des Verteidigers selbst, so konnte das Gesuch als begründet nicht anerkannt werden, es sei denn, daß es sich um das Verschulden eines Verteidigers handelte, der bestellt worden ist; denn es sei, so argumentierte man früher, in diesem Falle nicht zu bezweifeln, daß es für den Angeklagten ein reiner Zufall ist, wen derVorsitzende aus den ihm zur Verfügung stehenden Personen auswählt. Diese Rechtsprechung wurde in E. 70, 186 aufgegeben. Nunmehr ist auch ein Verschulden des Wahlverteidigers für den Angeklagten ein unabwendbarer Zufall, sofern nicht ein eigenes Verschulden hinzukommt; denn der Verteidiger, und zwar auch der Wahlverteidiger, sei nicht schlechthin der Vertreter des Angeklagten, sondern Organ der Rechtspflege.

**3.** Ein Verschulden des Geschäftspersonals des Verteidigers war nach der früheren Rechtsprechung nur dann ein „unabwendbarer Zufall", wenn sowohl der Angeklagte als auch der Verteidiger auch bei Anwendung der größten nach den Umständen zu verlangenden Vorsicht außerstande war, es zu verhindern. (E. 35, 109.)

**4.** Aus diesen Erörterungen ergibt sich für den vorliegenden Fall folgendes:

**a)** Der „unabwendbare Zufall" i. S. des § 44 bestand in dem pflichtwidrigen Verhalten des Schreibers X.

**b)** Das „Hindernis" i. S. des § 45 bestand in der Unkenntnis von der Versäumung der Frist.

**c)** Das Hindernis war „beseitigt" am 7. Dezember 1950, d. h. an dem Tag, an dem der Rechtsanwalt durch den Verwerfungsbeschluß Kenntnis von der Fristversäumung erhielt.

**d)** Da schließlich der Wiedereinsetzungsantrag vom 11. Dezember am 12. Dezember, also „innerhalb einer Woche nach Beseitigung des Hindernisses" beim Landgericht einkam, sind somit sämtliche Voraussetzungen des § 45 Abs. 1 erfüllt.

(N.B. In E. 67, 197 wurde entschieden, daß ein „unabwendbarer Zufall" i. S. des § 44 vorliegt, wenn der Urkundsbeamte der Geschäftsstelle den Angeklagten bei Abgabe der Revisionsbegründung über deren gesetzliche Erfordernisse überhaupt nicht oder falsch belehrt. Siehe auch E. 67, 265 und Beschluß des OGH. BZ. vom 6. September 1949, Deutsche Rechtszeitschrift 1950, S. 21, wo festgestellt wird, daß die Staatsanwaltschaft gegen die Versäumung einer Rechtsmittelfrist die Wiedereinsetzung in den vorigen Stand nicht beanspruchen kann, wenn sie durch eine Säumnis ihrer Geschäftsstelle an der Einhaltung einer Frist verhindert worden ist. Siehe auch Südd. JurZ. 1949 Sp. 69 bezüglich der Frage eines Mitverschuldens, wenn der Angeklagte nicht einen Rechtsanwalt, sondern einen Rechtsbeistand mit der Wahrnehmung seiner Interessen beauftragt.)

**II.** Dagegen war der Beschluß vom 22. Dezember 1950, was die Zuständigkeit des ihn erlassenden Gerichts betrifft, gesetzwidrig.

**1.** Es unterliegt keinem Zweifel, daß der Beschluß vom 22. Dezember von einem unzuständigen Gericht erlassen wurde; denn gemäß § 46 Abs. 1 war zur Entscheidung über das Gesuch nicht die Strafkammer des Landgerichts Mannheim, sondern ausschließlich der Bundesgerichtshof zuständig, während das Gesuch selbst gemäß § 45 beim Landgericht einzureichen war.

**2.** Nach § 46 Abs. 2 ist indes der dem Wiedereinsetzungsgesuch stattgebende Beschluß der Anfechtung entzogen, und diese Vorschrift beansprucht Gültigkeit, gleichviel, ob die Wiedereinsetzung sachlich zu Unrecht gewährt oder ob das Verfahren, in dem der Beschluß erlassen wurde, mit Mängeln behaftet ist. Daher ist der Beschluß auch namentlich im vorliegenden Falle der Rechtskraft fähig, obwohl er von einem unzuständigen Gericht erlassen wurde. (E. 40, 272.) In dieser Entscheidung wurde ausdrücklich festgestellt, daß die gemäß § 46 Abs. 2 trotz Unzuständigkeit des Gerichts eintretende Rechtskraft des die Wiedereinsetzung gewährenden landgerichtlichen Beschlusses auch das Reichsgericht binde. In einer späteren Entscheidung (E. 75, 171) scheint das Reichsgericht diesen Standpunkt nicht aufrechterhalten zu wollen und hat schließlich in E. 76, 178 die Frage, ob es an einen von einem unzuständigen Gericht erlassenen Beschluß trotz des § 46 Abs. 2 gebunden sei, offen gelassen. (Siehe auch Löwe, Anm. 3 zu § 46, wo der Standpunkt vertreten wird, daß die von einem unzuständigen Gericht bewilligte Wiedereinsetzung für das Reichsgericht nicht bindend sei.) (N. B. In Fall 18, Abschn. B II 2 u. 3, S. 245 ist ausgeführt, daß es Fälle geben kann, in denen eine strafprozessuale Entscheidung mit absoluter und unheilbarer Nichtigkeit dergestalt behaftet sein kann, daß diese Nichtigkeit auch ohne Rücksicht auf die Einlegung von Rechtsmitteln Beachtung finden und die Entscheidung jeder Wirksamkeit entkleiden muß, daß aber aus dem Vorhandensein der Unzuständigkeit allein eine unheilbare Nichtigkeit der Entscheidung nicht herzuleiten ist.)

**III.** Die Einwendungen des Staatsanwalts.

**1.** Nach § 45 Abs. 2 ist die Nachholung der versäumten Handlung an sich ein notwendiges Erfordernis der Wiedereinsetzung; ihr Fehlen hat ebenso eine Zurückweisung des Antrags zur Folge wie die Rechtsunwirksamkeit der nachgeholten Handlung.

Indes erscheint die „Nachholung" entbehrlich, wenn, wie im vorliegenden Falle, die Vornahme der betreffenden Handlung bereits vor der Anbringung des Gesuchs stattgefunden hatte; es dürfte dann die Bezugnahme auf das diesbezügliche Schriftstück genügen. (Siehe Beschluß des OLG. Bremen vom 15. November 1949. Deutsche Rechtszeitschrift 1950 S. 94.)

(Auch in diesem Falle würde, wenn man den Standpunkt des Staatsanwalts teilen wollte, die Rechtskraft des dem Antrag stattgebenden Beschlusses aus den oben zu Ziff. II 2 erörterten Gründen nicht berührt werden.)

**2.** Der Staatsanwalt ist ferner offenbar der Ansicht, daß das Wiedereinsetzungsgesuch deshalb nicht mehr zulässig sei, weil der dem Rechtsanwalt am 7. Dezember 1950 zugestellte Verwerfungsbeschluß nicht angefochten worden sei.

Diese Ansicht ist rechtsirrig:

**a)** Allerdings wird ein gemäß § 346 Abs. 1 ergehender Beschluß mit fruchtlosem Ablauf der einwöchigen Antragsfrist des § 346 Abs. 2 rechtskräftig, und zwar mit der Wirkung, daß auch das mit der Revision angefochtene Urteil, wenn es nicht schon früher rechtskräftig geworden ist, mit der Rechtskraft des Beschlusses die Rechtskraft erlangt. (N. B. Das gleiche gilt gemäß § 319 für das Berufungsverfahren.)

b) Indes darf hieraus nicht gefolgert werden, daß die Rechtskraft des Urteils nunmehr unabänderlich feststehe und darum für die Wiedereinsetzung gegen die Versäumung der Einlegungsfrist kein Raum mehr sei.

Das Reichsgericht führt in dieser Hinsicht in E. 53, 288 folgendes aus: „Die Wiedereinsetzung ist der außerordentliche Rechtsbehelf, den das Gesetz mit der Macht ausgestattet hat, das Verfahren in einen Abschnitt vor der Versäumung der Frist zurückzuversetzen und ihm einen anderen Verlauf zu geben als den, den es infolge der Versäumung und nach ihr genommen hat. Wenn daher der Zeitpunkt der Versäumung vor der Rechtskraft eines Urteils liegt, so wird das Verfahren in diesen Zeitpunkt zurückversetzt. Insoweit hat die Wiedereinsetzung kraft Gesetzes die Macht, über die Rechtskraft hinwegzugehen. Gerade diese Rechtskraft ist in den Fällen, in denen die Wiedereinsetzung gegen die Versäumung von Rechtsmittelfristen nachgesucht wird, gerade die mit der Fristversäumnis gesetzlich verbundene nachteilige Rechtsfolge, deren Eintritt Voraussetzung des Wiedereinsetzungsgesuches und deren Beseitigung das Ziel der Wiedereinsetzung ist. Es erscheint daher als eine Umkehr des wirklichen Verhältnisses, wenn aus der Rechtskraft, die der Wiedereinsetzung zu weichen hat, ein Grund gegen die Zulassung des Wiedereinsetzungsgesuchs hergeleitet wird.

Daß in den Fällen verspäteter Einlegung der Revision oder der Versäumung der Revisionsbegründungsfrist die Rechtskraft des Urteils nach § 346 durch einen besonderen, selbst der Rechtskraft fähigen Beschluß festgestellt wird, begründet gegenüber dem Falle, daß überhaupt kein Rechtsmittel eingelegt worden ist, keinen wesentlichen Unterschied. Der Beschluß aus § 346 Abs. 1 ist, da seine Anfechtung nach Abs. 2 nur auf die Behauptung rechtzeitiger Einlegung der Revision oder rechtzeitiger und formgerechter Anbringung der Revisionsanträge gegründet werden kann, solange gar nicht wirksam anfechtbar, als die Fristversäumnis besteht. Die Tatsache der Fristversäumnis, die die notwendige Voraussetzung eines Wiedereinsetzungsgesuchs bildet, ist mithin ein rechtliches Hindernis wirksamer Anfechtung. Andererseits hat die Wiedereinsetzung den gesetzlichen Zweck und die gesetzliche Wirkung, daß die Fristversäumnis und ihre Folge als nicht eingetreten gelten. Damit wird dem Beschlußverfahren seine gesetzliche Grundlage nachträglich kraft Gesetzes wieder entzogen; es verliert ohne weiteres seinen Rechtsbestand." (Siehe auch E. 61, 180.)

Die Einwendungen des Staatsanwalts, der vor Erlaß des Wiedereinsetzungsbeschlusses gemäß § 33 gehört werden mußte, sind sonach rechtlich nicht haltbar.

# ZU FALL 11.

## A.

## Vorbemerkung: Allgemeines über Einlegung und Zurücknahme von Rechtsmitteln und über den Verzicht auf solche.

**I.** Wie schon in Fall 6, Abschn. B III 1, S. 120 ausgeführt wurde, sind Einlegung und Zurücknahme von Rechtsmitteln sowie der Verzicht auf ein solches (§ 302) an keine besondere Form gebunden. Es gilt also für alle drei Fälle die allgemeine für die Einlegung von Rechtsmitteln vorgesehene Bestimmung (siehe §§ 306, 314, 341), daß nämlich die diesbezüglichen Erklärungen zu Protokoll der Geschäftsstelle oder schriftlich erfolgen müssen. Eine lediglich mündliche Erklärung reicht in keinem Falle aus. Deshalb ist z. B. die Verzichterklärung, die der Verurteilte im Gerichtssaal gleich nach der Urteilsverkündung abgibt, nur dann rechtswirksam, wenn sie der Urkundsbeamte in das Sitzungsprotokoll oder in ein besonderes Protokoll aufnimmt. (Siehe E. 40, 135.)

**II.** Zuständig zur Entgegennahme der diesbezüglichen Erklärungen ist dasjenige Gericht, das die fragliche Entscheidung erlassen hat. Die bei einem anderen Gericht abgegebene Erklärung wird erst dann rechtswirksam, wenn das betreffende Schriftstück oder Protokoll innerhalb der gesetzlichen Frist beim zuständigen Gericht einkommt.

**III.** Ausnahmen von dem Grundsatz zu II sind für die Beschwerde (siehe § 306 Abs. 1 Satz 2 und § 311 Abs. 2 Satz 2) sowie für den Fall vorgesehen, daß der Beschuldigte sich nicht auf freiem Fuß befindet (§ 299). Dann kann er nämlich alle Erklärungen, die sich auf Rechtsmittel beziehen (also nicht nur die Einlegung, sondern auch die Zurücknahme und den Verzicht) bei demjenigen Amtsgericht zu Protokoll der Geschäftsstelle geben, in dessen Bezirk die Anstalt liegt, wo er auf behördliche Anordnung verwahrt wird. Die Befugnis des Beschuldigten, die Erklärung schriftlich abzugeben, wird durch diese Vorschrift nicht aufgehoben. Dagegen hat der Beschuldigte — und das ist der Sinn dieser Bestimmung — kein Recht, die Vorführung vor das eigentlich zuständige Gericht zu verlangen.

## B.

## Lösung des Falles.

### I. Verzicht und Berufungseinlegung des Schwarz.

**1.** Nach den obigen in der Vorbemerkung gemachten Ausführungen muß die Frage, ob die von einem Verhafteten gegenüber einem Gefängnisbeamten abgegebene Erklärung wirksam ist, an sich verneint werden.

2. Im vorliegenden Falle hat aber Schwarz den Verzicht auf das Rechtsmittel zu Protokoll des Gefängnisaufsehers erklärt, was einer schriftlichen Erklärung gleichkommt, da Schwarz laut Tatbestand das Protokoll unterschrieben hat. Diese Erklärung wurde rechtswirksam, da sie innerhalb der in § 314 Abs. 1 vorgesehenen Frist von einer Woche beim Amtsgericht einlief.

Da am gleichen Tag auch das persönliche Schreiben des Schwarz, in dem er den Verzicht widerrief und Berufung einlegte, beim Amtsgericht einkam, wurden auch diese Erklärungen rechtswirksam, es sei denn, daß der Verzicht auf das Rechtsmittel vor dem Widerruf und der Berufungseinlegung beim Amtsgericht eintraf. Denn die Verzichtleistung auf ein Rechtsmittel kann nicht widerrufen werden. (Siehe Fall 6, Abschn. B III 1 d, S. 120.)

**II. Das Urteil der Strafkammer.**

1. Der oberlandesgerichtliche Beschluß war für das Berufungsgericht weder als Vorentscheidung noch als rechtskräftige Bejahung der Zulässigkeit der Berufung bindend, sondern hatte nur die Wirkung, daß der die Berufung verwerfende Beschluß wegfiel und die Strafkammer demgemäß über das Rechtsmittel weiter zu entscheiden hatte.

a) Voraufgegangene Entscheidungen beschränken den Strafrichter in seiner Entscheidungsfreiheit nur insoweit, als dies aus dem Gesetz selbst hervorgeht. Um eine solche Einschränkung durch Vorentscheidungen handelt es sich z. B. in den §§ 12—15, 19, 348 Abs. 2 und vor allem in § 358 Abs. 1, der das untere Gericht an die rechtliche Beurteilung bindet, die das Revisionsgericht seiner Entscheidung zugrunde gelegt hat.

Dagegen enthält die Strafprozeßordnung nirgends eine Vorschrift, aus der entnommen werden könnte, daß Beschlüsse der oberen Gerichte als Vorentscheidung i. S. des § 358 Abs. 1 für das untere Gericht verbindlich seien. (Abgesehen davon ist nur die rechtliche Beurteilung des Revisionsgerichts für das untere Gericht als Vorentscheidung maßgebend, während bezüglich der Würdigung von Tatsachen das untere Gericht in jedem Falle vollkommen freie Hand behält.)

b) Der Beschluß des Oberlandesgerichts kann aber auch nicht als rechtskräftige und als solche bindende Entscheidung angesehen werden.

aa) Unbestreitbar ist allerdings, daß der die Zulässigkeit der Berufung bejahende Beschluß des Oberlandesgerichts gemäß § 304 Abs. 3, unanfechtbar gewesen ist.

bb) Aus der Tatsache der Unanfechtbarkeit einer solchen Zwischenentscheidung während des Berufungsverfahrens darf jedoch keineswegs auf eine Rechtskraft dieser Entscheidung in dem Sinne geschlossen werden, daß der Inhalt der Entscheidung nunmehr unabänderlich zu Recht besteht. Vielmehr bestimmt sich der Begriff der Rechtskraft bei den einzelnen Arten von Beschlüssen nach dem Wesen und der prozessualen Bedeutung derselben. Manche Beschlüsse enthalten eine materielle Entscheidung der Sache oder doch eines einzelnen Punktes derselben, und sie stehen daher in Ansehung ihrer Rechtskraft dem Urteil gleich, so z. B. der Beschluß, welcher die nachträgliche Festsetzung einer Gesamtstrafe ausspricht (§ 462) oder der in § 469 vorgesehene Beschluß über die Kosten des Verfahrens, oder der Beschluß, welcher die Berufung oder die Revision als unzulässig verwirft. (§§ 322 Abs. 1, 346 Abs. 1.) (Siehe Löwe, Anm. 9 zu § 311.)

cc) Im vorliegenden Falle handelt es sich aber nur um einen das Verfahren weiterleitenden Beschluß, der trotz seiner Unanfechtbarkeit nicht die Wirkung einer rechtskräftigen Entscheidung über die Zulässigkeit des Rechtsmittels hat. Es soll also keineswegs durch einen solchen Beschluß das Gericht selbst gebunden werden in der Form, daß es die Zulässigkeit des Rechtsmittels als rechtskräftig feststehend anzusehen habe (E. 59, 241).

(N. B. Bloße Unanfechtbarkeit der Zwischenentscheidung liegt z. B. auch dann vor, wenn eine Sache gemäß § 270 Abs. 1 an das für zuständig erachtete Gericht höherer Ordnung verwiesen wird. Auch in einem solchen Falle ist das Gericht, an das die Sache verwiesen wird, durch die Unanfechtbarkeit der Verweisung nicht gehindert, seinerseits seine sachliche Zuständigkeit gemäß § 6 selbständig zu prüfen und unbeschadet des unanfechtbaren Verweisungsbeschlusses die Sache an das seines Erachtens zuständige höhere Gericht weiterzuverweisen. Eine ganz andere Frage aber ist die, ob ein außerhalb der Hauptverhandlung ergangener rechtskräftiger Beschluß nachträglich wieder aufgehoben werden kann. Diese Frage hat das RG. bezüglich § 349 Abs. 1 (Verwerfung der Revision als unzulässig) für den Fall bejaht, daß der Beschluß auf einer tatsächlich unzutreffenden Grundlage beruhte (E. 59, 419). Betr. § 349 Abs. 2 (Verwerfung der Revision wegen offensichtlicher Unbegründetheit) haben sowohl das OLG. Tübingen (Beschluß vom 16. Dezember 1947, Deutsche Rechtszeitschrift 1948 S. 317) als auch das OLG. Braunschweig (Beschluß vom 4. Mai 1950, Monatsschrift für Deutsches Recht 1950 S. 500) die Frage der nachträglichen Aufhebung nur für den Fall bejaht, daß der Beschluß auf unrichtigen tatsächlichen Unterlagen, im Gegensatz zu einem Fehler in der sachlich-rechtlichen Würdigung beruhte.)

**2.** Die Strafkammer war also berechtigt, über das Rechtsmittel der Berufung in seinem vollen Umfange, einschließlich der Frage seiner Zulässigkeit zu entscheiden, und zwar gemäß § 322 Abs. 1 Satz 2 durch Urteil, da die Entscheidung in der Hauptverhandlung zu treffen war.

# ZU FALL 12.

## A.

## Vorbemerkung: Das Erlöschen der Strafklage durch Verbrauch.

**I.** Neben der endgültigen Erledigung des Prozesses und der damit zusammenhängenden Unabänderlichkeit der Entscheidung bewirkt die Rechtskraft des Urteils, daß dasselbe durch sie vollstreckbar wird, und die Strafklage dergestalt verbraucht wird, daß sie nicht von neuem gegen die gleiche Person erhoben werden kann. Wer durch rechtskräftiges Urteil wegen verbotenen Schießens bestraft ist, kann, weil die Strafklage verbraucht ist, nicht mehr verfolgt werden, wenn nachher ermittelt wird, daß er durch denselben Schuß vorsätzlich einen Menschen getötet hat, oder hat töten wollen. (E. 70, 30.)

**II.** Dieser Grundsatz, der in der juristischen Terminologie in die Formel „ne bis in idem" gekleidet wird, findet sich in dem Gesetz nicht ausdrücklich ausgesprochen; seine Anwendbarkeit für die Strafprozeßordnung läßt sich aber indirekt aus folgenden Bestimmungen herleiten (siehe Löwe, Anmerkung 28a zum 2. Buch 1. Abschn.):

**1.** Nach § 260 kann das Urteil (von der Einstellung des Verfahrens und der „Anordnung oder Zulassung einer Maßregel der Sicherung und Besserung" abgesehen) nur auf Verurteilung oder auf Freisprechung schlechthin, nicht aber auf vorläufige Freisprechung lauten.

**2.** Nach § 362 kann nur unter ganz bestimmten Voraussetzungen eine Wiederaufnahme des Verfahrens zuungunsten des Beschuldigten trotz der Rechtskraft des Urteils stattfinden, und vor allem nicht auf Grund neuer Tatsachen oder Beweismittel; diese Unstatthaftigkeit der Wiederaufnahme aber würde sachlich bedeutungslos sein, wenn auf Grund neuer Tatsachen oder Beweismittel eine erneute Erhebung der Strafklage, die eine Umgehung der Bestimmungen des § 362 bedeuten würde, zulässig wäre. (N. B. Der Grundsatz „ne bis in idem" ist nunmehr in Art. 103 des Bonner Grundgesetzes verankert.)

**III.** Neben der formellen Voraussetzung, nämlich derjenigen eines rechtskräftigen Urteils, verlangt die Anwendbarkeit des Grundsatzes „ne bis in idem" in materieller Beziehung:

**1.** Identität der Person. Der Gehilfe oder Anstifter kann also auch nach Freisprechung des Haupttäters noch verfolgt werden; andererseits schließt die Freisprechung von der Anklage der Täterschaft eine nochmalige Verfolgung desselben Angeklagten wegen Beihilfe oder Anstiftung aus. (E. 13, 146.)

**2.** Identität der Tat. Identität der Tat liegt dann vor, sobald das in der Anklage gekennzeichnete historische Vorkommnis in seinen wesentlichen Elementen auch den Kern und Mittelpunkt der neu angeklagten Tat bildet, sobald also zwischen der letzteren und der Substanz der Anklage die Unterstellung real konkurrierender Delikte schlechthin ausgeschlossen ist. (E. 15, 133.) (Siehe auch E. 70, 396.)

M. a. W. Der Grundsatz „ne bis in idem" reicht soweit wie die Befugnis des erkennenden Richters zur Umgestaltung der Strafklage, d. h. soweit wie die frühere Anklageschrift es gestattete, nach Maßgabe der §§ 264, 265 die jetzt unter Anklage gestellte Tat schon damals zur Aburteilung zu bringen. (E. 21, 276; 51, 241; 72, 105.)

**IV.** Die Rechtskraft eines verurteilenden Erkenntnisses umfaßt auch die Nebenstrafen. Ist also vergessen worden, im Urteil auf eine Nebenstrafe zu erkennen, so kann dieser Fehler, auch wenn die Nebenstrafe zwingend vorgeschrieben ist, nach Rechtskraft des Urteils nicht mehr behoben werden. (Siehe hierzu Fall 14 Abschn. B III und IV, S. 192ff.)

**V.** Kein Verbrauch der Strafklage tritt insbesondere ein:

**1.** durch ein Urteil im Disziplinarverfahren;

**2.** durch einen Einstellungsbeschluß gemäß § 153 Abs. 2 (E. 67, 316);

**3.** durch einen Einstellungsbeschluß gemäß § 153 Abs. 3, wenn sich nachträglich herausstellt, daß das im Einstellungsbeschluß als Vergehen gekennzeichnete Delikt ein Verbrechen war (E. 65, 291; siehe auch Fall 2 Abschn. A III 2, S. 50);

**4.** durch Einstellung (Urteil oder Beschluß) auf Grund eines Straffreiheitsgesetzes, wenn sich nachträglich herausstellt, daß die Einstellung auf unrichtigen Voraussetzungen beruhte (E. 67, 383; 69, 125);

**5.** Durch eine Einstellung (durch Urteil oder Beschluß) wegen eines solchen prozessualen Mangels, dessen Behebung möglich ist. In diesem Falle enthält das Urteil von selbst und stillschweigend den Vorbehalt einer Erneuerung der Verfolgung. Wird also z. B. das Verfahren wegen Fehlens, Unwirksamkeit oder Zurücknahme des Strafantrags eingestellt, so steht diese Entscheidung einer erneuten Verfolgung dann nicht entgegen, wenn sich herausstellt, daß anderweit ein gültiger Strafantrag gestellt war, oder demnächst ein wirksamer Antrag bzw. der Antrag eines anderen Berechtigten gestellt wird (E. 27, 193);

**6.** durch Klagezurücknahme im Strafbefehlsverfahren nach erfolgtem Einspruch gemäß § 411 Abs. 1 (E. 63, 266);

**7.** wenn bei Idealkonkurrenz (Tateinheit) die Eröffnung des Hauptverfahrens unter Beschränkung auf bestimmte tatsächliche oder rechtliche Gesichtspunkte abgelehnt wird (E. 48, 91).

(N. B. Enthält ein Urteil eine solche unzulässige Spaltung einer einheitlichen Tat, indem es z. B. unter einzelnen Gesichtspunkten freispricht, im übrigen aber eine Sache gemäß § 270 an ein anderes Gericht verweist, so wird ein solches Urteil, wenn es unangefochten bleibt, mit der Wirkung rechtskräftig, daß jeder weiteren Verfolgung der Einwand der rechtskräftig entschiedenen Sache entgegensteht. E. 61, 225; 62, 155 u. Fall 8, Abschn. III, S. 140.)

**VI.** Ein amtsrichterlicher Strafbefehl hat hinsichtlich des Verbrauchs der Strafklage nicht die volle Wirkung eines rechtskräftigen Urteils, da der Richter, welcher den Strafbefehl erläßt, nicht in der Lage ist, die Tat nach allen Richtungen hin zu prüfen. (Siehe hierzu Näheres in Fall 13, Abschn. I, S. 183 ff.)

**VII.** In zwei Fällen wird der Verbrauch der Strafklage auch durch Beschlüsse bewirkt, und zwar in den Fällen der §§ 174 und 204 in Verb. mit § 211.

**1.** Die Bedeutung dieser Vorschriften besteht darin, daß der Verwerfungsbeschluß (§ 174) bzw. Ablehnungsbeschluß (§ 204) den Angeschuldigten gegen erneute Erhebung der Klage wegen derselben Tat sichern, gleichviel unter welchen veränderten rechtlichen Gesichtspunkt diese etwa gestellt werden mag, insbesondere also auch dann, wenn in der Beurteilung der tatsächlichen Vorgänge, die der ursprünglichen Klage zugrunde lagen, gegen früher lediglich ein Wechsel in der Rechtsanschauung eingetreten ist. (E. 46, 69.)

**2.** Der Schutz gegen erneute Verfolgung in diesen zwei Fällen versagt aber (im Gegensatz zur Rechtslage nach vorausgegangenem Urteil) dann, wenn die erneute Klageerhebung auf neue Tatsachen oder Beweismittel gestützt werden kann. Die beiden genannten Beschlüsse stehen also nur bei unveränderter Sachlage einer erneuten Verfolgung des Angeklagten entgegen (§§ 174 Abs. 2, 211).

**3.** Zwischen einem Urteil und den genannten Beschlüssen (§§ 174, 204) besteht ferner folgender Unterschied: Beim Urteil kommt es nicht darauf an, ob es auf Verurteilung oder Freisprechung lautet; Verurteilter und Freigesprochener ist gleichermaßen geschützt; insbesondere ist sowohl eine Verschärfung der erkannten Strafe, als auch die nachträgliche Festsetzung einer Nebenstrafe ausgeschlossen. Die genannten Beschlüsse dagegen haben den Verbrauch der Strafklage nur dann zur Folge, wenn sie die Erhebung der Klage bzw. die Anordnung der Hauptverhandlung ablehnen; in dem umgekehrten Falle haben sie nur den Charakter prozeßleitender Verfügungen, die in keiner Weise der Entscheidung des erkennenden Gerichts vorgreifen. (Siehe Löwe, Anmerkung 29g, 1. Abschn. des 2. Buchs.)

**VIII.** Bei der fortgesetzten Straftat (auch Fortsetzungsdelikt genannt) wirkt sich der Grundsatz „ne bis in idem" folgendermaßen aus (siehe E. 47, 397; 66, 26 und 66, 45):

**1.** Ist in dem früheren Verfahren rechtskräftig auf Verurteilung wegen einer fortgesetzten Tat erkannt worden, so sind alle bis zum Tage der Aburteilung begangenen Einzelfälle, die gemäß § 264 unter dem Gesichtspunkt der fortgesetzten Tat in den Kreis der Entscheidung hätten gezogen werden können, durch das Urteil erledigt, gleichviel ob der frühere Richter sie gekannt hat oder nicht. Was jedoch nach der Rechtskraft des Urteils geschieht, bleibt in jedem Falle einer neuen Strafverfolgung auch als fortgesetzte Tat zugänglich.

**2.** Ist in dem früheren Verfahren, in dem eine fortgesetzte Tat den Gegenstand der Anklage bildete, rechtskräftig auf Freisprechung oder unter Verneinung des Merkmals des Fortsetzungszusammenhangs nur auf Verurteilung wegen eines oder mehrerer einfacher Straftaten erkannt, so tritt der Verbrauch der Strafklage nur hinsichtlich der in der früheren Anklage vorgebrachten und zum Gegenstand der Aburteilung gemachten Einzelfälle ein; der Verurteilung desselben Angeklagten wegen eines oder mehrerer anderweitiger Einzelfälle steht ein solches Urteil nicht entgegen.

**3.** Eine spätere Verurteilung wegen einer fortgesetzten Tat, die sich aus mehreren vor dem früheren Urteil begangenen Einzelhandlungen zusammensetzt, ist dann nicht ausgeschlossen, wenn die im früheren Urteil erkannte Freisprechung wegen Nichterweislichkeit der Täterschaft geschehen und damit die Frage des Fortsetzungszusammenhangs gegenstandslos geworden war.

**4.** Wird ein Rechtsmittel eingelegt, und ergehen mehrere Urteile über den Gegenstand der Anklage, so begrenzt dasjenige Urteil den Fortsetzungszusammenhang, das als letztes gestaltungsfähig i. S. des § 264 ist. Das Berufungsgericht ist also berechtigt und verpflichtet, seine Entscheidung nicht nur auf alles das zu erstrecken, was von dem angefochtenen Urteil im Rahmen des § 264 bei erschöpfender tatsächlicher und rechtlicher Würdigung als die unter die Anklage gestellte Tat zu erfassen gewesen wäre, sondern darüber hinaus auch noch auf die begrifflich zu dieser Tat gehörigen, erst nach der Verkündung des angefochtenen Urteils vorgefallenen Ereignisse.

**IX.** Diese für die fortgesetzte Tat aufgestellten vier Grundsätze galten ursprünglich auch für die sog. Sammelstraftaten (Kollektivdelikte), nämlich für die gewerbsmäßigen, geschäftsmäßigen und gewohnheitsmäßigen Verbrechen (siehe E. 47, 400). Die Grundsätze wurden dann aber für die Kollektivdelikte gegenstandslos, als das Reichsgericht (der große Senat für Strafsachen) die bisherige Rechtsprechung aufgab und dahin entschied, daß eine Einzeltat nicht dadurch die Eigenschaft einer selbständigen Handlung verliert, daß sie gewerbsmäßig usw. begangen wird (siehe E. 72, 164; 72, 285).

**X.** Die Rechtsgrundsätze, die für den Verbrauch der Strafklage gelten, sind nach E. 69, 170 auch auf Urteile anzuwenden, die auf Anordnung der Sicherungsverwahrung und ähnliche Maßnahmen lauten.

Der „Tat" bei der Strafklage entspricht bei der Sicherungsverwahrung der Umstand, daß der Angeklagte ein gefährlicher Gewohnheitsverbrecher ist, dessen Sicherungsverwahrung für die öffentliche Sicherheit erforderlich ist. Indes bildet die Tatsache, daß bereits anderweit rechtskräftig auf Sicherungsverwahrung erkannt worden ist, keinen Grund, von dieser Maßnahme abzusehen, wenn ein neues Strafverfahren dazu Anlaß gibt (E. 70, 201).

**XI.** Auch die durch Erhebung der Klage gemäß § 151 eintretende Rechtshängigkeit hat insofern eine Art Rechtskraftwirkung i. S. des Grundsatzes „ne bis in idem", als das Verfahren eingestellt werden muß, wenn die gleiche Sache bei einem anderen deutschen Gericht bereits rechtshängig ist. Diese Einstellung ist aber keine endgültige wie im Falle von Klageverbrauch und wirkt als einstweilig nur so lange, bis die Rechtshängigkeit in der einen oder anderen Weise beseitigt ist (E. 52, 259, 264).

**XII.** Die materielle Rechtskraft wird durch den Beschluß, der die Wiederaufnahme des Verfahrens gemäß § 370 Abs. 2 anordnet, aufgehoben.

**XIII.** Zu der Frage, ob der Grundsatz „ne bis in idem" auch in bezug auf Urteile der Militärgerichte der Besatzungsmächte gilt, siehe „Monatsschrift für deutsches Recht" 1947, 271, wo insbesondere ausgeführt wird, daß diese Frage immer dann zu bejahen sei, wenn die abgeurteilte Tat nur nach deutschem oder dem von der Militärregierung in ihrer Eigenschaft als oberste gesetzgebende Gewalt lediglich zum Schutze deutscher Interessen gesetzten Recht strafbar sei, und Juristische Rundschau 49 S. 352.

# A.

# Lösung des Falles.

## I. Kann der Staatsanwalt Anklage wegen Verbrechens nach § 224 StGB. erheben?

**1.** Im vorliegenden Falle wurde der Täter in der Anklage der einfachen Körperverletzung beschuldigt, weil er seinen Bruder gepackt und zu Boden geworfen habe.

Nach Einstellung des Verfahrens wurde festgestellt, daß bei der Körperverletzung der Eisenteil eines Hammers benutzt und der Verletzte infolge der Verletzung geisteskrank geworden ist.

Die oben entwickelten Grundsätze ergeben, auf diesen Tatbestand angewendet, folgendes:

**a)** Das historische Vorkommnis bildet das Anpacken und Werfen auf den Boden; die Annahme einer mit dieser Handlung in Realkonkurrenz begangenen durch Benutzung eines Hammers bewirkten und Geisteskrankheit als Folge hervorrufenden Körperverletzung ist ausgeschlossen; oder m. a.W.: die auf einfache Körperverletzung lautende Anklage hätte es dem Amtsrichter gestattet, die Tat schon damals unter dem Gesichtspunkt der schweren Körperverletzung i. S. des § 224 StGB. zu würdigen. Es ist vor allem ohne Bedeutung, ob die Veränderung des strafrechtlichen Gesichtspunktes auf neu ermittelten Tatsachen beruht, und ebenso belanglos ist es, ob die Tatsachen erst nach Erlassung der Entscheidung eingetreten sind.

Maßgebend ist immer nur die Frage, ob das Gericht in dem früheren Verfahren de jure in der Lage war, den gesamten Tatsachenkomplex zu verwerten.

**b)** Da ferner im vorliegenden Falle zur Sache verhandelt worden ist (der Bruder war ja als Zeuge vernommen worden), hat das rechtskräftige Einstellungsurteil nach § 260 Abs. 3 die Tat zugunsten des Angeklagten endgültig in Ansehung aller rechtlichen Gesichtspunkte, unter denen sie von Amts wegen hätte verfolgt werden können, erledigt; denn insoweit war ihre Verfolgbarkeit nicht beschränkt. (E. 46, 368.)

Das RG. stellt in dieser Hinsicht in R. 10, 246 folgende grundsätzliche Erwägungen an: „Nach § 263 (jetzt § 264) ist der erkennende Richter verpflichtet, die Tat in ihrer durch die Ergebnisse der Hauptverhandlung bedingten Gestaltung der Urteilsfindung zugrunde zu legen und nicht bloß diejenige Beurteilung, welche sie in dem Eröffnungsbeschlusse gefunden, seiner Prüfung zu unterziehen; er hat die Tat nach allen rechtlichen Gesichtspunkten hin zu prüfen. Hieraus folgt, daß ihm, wenn er aus einem prozeßrechtlichen Grunde die Verfolgbarkeit der Tat in der ihr im Eröffnungsbeschlusse beigelegten rechtlichen Qualifikation für ausgeschlossen erachtet, die

Pflicht obliegt, sich nicht mit einer Formulierung dieser Ansicht zu begnügen, sondern zu erwägen, ob die Tat in der ihm vorliegenden Gestalt von einem anderen rechtlichen Gesichtspunkte aus strafbar erscheint, ob sie also die Tatbestandsmerkmale eines in einem anderen als dem im Eröffnungsbeschlusse bezeichneten Strafgesetze bedrohten Deliktes enthält, und daß er, wenn diese Prüfung zu einem positiven Ergebnis führt, die Verurteilung des Täters, falls ihr keine prozeßrechtlichen Hindernisse, wie beispielsweise der Eintritt der Verjährung oder der Mangel eines Strafantrags, entgegenstehen, auszusprechen hat. Da nun aber das Gesetz ihn nicht auch verpflichtet, in den Urteilsgründen alle diejenigen Erwägungen, welche ihn zu einem negativen Resultate geführt haben, näher darzulegen, ihn noch weniger aber berechtigt, dieselben in der Urteilsformel zum Ausdruck zu bringen, so darf aus der letzteren nicht gefolgert werden, daß er sich der ihm obliegenden Pflicht entzogen habe. Vielmehr erscheint, wenn die Formel auf Einstellung des Verfahrens lautet, der Schluß geboten, daß das Gericht nicht bloß die prozessuale Zulässigkeit der Verfolgung der Tat in der ihr im Eröffnungsbeschlusse gegebenen rechtlichen Qualifikation geprüft, sondern daß es auch die Strafbarkeit derselben aus jedem anderen, die Verfolgung von Amts wegen erfordernden rechtlichen Gesichtspunkte verneint, also in den erwiesenen Tatsachen die gesetzlichen Merkmale eines anderen, an einen Strafantrag nicht gebundenen Delikts nicht gefunden hat. Ruht sonach ein auf Grund einer Hauptverhandlung ergangenes, die Einstellung des Verfahrens aussprechendes Urteil auf einer Prüfung der Sachlage und einer causae cognitio, so ist es auch geeignet, die Zulässigkeit erneuter Strafverfolgung derselben Tat aus einem rechtlichen Gesichtspunkte, der eine Verfolgung von Amts wegen erfordert, auszuschließen."

2. Einer erneuten Erhebung einer Anklage gegen A wegen Körperverletzung i. S. des § 224 StGB. steht somit der Grundsatz ne bis in idem entgegen, da bezüglich einer von Amts wegen zu verfolgenden Körperverletzung das Einstellungsurteil des Amtsrichters eine sachlich rechtskräftige Entscheidung enthält.

(Dagegen läßt das Einstellungsurteil nach § 260 das Strafklagerecht unter dem Gesichtspunkt des Antragsdelikts intakt, d. h. es kann zwar die durch die rechtskräftige Entscheidung erledigte Frage — im vorliegenden Falle die Zurücknahme des einzigen gestellten Strafantrags durch den Antragsteller — nicht wieder aufgeworfen werden; vielmehr ist insoweit die Klage gleichfalls verbraucht; dagegen sind der Aburteilung in einem neuen Verfahren die Fragen zugänglich, über die noch nicht entschieden ist, insbesondere z. B. die Ausübung des Antragsrechts durch andere Antragsberechtigte als den bisherigen Antragsteller; würde dann auf Grund eines solchen anderen Strafantrags erneut Hauptverhandlung stattfinden, so wäre eine Aburteilung unter dem Gesichtspunkt einer von Amts wegen verfolgbaren Straftat trotz der Vorschrift des § 264 ausgeschlossen.)

**II. Kann der Staatsanwalt Antrag auf Wiederaufnahme des Verfahrens zuungunsten des Angeklagten stellen?** (Siehe auch Fall 15.)

**1.** Die Wiederaufnahme eines durch rechtskräftiges Urteil geschlossenen Verfahrens kann gemäß § 362 Nr. 4 u. a. auch dann bewirkt werden, wenn von dem Freigesprochenen vor Gericht oder außergerichtlich ein glaubwürdiges Geständnis der strafbaren Handlung abgelegt wird.

Nach dieser Fassung kann kein Zweifel bestehen, daß die Bestimmung dann nicht zur Anwendung gelangen kann, wenn das Urteil bezüglich der nunmehr zugestandenen Tatsache eine Negativfeststellung gar nicht enthält.

Ein Wiederaufnahmeantrag kann sich also auf diese Gesetzesstelle nicht stützen. (N.B. Der Angeklagte muß übrigens völlig freigesprochen sein, so daß z. B. eine Wiederaufnahme nicht möglich ist, wenn der wegen Totschlags Angeklagte, jedoch nur wegen Körperverletzung mit nachgefolgtem Tod [§ 226 StGB.] Verurteilte nachträglich gesteht, daß er mit der Absicht zu töten gehandelt habe. [Siehe E. 3, 399.])

**2.** Da ferner die Beibringung neuer Tatsachen oder Beweismittel nur als Wiederaufnahmegrund zugunsten des Verurteilten zugelassen ist (§ 359 Ziff. 5), besteht somit keine Möglichkeit, ein Wiederaufnahmeverfahren gegen A durchzuführen.

# ZU FALL 13.

## Vorbemerkungen materiellrechtlicher Art.

**1.** Der § 227 StGB. stellt den sog. Raufhandel, d. h. den in Körperverletzung übergegangenen Streit zwischen mehr als 2 Personen unter Strafe, wenn durch die Schlägerei bzw. den Angriff der Tod eines Menschen, oder eine schwere Körperverletzung verursacht worden ist.

**2.** Voraussetzung für die Strafbarkeit ist lediglich die schuldhafte Beteiligung an der Schlägerei; die Strafbarkeit wird also auch begründet, wenn der Beteiligte bei der Schlägerei gar keine Körperverletzung verübt hat: erforderlich ist nur, daß zwischen der Schlägerei oder dem Angriff und dem Tode oder der schweren Körperverletzung ein ursächlicher Zusammenhang besteht, der immer dann zu bejahen ist, wenn ohne den Raufhandel der Tod nicht eingetreten wäre. Der Eintritt des Todes oder der schweren

Körperverletzung ist nur objektive Bedingung der Strafbarkeit. (Siehe Petters, Praktische Strafrechtsfälle mit Lösungen, Fall 4, Nachtrag Abschn. I 5a.)

**3.** Dem § 227 a. a. O. liegt nicht etwa der Gedanke einer Präsumtion der Verschuldung zugrunde, d. h. die Erwägung, daß die Möglichkeit bestehe, jeder Beteiligte habe die Körperverletzung bzw. den Tod mitverschuldet (Verdachtsstrafe), sondern der Gesetzgeber wollte im Hinblick auf die Gefährlichkeit des Raufhandels eine gleichsam polizeiliche Strafe wegen der bloßen Teilnahme für alle Beteiligten, also auch den Verletzten selbst, statuieren. (E. 32, 37.)

## I. Wie wird das Berufungsgericht (Strafkammer) entscheiden?

**1.** Liegt eine Verletzung des Grundsatzes „ne bis in idem" vor?

**a)** Gegen die Annahme des Amtsrichters, daß die durch den Strafbefehl gesühnte gefährliche Körperverletzung des Knittel und seine den Gegenstand des amtsrichterlichen Urteils bildende Beteiligung i. S. des § 227 dasselbe konkrete Tun darstellen, bestehen keine Bedenken, da ja, wie in der Vorbemerkung ausgeführt wurde, für die Frage der Strafbarkeit wegen Raufhandels nach Abs. 1 des § 227 StGB. die Tatsache, ob der Täter an der schweren Körperverletzung selbst beteiligt war, ohne jede rechtliche Bedeutung ist.

Die Körperverletzung nach § 223a StGB. hat Knittel in rechtlichem Zusammentreffen mit der Beteiligung i. S. des § 227 StGB. begangen. (§ 73 StGB.)

**b)** Wie in Fall 12 eingehend ausgeführt wurde, wird das durch die strafbare Handlung begründete Klagerecht durch die über dasselbe ergangene rechtskräftige Entscheidung grundsätzlich dergestalt verbraucht, daß es nicht von neuem geltend gemacht werden kann. Wie der Ankläger sein Klagerecht und seine Klagepflicht, so hat der Angeklagte seine Einlassungspflicht und sein Verteidigungsrecht und hat das Gericht seine Urteilsgewalt in dieser Sache erschöpft und verbraucht.

Das Reichsgericht vertritt nun in ständiger Rechtsprechung die Anschauung, daß dieser Grundsatz des Verbrauchs der Strafklage durch rechtskräftige Verurteilung in seinem ganzen Umfange nur für das ordentliche, mit einer Hauptverhandlung abschließende Verfahren gilt, da der Grundsatz nur so weit reicht, wie die Befugnis des erkennenden Richters zur Umgestaltung der Strafklage. Das Strafbefehlsverfahren kennt aber keine derartige Befugnis des Richters, weil die ihre Grundlage bildende Vorschrift des § 264 eine Hauptverhandlung voraussetzt, und eine solche dem Strafbefehl nicht vorausgeht (E. 52, 242). Es müsse deshalb — so sagt das Reichsgericht — die Vorschrift des § 410, wonach ein

Strafbefehl, gegen den nicht rechtzeitig Einspruch erhoben worden ist, die Wirkung eines rechtskräftigen Urteils erlangt, bezüglich des Grundsatzes „ne bis in idem" eine einschränkende Auslegung erfahren.

Es soll nämlich, im Hinblick darauf, daß eine „allseitig erschöpfende Prüfung" nur in der Hauptverhandlung stattfinden kann, nach E. 14, 360, E. 52, 242, E. 56, 253 und E. 76, 251 ein rechtskräftiger Strafbefehl grundsätzlich einer neuen Aburteilung des Täters wegen der vom Strafbefehl erfaßten Tat im ordentlichen Verfahren dann nicht entgegenstehen, wenn auf Grund der Hauptverhandlung sich die Tat unter einem nicht bereits in dem Strafbefehle gewürdigten anderweiten rechtlichen Gesichtspunkte als eine schwerer zu strafende darstellt. Der rechtskräftige Strafbefehl hindert also eine abermalige Verurteilung wegen der gleichen Tat nur dann, wenn diese dem erkennenden Gericht als eine aus dem nämlichen oder einem milderen rechtlichen Gesichtspunkt zu beurteilende erscheint, schließt dagegen die nochmalige Verfolgung der Tat aus einem anderen eine erhöhte Strafbarkeit begründenden rechtlichen Gesichtspunkt nicht aus. (Siehe auch Fall 9, Abschn. B II 3c, S. 156 und Deutsche Rechtszeitschrift 49, S. 507, Abschn. IV.)

c) Es fragt sich also im vorliegenden Falle, welches der beiden in Betracht kommenden Strafgesetze (§ 223a und § 227 StGB.) die höhere Strafbarkeit begründet, also das schwerere Strafgesetz darstellt.

aa) Das Reichsgericht spricht sich in den zahlreichen, die Anwendbarkeit des Grundsatzes ne bis in idem im Strafbefehlsverfahren betreffenden Entscheidungen nicht klar darüber aus, ob bei der Frage nach der „erhöhten Strafbarkeit" maßgebend sein soll die Strafandrohung in thesi oder der für den vorliegenden Fall in concreto anzuwendende Maßstab.

Der Wortlaut der in Frage kommenden reichsgerichtlichen Entscheidungen läßt wohl die Annahme gerechtfertigt erscheinen, daß für die vorliegende Frage ausschlaggebend sein soll die Strafandrohung in thesi.

bb) Für den vorliegenden Fall bedeutet diese Annahme folgendes: Die gefährliche Körperverletzung des § 223a StGB. wird mit Gefängnis nicht unter zwei Monaten bestraft (Höchstmaß also fünf Jahre), während gegen den Raufhandel des § 227 Abs. 1 StGB. Gefängnis bis zu drei Jahren angedroht wird; es kommt also in beiden Fällen die gleiche Strafart in Frage. In einem solchen Falle ist nach der Rechtsprechung des Reichsgerichts dasjenige Strafgesetz das schwerere, bei welchem der Strafrahmen nach oben am weitesten ist. Die Mindeststrafe und die Zulassung mildernder Umstände gewinnt bei der Frage nach dem schwersten Strafgesetz nur dann Bedeutung, wenn die zu vergleichenden Tatbestände gleich hohe Höchstgrenzen haben.

Die gefährliche Körperverletzung des § 223a StGB. stellt somit gegenüber dem Raufhandel des § 227 a.a.O. das schwerere Strafgesetz dar.

Das Urteil des Amtsrichters, lautend auf drei Wochen Gefängnis gegen Knittel wegen Vergehens nach § 227 Abs. 1 bedeutet also eine Verletzung des Grundsatzes ne bis in idem.

**2.** Die Entscheidung der Strafkammer.

Der Grundsatz ne bis in idem gehört zu den sogenannten Prozeßhindernissen, bei deren Vorliegen nicht auf Freisprechung, sondern auf Einstellung erkannt werden muß. (Siehe Nachtrag zu Fall 7.)

Die Strafkammer wird also dahin entscheiden: Das Urteil des Amtsrichters vom 20. März 1950 wird, soweit es den Angeklagten Knittel betrifft, aufgehoben. Das Verfahren gegen diesen Angeklagten wird auf Kosten der Staatskasse eingestellt.

**II. Wie wäre zu verfahren gewesen, wenn Eduard Müller nach Rechtskraft des Strafbefehls an der erlittenen Kopfverletzung gestorben wäre?**

**1.** Nach E. 36, 277 handelt es sich bei den §§ 223a und 226 StGB. nicht um ideal konkurrierende Gesetzesbestimmungen, sondern die minderschwere Norm des § 223a wird durch die schwerere des § 226 a. a. O. absorbiert.

Die beiden Paragraphen stehen also zueinander in Gesetzeskonkurrenz.

**2.** Da nun, wie oben ausgeführt wurde, trotz vorausgegangenen Strafbefehls wegen der gleichen Tat die Anwendung jeder noch nicht berücksichtigten schwereren Strafvorschrift gestattet ist, kann es keinen Unterschied machen, ob die neu anzuwendende Vorschrift der Straftat eine andere rechtliche Prägung i. S. des § 73 StGB. gibt, oder ob Gesetzeskonkurrenz vorliegt. Ebensowenig ist von Einfluß, ob die Sachlage des einzelnen Falles schon dem Strafbefehlsrichter die Möglichkeit geboten hätte, die Anwendbarkeit der anderen Strafbestimmung zu erkennen, weil in allen solchen Fällen der Grund für die beschränkte Rechtskraft des Strafbefehls, die Unzulänglichkeit des Verfahrens ohne Hauptverhandlung, gleichmäßig zutrifft. E. 52, 243.

**3.** Die Entscheidung des Gerichts.

**a)** Das Gericht (Schöffengericht) hätte auf erhobene erneute Anklage nach § 226 StGB., da die Körperverletzung mit nachgefolgtem Tode ein Verbrechen, und deshalb ohne weiteres das schwerere Strafgesetz gegenüber dem Vergehen des § 223a StGB. darstellt, Urteil wegen Verbrechens nach § 226 a. a. O. erlassen müssen. (N. B. Wäre Knittel nicht durch Strafbefehl, sondern durch Urteil wegen Vergehens nach § 223a bestraft worden, dann stünde einer erneuten Strafklage unter dem Gesichtspunkte des § 226 der Grundsatz ne bis in idem entgegen.)

**b)** Bezüglich der Anrechnung der durch den Strafbefehl verhängten Geldstrafe von 200 DM auf die nach § 226 a.a.O. zu erlassende Freiheitsstrafe ist folgendes zu sagen: Die Strafprozeßordnung enthält keine ausdrückliche Bestimmung darüber, wie zu verfahren ist, wenn in getrennten Verfahren wegen der gleichen Tat gegen den gleichen Angeklagten verschiedene Urteile ergangen sind; insbesondere fehlt es an jeder gesetzlichen Handhabe, einen unanfechtbar gewordenen amtsrichterlichen Strafbefehl in dem nachfolgenden, mit ihm in keinem prozessualen Zusammenhang stehenden ordentlichen Verfahren für unwirksam zu erklären, oder den Einzelrichter anzuweisen, die eingezogene Geldstrafe zurückzuzahlen. Es bleibt sonach nichts anderes übrig, als die früher festgesetzte Strafe in Abzug zu bringen, soll nicht der Rechtsgrundsatz, daß niemand wegen derselben Tat mehrfache Strafe erleiden darf, verletzt werden.

(N. B. In E. 54, 286 hat das RG. in einem ähnlich gelagerten Falle allerdings entschieden, daß nicht die Ersatzfreiheitsstrafe angerechnet werden dürfe, sondern die Rückzahlung der Geldstrafe angeordnet werden müsse.)

**c)** Im vorliegenden Falle könnte nun die durch Strafbefehl erkannte und von Knittel bezahlte Geldstrafe von 200 DM auf die vom Schöffengericht festzusetzende Freiheitsstrafe (Zuchthaus oder Gefängnis) wegen der Ungleichartigkeit der Strafen nicht unmittelbar angerechnet werden; es erscheint deshalb geboten, der Anrechnung die Ersatzfreiheitsstrafe von 20 Tagen zugrunde zu legen, und diese von der zu erlassenden neuen Strafe in Abzug zu bringen (E. 52, 184), und zwar, wenn letztere auf Zuchthaus lautet, unter Zugrundelegung des Umwandlungsmaßstabes des § 21 StGB. ($^2/_3$ Zuchthaus = 1 Gefängnis).

## III. Wie hätte entschieden werden müssen, wenn nach Rechtskraft des Strafbefehls nur der Tatbestand einer fahrlässigen Tötung des Müller nachweisbar gewesen wäre?

**1.** Der Tatbestand der fahrlässigen Tötung des § 222 StGB. enthält die gleiche Strafart und das gleiche Strafmaximum wie die Körperverletzung des § 223a StGB.; während aber letztere als Mindeststrafe Gefängnis nicht unter 2 Monaten vorsieht, ist die

Mindeststrafe bei der fahrlässigen Tötung 1 Tag Gefängnis; einer erneuten Verfolgung der durch Strafbefehl unter dem Gesichtspunkt der gefährlichen Körperverletzung rechtskräftig abgeurteilten Tat nach dem leichteren Strafgesetz der fahrlässigen Tötung würde demnach der Grundsatz ne bis in idem entgegenstehen. (Siehe oben I. 1b.)

**2.** Das Urteil müßte dahin lauten: Das Verfahren wird eingestellt; die Staatskasse hat die Kosten zu tragen.

(N. B. Die Lösung in Abschnitt I beruht auf verschiedenen Entscheidungen des Reichsgerichts, das jedoch in dieser Frage keine klare einheitliche Stellungnahme erkennen läßt.

Man könnte sehr wohl auch folgenden Standpunkt vertreten: Es kommt bei der Frage, ob eine Abschwächung der materiellen Rechtskraft eines Strafbefehls im konkreten Falle Platz greifen muß, d. h. ob wegen der den Gegenstand des rechtskräftigen Strafbefehls bildenden Tat nochmals, und zwar im ordentlichen Verfahren, unter einem im Strafbefehl nicht berücksichtigten rechtlichen Gesichtspunkt entschieden werden darf, nicht darauf an, ob der neue rechtliche Gesichtspunkt eine erhöhte Strafbarkeit in dem Sinne begründet, daß er ein strengeres Gesetz im Sinne des § 73 StGB. zur Anwendung gelangen läßt, sondern entscheidend ist, ob dem Tatrichter im konkreten Fall die Tat als Ganzes unter dem veränderten Gesichtspunkt strafwürdiger erscheint, und ihn zur Bildung einer höheren als der im Strafbefehl festgesetzten Strafe führt. Dieser Umstand allein muß genügen, die Rechtskraft des Strafbefehls einzuschränken, weil, wenn sie aufrecht erhalten bliebe, die prozessuale Einengung des Strafbefehlsverfahrens den staatlichen Strafanspruch sachlich beeinträchtigen, d. h. den Staat hindern würde, die Straftat ihrer gerechten Sühne zuzuführen.

Es würde also im vorliegenden Falle die Rechtskraft des Strafbefehls der im ordentlichen Verfahren erfolgenden Aburteilung aus § 223a im einheitlichen Zusammentreffen mit § 227 nicht entgegenstehen, wenn der Richter, nach der Aufklärung des Sachverhalts auch unter dem Gesichtspunkt des § 227, die Tat als ganzes für strafwürdiger erachtet und deshalb eine höhere oder schwerere Strafe aussprechen will, als diejenige, auf die im Strafbefehl erkannt worden ist.

Gleichwohl aber müßte auch bei Zugrundelegung dieser Rechtsanschauung das Urteil des Amtsrichters der Aufhebung unterliegen. Es hätte nämlich dann auf Bestrafung wegen Vergehens nach § 227 Abs. 1 in Tateinheit begangen mit dem Vergehen nach § 223a zu lauten, und die Strafe hätte gemäß § 73 StGB. aus § 223a und nicht aus § 227 gebildet werden müssen.)

# ZU FALL 14.

## A.

## Vorbemerkung: Das Strafbefehlsverfahren.

**I.** Bei Übertretungen und Vergehen kann die Strafe durch schriftlichen Strafbefehl des Amtsrichters ohne Hauptverhandlung festgesetzt werden, wenn die Staatsanwaltschaft schriftlich hierauf anträgt (§ 407).

Diese Strafe darf aber nur sein (§ 407 Abs. 2):

**1.** Geldstrafe (bei Übertretungen in Höhe von 1—150 DM, bei Vergehen i. d. R. in der Höhe von 3—10000 DM; siehe §§ 27, 27a StGB.);
**2.** Freiheitsstrafe von höchstens drei Monaten;
**3.** Einziehung;
**4.** die Befugnis zur Beseitigung eines gesetzwidrigen Zustands;
**5.** Bekanntmachung der Entscheidung.

Maßregeln der Sicherung und Besserung dürfen in einem Strafbefehl nicht angeordnet werden (§ 407 Abs. 3).
Gegen Jugendliche darf kein Strafbefehl erlassen werden (§ 51 RJGG.).

**II.** Der Antrag des Staatsanwalts, der eine bestimmte Strafe zum Gegenstand haben muß (§ 408 Abs. 1), enthält verfahrensrechtlich die Erhebung der Anklage und muß daher den Anforderungen des § 200 Abs. 1 genügen (§ 409).

**III.** Der Amtsrichter hat den Antrag zurückzuweisen:

**1.** Wenn die Sachlage die Ablehnung der Eröffnung des Hauptverfahrens rechtfertigen würde (§ 204), also insbesondere, wenn der Beschuldigte der ihm zur Last gelegten Straftat nicht hinreichend verdächtig erscheint, oder wenn eine Prozeßvoraussetzung fehlt, z. B. der erforderliche Strafantrag nicht gestellt ist.

**2.** Wenn der Antrag nicht der gesetzlichen Form entspricht oder unstatthaft ist (§ 407), z. B. weil die Tat ein Verbrechen ist.

(N.B. Zurückweisung eines Strafbefehls ist im Gesetz nicht besonders erwähnt. Ihre Möglichkeit ergibt sich aber aus § 204, der analog anzuwenden ist. Gegen einen solchen zurückweisenden Beschluß steht der Staatsanwaltschaft die sofortige Beschwerde gemäß § 210 Abs. 2 zu. Wird ihr stattgegeben, so kann das Beschwerdegericht nur die Anordnung der Hauptverhandlung beschließen und nicht etwa die Erlassung des beantragten Strafbefehls, denn einerseits kann ein Strafbefehl immer nur vom Amtsrichter erlassen werden, und andererseits ist das Beschwerdegericht nicht befugt, den Amtsrichter zur Erlassung des Strafbefehls anzuweisen.)

**IV.** Der Amtsrichter hat nach § 408 Abs. 2 Hauptverhandlung anzuberaumen:

**1.** wenn er Bedenken hat, ohne Hauptverhandlung zu entscheiden;

**2.** wenn er hinsichtlich der Strafe von dem Antrage abweichen will. In diesem letzteren Falle muß er zuvor seine abweichende Ansicht der Staatsanwaltschaft mitteilen und diese zur Erklärung darüber auffordern, ob sie bei ihrem Antrag beharre.

In jedem Falle, also auch im Falle a) kann eine Verständigung zwischen Amtsrichter und Staatsanwalt dahin führen, daß letzterer den Antrag auf Erlaß des Strafbefehls zurücknimmt.

**V.** Der Strafbefehl wird erlassen, wenn weder tatsächliche noch rechtliche Bedenken entgegenstehen (§ 408 Abs. 1).

Er muß neben der Bezeichnung der strafbaren Handlung, des Strafgesetzes, der Beweismittel und der Strafe die Eröffnung enthalten, daß er vollstreckbar werde, wenn der Beschuldigte nicht binnen einer Woche nach der Zustellung bei dem Amtsgericht schriftlich oder zu Protokoll der Geschäftsstelle Einspruch erhebe (§ 409).

**VI.** Bei rechtzeitigem Einspruch (bei entschuldbarer Versäumung der Einspruchsfrist ist Wiedereinsetzung möglich), der bis zum Beginn der Hauptverhandlung zurückgenommen werden kann — auch die Staatsanwaltschaft kann bis zu diesem Zeitpunkt die Klage fallen lassen — findet Hauptverhandlung statt (§ 411). (N. B. Der Einspruch kann nicht wirksam auf das Strafmaß beschränkt werden. E. 76, 251.)

**VII.** Für die Hauptverhandlung gilt folgendes:

**1.** Die Hauptverhandlung findet grundsätzlich vor dem Amtsrichter statt (siehe die in § 407 Abs. 4 getroffene Regelung.)

**2.** Der Angeklagte kann sich durch einen mit schriftlicher Vollmacht versehenen Verteidiger vertreten lassen (§ 411 Abs. 2).

**3.** Bleibt der Angeklagte ohne genügende Entschuldigung in der Hauptverhandlung aus, und wird er auch nicht durch einen Verteidiger vertreten, so wird der Einspruch ohne Beweisaufnahme durch Urteil verworfen (§ 412 Abs. 1). (N. B. Die gegen ein solches Urteil eingelegte Berufung kann nur auf die Behauptung gestützt werden, daß der Einspruch zu Unrecht verworfen worden sei. Stellt sich diese Behauptung als unbegründet heraus, d. h. wurde der Einspruch zu Recht verworfen, so darf auch in der Berufungsinstanz auf die Sache selbst nicht eingegangen werden, sondern die Berufung ist ohne weiteres zu verwerfen. Ist der Einspruch vom Amtsrichter zu Unrecht verworfen worden, so hat das Berufungsgericht gemäß § 328 das Urteil aufzuheben und die Sache an die erste Instanz zurückzuverweisen.)

**4.** Bei der Urteilsfällung ist das Gericht an den im Strafbefehl enthaltenen Ausspruch nicht gebunden (§ 411 Abs. 3). Es entscheidet so, als wäre ein Strafbefehl nicht ergangen, sondern Anklage erhoben. Es wird daher im Urteil nicht auf den Strafbefehl eingegangen, insbesondere also nicht etwa der Strafbefehl aufgehoben oder der Einspruch verworfen.

**VIII.** Ein Strafbefehl, gegen den nicht rechtzeitig Einspruch erhoben worden ist, erlangt die Wirkung eines rechtskräftigen Urteils (§ 410). (Siehe hierzu auch Fall 13 Abschn. I 1, S. 183.)

## B.

## Lösung des Falles.

### I. Wie wird der Rechtsanwalt die Berufung begründen?

Der Angriff gegen das amtsrichterliche Urteil hat lediglich die Frage zum Gegenstand, ob durch den Strafbefehl über die Straftat rechtskräftig entschieden ist und die nochmalige Entscheidung den Rechtsgrundsatz „ne bis in idem" verletzt.

Der Rechtsanwalt wird die Berufung folgendermaßen begründen:

**1.** Daß der Tatbestand des im ordentlichen Verfahren erlassenen Urteils der gleiche ist wie der dem Strafbefehl zugrunde liegende, ist zweifellos; das neue Verfahren erstreckt sich also nicht auf einen vom Strafbefehl nicht erfaßten Tatbestand.

**2.** Ein rechtskräftiger Strafbefehl hat zwar nicht die gleiche Wirkung wie ein rechtskräftiges Urteil. Trotz vorausgegangenen Strafbefehls kann die gleiche Tat zum Gegenstande einer Aburteilung gemacht werden, wenn auf Grund der Hauptverhandlung sich die Tat unter einem nicht bereits im Strafbefehl gewürdigten anderweiten rechtlichen Gesichtspunkt als eine schwerer zu strafende darstellt.

Dieser Fall ist aber im vorliegenden Verfahren nicht gegeben.

Auf Einziehung des Gewehrs auf Grund des § 295 StGB. konnte und mußte in dem Strafbefehl erkannt werden; mit dem neuen Verfahren sollte lediglich die Behebung dieses Fehlers bezweckt werden, ohne daß die Tat eine abweichende, einem schärferen Strafrahmen unterliegende Beurteilung erfahren konnte. (Daß der Amtsrichter die Voraussetzungen des Abs. 2 des § 295 StGB. nicht für vorliegend erachtet hat, ergibt sich aus der Fassung des Tatbestandes.)

**3.** Da somit die Strafgewalt des Staates in dem das gesetzliche Strafübel wegen des Jagdvergehens zufügenden Strafbefehl und dessen Vollzug sich erschöpft hatte, obwohl der Strafbefehl nicht genau nach dem Antrag des Staatsanwalts bzw. der Vorschrift des § 295 StGB. ergangen war, stand der Einleitung eines neuen Strafverfahrens wegen desselben Jagdvergehens bzw. einer abermaligen Aburteilung der Grundsatz „ne bis in idem" entgegen.

Es wird daher beantragt, das Urteil des Amtsrichters aufzuheben und das Verfahren auf Kosten der Staatskasse einzustellen.

**II. Was hätte der Staatsanwalt tun müssen, um die beantragte Einziehung des Gewehrs durchzusetzen, wenn er vor der Rechtskraft des Strafbefehls von der unterbliebenen Einziehung Kenntnis bekommen hätte?**

**1.** Kann der Staatsanwalt Einspruch einlegen?

**a)** An sich stehen die zulässigen Rechtsmittel gegen gerichtliche Entscheidungen nach § 296 sowohl der Staatsanwaltschaft als dem Beschuldigten zu.

Der Begriff der Rechtsmittel ist kein absolut feststehender. Die StPO. versteht unter Rechtsmitteln nur diejenigen prozessualen Rechtsbehelfe, durch welche gerichtliche Entscheidungen, die noch nicht rechtskräftig sind, vor einem Gericht höherer Instanz angefochten werden. Rechtsmittel i. S. der StPO. sind daher nur die Beschwerde, die Berufung und die Revision. Dagegen fallen nicht unter diesen Begriff: der Antrag auf Wiederaufnahme des Verfahrens, das Gesuch um Wiedereinsetzung in den vorigen Stand, der Einspruch gegen den amtsrichterlichen Strafbefehl. (Siehe Fall 6, Abschn. B III 1a, S. 120.)

**b)** Da § 409 nur von dem Einspruch des Beschuldigten spricht, muß gefolgert werden, daß ein solcher der Staatsanwaltschaft nicht zusteht. Es folgt dies auch aus der Natur des Strafbefehlsverfahrens insofern, als ja grundsätzlich die Erlassung des Strafbefehls nur genau nach dem Antrag der Staatsanwaltschaft erfolgen darf; es steht dem Amtsrichter nicht zu, in irgendwelcher Richtung von dem Antrage abzuweichen; dies gilt wie von der Bestimmung der Strafe, so auch von der Qualifizierung der Tat. (Trägt der Amtsrichter Bedenken, so hat er die Sache, wie in der Vorbemerkung IV, S. 189 erörtert wurde, gemäß § 408 Abs. 2 zur Hauptverhandlung zu bringen.)

**2.** Hätte der Amtsrichter entgegen der Vorschrift des § 408 Abs. 2, Satz 2, absichtlich die Einziehung unterlassen, dann könnte hierin eine Zurückweisung des Antrags auf Erlaß des Strafbefehls in diesem Teil erblickt werden, und der Staatsanwalt könnte aus diesem Grunde gegen den Strafbefehl sofortige Beschwerde gemäß § 210 Abs. 2 einlegen. (Die Zurückweisung kommt sachlich dem in § 204 Abs. 1 bezeichneten Beschluß gleich, wie schon in Abschn. A III 2, S. 188 erwähnt wurde.)

**3.** Da der Amtsrichter aber nur versehentlich nicht auf Einziehung erkannt hat, kann der Staatsanwalt vor Rechtskraft des Strafbefehls lediglich dessen Ergänzung beantragen.

**III. Hätte der Staatsanwalt nach Rechtskraft des Strafbefehls die Einziehung des Gewehrs gemäß § 430ff erreichen können?**

**1.** Auf Einziehung, Vernichtung oder Unbrauchbarmachung von Gegenständen ist in der Regel neben einer sonstigen Strafe im Strafurteil gegen eine bestimmte Person zu erkennen.

**2.** Die das sog. objektive Verfahren regelnden §§ 430—432 behandeln den Fall, in dem unabhängig von jedem auf Bestrafung einer bestimmten Person gerichteten Strafverfahren die Einziehung, Vernichtung oder Unbrauchbarmachung von Gegenständen durch gerichtliches Strafurteil ausgesprochen werden kann.

**3.** Dieses Verfahren ist nach § 430 nur zulässig „in den Fällen, in welchen nach § 42 StGB. oder nach anderweiten gesetzlichen Bestimmungen auf Einziehung usw. selbständig erkannt werden kann".

Das objektive Einziehungsverfahren muß also, wenn nicht auf § 42 a. a. O. doch auf eine die selbständige Einziehung ausdrücklich oder stillschweigend gestattende anderweite Gesetzesvorschrift zurückgeführt werden können.

**a)** Kann das objektive Verfahren auf § 42 StGB. gestützt werden?

aa) Daß ein objektives Einziehungsverfahren in Gemäßheit des § 42 StGB. auch gegen das in § 295 StGB. erwähnte Jagdgerät möglich ist, ist unbestritten. (Siehe hierzu E. 19, 49.)

bb) § 42 StGB. lautet: Ist in den Fällen der §§ 40 und 41 die Verfolgung oder die Verurteilung einer bestimmten Person nicht ausführbar, so können die daselbst vorgeschriebenen Maßnahmen selbständig erkannt werden, d. h. abweichend von der Regel der §§ 40, 41 StGB., wonach im Strafurteil selbst die fraglichen Maßnahmen auszusprechen sind.

cc) Nach dem in vorliegendem Falle allein in Frage kommenden § 40 StGB. können Gegenstände, welche durch ein vorsätzliches Verbrechen oder Vergehen hervorgebracht (scelere producta) oder welche zur Begehung eines vorsätzlichen Verbrechens oder Vergehens gebraucht oder bestimmt sind (instrumenta sceleris), eingezogen werden, sofern sie dem Täter oder einem Teilnehmer gehören.

dd) Da im vorliegenden Falle das Gewehr dem Bruder des Beschuldigten gehörte, scheidet § 42 StGB. als Grundlage für ein objektives Verfahren von vornherein aus, ohne daß auf die weitere Voraussetzung des § 42, nämlich die Unausführbarkeit der Verfolgung einer bestimmten Person eingegangen zu werden braucht. (Siehe hierzu Abschnitt IV, Ziff. 3, S. 195.)

**b)** Kann das objektive Verfahren auf § 295 StGB. gestützt werden, d.h. ist § 295 StGB. eine „anderweite gesetzliche Bestimmung" i. S. des § 430?

aa) Nach dem klaren Wortlaut der vor 1935 in Geltung gewesenen Fassung des § 295 („neben der durch das Jagdvergehen verwirkten Strafe ist auf Einziehung des Gewehrs usw. zu erkennen") konnte kein Zweifel sein, daß die Einziehung nur als eine neben der Hauptstrafe zu erkennende Rechtsfolge in Frage kam.

bb) In der neuen Fassung des § 295 kommt dieser Gedanke nicht mit der gleichen Bestimmtheit zum Ausdruck. Es ist aber nicht anzunehmen, daß der Gesetzgeber bei der Neufassung des § 295 StGB. diesen Grundsatz, daß die Einziehung nur neben einer Strafe ausgesprochen werden kann, aufgeben wollte; vielmehr kam es ihm offenbar nur darauf an, eine unter der Geltung des alten Rechts viel erörterte Härte zu mildern, die darin bestand, daß die Einziehung ausnahmslos vorgeschrieben war, also auch für den Fall, daß der einzuziehende Gegenstand einem Dritten gehörte und ohne dessen Verschulden in die Hände des Wilderers gelangt war, z. B. dem Jagdberechtigten selbst, dem der Wilderer durch Einbruch in die Jagdhütte das Gewehr gestohlen hatte. Lediglich um diese Unbilligkeit zu beseitigen, also ohne auf den Grundsatz der Unselbständigkeit der Einziehung verzichten zu wollen, hat der Gesetzgeber den § 295 StGB. dahin ergänzt, daß er im Absatz 2 die Bestimmung hinzufügte, daß von der Einziehung abgesehen werden kann, wenn die Sache ohne Schuld des Eigentümers zur Tat benutzt worden ist oder die Einziehung eine unbillige Härte für den Betroffenen bedeuten würde.

cc) Wir kommen somit im vorliegenden Falle zu dem Ergebnis, daß eine nachträgliche Einziehung des Gewehrs auch nicht auf § 295 StGB. gestützt werden kann, weil es an der Voraussetzung des § 430, nämlich an der Möglichkeit, auf Einziehung selbständig erkennen zu können, fehlt.

**c)** Zusammenfassend ist sonach festzustellen, daß keine Möglichkeit besteht, nach Rechtskraft des Strafbefehls eine Einziehung des dem Bruder des Täters gehörigen Gewehrs zu erreichen. (Siehe auch E. 19, 45; 53, 124.)

**IV. Wie wäre die Rechtslage bezüglich eines objektiven Verfahrens, wenn das Gewehr dem Täter selbst gehört hätte?**

**1.** Die rechtliche Natur der Einziehung ist in der Rechtslehre streitig. Während die einen der Einziehung unter allen Umständen die Eigenschaft eines Strafübels zuschreiben, sehen die anderen in derselben lediglich eine Sicherungsmaßregel.

Die Ansicht des Reichsgerichts (E. 46, 135) geht dahin, daß der Einziehung eine Doppelnatur innewohne, indem mit dieser Maßregel sowohl der Strafzweck, als auch der Zweck polizeilicher Sicherung verfolgt werde, und daß jeweils geprüft werden müsse, welcher Charakter im einzelnen Falle dominiere.

**a)** Bestimme das Gesetz, daß bei der Einziehung unberücksichtigt bleiben soll, ob der Eigentümer der einzuziehenden Sache an der Straftat, die zur Einziehung führt, beteiligt ist, und ob überhaupt gegen eine bestimmte Person ein Strafverfahren eingeleitet wird, so sei daraus zu schließen, daß, wenn gesetzlich Einziehung angeordnet werde, der ihr etwa begrifflich auch innewohnende strafrechtliche Charakter als nebensächlich anzusehen sei; der Sicherungszweck rücke dann dergestalt in den Vordergrund, daß er als ausschlaggebend erscheine.

**b)** Bei denjenigen gesetzlichen Bestimmungen dagegen, in denen die Einziehung nur unter der Voraussetzung für statthaft erklärt wird, daß der Eigentümer der einzuziehenden Sache an der Straftat als Täter oder Teilnehmer beteiligt ist, werde der Regel nach anzunehmen sein, daß der Strafzweck als ausschlaggebend für die Anordnung der Einziehung anzusehen sei. (Ebenso E. 50, 389; 53, 124; 63, 379, und Urteil des OLG. Freiburg vom 24. Juni 1948 [Deutsche Rechtszeitschrift 49, S. 140].)

**2.** Hiernach kann es keinem Zweifel unterliegen, daß die in § 40 StGB. vorgesehene Einziehung, da sie nur einen dem Täter oder Teilnehmer gehörigen Gegenstand treffen kann, als Strafübel anzusehen ist.

Mit dieser Feststellung aber kommen wir zu dem Ergebnis, daß auch, wenn der Landwirt Eigentümer des Gewehres wäre, eine Einziehung ausgeschlossen wäre, da einem weiteren objektiven Verfahren über die Einziehung des dem Täter gehörigen Gewehrs, über dessen strafrechtliche Schuld rechtskräftig entschieden worden ist, und über den daher ein weiteres Strafübel nicht verhängt werden darf, der Grundsatz „ne bis in idem" entgegenstehen würde.

M. a. W.: der Grundsatz ne bis in idem bedeutet nicht nur, daß gegen dieselbe Person eine Strafklage nicht von neuem erhoben werden darf wegen einer Tat, über welche rechtskräftig entschieden ist (siehe oben Abschnitt I), sondern daß in einem solchen Falle auch die Einleitung eines objektiven Verfahrens ausgeschlossen ist, soweit es die Verhängung eines Strafübels gegen den Täter bezweckt. (E. 14, 169.)

In den Fällen dagegen, in denen die Einziehung nicht die Verhängung eines Strafübels bedeutet, sondern lediglich eine polizeiliche Präventivmaßregel enthält, wie z. B. im Falle des § 41 StGB. oder bei der Einziehung von Falschgeld gemäß § 152 StGB., steht die Verurteilung oder Freisprechung einer bestimmten Person dem objektiven Verfahren zum Zwecke der Unbrauchbarmachung oder Einziehung nicht entgegen. (Siehe E. 27, 352; 44, 315.)

**3.** Abgesehen davon scheidet das objektive Verfahren im vorliegenden Falle auch schon deshalb aus, weil in § 42 StGB. als Voraussetzung für das selbständige Verfahren verlangt wird, daß die Verfolgung oder die Verurteilung einer bestimmten Person nicht ausführbar ist, z. B. wegen Tod, Abwesenheit, Unbekanntheit, dauernder Geisteskrankheit des Täters oder Verjährung. (Siehe E. 8, 350 und 238.)

Von einer „Nichtdurchführbarkeit" kann aber nicht gesprochen werden, wenn die Verfolgung und die Verurteilung einer bestimmten Person stattgefunden hat; denn der Zweck des § 42 a. a. O. ist nur der, der Strafgewalt die nötige Handhabe zu gewähren, dem Gesetze selbst dann Genüge zu verschaffen, wenn aus zufälligen Umständen rechtlicher oder tatsächlicher Natur die Verfolgung oder Verurteilung einer bestimmten Person nicht erfolgen konnte. Hat dagegen die Verurteilung einer bestimmten Person stattgefunden, so bedarf es einer solchen Handhabe nicht, da alsdann die Möglichkeit gegeben war, die in dem § 40 a. a. O. bestimmte Nebenstrafe im Urteile bzw. Strafbefehl gegen den Täter auszusprechen. (Siehe E. 66, 419.)

### V. Wie wäre die Rechtslage, wenn das Gewehr dem Landwirt gehört hätte, und dieser vor Erlaß des Strafbefehls gestorben wäre?

**1.** Wäre der Täter vor Erlaß des Strafbefehls gestorben, so stünde der Einleitung eines Verfahrens auf Einziehung des ihm gehörigen Gewehrs gemäß §§ 42 StGB. und 430 StPO. keine Bedenken entgegen, da, wie schon oben erwähnt, § 40 StGB. nicht durch § 295 StGB. ausgeschlossen wird. (E. 19, 49.)

**2.** Allerdings ist das in § 40 StGB. aufgestellte Erfordernis, daß die einzuziehenden Gegenstände dem Täter oder einem Teilnehmer gehören müssen, regelmäßig auf dem Zeitpunkt der im objektiven Verfahren erfolgenden Urteilsfällung zu beziehen. Dieser Grundsatz kann aber dann nicht Platz greifen, wenn der Täter bereits vorher gestorben ist und dadurch das Eigentum an dem Gegenstande auf seine Erben übergegangen ist, denn sonst wäre die selbständige Einziehung gemäß §§ 40, 42 StGB. im Falle des Todes des

Täters überhaupt nicht statthaft. Es muß daher in einem solchen Falle genügen, wenn dem Täter das Eigentum bis zu seinem Tode zugestanden hat. (E. 53, 181; siehe aber E. 16, 116.)

**Nachtrag:**

Für das objektive Strafverfahren gelten im übrigen folgende Bestimmungen:

1. Der Antrag wird seitens der Staatsanwaltschaft oder des Privatklägers bei dem Gericht gestellt, welches für den Fall der Verfolgung einer bestimmten Person zuständig sein würde.

2. Die Hauptverhandlung erfolgt in einem Termin, der ohne besonderen Gerichtsbeschluß vom Vorsitzenden anzuberaumen ist. Auf die Verhandlung finden die Grundsätze des ordentlichen Verfahrens (Besetzung des Gerichts, Öffentlichkeit, Beweisaufnahme usw.) Anwendung. (Siehe § 431.)

3. Das Urteil lautet entweder auf Einziehung usw. der betreffenden Gegenstände oder, falls der Antrag für unzulässig oder unbegründet befunden wird, auf Zurückweisung desselben. Da nicht über eine Schuldfrage zu entscheiden ist, genügt einfache Majorität.

4. Zur Hauptverhandlung sind Personen, die einen rechtlichen Anspruch auf den Gegenstand der Einziehung usw. haben (die sog. Einziehungsinteressenten), also vor allem der Eigentümer des Gegenstandes zu laden (§ 431 Abs. 2). Diese Personen, die sich durch einen Verteidiger vertreten lassen können, können nicht als Zeugen vernommen werden (E. 46, 88); sie haben die Befugnisse des Angeklagten. (N.B. Nach der herrschenden Ansicht stehen diese Befugnisse den Einziehungsinteressenten nur im objektiven Verfahren zu und nicht auch im ordentlichen Verfahren, in dem gegen eine bestimmte Person auf Einziehung erkannt wird. Siehe E. 34, 388.)

5. Zur Ergreifung der Rechtsmittel im objektiven Verfahren sind nach § 432 nur die Staatsanwaltschaft und die in § 431 näher bezeichneten Einziehungsinteressenten berechtigt, auch wenn sie in dem Verfahren des ersten Rechtszugs noch nicht als solche aufgetreten waren. (Siehe hierzu E. 66, 419.)

# ZU FALL 15.

## A.

## Vorbemerkung: Das Wiederaufnahmeverfahren.

I. Ein durch rechtskräftiges Urteil abgeschlossenes Verfahren kann unter gewissen Voraussetzungen wieder aufgenommen werden. Die „Wiederaufnahme des Verfahrens“ ist kein Rechtsmittel; von diesen unterscheidet sie sich dadurch, daß sie nicht auf solche, in dem angefochtenen Urteil enthaltene Fehler gegründet werden kann, welche sich lediglich als rechtliche darstellen, daß sie sich vielmehr — abgesehen von dem absoluten Wiederaufnahmegrunde unter Z. 3 der §§ 359 und 362 — gegen die Beweisgrundlagen des Urteils richtet.

**II.** Die Wiederaufnahme eines durch rechtskräftiges Urteil geschlossenen Verfahrens ist allein zu dem Zwecke in die Strafprozeßordnung aufgenommen, um da, wo die Gerechtigkeit es gebietet, die formell unanfechtbare Entscheidung vor allem der Schuldfrage von neuem zur Erörterung zu bringen (E. 19, 323), und dadurch den Widerspruch zwischen der durch das rechtskräftige Urteil geschaffenen formalen Rechtslage und der materiellen Tatlage, die sich nachträglich als nicht der Wahrheit entsprechend herausstellt, zu beseitigen.

Zweck des Wiederaufnahmeverfahrens im einzelnen kann sein:

**1.** Im Falle der vorangegangenen Verurteilung des Angeklagten:

a) Die Erzielung der Freisprechung.
b) Die Anwendung eines milderen Strafgesetzes.
c) Die Anwendung eines strengeren Strafgesetzes.

**2.** Im Falle der vorausgegangenen Freisprechung des Angeklagten: Die Herbeiführung einer Verurteilung.

**III.** Ein Wiederaufnahmeverfahren findet nicht statt:

**1.** Zum Zwecke der Änderung des Strafmaßes oder der Entscheidung über Maßregeln der Sicherung und Besserung auf Grund desselben Strafgesetzes, § 363 Abs. 1. (Dies gilt sowohl für § 359 als auch für § 362.)

**2.** Zu dem Zwecke, eine Milderung der Strafe wegen verminderter Zurechnungsfähigkeit herbeizuführen, § 363 Abs. 2.

**3.** Zu dem Zwecke der Erreichung einer dem Angeklagten günstigeren Begründung des freisprechenden Urteils. (Der Angeklagte wurde z. B. wegen Unzurechnungsfähigkeit freigesprochen und erstrebt Freispruch wegen erwiesener Unschuld.) (Siehe Löwe, Anmerkung 3 zu § 359; siehe auch Fall 6, Abschnitt B III 2, S. 123.)

**IV.** Die Wiederaufnahme findet nur auf Antrag, der vom Staatsanwalt (auch zugunsten des Verurteilten) oder vom Verurteilten gestellt werden kann, also niemals von Amts wegen statt. Im Gegensatz zum früheren Recht ist gemäß § 373a auch eine Wiederaufnahme gegenüber einem rechtskräftigen Strafbefehl zulässig.

**V.** Die allgemeinen Bestimmungen über Rechtsmittel, also diejenigen der §§ 296 bis 303 finden auch bei dem Antrag auf Wiederaufnahme des Verfahrens Anwendung (§ 365). Es kann demnach der dem Angeklagten früher bestellte Verteidiger ohne weiteres auch im Wiederaufnahmeverfahren fungieren (§ 297 und E. 22, 97).

**VI.** Die Wiederaufnahme im einzelnen:

**1.** Zugunsten und zuungunsten des Verurteilten findet die Wiederaufnahme statt, wenn in dem angegriffenen Verfahren gewisse strafbare Handlungen begangen wurden, nämlich

**a)** eine Urkundenfälschung (§§ 359 Nr. 1, 362 Nr. 1), und zwar genügt schon der Gebrauch einer falschen Urkunde schlechthin, mag sie der Gebrauchende auch für echt gehalten haben,

**b)** eine strafbare Eidesverletzung, bzw. eine vorsätzlich falsche uneidliche Aussage eines Zeugen oder Sachverständigen (§§ 359 Nr. 2, 362 Nr. 2),

**c)** eine kriminell strafbare Amtspflichtverletzung eines Richters, also eine Richterbestechung nach § 334 StGB., oder eine Rechtsbeugung nach § 336 StGB., vorausgesetzt, daß diese strafbare Handlung, soweit sie zugunsten des Verurteilten begangen wurde (§ 359), nicht von diesem direkt oder indirekt veranlaßt wurde. Im übrigen ist es gleichgültig, ob die Amtspflichtverletzung des Richters irgendeinen Einfluß auf die Entscheidung gehabt hat (siehe § 370); es liegt also hier ein absoluter Wiederaufnahmegrund vor. (N.B. Nur die strafbare Pflichtverletzung eines Richters, nicht eine solche des Staatsanwalts, des Urkundsbeamten oder des Verteidigers kommt hier in Frage.)

**2.** Zugunsten des Verurteilten findet die Wiederaufnahme statt, wenn neue Tatsachen und Beweismittel beigebracht werden (§ 359 Nr. 5). Siehe hierzu die Erörterung unten in Abschnitt II, 1b. (N.B. Der Fall des § 359 Nr. 4 spielt in der Praxis eine geringe Rolle. Siehe hierzu Fall 18, Abschnitt A I 1b, S. 233.)

**3.** Zuungunsten des Verurteilten findet ferner die Wiederaufnahme statt, wenn der Freigesprochene vor Gericht oder außergerichtlich ein glaubwürdiges Geständnis der strafbaren Handlung ablegt. (§ 362 Nr. 4.) (Siehe Fall 12, Abschn. B II, S. 182.)

**VII.** Mit Nr. 1 und 2 der §§ 359, 362 können auch solche Beweisgrundlagen angegriffen werden, welche die Schuldfrage nicht berühren, insbesondere auch diejenigen, welche die Zulässigkeit der Strafverfolgung betreffen; z. B. kann das Wiederaufnahmeverfahren darauf gestützt werden, daß das Schriftstück, welches den zur Strafverfolgung erforderlichen Antrag enthielt, oder das Protokoll, welches einen die Verjährung unterbrechenden Akt beurkundet, sich als fälschlich angefertigt erweist.

Im übrigen ist in den Fällen der Nr. 1 und 2 — im Gegensatz zu dem Falle der Nr. 3 (Richterbestechung und Rechtsbeugung) — immer Voraussetzung, daß die Beweismittel einen Einfluß auf die Entscheidung, und zwar im Falle des § 359 einen dem Verurteilten ungünstigen und im Falle des § 362 einen für den Verurteilten günstigen Einfluß gehabt haben. (Siehe § 370 Abs. 1 2. Halbsatz.)

**VIII.** Die frühere Vorschrift des § 359 Nr. 5 Satz 2 a. F., wonach in den vor dem Amtsgericht verhandelten Sachen der Wiederaufnahmeantrag nur in beschränktem Umfange auf neue Tatsachen und Beweismittel gestützt werden konnte, wurde in die neue StPO. nicht übernommen.

**IX.** Weder eine schon vollzogene Strafvollstreckung noch der Tod des Verurteilten schließen eine Wiederaufnahme des Verfahrens aus (§ 361 Abs. 1). In letzterem Falle sind allerdings für die Zulässigkeit des Antrags und das Verfahren besondere Normen aufgestellt. Die Wiederaufnahme kann nämlich nur behufs der völligen Freisprechung, nicht aber zu dem Zwecke stattfinden, damit die Tat minderschwer als geschehen qualifiziert werde (§ 371 Abs. 1). Erachtet das Gericht die völlige Freisprechung des Verurteilten nicht für gerechtfertigt, so hat es den Antrag nicht zu verwerfen, sondern „abzulehnen", und zwar durch Beschluß. Wird die völlige Freisprechung für gerechtfertigt erachtet, so beschließt das Gericht nicht die Wiederaufnahme des Verfahrens, sondern erläßt ohne neue Hauptverhandlung das freisprechende Urteil unter gleichzeitiger Aufhebung des früheren Urteils. Antragsberechtigt sind in diesem Falle der Ehegatte, die Verwandten auf- und absteigender Linie sowie die Geschwister des Verstorbenen (§ 361 Abs. 2). Das Antragsrecht der Staatsanwaltschaft wird hierdurch nicht berührt (E. 10, 423).

**X.** Auch die Freisprechung eines lebenden Verurteilten (ebenfalls unter Aufhebung des früheren Urteils) kann ausnahmsweise sofort, d. h. ohne Erneuerung der Hauptverhandlung erfolgen (bei öffentlicher Klage jedoch nur mit Zustimmung des Staatsanwalts), wenn nämlich die Beweislage eine so eindeutige ist, daß eine abermalige mündliche Verhandlung überflüsig erscheint (§ 371 Abs. 2).

**XI.** Erfolgt Freispruch im Wiederaufnahmeverfahren, so muß nach dem Gesetz betr. die Entschädigung der im Wiederaufnahmeverfahren freigesprochenen Personen vom 20. Mai 1898 mit Änderung vom 24. November 1933 zugleich ein Beschluß darüber ergehen, ob dem Angeklagten eine Entschädigung aus der Staatskasse zu gewähren ist. Die Voraussetzungen entsprechen denen der Entschädigung für unschuldig erlittene Untersuchungshaft. (Siehe Nachtrag 2 zu Fall 18, S. 249.)

**XII.** Wegen des prozessualen Verlaufs des Beschlußverfahrens siehe unten Abschnitt B III 2, S. 205.

## B.

## Lösung des Falles.

### I. Die Form des Antrags.

**1.** Der Antrag, der auch nach Verbüßung der Strafe und, wie oben erwähnt, sogar auch nach dem Tode des Verurteilten (im letzteren Falle durch die nächsten Angehörigen, siehe §§ 361 Abs. 2, 371) gestellt werden kann, kann nach § 366 Abs. 2 nur mittels einer von dem Verteidiger oder einem Rechtsanwalt unterzeichneten Schrift, oder zu Protokoll der Geschäftsstelle angebracht werden. Ist der Verurteilte in Haft, so kann er gemäß §§ 365, 299 den Antrag zu Protokoll der Geschäftsstelle des Gerichts geben, in dessen Bezirk die Anstalt liegt, wo er auf behördliche Anordnung verwahrt wird, während in allen übrigen Fällen zur Aufnahme des Protokolls nur zuständig ist die Geschäftsstelle des Gerichts, welches das den Gegenstand des Wiederaufnahmeantrags bildende Urteil erlassen hat.

Der Antrag hätte also bei der Geschäftsstelle des Amtsgerichts Karlsruhe gestellt werden müssen.

**2.** Der zu Protokoll der Geschäftsstelle angebrachte Antrag muß vollständig in dieses aufgenommen werden. Es ist nicht statthaft, von dem Antragsteller ein Schriftstück entgegenzunehmen und in dem Protokoll auf dasselbe zu verweisen. (E. 2, 358.) Mit der Ausschließung der formlosen Begründung und mit der Zulassung der Protokollierung durch die Geschäftsstelle verfolgt das Gesetz den Zweck, daß der Urkundsbeamte das ihm Vorgetragene nach Form und Inhalt prüft, den Antragsteller belehrt, und so zwecklose Belästigungen der Gerichte verhütet. (E. 52, 277.)

Der Formvorschrift ist also auch in dieser Beziehung nicht genügt. (Siehe auch E. 64, 63.)

### II. Der Inhalt des Antrags.

**1.** Die angeblich falsche Aussage des Zeugen Kaiser usw. (Z. 1 des Antrags.)

**a)** Auf § 359 Nr. 2 kann sich der Antragsteller nicht stützen, da gemäß § 364 erst eine rechtskräftige Verurteilung wegen der die Wiederaufnahme begründenden strafbaren Handlung vorliegen muß, bevor der Antrag auf Wiederaufnahme des Verfahrens zulässig ist; die rechtskräftige Verurteilung bildet die Grundlage des Antrags.

**b)** Es erhebt sich die weitere Frage, ob Brandel mit seiner ersten Begründung auf § 359 Nr. 5 (neue Tatsachen oder Beweismittel) mit Erfolg Bezug nehmen kann.

aa) Über die Gefahren, die diese Gesetzesstelle in sich birgt, äußert sich Löwe in Anmerkung 21 zu § 359 folgendermaßen: Durch die Bestimmung der Nr. 5 wird die Beibringung neuer erheblicher Tatsachen oder Beweismittel als Wiederaufnahmegrund zugelassen, und zwar in so weitem Maße, daß eine strenge und sorgfältige Prüfung aller auf diesen Grund gestützten Anträge geboten ist, wenn anders nicht aus der Bestimmung eine Gefahr für die Strafrechtspflege erwachsen soll. Neue Anführungen willkürlich vorzubringen und Zeugen zu finden, welche dieselben zu bestätigen bereit sind, wird einem großen Teil der Verurteilten und, wenn diese sich in Haft befinden, ihren Angehörigen ohne Schwierigkeit möglich sein, während andererseits (was namentlich bei den zu mehrjährigen Freiheitsstrafen Verurteilten in Betracht kommt) die Widerlegung der neubeschafften Beweise mit dem Laufe der Zeit immer schwieriger wird, da in diesem die Belastungsbeweise mehr oder minder verlorenzugehen pflegen, so daß eine neue Hauptverhandlung den Inhalt der früheren meistens nur unvollkommen reproduzieren kann.

bb) Daß es sich im vorliegenden Falle bei der von Brandel vorgebrachten Tatsache, der Hauptbelastungszeuge Kaiser habe an dem fraglichen Tage seine Wohnung überhaupt nicht verlassen, um eine solche Tatsache handelt, die geeignet ist, eine von dem Urteil des Karlsruher Amtsrichters abweichende Entscheidung der Schuldfrage (es käme dann evtl. Notwehr in Frage) herbeizuführen (das beschließende Gericht muß dabei die Frage prüfen, ob die Tatfrage anders, als geschehen, zu entscheiden gewesen wäre, wenn das Beweismoment schon dem erkennenden Richter vorgelegen hätte) unterliegt keinem Zweifel. Es sei ferner unterstellt, daß die Tatsache „neu" ist, d. h. dem früher erkennenden Gericht nicht bekannt war, bei der Entscheidung also nicht berücksichtigt werden konnte. (Siehe E. 19, 321.)

(N.B. § 359 Nr. 5 betrifft nur die Schuldfrage. Wenn also z.B. nach Eintritt der Rechtskraft eines Urteils sich herausstellt, daß die Urkunde, die den zur Strafverfolgung erforderlichen Antrag enthält, gefälscht war, so könnte auf diesen Fall nicht Nr. 5 des § 359, sondern nur Nr. 1 dieser Gesetzesstelle zur Anwendung gelangen, da das neue Urteil nur auf Einstellung des Verfahrens lauten könnte, die Schuldfrage also unberührt ließe.)

cc) Es bedarf also nur die Frage einer Prüfung, ob die Geltendmachung „neuer Tatsachen und Beweismittel", durch die im vorliegenden Falle die Unrichtigkeit einer früheren Beweisaussage dargetan werden soll, ebenfalls (wie bei II, 1a) durch die Vorschrift des § 364 ausgeschlossen wird.

*α*) Manche Schriftsteller behaupten, bei Anträgen auf Grund des § 359 Nr. 5 finde § 364 stets Anwendung, wenn direkt oder indirekt eine strafbare Eidesverletzung der früher vernommenen Zeugen behauptet wurde.

) Die andere Meinung dagegen geht dahin, daß § 364 sich nur auf die Wiederaufnahmegründe der §§ 359 Nr. 1—3 und 362 Nr. 1—3, dagegen nicht auf § 359 Nr. 5 beziehe, d. h. daß § 364 nur Platz greife, wenn das Wiederaufnahmegesuch lediglich auf die formelle Tatsache gestützt werde, daß ein eidlich vernommener Zeuge vorsätzlich oder fahrlässig falsch ausgesagt oder eine vorsätzlich falsche uneidliche Aussage gemacht habe. Ein Wiederaufnahmegesuch sei also nicht schon deshalb als auf Verletzung der Eidespflicht usw. eines Zeugen (§ 359 Nr. 2) gestützt und gemäß § 364 durch eine rechtskräftige Verurteilung des Zeugen wegen dieser Verletzung der Eidespflicht bedingt anzusehen, weil für den Fall, daß die neu behaupteten Tatsachen erwiesen werden, ein Zeuge vorsätzlich oder fahrlässig die Unwahrheit gesagt haben müsse.

Diese letztere Ansicht wird vor allem damit begründet (siehe Löwe, Anmerkung 1 zu § 364), daß der Zweck des Wiederaufnahmeverfahrens, welches vor allem die Berufung ersetzen soll, in den häufigsten und wichtigsten Fällen vereitelt würde, wenn neue Tatsachen und Beweismittel zur Entkräftung einer eidlichen Zeugenaussage, nur nach einer Verurteilung des Zeugen zugelassen würden. Löwe führt folgendes Beispiel an: A ist in einer dunklen Nacht von einer vermummten Person überfallen und mißhandelt worden; er behauptet, den B bestimmt als Täter erkannt zu haben; letzterer wird auf das eidliche Zeugnis des A verurteilt. Nach Rechtskraft des Urteils gesteht C, den A überfallen und mißhandelt zu haben. Eine Verurteilung des A wegen Meineids ist ausgeschlossen; auch eine Verurteilung wegen fahrlässiger Verletzung der Eidespflicht erscheint in der Regel aussichtslos, da der Irrtum des A ein entschuldbarer gewesen sein kann. B wäre mit seiner Behauptung, daß die eidliche Aussage des A unwahr sei, auf den Gnadenweg angewiesen, wenn man sich der zu *α*) erwähnten Ansicht anschließen wollte.

**c)** Wir folgen im vorliegenden Fall der oben unter *β*) genannten Ansicht und kommen somit zu dem Ergebnis, daß Brandel mit seinem ersten Wiederaufnahmegrund, was seinen Inhalt anlangt, die Zulassung des Antrags gemäß § 368 erreichen müßte.

**2.** Die Anfechtung des in der Hauptverhandlung abgegebenen Gutachtens.

**a)** An sich ist der Sachverständige ein Beweismittel i. S. der StPO., also auch i. S. des § 359 Z. 5. In Frage kann also nur kommen, ob im Einzelfall der Sachverständigenbeweis ein erhebliches neues Beweismittel, d. h. geeignet ist, eine von dem Urteil abweichende Entscheidung der Schuldfrage herbeizuführen.

Diese Frage wird der Richter nach freier Überzeugung verneinen können, wenn er entweder glaubt, zu einer selbständigen abschließenden Beurteilung der Frage imstande zu sein, oder wenn er annimmt, daß sie durch ein schon früher erstattetes Gutachten hinreichend entschieden ist. (E. 57, 158.)

Es ist somit in der Regel die Bezeichnung eines anderen Sachverständigen nicht als Beibringung eines neuen Beweismittels anzusehen, es sei denn, daß in dem Wiederaufnahmeantrag die Behauptung einer neuen Tatsache enthalten ist. Dies wird namentlich dann der Fall sein, wenn sich auf dem Gebiete, auf das sich das Gutachten des vernommenen Sachverständigen bezieht, nach allgemeinen Begriffen ein Wechsel in den herrschenden Anschauungen vollzogen hat, d. h. wenn das seither Anerkannte und scheinbar Unanfechtbare durch das Ergebnis neuer Forschungen überholt worden ist, oder wenn der neue Sachverständige über Forschungsmittel verfügt, die denen des früheren Gutachters überlegen erscheinen. (Siehe hierzu § 244 Abs. 4 Satz 2, erörtert in Abschnitt II 2 des Nachtrags zu diesem Fall; siehe ferner Beschluß des OLG. Dresden vom 11. Januar 1900, abgedruckt in Alsberg „Die strafprozessualen Entscheidungen der Oberlandesgerichte", 2. Band, S. 339.)

Für den vorliegenden Fall gelangen wir auf Grund dieser allgemeinen Erörterungen zunächst zu folgendem Ergebnis: Im Hinblick darauf, daß der Amtsrichter seiner Entscheidung über die Zurechnungsfähigkeit ein „ausführlich begründetes Gutachten des Gerichtsarztes" zugrunde gelegt hatte, müßte dem Wiederaufnahmeantrag des Brandel, soweit er die Benennung eines neuen Sachverständigen zum Gegenstande hat, der Erfolg versagt bleiben. Der Antrag wäre daher, wenn kein andererWiederaufnahmegrund vorgebracht worden wäre, gemäß § 368 zu verwerfen, da in ihm „kein geeignetes Beweismittel angeführt ist."

**b)** Sollte der Amtsrichter aber aus irgendeinem hier nicht interessierenden Grunde zu der Überzeugung gelangen, daß zur Verbescheidung des Wiederaufnahmeantrags ein weiteres Gutachten erforderlich sei, dann würden sich bezüglich des Vorbringens des Brandel folgende Möglichkeiten ergeben:

aa) Würde der neue Sachverständige Dr. Blum zu dem Ergebnis kommen, daß Brandel unzurechnungsfähig i. S. des § 51 Abs. 1 StGB. gewesen ist, und würde sich der Amtsrichter diesem neuen Gutachten anschließen, dann läge ein neues Beweismittel vor, das im Hinblick auf den Schuldausschließungsgrund des § 51 Abs. 1 StGB. die Freisprechung des Angeklagten zu begründen geeignet wäre (§ 359 Nr. 5).

bb) Würde Dr. Blum lediglich feststellen können, daß bei Brandel eine verminderte Zurechnungsfähigkeit vorgelegen habe, dann wäre ein solches Ergebnis in bezug auf die Frage der Zulässigkeit eines Wiederaufnahmeverfahrens folgendermaßen zu bewerten:

*α*) Ein „milderes Gesetz" i. S. des § 359 Nr. 5 ist dasjenige, welches in abstracto eine mildere Strafe androht. In Betracht kommen vor allem die Fälle, in denen es sich um einen anderen Tatbestand handelt. So enthält § 223 StGB. das mildere Gesetz gegenüber § 224 StGB. oder § 222 StGB. gegenüber § 226 StGB. oder § 242 StGB. gegenüber § 249 StGB. Ferner sind die Vergehen nach §§ 242, 259 und 263 StGB. mildere Gesetze gegenüber den Rückfallverbrechen nach §§ 244, 261, 264 StGB. Aber auch eine Bestrafung wegen Versuchs gegenüber der Bestrafung wegen Vollendung derselben Straftat hat als Bestrafung „in Anwendung eines milderen Strafgesetzes" zu gelten; ebenso ist die bei Anwendung des § 73 StGB. (Idealkonkurrenz) dem Verurteilten angedrohte Strafe in abstracto milder als diejenige, die bei Anwendung des § 74 (Realkonkurrenz) zulässig ist. Keinesfalls aber kann verminderte Zurechnungsfähigkeit als „milderes Gesetz" gelten.

β) Abgesehen davon ist aber in § 363 Abs. 2 (in der alten StPO. von 1924 fehlte diese Gesetzesstelle) nunmehr gesetzlich festgelegt, daß ein Wiederaufnahmeverfahren zum Zwecke einer Milderung der Strafe wegen verminderter Zurechnungsfähigkeit ausgeschlossen ist.

cc) Würde der neue Sachverständige Dr. Blum bei der Begutachtung des Brandel zum Ergebnis kommen, daß weder die Voraussetzungen des Abs. 1 noch diejenigen des Abs. 2 des § 51 StGB. vorliegen, daß aber vom ärztlichen Standpunkt aus dem Brandel mildernde Umstände zuzubilligen seien, dann wäre der Fall des § 363 Abs. 1 gegeben. Hier wird ausdrücklich eine Wiederaufnahme (zugunsten und zuungunsten des Angeklagten) zum Zwecke einer anderen Strafbemessung innerhalb desselben Strafgesetzes herbeizuführen, für ausgeschlossen erklärt. (Daß die Frage, ob mildernde Umstände vorhanden sind, lediglich in den Bereich der Strafzumessung fällt, die Annahme derselben die strafbare Handlung also nicht zu einer anderen macht und nicht die Anwendung eines anderen „milderen" Strafgesetzes zur Folge hat, ist zweifelsfrei; die mildernden Umstände sind lediglich privilegierte Strafzumessungsgründe. Als ein „anderes Strafgesetz" i. S. des § 363 Abs. 1 kommt vor allem der Rückfall in §§ 244, 261, 264 StGB. gegenüber §§ 242, 259, 263 StGB. in Frage. Die Wiederaufnahme des Verfahrens kann also darauf gestützt werden, daß die Voraussetzungen des Rückfalls zu Unrecht als vorliegend bzw. nicht als vorliegend erachtet worden seien.)

(N.B. Bei Anwendung des § 359 Nr. 5 ist noch folgendes zu beachten: Ist festgestellt, daß ein „milderes Strafgesetz" in Frage kommen kann, so ist die Zulässigkeit der Wiederaufnahme noch davon abhängig, ob von letzterer auch in Ansehung der Strafe ein praktischer Erfolg zugunsten des Verurteilten zu erwarten ist; beide Ergebnisse, die Anwendbarkeit des milderen Strafgesetzes und die Wahrscheinlichkeit einer Strafmilderung, müssen zusammentreffen. Die Wiederaufnahme findet also nicht statt, wenn trotz der Anwendung des milderen Strafgesetzes entweder die erkannte Strafe aufrechterhalten werden müßte, oder doch ihre Aufrechterhaltung zulässig wäre und dieselbe von dem beschließenden Gericht nach Lage der Sache auch für angemessen erachtet wird; über die Frage, ob eine geringere Strafe zu erwarten ist, entscheidet das über die Wiederaufnahme beschließende Gericht nach freiem Ermessen.) (Siehe Löwe, Anmerkung 24 zu § 359.)

**III. Der Gerichtsbeschluß.**

**1.** Die Zuständigkeit.

Nach § 367 ist für das Wiederaufnahmeverfahren nur dasjenige Gericht zuständig, welches zuvor mit der Sache befaßt gewesen war und das angefochtene Urteil erlassen hatte; in unserem Falle also der Amtsrichter in Karlsruhe.

(N.B. Sind Urteile verschiedener Rechtszüge ergangen, entsteht die Frage, welches Urteil als das durch den Antrag angefochtene zu gelten hat. Diese Frage ist dahin zu beantworten, daß dasjenige Gericht zur Entscheidung berufen ist, welches unter selbständiger Erörterung der der Anklage zugrunde liegenden Tatsachen in der Sache selbst zuletzt entschieden hat, also das Berufungsgericht, sofern dasselbe sich nicht etwa nur mit der Straffrage befaßt hat, in welchem Falle das Gericht des ersten Rechtszuges zuständig wäre. Das Revisionsgericht ist nur dann zur Entscheidung über den Wiederaufnahmeantrag berufen, wenn in der Revisionsinstanz eine Amtspflichtverletzung i. S. der §§ 359 Nr. 3 bzw. 362 Nr. 3 vorgefallen ist (siehe § 367 Abs. 1 Satz 2). In allen anderen Fällen, in denen ein im Revisionsverfahren erlassenes Urteil angegriffen wird, ist für das Wiederaufnahmeverfahren das Gericht zuständig, gegen dessen Urteil die Revision eingelegt war. (Siehe E. 47, 45, und E. 77, 282.)

**2.** Allgemeines über den Verlauf des Wiederaufnahmeverfahrens.

**a)** Das Gericht hat zunächst darüber zu entscheiden, ob der Antrag zulässig ist.

aa) Ist der Antrag nicht in der vorgeschriebenen Form (siehe oben Abschn. I) angebracht oder ist kein gesetzlicher Grund der Wiederaufnahme geltend gemacht oder sind keine geeigneten Beweismittel angeführt, so ist der Antrag — nach Anhörung der Staatsanwaltschaft gemäß § 33 — als unzulässig zu verwerfen (§ 368).

bb) Andernfalls wird der Antrag für zulässig erklärt (§ 369, Abs. 1).

**b)** Das Gericht hat nunmehr in die Prüfung der Frage einzutreten, ob der Antrag begründet ist. Da in der Praxis die meisten Wiederaufnahmeanträge auf § 359 Nr. 5 (neue Tatsachen und Beweismittel) gestützt werden, wird das Gericht in der Regel nicht sofort die Wiederaufnahme des Verfahrens anordnen, sondern gemäß § 369 Abs. 1 durch einen beauftragten oder ersuchten Richter die notwendigen Erhebungen vornehmen lassen. (Handelt es sich um das Urteil eines Amtsrichters, dann wird in der Regel dieser selbst die Erhebungen vornehmen.)

c) Kommt das Gericht auf Grund dieser Erhebungen zu dem Ergebnis, daß der Antrag nicht begründet ist (weil z. B. die vom Verurteilten benannten Zeugen dessen Behauptungen nicht bestätigen konnten), dann wird der Antrag, nachdem Staatsanwaltschaft und Antragsteller (Verurteilter) gemäß § 369 Abs. 4 vorher gehört wurden, als unbegründet verworfen (§ 370 Abs. 1). Ebenso ist zu entscheiden, wenn die in §§ 359 Nr. 1 und 2, 362 Nr. 1 und 2 genannten strafbaren Handlung offensichtlich keinen Einfluß auf das Urteil gewonnen haben. Die durch Zurückweisung der sofortigen Beschwerde gegen diesen Beschluß (siehe § 372) oder durch Ablauf der Beschwerdefrist eintretende Rechtskraft des Beschlusses hat zur Folge, daß auf dieselben Tatsachen und Beweismittel ein neuer Antrag nicht gestützt werden kann. (Diese Ansicht ist im Hinblick auf die Tatsache, daß im Gesetz eine dem § 211 entsprechende Gesetzesbestimmung fehlt, nicht unbestritten.)

d) Ist der Antrag begründet, so verfügt das Gericht die Wiederaufnahme des Verfahrens und die Erneuerung der Hauptverhandlung (§ 370 Abs. 2).

Dieser Beschluß bildet die Grundlage des Wiederaufnahmeverfahrens. Durch ihn wird das rechtskräftige Urteil beseitigt und eine neue Hauptverhandlung nötig gemacht, deren Grundlage die Anklageschrift bildet und die gegenüber der früheren Hauptverhandlung völlig selbständig ist, d. h. mit ihr (mit Ausnahme der im § 373 Abs. 2 getroffenen Bestimmung des Verbots der reformatio in peius) in keinem inneren verfahrensrechtlichen Zusammenhang steht. (E. 58, 52.) Das neu erkennende Gericht hat insbesondere die Frage der Zulässigkeit des Wiederaufnahmeantrags nicht mehr zu prüfen, auch nicht, wenn die Entscheidung von einem unzuständigen Gericht getroffen wurde; das neue Gericht hat nur in der Sache selbst zu entscheiden. Ebenso wie der Eröffnungsbeschluß die notwendige Grundlage der Hauptverhandlung bildet dergestalt, daß ein Urteil, das erlassen wurde, obgleich ein Eröffnungsbeschluß nicht ergangen war, der Aufhebung unterliegt, so kann auch das im wiederaufgenommenen Verfahren ergangene Urteil nicht zu Recht bestehen, wenn ihm ein Beschluß nach § 370 nicht vorausgegangen ist (E. 35, 351.)

e) Die erneute Hauptverhandlung endet nach § 373 Abs. 1

aa) mit der Aufrechterhaltung des früheren Urteils, wenn das Gericht zu dem gleichen Ergebnis wie das erste Urteil gelangt (siehe E. 57, 317), bb) mit der Aufhebung des früheren Urteils und einer anderweiten Entscheidung, wenn das Gericht zu einem anderen Ergebnis kommt. Die Wirkungen des früheren Urteils sind nach Möglichkeit rückgängig zu machen (z. B. durch Erstattung bezahlter Geldstrafen und Kosten). Wird in dem neuen Urteil wiederum auf Strafe erkannt, so ist eine bereits vollstreckte Strafe auf die neue Strafe anzurechnen. Daß für das neue Urteil das Verbot der reformatio in peius gilt, wurde bereits erwähnt.

**f)** Gegen das neue Urteil sind die Rechtsmittel zulässig (siehe hierzu E. 77, 282), die gegen das Ursprungsurteil zulässig gewesen wären, d. h. gegen das Urteil, gegen das die Wiederaufnahme beantragt worden ist.

**3.** Der Amtsrichter in Karlsruhe wird also nach Anhörung der Staatsanwaltschaft seine Entscheidung dahin treffen, daß der Antrag des Josef Brandel als unzulässig gemäß § 368 zu verwerfen ist, da er nicht in der vorgeschriebenen Form angebracht wurde. Die Kosten trägt der Antragsteller.

(N. B. Sowohl der den Antrag zulassende wie der ihn verwerfende Beschluß kann mit der sofortigen Beschwerde angefochten werden. § 372.)

Bei nur unvollständigem Antrag oder einem anderen leicht zu behebenden Mangel kann das Gericht, statt den Antrag alsbald zu verwerfen, zunächst den Antragsteller unter Bestimmung einer Frist zur Vervollständigung auffordern. Ein solches Verfahren wird sich in den geeigneten Fällen um so mehr empfehlen, als der Antragsteller jederzeit befugt ist, einen verworfenen Antrag nach Behebung des betreffenden Mangels zu erneuern. (Siehe Löwe, Anmerkung 5 zu § 368.)

(Wegen des Gesetzes betr. die Entschädigung der im Wiederaufnahmeverfahren freigesprochenen Personen vgl. Nachtrag I zu Fall 18, S. 248.)

## Nachtrag.

### Der Sachverständige.

**I.** Sachverständige sind dritte Personen, die mittels eines Gutachtens dem Gericht helfen sollen, Tatsachen, zu deren Beurteilung eine besondere Fachkunde gehört, richtig zu würdigen.

**II.** Der Hauptunterschied zwischen dem Sachverständigen und Zeugen liegt in folgendem:

**1.** Der Zeuge hat nur über von ihm wahrgenommene tatsächliche Vorgänge auszusagen, während der Sachverständige über die Schlüsse, die er aus den tatsächlichen Vorgängen zieht, Auskunft zu geben hat. (Gebunden ist der Richter an das Gutachten des

Sachverständigen nur, wenn er von dessen Richtigkeit überzeugt ist, ebenso wie er auch die Aussagen des Zeugen nur zu glauben braucht, wenn er sie für wahrheitsgemäß hält.)

**2.** Während ein Zeugenbeweis nur nach Maßgabe des § 244 Abs. 3 abgelehnt werden kann, darf ein Sachverständigenbeweis auch abgelehnt werden, wenn das Gericht selbst die erforderliche Sachkunde besitzt (§ 244 Abs. 4 Satz 1), und während der Zeugenbeweis insbesondere nicht mit der Begründung abgelehnt werden darf, daß durch andere gehörte Zeugen bereits das Gegenteil der zu beweisenden Tatsache bewiesen sei (siehe Nachtrag zu Fall 9 Abschn. B III, S. 164), enthält § 244 Abs. 4 Satz 2 bezüglich des Sachverständigenbeweises eine andere Regelung. Diese neue Gesetzesstelle, die das Ergebnis der bisherigen Rechtsprechung zu dieser Frage enthält, sieht vor, daß ein Beweisantrag auf Vernehmung eines weiteren Sachverständigen auch dann abgelehnt werden kann, wenn durch das frühere Gutachten das Gegenteil der behaupteten Tatsache bereits erwiesen ist, es sei denn, daß die Sachkunde des früheren Gutachters zweifelhaft ist, daß sein Gutachten von unzutreffenden tatsächlichen Voraussetzungen ausgeht, daß das Gutachten Widersprüche enthält oder daß der neue Sachverständige über Forschungsmittel verfügt, die denen eines früheren Gutachters überlegen erscheinen (S. 165).

**3.** Dem Sachverständigen kann im Gegensatz zum Zeugen die Akteneinsicht sowie die Anwesenheit während der ganzen Hauptverhandlung gestattet werden; auch kann ihm erlaubt werden, an den Beschuldigten und die Zeugen unmittelbar Fragen zu stellen (siehe § 80).

**4.** Gegen einen zur Erstattung des Gutachtens verpflichteten Sachverständigen kann sowohl im Falle des Nichterscheinens als auch bei Weigerung der Aussagen eine Ordnungsstrafe in Geld, aber nicht wie beim Zeugen zwangsweise Vorführung und Haft verhängt werden (§ 77).

**5.** Der Sachverständige hat, im Gegensatz zur allgemeinen Zeugenpflicht, eine Gutachterpflicht nur in den in § 75 genannten Fällen. Er kann ferner aus denselben Gründen wie der Richter abgelehnt werden (§ 74), z. B. deshalb, weil er Angestellter der durch die strafbare Handlung geschädigten Firma ist (E. 58, 262). Im übrigen ist die Frage, ob ein Mißtrauensgrund vorliegt, tatsächlicher Natur und unterliegt daher insoweit nicht der Nachprüfung durch das Revisionsgericht. (E. 25, 361.) Das Zeugnis verweigern kann der Sachverständige aus denselben Gründen, die den Zeugen hierzu berechtigen (§ 76).

**III.** Eine unbedingte Verpflichtung zur Zuziehung eines Sachverständigen besteht nur in folgenden Fällen:

1. Bei der Einweisung in eine Heil- oder Pflegeanstalt zur Beobachtung auf den Geisteszustand (§ 81);

2. wenn damit zu rechnen ist, daß die Unterbringung in einer Heil- oder Pflegeanstalt, Trinkerheilanstalt oder Entziehungsanstalt (insbesondere im Sicherungsverfahren der §§ 429 a ff.) angeordnet wird (§§ 80a, 246a);

3. bei Leichenschau und Leichenöffnung (§ 87);

4. beim Verdacht einer Vergiftung (§ 91);

5. bei Münzdelikten (§ 92).

6. Außerdem bildet die Nichthinzuziehung eines Sachverständigen immer dann einen Revisionsgrund, wenn durch diese Unterlassung gegen den Grundsatz des § 244 Abs. 2 (Pflicht zur Wahrheitsermittlung) verstoßen wurde (siehe Urteil des OLG. Braunschweig vom 11. April 1947, abgedruckt in der „Monatsschrift für deutsches Recht" 1947 S. 205).

7. Schließlich muß ganz allgemein die Beweisaufnahme immer auf den Sachverständigen erstreckt werden, wenn derselbe geladen und erschienen ist (§ 245 Satz 1). (Siehe Fall 9, Nachtrag Abschnitt B II 1, S. 163.)

IV. Das Gutachten ist in der Hauptverhandlung grundsätzlich mündlich zu erstatten. Ausnahmsweise können nach § 256 verlesen werden Gutachten öffentlicher Behörden und ärztliche Atteste über andere als schwere Körperverletzungen. (Siehe Fall 3, Nachtrag A, Abschn. B II 2, S. 82.)

V. Der nach Erstattung des Gutachtens zu leistende Sachverständigeneid (ob der Sachverständige zu vereidigen ist, liegt grundsätzlich im Ermessen des Gerichts, § 79 Abs. 1) lautet nach § 79 Abs. 2 dahin, daß der Sachverständige das Gutachten unparteiisch und nach bestem Wissen und Gewissen erstattet habe. Dieser Eid deckt auch die Zeugenaussage des Sachverständigen insoweit, als er Wahrnehmungen bekundet, die einen untrennbaren Bestandteil des Gutachtens bilden (E. 69, 97). (Im Zweifelsfalle empfiehlt es sich für die Praxis, dem Sachverständigen auch den Zeugeneid abzunehmen.)

Der sachverständige Zeuge des § 85, auf den die Vorschriften über den Zeugenbeweis zur Anwendung gelangen, ist ein Zeuge, der über Wahrnehmungen aussagt, zu denen eine besondere Sachkunde erforderlich ist (z. B. der Weichenwärter über die Bedeutung bestimmter Signale).

VI. Wegen der Spezialbestimmungen für körperliche Untersuchungen (§§ 81a, 81c und 81d) siehe Nachtrag B zu Fall 3 Abschn. 4d, S. 88.)

# ZU FALL 16.

## A.

## Vorbemerkung: Die Grundsätze des Privatklage-verfahrens.

**I.** Grundsätzlich ist es Sache des Staates, sein Recht, zu strafen, selbst auszuüben, und zwar durch die mit der Strafrechtspflege betrauten Organe. Nur ausnahmsweise überläßt der Staat dieses Recht dem durch die Straftat Verletzten (Privatklage nach § 374, für deren Verhandlung und Entscheidung der Amtsrichter zuständig ist, § 25 Nr. 2a GVG.).

**II.** Neben dem Verletzten sind zur Privatklage auch legitimiert diejenigen Personen, welche nach den Vorschriften des Strafgesetzbuchs (§§ 65 Abs. 1 S. 2, 195, 196, 232 Abs. 3 StGB.) neben dem Verletzten selbst und unabhängig von dem Willen desselben die Strafverfolgung bei der Staatsanwaltschaft zu beantragen berechtigt sind (§ 374 Abs. 2.)

Sind mehrere Personen zur Privatklage berechtigt, d. h. sind durch dieselbe strafbare Handlung mehrere Personen verletzt, oder sind neben dem Verletzten noch andere Personen privatklageberechtigt (der Vormund des über 18 Jahre alten Minderjährigen, der Ehemann und der vorgesetzte Beamte), so ist jeder von dem anderen bei Ausübung dieses Rechts unabhängig, § 375.

**III.** Die Privatklage wird erhoben zu Protokoll der Geschäftsstelle oder durch Einreichung einer Anklageschrift (§ 381). Der Privatklage hat in der Mehrzahl der Fälle des § 374 ein Sühneversuch voranzugehen, § 380.

Der Privatkläger muß parteifähig und prozeßfähig sein, andernfalls die Privatklage unzulässig ist bzw. durch den gesetzlichen Vertreter geführt werden muß (§ 374 Abs. 3). Ein Minderjähriger, auch wenn er das 18. Lebensjahr vollendet hat, ist also zur selbständigen Erhebung der Privatklage nicht befugt.

**IV.** Nach Erhebung der Privatklage setzt das Gericht dem Privatkläger, soweit ihm nicht das Armenrecht bewilligt ist, eine Frist zur Zahlung eines Gebührenvorschusses.

Nach § 83 Abs. 3 der GKG. hatte die Nichtzahlung des Gebührenvorschusses lediglich zur Folge, daß dem Privatklageverfahren kein Fortgang gegeben wurde. Nach dem neuen § 379a Abs. 3 tritt bei Nichteinhaltung der Zahlungsfrist die Zurückweisung der Privatklage und die Verwerfung des etwa vom Privatkläger (Nebenkläger) eingelegten Rechtsmittels oder Wiederaufnahmeantrags ein. Die rechtskräftige Zurückweisung der Privatklage hat den endgültigen Verlust des Privatklagerechts zur Folge.

**V.** Nach Zahlung des Vorschusses und Erklärung des Beschuldigten bzw. nach Ablauf der hierzu gesetzten Frist beschließt der Amtsrichter entweder das Hauptverfahren zu eröffnen, oder die Klage zurückzuweisen. Wie im Offizialverfahren kann auch der Amtsrichter vor der Entscheidung Beweiserhebung vornehmen (§ 383 Abs. 1). Eine Zurückweisung kommt vor allem in Frage, wenn eine strafbare Handlung überhaupt nicht vorliegt (z. B. wenn es sich um eine wegen Vorliegens des § 193 StGB. straflose Beleidigung handelt) oder wenn die Klage nicht den Erfordernissen des § 200 Abs. 1 entspricht (§ 381 S. 2), oder wenn der Amtsrichter eine Straftat für vorliegend erachtet, welche das Privatklageverfahren ausschließt.

**VI.** Nach § 383 Abs. 2 kann das Gericht bei einem im Wege der Privatklage zu verfolgenden Vergehen bei geringer Schuld des Täters und unbedeutenden Folgen der Tat das Verfahren durch Beschluß einstellen. Nach Abs. 2 S. 3 ist die Einstellung mit der sofortigen Beschwerde anfechtbar. Die rechtskräftige Einstellung enthält nur eine beschränkte materielle Rechtskraft insofern, als eine nochmalige Nachprüfung der auf dem Gebiete des Ermessens liegenden Voraussetzungen der Geringfügigkeit der Schuld und der Folgen der Tat ausgeschlossen ist. Dagegen aber entfällt die Rechtskraft, wenn sich herausstellt, daß kein Vergehen, sondern ein Verbrechen vorliegt. (E. 65, 293).

**VII.** Das weitere Verfahren richtet sich nach den Bestimmungen, welche für das Offizialverfahren gelten. Der Privatkläger übernimmt im allgemeinen die Rolle des Staatsanwalts (§§ 384, 385).

Im übrigen ist folgendes zu beachten:

**1.** Sowohl der Angeklagte als auch der Privatkläger können sich durch einen mit Vollmacht versehenen Rechtsanwalt vertreten lassen (§§ 387, 378).

**2.** Das Gericht bestimmt den Umfang der Beweisaufnahme (§ 384 Abs. 2).

**3.** Kommt das Gericht im Laufe der Verhandlung zu der Überzeugung, daß das Privatklageverfahren keine Anwendung finden kann, so ist das Verfahren einzustellen (§ 389).

**4.** Die oben in Ziff. VI erwähnte Einstellung bei Bagatellesachen kann auch nach Anordnung der Hauptverhandlung und auch noch in der Berufungsinstanz erfolgen.

**5.** Zurückgenommen werden kann die Privatklage (und zwar ohne Zustimmung des Angeklagten) bis zur Verkündung des Urteils I. Instanz bzw. II. Instanz (§ 391 Abs. 1). Fingiert wird die Zurücknahme, wenn der Privatkläger nicht erscheint und sich auch nicht durch einen Rechtsanwalt vertreten läßt. (Siehe § 391 Abs. 2.)

**VIII.** Bleibt in der Berufungsinstanz der Privatkläger bzw. sein Anwalt aus, so ist die Rechtslage folgende:

**1.** Der Privatkläger hat Berufung eingelegt:

**a)** Im Falle der Freisprechung des Angeklagten im I. Rechtszug: Verwerfung der Berufung (§ 391 Abs. 3).

**b)** Im Falle der Verurteilung des Angeklagten im I. Rechtszug: Prüfung, ob das Urteil zugunsten des Angeklagten abzuändern ist.

**2.** Der Angeklagte hat Berufung eingelegt: Die Privatklage gilt als zurückgenommen (§ 391 Abs. 2).

**3.** Der Privatkläger und der Angeklagte haben Berufung eingelegt: wie zu 2).

**IX.** Bleibt in der Berufungsinstanz der Angeklagte bzw. sein Anwalt aus, so ist die Rechtslage folgende:

**1.** Der Privatkläger hat Berufung eingelegt: Es wird über die Berufung des Privatklägers verhandelt (§§ 384, 329).

**2.** Der Angeklagte hat Berufung eingelegt: Die Berufung wird verworfen (§§ 384, 329).

**X.** Der Beschuldigte kann bis zur Beendigung der Schlußvorträge im I. Rechtszug Widerklage erheben, wenn zwischen ihr und der Privatklage ein tatsächlicher Zusammenhang besteht (§ 388). Sie kann auch mündlich erhoben werden. Abs. 2 des § 388 enthält die Möglichkeit der Widerklage gegen den Verletzten, auch wenn dieser nicht klagt (z. B. bei Klage durch Ehemann für die beleidigte Ehefrau).

**XI.** Der Tod des Privatklägers hat die Einstellung des Verfahrens zur Folge (§ 393). (Siehe aber Abs. 2 u.3 des § 393.)

**XII.** Durch den vor der Vergleichsbehörde im Sühneverfahren abgeschlossenen Vergleich bzw. den dort erklärten Verzicht auf das Privatklagerecht wird dieses aufgehoben.

Der Vergleich, der vor dem Gericht, bei dem das Privatklageverfahren anhängig ist, abgeschlossen wird, bringt das Privatklageverfahren zum Abschluß.

Streitig ist, ob auch ein außergerichtlicher Privatvergleich das Privatklagerecht des Verletzten aufhebt. Die Frage dürfte wohl zu verneinen sein, da die Privatklage ebenso wie die Zivilklage eine Bitte um staatlichen Rechtsschutz enthält, und das Recht auf diesen Schutz erst mit der ausdrücklichen Erklärung eines Verzichts von seiten des Berechtigten bei dem Gericht erlöschen kann. (Siehe Löwe, Anmerkung 7 zu § 380.)

**XIII.** Die Stellung des Staatsanwalts im Privatklageverfahren ist folgende:

**1.** Die Staatsanwaltschaft erhebt wegen der in § 374 bezeichneten Delikte (z. B. Körperverletzung nach §§ 223, 223a, nicht 224 StGB.) die öffentliche Klage nur dann, wenn dies im öffentlichen Interesse liegt (§ 376). Sie ist zu einer Mitwirkung im Privatklageverfahren nicht verpflichtet. Das Gericht legt ihr die Akten vor, wenn es die Übernahme der Verfolgung durch sie für geboten hält (§ 377).

Die Entscheidung darüber, ob ein öffentliches Interesse an der Verfolgung vorliege, steht allein der Staatsanwaltschaft zu. Der Beschuldigte hat kein Recht, der Erhebung der öffentlichen Klage wegen vermeintlichen Mangels des öffentlichen Interesses zu widersprechen, und ebensowenig steht dem Gericht die Befugnis zu, aus diesem Grunde die von der Staatsanwaltschaft beantragte Anordnung der Hauptverhandlung abzulehnen.

Ist das Delikt von einem Jugendlichen begangen, so erhebt die Staatsanwaltschaft öffentliche Klage, wenn es wegen der öffentlichen Belange oder aus Gründen der Erziehung geboten ist (§ 53 RJGG.).

**2.** Lehnt die Staatsanwaltschaft die Erhebung der öffentlichen Klage ab, weil ein öffentliches Interesse nicht vorliege, so steht dem Verletzten nur die Beschwerde an die vorgesetzten Beamten der Staatsanwaltschaft zu; der Antrag auf gerichtliche Entscheidung ist ausgeschlossen, denn die Vorschrift des § 172 hat nur den Zweck, die Durchführung des Legalitätsprinzips zu gewährleisten, und das Anwendungsgebiet reicht nur soweit, als sich das Anklagemonopol der Staatsanwaltschaft erstreckt. Siehe Fall 2 Abschn. B III 1a, S. 54.

**3.** Die Staatsanwaltschaft kann die Verfolgung übernehmen in jeder Lage des Verfahrens bis zum Eintritt der Rechtskraft des Urteils (§ 377 Abs. 2).

In Abänderung seiner früheren Stellungnahme hat das Reichsgericht in E. 41, 280; 46, 126 und 57, 349 entschieden, daß durch die Übernahmeerklärung der Staatsanwaltschaft gemäß § 377 das anhängige Privatklageverfahren nicht einfach beseitigt wird und mittels Urteil entsprechend § 389 einzustellen ist, vielmehr in derjenigen Lage, in der es sich zur Zeit der Übernahme befindet, nach den Formen des amtlichen öffentlich eingeleiteten Verfahrens fortzuführen ist. Dies gilt namentlich auch dann, wenn die Staatsanwaltschaft schon vor Eröffnung des Hauptverfahrens die Verfolgung übernimmt.

## B.

## Lösung des Falles.

### I. Die Verstöße gegen Verfahrensnormen in dem Privatklageverfahren und ihre Wirkungen.

**1.** Nichtbeachtung der in der Beleidigung enthaltenen Anschuldigung gegen die Eheleute Leicht, Ehebruch und Kuppelei begangen zu haben.

Zwar wird das Gericht, schon wenn es erhebliche Verdachtsmomente für eine strafbare Handlung aus dem Inhalt der Klageschrift entnehmen zu können glaubt, in der Regel von der Eröffnung des Hauptverfahrens absehen und die Akten der Staatsanwaltschaft zur weiteren Veranlassung vorlegen; indes besteht hierzu eine rechtliche Verpflichtung, deren Nichtbeachtung eine Verletzung einer Verfahrensnorm bedeuten würde, gemäß § 191 StGB. nur dann, wenn bei der Behörde wegen der angeblichen strafbaren Handlung eine Anzeige zum Zwecke der Herbeiführung eines Strafverfahrens gemacht worden ist.

Hätte also im vorliegenden Falle eine Anzeige vorgelegen, so hätte der Amtsrichter bis zu dem Beschlusse, daß die Eröffnung der Untersuchung nicht stattfinde, oder bis zur Beendigung der eingeleiteten Untersuchung mit dem Verfahren und der Entscheidung über die Beleidigung zuwarten müssen.

**2.** Der unterlassene Sühneversuch.

**a)** Vorbemerkung (siehe hierzu Löwe, Anm. 3 zu § 380):

aa) Nach § 380 ist bei Hausfriedensbruch, Beleidigung, leichter vorsätzlicher und fahrlässiger Körperverletzung u. a. die Erhebung der Privatklage erst möglich, nachdem von einer durch die Landesjustizverwaltung zu bezeichnenden Vergleichsbehörde die Sühne erfolglos versucht worden ist, worüber der Kläger eine Bescheinigung mit der Klage einzureichen hat.

bb) Die Vorschrift über den Sühneversuch ist im öffentlichen Interesse erlassen; sie verfolgt den Zweck, der leichtfertigen und übereilten Erhebung von Privatklagen vorzubeugen, sie will die Geltendmachung des Klagerechts erschweren. Infolgedessen hat das Gericht von Amts wegen zu prüfen, ob ein Sühneversuch stattgefunden hat.

cc) Erst wenn der Nachweis erbracht ist, daß ein Sühneversuch stattgefunden hat, ist die Klage vorschriftsmäßig i. S. des § 382 erhoben. Fehlt dieser Nachweis, so wird die Klage aber nicht etwa gemäß § 383 sofort zurückgewiesen, sondern der Amtsrichter bestimmt dem Privatkläger eine Frist zur Nachholung des Versäumten unter Androhung der Zurückweisung.

Wird der Nachweis innerhalb der Frist nicht erbracht, so ist die Klage durch Beschluß zurückzuweisen. Gegen diesen Beschluß steht dem Privatkläger die sofortige Beschwerde gemäß § 210 Abs. 2 zu. Wegen abermaliger Erhebung einer zurückgewiesenen Klage siehe § 211.

**b)** Indes bedeutet die Vorschrift des § 380 keine Prozeßvoraussetzung, sondern eine sog. Klagevoraussetzung, die als solche nur für den Prozeßabschnitt Bedeutung hat, welcher mit Erhebung der Klage beginnt und mit der Eröffnung des Hauptverfahrens endigt; mit diesem Zeitpunkt wird der Mangel zwar nicht geheilt, aber gegenstandslos.

**c)** Eine Nachholung des Sühneversuchs im Hauptverfahren oder in höherer Instanz wäre schon deshalb überflüssig, weil das Gericht ja selbst in jeder Lage des Verfahrens eine gütliche Erledigung der Sache im Wege des Vergleichs versuchen kann. Daß der Amtsrichter im vorliegenden Falle das Hauptverfahren ohne vorangegangenes Sühneverfahren eröffnet hat, ist demnach für den weiteren Verlauf des Privatklageverfahrens ohne Bedeutung.

**3.** Die eidliche Vernehmung der Ehefrau Leicht als Zeugin.

**a)** Nach § 384 richtet sich nach der Eröffnung des Hauptverfahrens das weitere Verfahren nach den Bestimmungen, welche für das Verfahren auf erhobene öffentliche Klage gegeben sind, soweit nicht die dem § 384 folgenden Paragraphen Abweichungen enthalten, oder solche aus der Natur des Privatklagerechts hergeleitet werden müssen.

**b)** So muß z. B. als dem Wesen der Privatklage widersprechend die Vernehmung des Privatklägers als Zeugen abgelehnt werden.

Zwar kann der Privatkläger zwecks Aufklärung zum persönlichen Erscheinen genötigt werden (§ 387 Abs. 3); aus der Natur der Privatklage ergibt sich aber, daß der Kläger als eine der Staatsanwaltschaft verwandte Prozeßpartei anzusehen ist, und somit, da nicht dritte Person, im Strafverfahren auch nicht als Zeuge auftreten kann. (Siehe Fall 3, Abschn. B I 1a, S. 65.)

Die Vernehmung der Ehefrau Leicht, in deren Namen ihr Ehemann Privatklage erhoben hatte, die also Privatklägerin war, enthält demnach einen Verstoß gegen eine Verfahrensnorm, der zur Aufhebung des auf diesem Verstoß beruhenden Urteils führen müßte.

## II. Die Verstöße gegen Verfahrensnormen in dem Offizialverfahren und ihre Wirkungen.

**1.** Die Verlesung der Aussagen der Ehefrau Leicht. (Siehe auch Fall 3, Nachtrag A, S. 82 ff.)

**a)** Die Unmittelbarkeit der Beweisführung (ein Teil des Grundsatzes der Mündlichkeit) ist in § 250 gesetzlich festgelegt, der die Verlesung eines Protokolls dann für unzulässig erklärt, wenn sie zu dem Zwecke erfolgt, den Beweis für die Wahrnehmungen einer Person durch diese Verlesung, statt durch Vernehmung der Person zu liefern.

**b)** In Abweichung von dieser Regel darf nur in den in § 251 aufgeführten Fällen an Stelle der mündlichen Vernehmung einer Person vor dem erkennenden Gericht die Verlesung des Protokolls über eine frühere Vernehmung derselben erfolgen. Der Absatz 1 Nr. 1 enthält die Fälle absoluter, der Absatz 1 Nr. 2 und 3 diejenigen relativer Hinderung.

In den ersteren Fällen, wenn also ein Zeuge, Sachverständiger oder Mitbeschuldigter verstorben oder in Geisteskrankheit verfallen oder sein Aufenthalt nicht zu ermitteln gewesen ist, ist die Zulässigkeit der Verlesung des Protokolls über seine frühere (auch nichtrichterliche) Vernehmung an keine Beschränkung geknüpft, insbesondere ist nicht Voraussetzung, daß es sich dabei um ein in der anhängigen Sache aufgenommenes Protokoll handeln muß. (Siehe Nachtrag A zu Fall 3, Abschn. D III 1, S. 85.)

Voraussetzung der Anwendbarkeit des § 251 ist also an sich nur, daß ein ordnungsmäßiges gerichtliches Protokoll vorliegt, d. h. ein solches, das den Erfordernissen der §§ 168, 187, 188 (vor allem Unterschriften des Richters und zugezogenen Gerichtsschreibers) entspricht.

**c)** Im vorliegenden Falle entsteht nun die Frage, welche Bedeutung der Tatsache zukommt, daß die Vernehmung der Ehefrau Leicht als Zeugin im Privatklageverfahren gesetzwidrig war.

Diese Frage ist unter Bezugnahme auf die Erörterungen in Fall 3, Abschn. B II 4, S. 71 dahin zu beantworten, daß die Verlesung der zwar ordnungsmäßig protokollierten, aber auf Grund einer illegalen Vernehmung erfolgten Aussagen der Ehefrau Leicht einen Verstoß gegen eine Verfahrensnorm enthält.

**2.** Nichtbeachtung des Einwandes des Angeklagten, er sei wegen der Äußerung bereits verurteilt.

Abgesehen davon, daß keine rechtskräftige Entscheidung über die Schuldfrage vorliegt (das Privatklageverfahren schwebt ja noch in der Berufungsinstanz), scheidet der Grundsatz „ne bis in idem" (siehe hierüber Fall 12, Abschn. A, S. 175) schon deshalb aus, weil im vorliegenden Falle, wo ein Privatklageverfahren in Frage kommt, die Vorschrift des § 375 die entscheidende Norm enthält.

**a)** Diese Vorschrift gilt sowohl für den Fall, daß neben dem Verletzten selbst noch eine andere zur Privatklage selbständig berechtigte Person vorhanden ist (§ 374 Abs. 2), als auch dann, wenn mehrere Personen durch dieselbe Handlung verletzt sind. (E. 3, 364.)

**b)** Darüber, daß sowohl die Eheleute Leicht als auch der Regierungsbaumeister Hergert die Beleidigung im Wege der Privatklage zu verfolgen berechtigt sind, kann ebensowenig ein Zweifel bestehen, wie in der Richtung, daß beiden Beleidigungen dieselbe strafbare Handlung zugrunde liegt.

Die grundsätzlichen Voraussetzungen für die Anwendbarkeit des § 375 (siehe Abs. 1 dieser Gesetzesstelle) sind demnach gegeben.

Hätte also im vorliegenden Falle das im Privatklageverfahren ergangene Urteil vom 30. November 1950 die Rechtskraft beschritten gehabt, dann hätte diese Entscheidung gemäß § 375 Abs. 3 die Wirkung gehabt, daß nicht nur wegen der gleichen Tat ein weiteres Privatklageverfahren, sondern auch eine nachträgliche Verfolgung derselben Handlung durch die Staatsanwaltschaft auf Grund eines Antrags eines anderen Berechtigten ausgeschlossen gewesen wäre. (E. 3, 365.)

Das Urteil des Amtsrichters im Offizialverfahren vom 10. Dezember 1950 hätte in diesem Falle auf Einstellung lauten müssen.

**c)** Im vorliegenden Falle handelt es sich aber nur um die Frage, welche Wirkung die Tatsache der Rechtshängigkeit des Privatklageverfahrens auf das Offizialverfahren ausüben mußte.

aa) Handelt es sich um zwei Offizialverfahren, so gilt der Grundsatz, daß die Rechtshängigkeit der Strafklage bei einem Gerichte der Anhängigmachung derselben Sache bei einem anderen Gerichte entgegensteht, und daß, wenn unter Verletzung dieses Grundsatzes dennoch die Strafsache bei dem später angerufenen Gerichte gleichzeitig anhängig geworden sein sollte, dieses, wenn auch vielleicht nur in unwissentlicher Verletzung jenes Grundsatzes tätig gewordene Gericht das bei ihm schwebende Verfahren einzustellen hat, wenn es von der Rechtshängigkeit der Sache, namentlich zufolge Einwandes des Angeklagten Kenntnis erhält.

bb) Handelt es sich um das Zusammentreffen eines Offizial- mit einem Privatklageverfahren, so greift die Spezialvorschrift des § 375 Abs. 2 Platz, wonach während der Dauer des Privatklageverfahrens die Verfolgung derselben Handlung in einem anderen Verfahren unzulässig ist, den anderen Berechtigten während der Dauer des ersten Verfahrens vielmehr nur der Beitritt zu diesem zusteht.

Der mit dem Offizialverfahren befaßte Amtsrichter hätte also, wenn er bei Einkunft der Anklageschrift des Staatsanwalts von dem Privatklageverfahren Kenntnis gehabt hätte, die Eröffnung des Hauptverfahrens als z. Z. unzulässig ablehnen müssen; da er aber erst in der Hauptverhandlung durch die Verteidigung des Angeklagten von dem nebenher laufenden Privatklageverfahren erfuhr, hätte er durch Beschluß das Offizialverfahren für vorläufig beruhend erklären müssen; denn erst nach Beendigung des Privatklageverfahrens konnte unter Berücksichtigung der Art der Beendigung desselben eine definitive Entscheidung darüber getroffen werden, ob das Klagerecht der Staatsanwaltschaft erloschen sei.

(Ein solches Erlöschen des staatsanwaltschaftlichen Klagerechts würde z. B. dann nicht vorliegen, wenn das Privatklageverfahren durch Zurücknahme der Privatklage gemäß § 391 seine Erledigung fände; denn eine solche Erledigung hätte lediglich die Wirkung, daß die Privatklage nicht von neuem erhoben werden kann [§ 392], während bezüglich der öffentlichen Klage das Gesetz eine entsprechende Bestimmung nicht enthält, die Erhebung einer solchen also an sich durchaus möglich ist, zumal in der Zurücknahme der Privatklage nicht ohne weiteres auch die Zurücknahme des Strafantrags zu liegen braucht. E. 19, 285.)

**III. Welche Schritte wird angesichts dieser Sach- und Rechtslage der Staatsanwalt unternehmen, um eine Verurteilung des Stein wegen der Beleidigung der Eheleute Leicht und des Hergert zu erreichen?**

**1.** Der Staatsanwalt, der auf Grund der obigen Erwägungen zu dem Schluß kommen muß, daß das Offizialverfahren in der Berufungsinstanz unbedingt für vorläufig beruhend erklärt werden muß, wird sich zum Eintritt in das Privatklageverfahren entschließen, d. h. er wird die Verfolgung gemäß § 377 Abs. 2 übernehmen.

**a)** Die durch ausdrückliche Erklärung zu bewirkende Übernahme durch den Staatsanwalt hat zur Folge, daß das Privatklageverfahren nicht einfach beseitigt wird und entsprechend § 389 einzustellen ist, sondern daß es vielmehr in der Lage, in der es sich zur Zeit der Übernahme befindet, nach den Formen des amtlichen, öffentlich eingeleiteten Verfahrens fortzuführen ist. Die Privatklage ist nunmehr als öffentliche Klage zu behandeln.

**b)** Da nunmehr zwei Offizialverfahren nebeneinander herlaufen, wird der Staatsanwalt weiter bezüglich des ersten Offizialverfahrens die Einstellung beantragen.

**c)** Da die Einlegung eines Rechtsmittels seitens des Staatsanwalts noch nach Ablauf der dem Privatkläger gesetzlich zustehenden Rechtsmittelfristen nicht zulässig ist — besondere Rechtsmittelfristen für die Staatsanwaltschaft sind im Gesetz nicht vorgesehen — vielmehr das Privatklageverfahren in der Lage übernommen werden muß, in welcher es sich gerade prozessualisch befindet, kann der Staatsanwalt, der also an die vorhandene Prozeßlage gebunden ist, im vorliegenden Falle, wo die dem Privatkläger Leicht zustehende Frist zur Einlegung der Berufung bereits abgelaufen ist, von diesem Rechtsmittel keinen Gebrauch mehr machen.

**d)** Trotzdem kann das Gericht ohne weiteres den Stein in der Berufungsinstanz auch wegen Verleumdung des Regierungsbaumeisters Hergert bestrafen, da nach § 264 den Gegenstand der Urteilsfindung die in der Anklage bezeichnete Tat bildet, d. h. der geschichtliche Vorgang (die Beleidigung in ihrem gesamten Wortlaut) der der Anklage zugrunde gelegt ist.

Wir kommen demnach zu dem Ergebnis, daß der Staatsanwalt durch Übernahme des Privatklageverfahrens die Bestrafung des Stein wegen Verleumdung der Eheleute Leicht **und** des Regierungsbaumeisters Hergert erreichen kann.

Voraussetzung hierfür ist aber, daß die Aussagen des Zeugen Hergert, der nach § 55 auskunftsverweigerungsberechtigt ist, als Grundlage für ein verurteilendes Erkenntnis ausreichen; denn die Aussagen der zu Unrecht als Zeugin vernommenen Ehefrau Leicht können natürlich auch in dem Berufungsverfahren nicht verwertet werden. (Siehe oben Abschn. I, 3.)

**IV. Kann der Staatsanwalt eine Verurteilung zu drei Monaten Gefängnis erreichen?**

Eine Erhöhung der Strafe von 6 Wochen Gefängnis ist im Hinblick auf den Grundsatz des Verbots der reformatio in peius unmöglich, denn der Staatsanwalt konnte ja, wie wir oben (siehe Abschn. III 1c) gesehen haben, Berufung nicht mehr einlegen. (Siehe § 331.)

# ZU FALL 17.

## A.

## Vorbemerkung: Die Nebenklage.

**I.** Während das Privatklagerecht den Verletzten gegen Klagunterlassungen schützen will, bezweckt die Nebenklage, die eine weitere Durchbrechung des staatsanwaltschaftlichen Anklagemonopols bedeutet, dem Verletzten eine Möglichkeit zu geben, etwaigen Mängeln in der Klagdurchführung durch Teilnahme an dem Strafprozeß vorzubeugen.

**II.** Der Nebenkläger ist eine Privatperson, der das Gesetz die Befugnis zugesprochen hat, an dem Strafverfahren nach erhobener

Klage in jeder Lage des Verfahrens neben der Staatsanwaltschaft teilzunehmen. Im Gegensatz zum Privatkläger tritt der Nebenkläger nicht an die Stelle des mit der Strafverfolgung regelmäßig betrauten staatlichen Organs, sondern es soll ihm lediglich die Möglichkeit gegeben werden, neben dem Staatsanwalt seine besonderen an der Verurteilung des Angeklagten beteiligten Interessen wahrzunehmen.

Die absolute Selbständigkeit der öffentlichen Klage und ihre ausschließliche Vertretung durch die Staatsanwaltschaft werden durch den Anschluß eines Nebenklägers in keiner Weise berührt. (E. 28, 226.)

**III.** Berechtigt zu der Anschlußerklärung sind:

**1.** die nach Maßgabe des § 374 zur Privatklage Berechtigten, sobald die öffentliche Klage erhoben ist (§ 395 Abs. 1),

**2.** wer durch einen Antrag auf gerichtliche Entscheidung (§ 172) die Erhebung der öffentlichen Klage herbeigeführt hat, wenn die strafbare Handlung gegen sein Leben, seine Gesundheit, seine Freiheit, seinen Personenstand oder seine Vermögensrechte gerichtet war (§ 395 Abs. 2). (N. B. Der innere Grund für die Berechtigung aus § 395 Abs. 2 ist ein gewisses Mißtrauen gegen die Staatsanwaltschaft. Derjenige, der die Staatsanwaltschaft genötigt hat, wider ihren Willen die öffentliche Klage zu erheben, soll auch die Möglichkeit haben, auf den weiteren Fortgang des Verfahrens einen wesentlichen Einfluß auszuüben.)

**3.** die Verwaltungsbehörden in Gefällsprozessen nach der StPO., wenn der Beschuldigte gegen einen Strafbescheid auf gerichtliche Entscheidung angetragen, oder die Staatsanwaltschaft Anklage erhoben hat (§ 427). (N. B. Die Reichsabgabenordnung hat in § 479 die §§ 419 bis 429 der StPO. außer Kraft gesetzt und durch eigene Bestimmungen — §§ 420 bis 477 — ersetzt, s. Fall 1, S. 37.)

**IV.** Kraft Gesetzes wird zum Nebenkläger:

**1.** Der Privatkläger, wenn die Staatsanwaltschaft die Verfolgung übernommen hat (§ 377 Abs. 3),

**2.** das Finanzamt in Gefällsprozessen nach der RAbgOrd., wenn der Beschuldigte auf gerichtliche Entscheidung angetragen oder die Staatsanwaltschaft Anklage erhoben hat (§§ 467, 472 RAbgOrd.).

**V.** Der Anschluß kann in jeder Lage des Verfahrens erfolgen, auch nach Erlaß des Urteils zwecks Einlegung von Rechtsmitteln (§ 395 Abs. 1 Satz 2).

**VI.** Durch den Anschluß erlangt der Nebenkläger die Rechte des Privatklägers (§ 397); er kann sich insbesondere unabhängig von der Staatsanwaltschaft der Rechtsmittel bedienen (§ 401 Abs. 1). Nicht erforderlich ist dagegen seine Anwesenheit während der ganzen Hauptverhandlung, da er nicht zu den in § 226 aufgezählten notwendigen Personen des Verfahrens gehört; § 391 Abs. 2 kommt demnach auf ihn nicht zur Anwendung, dagegen § 391 Abs. 3 (siehe E. 63, 53).

**VII.** Die Anschlußerklärung muß bei dem Gerichte schriftlich (eine mündliche Erklärung in der Hauptverhandlung ist unwirksam) eingereicht werden (§ 396). Die Entscheidung über die Berechtigung (die nach E. 59, 126 von Amts wegen nachzuprüfen ist) hat durch ausdrücklichen Beschluß zu erfolgen. Schließt sich jemand durch Rechtsmitteleinlegung der öffentlichen Klage an, so ist für die Entscheidung über die Zulassung des Nebenklägers allein das Rechtsmittelgericht zuständig (E. 76, 178).

Dieser Zulassungsbeschluß, der konstitutive Wirkungen hat, ist zu erlassen, wenn nach dem tatsächlichen Inhalt der Anklage oder dem jeweiligen Verhandlungsergebnisse die rechtliche Möglichkeit besteht, das den Gegenstand der Anklage oder der Verhandlung bildende Tun des Angeklagten unter einem rechtlichen Gesichtspunkt zu betrachten, der die Zulassung des Nebenklägers nach § 395 rechtfertigt (E. 43, 262). (Siehe hierzu die Ausführungen in Abschn. B V.)

**VIII.** Sowohl die gesetzwidrige Ablehnung einer Zulassung als auch die zu Unrecht erfolgte Zulassung einer Nebenklage kann die Revision gemäß § 337 begründen (E. 59, 100; 66, 346).

**IX.** Die für die Privatklage geltenden Bestimmungen über Zahlung eines Gebührenvorschusses (siehe Fall 16, Abschn. A IV, S. 210) finden auf den Nebenkläger und das von ihm betriebene Verfahren entsprechende Anwendung. (§ 401.)

**X.** Das Nebenklage-Prozeßverhältnis dauert, einmal gültig begründet, grundsätzlich solange wie das Haupt-Prozeßverhältnis. Vorher verliert es seine Wirkung nur durch Widerruf, sowie den Tod des Nebenklägers (§ 402). Von diesen beiden im Gesetz ausdrücklich erwähnten Fällen abgesehen, ist eine Beseitigung der nebenklägerischen Befugnisse nur noch dadurch möglich, daß der Beschluß, auf dem sie beruhen, mit dem gesetzlich zulässigen Rechtsmittel der Beschwerde nach § 304 mit Erfolg angefochten wird (E. 51, 130). Andererseits kann die Abweisung der Nebenklage formelle Rechtskraft nur erlangen durch Verzicht des Beschwerdeberechtigten, durch Zurücknahme der eingelegten Beschwerde, oder durch Bestätigung oder Abweisung seitens des Beschwerdegerichts.

## B.

## Lösung des Falles.

### I. Durfte der Kaufmann als Nebenkläger zugelassen werden?

1. Das Anschlußrecht aus der Privatklageberechtigung.

§ 395 Abs. 1 bestimmt: Wer nach Maßgabe der Bestimmung des § 374 als Privatkläger aufzutreten berechtigt ist, kann sich der erhobenen öffentlichen Anklage in jeder Lage des Verfahrens als Nebenkläger anschließen. Der Anschluß kann behufs Einlegung von Rechtsmitteln auch nach ergangenem Urteil geschehen.

a) Die Privatklageberechtigung aus § 374 Abs. 1 und 3.

aa) Die den Gegenstand des Strafverfahrens bildende gefährliche Körperverletzung i. S. des § 223a StGB. gehört nach § 374 Abs. 1 Z. 3 zu den Körperverletzungen, die im Wege der Privatklage verfolgt werden können. (N. B. § 226 StGB. kommt deshalb nicht in Frage, weil laut Tatbestand ein ursächlicher Zusammenhang zwischen Körperverletzung und Tod nicht vorgelegen hat.)

bb) Als Privatkläger aufzutreten berechtigt ist nach § 374 Abs. 1 der Verletzte; ist dieser minderjährig, so hat nach Maßgabe des Abs. 3 dieses Paragraphen dessen Vater als gesetzlicher Vertreter die Befugnis zur Erhebung der Privatklage.

Da aber die gesetzliche Vertretung mit dem Tode des vertretenen Minderjährigen ihr Ende erreicht, so muß auch in diesem Zeitpunkt die Befugnis des Vaters zur Erhebung der Privatklage bzw. Nebenklage erlöschen. (E. 29, 141.)

Der Kaufmann kann demnach sein Anschlußrecht nicht aus der Privatklageberechtigung gemäß §§ 395 Abs. 1, 374 Abs. 1 und 3 herleiten. (N.B. Die Prozeßfähigkeit des Privatklägers wird nicht nach den Bestimmungen des Strafgesetzbuches [§§ 65, 195] beurteilt, sondern nach den Grundsätzen der ZPO., d. h. wem im Zivilprozeß die Fähigkeit, vor Gericht zu stehen, mangelt, kann auch die strafrechtliche Privatklage nur durch seinen gesetzlichen Vertreter erheben; der Minderjährige also, auch wenn er das achtzehnte Lebensjahr vollendet hat, kann selbständig Privatklage nicht erheben, obwohl er nach § 65 StGB. selbständig Strafantrag stellen kann.)

b) Die Privatklageberechtigung aus § 374 Abs. 2 (Strafantragsrecht.)

aa) In Abs. 2 des § 374 werden diejenigen Personen dem Verletzten gleichgestellt, welche gemäß §§ 195, 196, 232 Abs. 3 StGB. (Ehemann und amtlicher Vorgesetzter) neben dem Verletzten selbst und unabhängig von dem Willen desselben die Strafverfolgung zu beantragen berechtigt sind; m. a. W.: Bei allen Beleidigungen sowie den leichten vorsätzlichen und fahrlässigen Körperverletzungen ist der Ehemann bzw. der amtliche Vorgesetzte berechtigt, unabhängig von dem Willen der Ehefrau bzw. des Beamten, Privatklage zu erheben; dieses Recht geht auch durch den nachfolgenden Tod der Ehefrau bzw. des Beamten nicht verloren.

bb) Es ist nun die Frage zu prüfen, ob zu dem Personenkreis des Abs. 2 des § 374 auch der gesetzliche Vertreter i. S. des § 65 StGB. gehört, d. h. ob der gesetzliche Vertreter eines Minderjährigen oder Geschäftsunfähigen ein selbständiges, auch dessen Tod überdauerndes Strafantragsrecht besitzt. (N.B. Die Meinungsverschiedenheit in dieser Frage ist darauf zurückzuführen, daß der Ausdruck „selbständiges Antragsrecht" sowohl im Sinne von eigenem Recht als im Sinne von unabhängigem Recht gebraucht wird.)

Das Reichsgericht hat, entgegen seiner früheren Stellungnahme (siehe E. 35, 133; 38, 37) in E. 57, 241 die Frage nach dem Antragsrecht des gesetzlichen Vertreters i. S. des § 374 Abs. 2 dahin entschieden, daß der gesetzliche Vertreter des noch nicht 18jährigen Minderjährigen kein eigenes den Tod des Minderjährigen überdauerndes Antragsrecht i. S. des § 374 Abs. 2 besitze. Er übe, so sagt das Reichsgericht, nur das Recht des Verletzten aus, zwar unabhängig von dessen Willen und insofern „selbständig", aber nur für ihn als den alleinigen Träger des materiellen Antragsrechts und in seinem Namen, also nicht mehr, nachdem der Verletzte gestorben ist, ohne daß der gesetzliche Vertreter Strafantrag gestellt hatte. Die Frage, ob der gesetzliche Vertreter eines Minderjährigen, der das 18. Lebensjahr vollendet hat, ein eigenes, den Tod des Minderjährigen überdauerndes Antragsrecht i. S. des § 374 Abs. 2 besitze, hat das Reichsgericht unentschieden gelassen. Wir verneinen diese Frage und kommen somit zu dem Schluß, daß mit dem Tode des Minderjährigen (gleichgültig, ob er unter oder über 18 Jahre alt ist) nicht nur die gesetzliche Vertretung zur Erhebung der Privatklage (§ 374 Abs. 3), sondern auch das Antragsrecht nach § 374 Abs. 2 erlischt.

Der Kaufmann kann demnach seinen Beitritt als Nebenkläger auch nicht auf die Bestimmung des § 374 Abs. 2 stützen.

(Die Frage, ob § 374 Abs. 2 schon aus dem Grunde ausscheidet, weil es sich im vorliegenden Falle um eine gefährliche Körperverletzung i. S. des § 223a StGB. handelt, die ohne Antrag zu verfolgen ist, kann dahingestellt bleiben. Siehe Juristische

Wochenschrift 1925, 1041 und Goltd. Archiv 69, 477, sowie die unten in Abschn. V I, S. 228 am Ende erwähnte Entscheidung des OLG. Hamm.)

**2.** Die Anschlußberechtigung aus § 395 Abs. 2.

**a)** Dieser Gesetzesstelle liegt der Gedanke zugrunde, daß demjenigen, der durch Antrag auf gerichtliche Entscheidung die Staatsanwaltschaft genötigt hat, wider ihren Willen die öffentliche Klage zu erheben, auch die Möglichkeit gewährt werden soll, in der Untersuchung als Partei neben der Staatsanwaltschaft aufzutreten und unabhängig von der letzteren auf die Untersuchungsführung einzuwirken. (Löwe, Anmerkung 3 zu § 395.)

**b)** Der Begriff des Verletzten i. S. des § 172 deckt sich nicht mit den Voraussetzungen, unter welchen in § 395 Abs. 2 der Verletzte für anschlußberechtigt erklärt wird. Während nach § 172 der Antrag auf gerichtliche Entscheidung dem „Verletzten" ganz allgemein und ohne irgendwelche Einschränkung zusteht, wird in § 395 Abs. 2 die Befugnis, sich der erhobenen Klage als Nebenkläger anzuschließen, demjenigen, welcher durch einen Antrag auf gerichtliche Entscheidung die Erhebung der öffentlichen Klage herbeigeführt hat, nur dann erteilt, wenn die strafbare Handlung gegen sein Leben, seine Gesundheit, seine Freiheit, seinen Personenstand oder seine Vermögensrechte gerichtet war. (Siehe hierzu Fall 2, Abschnitt B I 3, S. 52.)

**c)** Im vorliegenden Falle kann es sich nur um die Frage handeln, ob die strafbare Tat gegen die Vermögensrechte des Vaters gerichtet war.

aa) Daß die strafbare Handlung in dem Sinne gegen die in § 395 Abs. 2 genannten Güter „gerichtet" war, daß sie zu dem Zwecke der Verletzung solcher Rechte begangen sein mußte, soll nach E. 62, 210 kein Erfordernis für die Anwendung dieser Gesetzesstelle bilden. Notwendig ist lediglich, daß die strafbare Handlung einen unmittelbaren Eingriff in die Vermögensrechte des Nebenklägers in sich schloß.

bb) Die Vermögensrechte des Vaters des verletzten Sohnes werden nach der oben zitierten Reichsgerichtsentscheidung insofern in Mitleidenschaft gezogen, als ersterer für die Kosten der Krankenhausbehandlung gemäß § 1627 BGB. aufkommen mußte.

Gegen die Zulässigkeit der Nebenklage des Kaufmanns bestehen somit keine rechtlichen Bedenken; der diesbezügliche Beschluß des Amtsrichters ist zu Recht ergangen.

## II. Die eidliche Vernehmung des Nebenklägers als Zeugen.

**1.** Daß der Nebenkläger als Zeuge vernommen werden kann, begründet das RG. in E. 2, 385 vor allem damit, daß, abgesehen von Erwägungen allgemeiner Art, weder an irgendeiner Stelle im Gesetze der Nebenkläger als unfähig zum Zeugnis erklärt werde, noch die prozessuale Stellung des Nebenklägers als solche zur Annahme der Zeugnisunfähigkeit zwinge. „Der Nebenklage ist vor allem Raum gewährt für alle Fälle der Körperverletzung. Berücksichtigt man die tatsächliche Bedeutung dieser Deliktsart in der Rechtspflege, erwägt man den Wert des Zeugnisses des Verletzten für den Beweis und die empfindliche Schädigung der Interessen der Anklage wie auch des Verletzten selbst, wenn das Zeugnis des letzteren nach der Anschlußerklärung unzulässig sein soll, so wird es schon nach diesen Erwägungen der zwingendsten Gründe für die Annahme bedürfen, daß die Strafprozeßordnung dem Nebenkläger die Fähigkeit zum Zeugnisse habe absprechen wollen."

**2.** Wird der Nebenkläger als Zeuge vernommen, so kann er auch beeidigt werden, sofern nicht ein gesetzlicher Grund zur uneidlichen Vernehmung (§ 60) vorliegt.

Gegen die eidliche Vernehmung des Nebenklägers im vorliegenden Falle bestehen demnach keine Bedenken.

**III. Unterliegt die Frage der Anschlußberechtigung der Prüfung des Berufungsgerichts?**

**1.** Jede Berufung kann sich, wie im Falle 7 Abschn. A II 2 S. 130 ausgeführt wurde, ebenso wie die Revision sowohl gegen das Urteil in seiner Gesamtheit, als auch gegen jede im Urteil enthaltene, von den übrigen Urteilsbestandteilen rechtlich loslösbare Einzelentscheidung richten, so z. B. gegen Höhe und Art der erkannten Strafe (im Gegensatz zur Schuldfrage), Verhängung oder Nichtverhängung einer Nebenstrafe, Ehrverlust usw.; sie kann schließlich auch auf den Kostenpunkt beschränkt werden. (E. 49, 58.)

Immer hat die ausdrückliche Beschränkung der Berufung auf einen Teil des Urteils selbst zur Folge, daß gemäß § 327 nur dieser eine Teil der Prüfung des Berufungsgerichts unterliegt.

Dadurch also, daß im vorliegenden Falle der Verteidiger des Angeklagten ausdrücklich erklärt hat, daß sich sein Angriff nur gegen die Ablehnung seines Antrags auf Überbürdung der Kosten auf den Nebenkläger richte, kann Gegenstand der Prüfung nur die Kostenfrage werden, es sei denn, daß das Berufungsgericht zur Prüfung der Zulassungsfrage usw. von Amts wegen verpflichtet war.

**2.** Eine Prüfung der Zulassungsfrage von Amts wegen kommt für das Berufungsgericht nicht in Betracht; eine solche müßte nur dann eintreten, wenn der Nebenkläger der Beschwerdeführer wäre; dann wäre allerdings der Berufungsrichter verpflichtet, in eine Prüfung dieser Frage von Amts wegen einzutreten, denn nach § 322 hat das Berufungsgericht die Beachtung der Bestimmungen über die Einlegung der Berufung — und hierzu gehören auch die Bestimmungen über das Recht zur Einlegung des

Rechtsmittels — von Amts wegen zu prüfen (E. 62, 209); stellt sich dabei heraus, daß die Zulassung als Nebenkläger zu Unrecht erfolgt ist, so ist der angebliche Nebenkläger auch nicht zur Berufungseinlegung berechtigt; die Berufung ist alsdann als unzulässig zu verwerfen. (E. 35, 26.)

Wir kommen also zu dem Schluß, daß der Prüfung der Strafkammer im vorliegenden Falle nur die Kostenfrage unterliegt, und daß ohne jede Nachprüfung die Berechtigung des Kaufmanns zur Beteiligung an dem vorinstanzlichen Verfahren als Nebenkläger unterstellt werden muß. (N. B. Zu dem gleichen Ergebnis müßte man gelangen, wenn es sich um ein Revisionsverfahren handelte. Dem § 327 entspricht § 352, und dem § 322 der § 349.)

### IV. Auf welche Bestimmung gründet sich der Antrag des Verteidigers in der Kostenfrage?

**1.** Die Strafprozeßordnung enthält keine ausdrücklichen Vorschriften über die Kostenerstattungspflicht des Nebenklägers. Dieselbe ist daher nach den aus den sonstigen Vorschriften des Gesetzes sich ergebenden Normen zu behandeln.

**a)** Grundsätzlich besteht für den Nebenkläger keine Pflicht zur Kostentragung. (E. 46, 362.)

**b)** Auf den im Verfahren auf öffentliche Klage auftretenden Nebenkläger erleiden, nach den in der Praxis geltenden Grundsätzen, die Bestimmungen des § 471 insofern Anwendung, als hinsichtlich der Kostenerstattungspflicht des Angeklagten (Abs. 1 und 5 a.a.O.) der Nebenkläger dem Privatkläger gleichgestellt wird. (E. 31, 230.)

Im Falle der Verurteilung des Angeklagten und Nebenbeklagten fallen diesem also sämtliche Kosten zur Last, und zwar die des gerichtlichen Verfahrens gemäß § 465 Abs. 1, die dem Nebenkläger erwachsenen notwendigen Auslagen gemäß § 471 Abs. 1 in Verbindung mit § 397, weil der Ersatz dieser Auslagen für den Privatkläger ausdrücklich vorgeschrieben ist, dem Nebenkläger aber nach erfolgtem Anschlusse die Rechte des Privatklägers zustehen.

Im Falle der Freisprechung des Angeklagten und Nebenbeklagten können dagegen die entsprechenden Bestimmungen der Privatklage nicht ohne weiteres analog angewendet werden. Während also gemäß § 471 Abs. 2 dem Privatkläger, wenn der Beschuldigte auf erhobene Privatklage außer Verfolgung gesetzt oder freigesprochen, oder wenn das Verfahren gegen ihn eingestellt wird, die Kosten des ganzen Verfahrens sowie die dem Beschuldigten erwachsenen notwendigen Auslagen zur Last fallen, können in dem entsprechenden Falle in einem von Amts wegen betriebenen Verfahren, welchem sich der Nebenkläger nur unterstützend angeschlossen hat, die Kosten des Verfahrens nicht dem Nebenkläger überbürdet werden, sondern sie fallen, wie in jedem amtlichen Verfahren, der Staatskasse zur Last.

(Die Kosten erfolgloser Rechtsmittel hat der Nebenkläger selbst zu tragen, einschließlich der dem Beschuldigten erwachsenen notwendigen Auslagen. [E. 53, 303.])

**2.** Im vorliegenden Falle nun hat der Verteidiger seinen Antrag, die der Staatskasse und dem freigesprochenen Angeklagten erwachsenen Kosten des Verfahrens dem Nebenkläger aufzuerlegen, damit begründet, daß der Kaufmann bei der Anzeigeerstattung und den späteren Vernehmungen grob fahrlässig den Schreiner als den Täter bezeichnet habe.

Der Verteidiger stützt also seinen Antrag auf die Bestimmung des § 469, wonach im Falle einer vorsätzlich oder leichtfertig erstatteten unwahren Anzeige das Gericht dem Anzeigenden die der Staatskasse und dem Beschuldigten erwachsenen Kosten auferlegen kann.

Diese Entscheidung, die nicht nur von dem Betroffenen selbst, sondern auch von der Staatsanwaltschaft und dem Beschuldigten, von letzterem insbesondere auch dann angegriffen werden kann, wenn die Kosten nicht dem Anzeigenden auferlegt wurden, ist, selbst wenn sie in Verbindung mit dem Urteil erlassen wird, eine selbständige, und hat auch in diesem Falle mittels besonderen Beschlusses zu erfolgen, wie schon daraus erhellt, daß sie nach Abs. 3 mit der sofortigen Beschwerde anfechtbar sein soll. Der Amtsrichter hat also zu Unrecht die Entscheidung nach § 469 in die Urteilsformel aufgenommen.

(N.B. Das RG. vertritt den Standpunkt — siehe E. 7, 233 und E. 54, 331 —, daß im Falle des § 469 die sofortige Beschwerde auch dann das allein zulässige Rechtsmittel sei, wenn die Entscheidung, wie im vorliegenden Falle, unrichtigerweise im Urteil erfolgt ist.)

**V. Wie wäre die Frage der Zulassung als Nebenkläger zu entscheiden, wenn eine schwere Körperverletzung i. S. des § 224 StGB. in Frage stünde und weder ein Anklageerzwingungsverfahren stattgefunden hätte, noch der Tod des Sohnes eingetreten wäre?**

**1.** Unter der für die Anschlußberechtigung in Frage kommenden Tat ist das gesamte Tun des Angeklagten zu verstehen, das nach dem Grundsatze des § 264 gegenüber der erhobenen Anklage prozeßrechtlich zum Gegenstande der Urteilsfindung gemacht werden darf und muß.

Die Anschlußberechtigung hängt also nicht davon ab, daß die Tat in der Anklageschrift unter den rechtlichen Gesichtspunkt gestellt ist, unter dem allein der Anschluß zulässig sein würde, ebensowenig davon, daß die Tat schließlich auch im Urteil unter einem solchen Gesichtspunkt gewertet ist.

Die Zulassung der Nebenklage ist vielmehr lediglich dadurch bedingt, daß nach dem tatsächlichen Inhalt der Anklage oder dem jeweiligen Verhandlungsergebnisse die rechtliche Möglichkeit vorliegt, das den Gegenstand der Anklage oder der Verhandlung bildende Tun des Angeklagten, sei es auch nur in bestimmter Richtung, unter einem solchen rechtlichen Gesichtspunkt zu betrachten, der nach den gesetzlichen Bestimmungen (§§ 374, 395) die Erhebung einer Nebenklage zuläßt.

So besteht insbesondere die Berechtigung zum Anschluß an die erhobene öffentliche Klage auch dann, wenn mit der durch Privatklage verfolgbaren Beleidigung oder Körperverletzung ein anderes Delikt ideell konkurriert oder in Gesetzeskonkurrenz steht und die öffentliche Klage nur unter letzterem Gesichtspunkt erhoben wurde, vorausgesetzt allerdings, daß der Anschluß gerade zum Zwecke einer Verfolgung des Angeklagten aus jenem rechtlichen Gesichtspunkte begehrt wird, der allein das Recht zum Anschluß gibt (E. 59, 100; 69, 246 und noch weitergehend E. 77, 281.) (Siehe hierzu Beschluß des OLG. Nürnberg vom 11. Oktober 1949, in „Monatsschrift für Deutsches Recht" 1950, S. 304, wonach ein Nebenklagerecht z. B. auch dann gegeben sei, wenn Anklage wegen Einbruchsdiebstahls erhoben wurde, weil mit diesem Verbrechen auch ein Vergehen des Hausfriedensbruchs i. S. des § 374 Abs. 1 Nr. 1 und ein solches der Sachbeschädigung i. S. der Nr. 6 in Gesetzeskonkurrenz stehe, und daß auch im Falle der räuberischen Erpressung i. S. des § 255 StGB. eine Nebenklage möglich sei, da dieses Verbrechen auch durch eine Bedrohung i. S. des § 374 Nr. 4 begangen werden könne. Siehe ferner Beschluß des OLG. Hamm vom 31. Januar 1949 in „Monatsschrift für Deutsches Recht" 1949, S. 242, wo entschieden wurde, daß bei fahrlässiger Tötung zwar dem Ehemanne der getöteten Frau, nicht aber der Ehefrau des getöteten Ehemannes das Recht der Nebenklage zustehe, da im Falle einer Körperverletzung ein selbständiges, den Tod des Ehegatten überdauerndes Antragsrecht gemäß §§ 232 III, 195 StGB. nur dem Ehemanne zustehe. Siehe schließlich die beachtlichen Ausführungen in der Monatsschrift für Deutsches Recht 1949, S. 131, wo ein den hier angeführten Entscheidungen entgegengesetzter Standpunkt vertreten und eingehend begründet wird, daß nämlich die Nebenklage nur dann zuzulassen sei, wenn ausschließlich eines der Vergehen des § 374 vorliege.)

**2.** Wenn also im vorliegenden Falle eine nicht zu den im Privatklageweg verfolgbaren Körperverletzungen des § 374 Abs. 1 Nr. 3 gehörende Körperverletzung nach § 224 StGB. den Gegenstand der Anklage bilden würde, wäre (vorausgesetzt, daß der Sohn nicht gestorben wäre) an sich eine Anschlußberechtigung des Kaufmanns aus § 395 Abs. 1 nicht ausgeschlossen, da das Verbrechen nach § 224 StGB. mit dem Vergehen des § 223a StGB. in Gesetzeskonkurrenz steht.

(Daß im Falle eines Anklageerzwingungsverfahrens auch bei eingetretenem Tode des Sohnes ein Anschlußrecht für den Vater gemäß § 395 Abs. 2 bestanden hätte, ergibt sich aus den Ausführungen in Abschnitt I 2 c.)

## Nachtrag.

## Die Entschädigung des Verletzten (Adhäsionsprozeß).

(Siehe hierzu Schönke in Deutsche Rechtszeitschrift 1949, S. 121.)

Vorbemerkung: Nach der alten StPO. von 1924 konnte der durch eine Straftat Verletzte einen Schadensersatz im Strafverfahren selbst nur in den Fällen der Beleidigung (§ 188 StGB.) und der Körperverletzung (§ 231 StGB.) erhalten und zwar in Gestalt einer sog. Buße. Der Bußberechtigte konnte seinen Anspruch mit Hilfe der Privatklage oder der Nebenklage realisieren.

Durch Gesetz vom 29. Mai 1943 wurde das sog. Anschlußverfahren (auch Adhäsionsverfahren genannt) in §§ 403 bis 406d in die StPO. aufgenommen. Diese Gesetzesbestimmungen sind an die Stelle der §§ 403 bis 406 a. F. getreten und wurden, da sie kein typisch nationalsozialistisches Gedankengut enthalten, in die Strafrechtspflegeordnung 1946 und nunmehr auch in die neue Strafprozeßordnung vom 12. September 1950 übernommen.

Der Sinn und Zweck dieses Adhäsionsverfahrens ist der, Doppelarbeit zu vermeiden, indem in einem Verfahren nicht nur über die strafrechtliche Schuld entschieden, sondern zugleich der durch die strafbare Handlung begründete zivilrechtliche Schadensersatzanspruch geregelt werden kann, soweit eine solche Zusatzentscheidung ohne wesentliche Verzögerung des Strafverfahrens möglich ist. Immer aber bleibt es dem Verletzten überlassen, ob er seinen Entschädigungsanspruch im Strafverfahren oder im Zivilprozeß verwirklichen will.

**I.** Gegenstand des Adhäsionsprozesses.

**1.** Es können geltend gemacht werden alle vermögensrechtlichen Ansprüche, die aus der strafbaren Handlung gegen den Beschuldigten entstanden sind, soweit sie zur Zuständigkeit der ordentlichen Gerichte gehören (arbeitsgerichtliche Ansprüche können z. B. nicht geltend gemacht werden) und noch nicht anderweitig gerichtlich anhängig gemacht sind (§ 403 Abs. 1). In Frage kommen nicht nur Schadensersatzansprüche in Geld, sondern insbesondere auch Ansprüche auf Rückgabe der durch die strafbare Handlung (z. B. einen Diebstahl) erlangten Sache oder Rentenansprüche (z. B. bei Verletzungen durch einen fahrlässig verursachten Autounfall).

2. Die Höhe der Entschädigung ist unbegrenzt. In amtsgerichtlichen Strafverfahren kann aber der Entschädigungsanspruch nur insoweit geltend gemacht werden, als der Anspruch die zivilrechtliche Zuständigkeitsgrenze (z. Z. 1000,— DM) nicht übersteigt. Den diese Grenze überschreitenden Teil seines Entschädigungsanspruchs kann der Antragsteller vor den Zivilgerichten weiter verfolgen.

II. Das Verfahren.

1. Antragsberechtigt ist der Verletzte oder sein Erbe. (Wegen des Begriffs „Verletzter" vgl. Fall 2, Abschn. B I 3 b, S. 52.)

**a)** Der Antrag kann schriftlich oder mündlich zu Protokoll des Urkundsbeamten oder mündlich in der Hauptverhandlung bis zu Beginn der Schlußvorträge gestellt und bis zur Verkündung des Urteils zurückgenommen werden (§ 404 Abs. 1 und 4).

**b)** Die Antragstellung entspricht einer Klageerhebung (§ 404 Abs. 2), hat also die Wirkung der Rechtshängigkeit. (Unterbrechung der Verjährung.)

2. Der Antragsteller ist, wenn er seinen Antrag schon im Vorverfahren gestellt hat, von Ort und Zeit der Hauptverhandlung zu benachrichtigen, damit er in der Hauptverhandlung erscheinen und zur Sache gehört werden kann (§ 404 Abs. 3 Satz 1). Eine Anwesenheitspflicht besteht nicht für den Antragsberechtigten (§ 404 Abs. 3 Satz 2).

3. Für die Entscheidung selbst gilt folgendes:

**a)** Eine Verurteilung zur Entschädigung ist davon abhängig, daß der Angeklagte einer Straftat schuldig gesprochen oder eine Maßregel der Sicherung und Besserung gegen ihn angeordnet wird und daß der Antrag begründet ist (§ 405 Satz 1). In diesem Falle ist die Entscheidung über den Entschädigungsanspruch in den Tenor des Strafurteils aufzunehmen (§ 406 Abs. 1). Die Entscheidung kann für vorläufig vollstreckbar erklärt werden (§ 406 Abs. 2). Die Urteilsformel müßte also lauten: „Der Angeklagte wird wegen Betrugs zu acht Monaten Gefängnis verurteilt. Er wird ferner zur Zahlung eines Schadensersatzes von 500,— DM an den Verletzten X verurteilt. Der Angeklagte hat die Kosten des Verfahrens zu tragen. Das Urteil ist, soweit es auf Zahlung des Schadensersatzes lautet, gegen Sicherheitsleistung in Höhe von 500,— DM vorläufig vollstreckbar."

**b)** Das Gericht sieht gemäß § 405 Satz 2 von der Entscheidung ab, aa) wenn die zu a) genannten Voraussetzungen nicht gegeben sind,

bb) wenn sich der Antrag zur Erledigung im Strafverfahren nicht eignet, insbesondere wenn seine Prüfung das Verfahren verzögern würde,

cc) wenn der Antrag unzulässig ist, d. h. wenn die in §§ 403, 404 bezeichneten Verfahrensvoraussetzungen nicht gegeben sind.

In diesen drei Fällen kann das „Absehen von einer Entscheidung" durch Beschluß geschehen, der in der Regel zusammen mit dem Urteil ergehen wird (§ 405 letzter Halbsatz). Dieser Beschluß steht einer weiteren Verfolgung der Schadensersatzansprüche im Zivilprozeß natürlich nicht entgegen. (Siehe Ziff. 4a.)

c) Siehe im übrigen Abs. 2, 3 und 4 des § 406.

4. Die Rechtsmittel.

a) Der Antragsteller hat kein Rechtsmittel (§ 406 a Abs. 1). Soweit sein Anspruch nicht zuerkannt ist, kann er, wie erwähnt, anderweit geltend gemacht werden (§ 406 Abs. 3 Satz 2). Der Entschädigungsanspruch kann also im Strafverfahren nicht rechtskräftig aberkannt werden.

b) Der Angeklagte kann, soweit das Gericht dem Antrag stattgibt, die Entscheidung auch ohne den strafrechtlichen Teil des Urteils mit den sonst zulässigen Rechtsmitteln anfechten (§ 406a Abs. 2 Satz 1). In diesem Falle kann über das Rechtsmittel durch Beschluß in nicht öffentlicher Sitzung entschieden werden (§ 406a Abs. 2 Satz 2).

c) Wird auf ein Rechtsmittel unter Aufhebung der Verurteilung der Angeklagte einer Straftat nicht schuldig gesprochen und auch nicht eine Maßregel der Sicherung und Besserung gegen ihn angeordnet, so ist zugleich die dem Antrag stattgebende Entscheidung aufzuheben, auch wenn das Urteil insoweit nicht angefochten ist (§ 406a Abs. 3).

5. Wegen Vollstreckung vgl. § 406b und wegen Wiederaufnahme, die nur vom Angeklagten und nicht auch vom Antragsteller betrieben werden kann, siehe § 406c.

6. Verlangt der Verletzte eine Buße (gemäß §§ 188, 231 StGB.), so finden die Vorschriften des Adhäsionsprozesses sinngemäße Anwendung (§ 406d Abs. 1) mit der Abweichung, daß der Antrag, falls er unzulässig oder unbegründet ist, im Urteil abgelehnt wird und somit im Falle der Rechtskraft des Urteils nicht mehr anderweit geltend gemacht werden kann (§ 406 d Abs. 2).

7. Die Kostenfrage ist in § 472a geregelt.

# ZU FALL 18.

## A.

## Vorbemerkung: Das Urteil.

### I. Wie kommt ein Strafurteil zustande?

**1.** Nach § 261 entscheidet das Gericht über das Ergebnis der Beweisaufnahme nach seiner freien, aus dem Inbegriffe der Verhandlung geschöpften Überzeugung. Die Strafgerichte haben also bei Beurteilung der Schuld oder Nichtschuld und bei Festsetzung der Strafe nach ihrer pflichtmäßigen tatsächlichen und rechtlichen Überzeugung zu entscheiden, ohne an bestimmte Beweisregeln gebunden zu sein.

Das Reichsgericht äußert sich zu § 261 in E. 61, 206 und E. 66, 164 folgendermaßen: Die „richterliche Überzeugung" i. S. des § 261 wird nicht durch das Bewußtsein ausgeschlossen, daß jedes auf menschlicher Erkenntnis beruhende Urteil, mag es auch noch so sicher erscheinen, allen Fehlern und Irrtümern unterworfen ist, die durch die Unzulänglichkeit dieser Erkenntnis bedingt sind. Objektive Wahrheit ist nur gedanklich vorstellbar. Ihr Nachweis durch menschliche Erforschung und Erkenntnis ist begrifflich unmöglich, weil diese als an die erkennende Person gebunden von Natur subjektiv, also relativ sind. Auch dem Richter ist daher die Findung absoluter Wahrheit nicht möglich, d. h. ein absolut sicheres Wissen — dem gegenüber das Vorliegen eines gegenteiligen Tatbestandes absolut ausgeschlossen wäre — ist der menschlichen Erkenntnis bei ihrer Unvollkommenheit verschlossen. Der Richter muß sich daher mit einem so hohen Grad der Wahrscheinlichkeit begnügen, wie er bei möglichst erschöpfender und gewissenhafter Anwendung der vorhandenen Erkenntnismittel entsteht. (Siehe auch E. 75, 324.) Reichen diese Erkenntnisquellen zur vollen Überzeugung des Richters betr. die Schuld des Angeklagten nicht aus, dann muß Freispruch erfolgen gemäß dem alten, das ganze Strafverfahren beherrschenden Grundsatz „In dubio pro reo" (E. 70, 3 und 72, 155), der jedoch keine Rechtsnorm i. S. des § 337 darstellt.

**a)** Der Grundsatz der freien Beweiswürdigung wird durchbrochen durch Schuldvermutungen des materiellen Rechts, in der Hauptsache durch die in § 190 StGB. für die üble Nachrede des § 186 StGB. getroffene Bestimmung, ferner durch zahlreiche Bestimmungen der Steuergesetze sowie vor allem durch den die Beweiskraft des Protokolls betreffenden § 274 (siehe hierzu die eingehenden Ausführungen in Fall 5 Abschnitt A I 4 c, S. 102).

**b)** Bezüglich der Gebundenheit des Strafrichters an frühere Urteile ergibt sich aus dem Grundsatz der freien Beweiswürdigung folgendes:

aa) Zu früheren Strafurteilen besteht keinerlei Bindung (mit Ausnahme des oben erwähnten in § 190 StGB. geregelten Falles). Ebenso hat das Gesetz bezüglich der Frage einer Bindung an Zivilurteile in Abs. 1 des § 262 die Regel aufgestellt, daß die Entscheidung zivilrechtlicher Vorfragen Sache des Strafrichters ist. Es ist daher z. B. bei einem Strafverfahren wegen Kindstötung nach § 217 StGB. das Strafgericht nicht an die Entscheidung des Zivilrichters gebunden, der das Kind für ehelich erklärt hat. Ebensowenig hindert ein Zivilurteil, in dem das Bestehen einer unehelichen Vaterschaft zwischen dem A und der B festgestellt ist, eine Bestrafung des A wegen Blutschande, falls der Strafrichter eine Blutsverwandtschaft für bewiesen erachtet. Andererseits bleibt es aber dem Strafrichter selbstverständlich unbenommen, bei Feststellung des fraglichen Rechtsverhältnisses die Entscheidung des Zivilrichters auch seiner Entscheidung zugrunde zu legen, vorausgesetzt, daß er diese Entscheidung als materiell der Wahrheit entsprechend erachtet.

bb) Der Abs. 2 des § 262 gestattet dem Strafrichter, das Strafverfahren auszusetzen, und zwar nicht nur in der Hauptverhandlung, sondern in jedem Stadium des Verfahrens, und das Urteil des Zivilgerichts über die zivilrechtliche Vorfrage abzuwarten.

cc) Nur in einem Falle ist das Strafgericht an ein Zivilurteil gebunden, nämlich dann, wenn das Urteil rechtsgestaltende (konstitutive) Wirkung hat, indem es neues Recht schafft (E. 14, 374). Es kann also z. B. keine Bestrafung wegen Bigamie oder Ehegattendiebstahls erfolgen, wenn die Ehe des Beschuldigten rechtskräftig geschieden ist. (Siehe wegen entsprechender Anwendung dieser Grundsätze auf Urteile im Verwaltungsstreitverfahren Löwe, Erl. 9 zu § 262.)

**2.** Gegenstand der Urteilsfindung ist nach § 264 die in der Anklage (Eröffnungsbeschluß) bezeichnete Tat, wie sie sich nach dem Ergebnis der Hauptverhandlung darstellt. (Siehe hierzu Nachtrag zu Fall 5, S. 109.)

**3.** Abgestimmt wird, was den Gegenstand betrifft, in folgender Reihenfolge:

**a)** über die Prozeßvoraussetzungen bzw. Prozeßhindernisse (vor allem Strafantrag, ne bis in idem),
**b)** über die Schuldfrage,
**c)** über Rückfall und Verjährung (§ 263 Abs. 3),
**d)** über die Straffrage einschließlich der Nebenstrafen und Nebenfolgen sowie der Sicherungsmaßregeln,
**e)** über die Entschädigung des Verletzten (§ 403),
**f)** über die Kosten.

**4.** Die zur Entscheidung berufenen Richter sind verpflichtet, sich an der Beratung und Abstimmung zu beteiligen, insbesondere darf kein Richter, falls mehrere Fragen zur Entscheidung stehen, die Abstimmung über eine Frage verweigern, weil er bei der Abstimmung über eine vorhergegangene Frage in der Minderheit geblieben ist (§ 195 GVG.). Falls er z. B. die Schuldfrage verneint hat, muß er trotzdem noch zur Straffrage Stellung nehmen.

**5.** Beratung und Abstimmung werden vom Vorsitzenden geleitet (§ 194 GVG.). Abgestimmt wird gemäß § 197 GVG. in folgender Reihenfolge:

**a)** der Berichterstatter,

**b)** die ehrenamtlichen Richter; sie stimmen nach dem Lebensalter, der Jüngere vor dem Älteren,

**c)** die übrigen beisitzenden Berufsrichter, und zwar in der Reihenfolge nach dem Dienstalter,

**d)** der Vorsitzende.

Ergänzungsrichter (§ 192 Abs. 2 GVG.) dürfen sich an der Beweisaufnahme beteiligen, dagegen bei der Beratung nicht zugegen sein.

**6.** Regelmäßig erfolgen die Entscheidungen nach der absoluten Mehrheit der Stimmen, § 196 Abs. 1 GVG.

**a)** Die absolute Mehrheit bilden: im Schöffengericht, in der kl. Strafkammer und den Strafsenaten der Oberlandesgerichte (als Revisionsgerichte) zwei Richter; in der großen Strafkammer und den Strafsenaten des Bundesgerichtshofs drei Richter; im Schwurgericht fünf Richter.

**b)** Mit der absoluten Mehrheit wird entschieden

aa) über die in Abschnitt 3 genannten Fragen mit Ausnahme der Schuldfrage und Straffrage (siehe folgender Abschnitt 7);

bb) in allen das Verfahren betreffenden Fragen, wie Verbescheidung eines Beweisantrags, Verlesung von Urkunden, Aussetzung der Verhandlung;

cc) über die Frage der Entschädigung für unschuldig erlittene Untersuchungshaft und der im Wiederaufnahmeverfahren Freigesprochenen (E. 39, 293). (Daß kraft ausdrücklicher Bestimmung in § 263 Abs. 3 auch über Rückfall und Verjährung mit absoluter Mehrheit abgestimmt wird, wurde schon oben erwähnt.)

**7.** Über die für das Strafverfahren wichtigsten Fragen wird mit der Mehrheit von zwei Dritteln entschieden, nämlich in jeder dem Angeklagten nachteiligen Entscheidung, die die Schuldfrage, die Straffrage und die Anordnung einer Maßregel der Sicherung und Besserung betrifft (§ 263 Abs. 1).

Für das Schöffengericht, die kleine Strafkammer und das Oberlandesgericht als Revisionsgericht ist diese Vorschrift ohne Bedeutung, da bei diesen Gerichten die Zweidrittelmehrheit mit der einfachen Mehrheit zusammenfällt. Dagegen kann in der großen Strafkammer und im Bundesgerichtshof (fünf Richter) eine Verurteilung nur erfolgen, wenn vier Mitglieder und im Schwurgericht (neun Richter), wenn sechs Mitglieder die Schuldfrage bejahen.

**8.** Kann die zu treffende Entscheidung in Teile zerlegt werden, so wird über die einzelnen Teile getrennt abgestimmt. So wird über die Schuldfrage, die Straffrage und die Anordnung einer Sicherungsmaßregel stets gesondert entschieden.

**9.** Bezüglich der Schuldfrage gilt im übrigen folgendes:

**a)** Zur Schuldfrage i. S. des § 263 Abs. 1 und 2 gehören:

aa) die Frage, ob der äußere und innere Tatbestand der dem Angeklagten zur Last gelegten strafbaren Handlung erwiesen ist,

bb) die Frage, ob ein Schuldausschließungsgrund (z. B. §§ 51, 52, 54 StGB.) oder ein die Rechtswidrigkeit ausschließender Umstand, ein sog. Rechtfertigungsgrund (z. B. Notwehr, Wahrung berechtigter Interessen i. S. des § 193 StGB. oder übergesetzlicher Notstand) vorliegt,

cc) die Frage, ob ein Strafausschließungsgrund (§§ 53 Abs. 3, 173 Abs. 4, 247 Abs. 2, 257 Abs. 2 StGB.) oder ein Strafaufhebungsgrund (§§ 46, 163 Abs. 2, 199, 310 StGB.),

dd) die Frage, ob straferhöhende (z. B. §§ 178, 223a, 224 StGB. usw.) oder strafmindernde Umstände (z. B. §§ 157, 158 StGB.) vorliegen.

**b)** Die Schuldfrage kann grundsätzlich nur ungeteilt zur Abstimmung gebracht werden. (E. 8, 220.) Es kann also insbesondere nicht getrennt über die objektiven und subjektiven Tatbestandsmerkmale oder über verschiedene Schuldausschließungsgründe oder Rechtfertigungsgründe abgestimmt werden. Ergibt sich für die Schuldigerklärung nicht die erforderliche Mehrheit von Stimmen, so muß der Angeklagte freigesprochen werden, auch wenn die einzelnen für nicht schuldig stimmenden Mitglieder in ihren Gründen auseinandergehen.

Beispiel: In einem Strafverfahren vor dem Schöffengericht gegen X wegen gefährlicher Körperverletzung hält der Richter A die Täterschaft nicht für erwiesen, während der Richter B Notwehr für vorliegend erachtet und der Richter C die Zurechnungsfähigkeit des Angeklagten verneint. Bei einer Abstimmung nach Teilen müßte der Angeklagte verurteilt werden (während doch jeder der drei Richter seine Freisprechung wünscht), denn die Täterschaft wird mit Zweidrittelmehrheit bejaht, ebenso die Zurechnungsfähigkeit, während die Notwehr mit Zweidrittelmehrheit verneint wird. Der Angeklagte ist aber freizusprechen, da sich keine Zweidrittelmehrheit für eine Bejahung der Schuldfrage ergeben hat.

**c)** Gesonderte Abstimmung in der Schuldfrage ist jedoch zulässig bezüglich der Strafaufhebungsgründe und der straferhöhenden und strafmindernden Umstände (s. oben zu a).

**10.** Die Straffrage — Bemessung der Strafe innerhalb des ordentlichen Strafrahmens — umfaßt außerdem die Fragen, ob und auf welche Nebenstrafen zu erkennen ist, ob mildernde Umstände zuzubilligen sind, ob ein besonders schwerer Fall i. S. des § 263 Abs. 4 oder des § 266 Abs. 2 StGB. vorliegt, ob bei Jugendlichen von Strafe abzusehen ist und schließlich ob die erlittene Untersuchungshaft anzurechnen ist.

Bei der Abstimmung über die Strafbemessung ist noch folgendes zu beachten:

**a)** Bilden sich zwei Meinungen, ohne daß eine die erforderliche Mehrheit für sich hat, so gilt die mildere Meinung (§ 196 Abs. 3 Satz 2 GVG.).

Beispiel: In der großen Strafkammer stimmen die Richter A, B und C für sechs Monate Gefängnis und die Richter D und E für vier Monate Gefängnis. Es ist auf vier Monate zu erkennen. (N. B. Ist das Gericht mit drei Richtern besetzt, dann hat bei zwei Meinungen immer eine die erforderliche Mehrheit).

**b)** Bilden sich mehr als zwei Meinungen, von denen keine die erforderliche Mehrheit für sich hat, so werden die dem Beschuldigten nachteiligsten Stimmen den zunächst minder nachteiligen Stimmen so lange hinzugerechnet, bis sich die erforderliche Mehrheit ergibt (§ 196 Abs. 3 Satz 1).

Beispiel: In der großen Strafkammer stimmt der Richter A für fünf Jahre, der Richter B für vier Jahre, der Richter C für drei Jahre, der Richter D für zwei Jahre und der Richter E für ein Jahr Zuchthaus. Es ist auf zwei Jahre Zuchthaus zu erkennen. (N. B. § 196 Abs. 2 kommt in Frage bei Strafsachen, in welchen auf Buße erkannt werden kann, sowie beim Verfahren nach §§ 403 ff.)

## II. Die Verkündung des Urteils. § 268.

**1.** Die Verkündung des Urteils, das im Namen des Volkes ergeht, besteht aus:

**a)** der Verlesung der Urteilsformel (sie muß also vor Verkündung des Urteils niedergeschrieben werden),

**b)** der Eröffnung der Urteilsgründe, § 268 Abs. 2.

**2.** Die Verkündung erfolgt:

**a)** entweder am Schlusse der Verhandlung (das ist die Regel),

b) oder spätestens am vierten Tage nach dem Schluß der Verhandlung.

Eine Überschreitung dieser Frist begründet die Revision; denn dieser Vorschrift liegt der Gedanke zugrunde, daß die Beratung und Entscheidung über das Ergebnis der mündlichen Verhandlung unter dem frischen Eindruck derselben erfolgen müsse, um die richtige Beurteilung der Schuldfrage zu sichern. Es kann daher kein Zweifel sein, daß das Urteil auf dieser Gesetzesverletzung beruht i. S. des § 337, d. h. daß die Möglichkeit nicht ausgeschlossen ist, daß das Urteil anders ausgefallen wäre, wenn die fragliche Frist eingehalten worden wäre. (Siehe E. 27, 116.)

Erfolgt also die Urteilsverkündung nicht spätestens am 4. Tage nach der Aussetzung, dann muß die Hauptverhandlung erneuert werden. Da die Urteilsverkündung einen Teil der Hauptverhandlung bildet, kann sie nur in Gegenwart derjenigen Richter stattfinden, die in der Hauptverhandlung mitgewirkt haben, und es würde eine Erneuerung der letzteren erforderlich sein, wenn z. B. wegen des inzwischen eingetretenen Todes eines Richters das Gericht nicht mehr in der früheren Besetzung zusammentreten könnte. (Siehe § 338 Nr. 5.)

3. Auf dem gleichen Grundgedanken beruht die weitere Vorschrift des § 268 Abs. 3, daß nämlich im Falle der Aussetzung der Verkündung die Urteilsgründe schon vor der Verkündung schriftlich niedergelegt sein müssen. Auch mit dieser Vorschrift soll eine Sicherheit dafür geschaffen werden, daß die schriftlichen Urteilsgründe (dazu gehört auch die Unterschrift sämtlicher Berufsrichter, welche bei der Entscheidung mitgewirkt haben) unter dem frischen Eindruck der mündlichen Verhandlung festgestellt werden.

Diese Vorschrift ist aber nur eine Sollvorschrift. Das RG. war allerdings früher der Ansicht (siehe E. 31, 140), daß ein Verstoß gegen diese Bestimmung ebenso wie ein solcher gegen § 268, Abs. 2 die Revision begründe. In einer späteren Entscheidung (E. 73, 217) wurde dieser Standpunkt aufgegeben und die fragliche Bestimmung für eine Sollvorschrift erklärt. Nach der Fassung des § 268 in der neuen StPO. („so sind die Urteilsgründe tunlichst vorher schriftlich festzustellen") kann kein Zweifel mehr sein, daß § 268 Abs. 3 nur eine Sollvorschrift darstellt. Dasselbe gilt für die Vorschrift des § 275 Abs. 1, wonach das verkündete Urteil mit den Gründen binnen einer Woche nach der Verkündung zu den Akten zu bringen ist. (Siehe E. 73, 218.)

**III. Das Urteil besteht aus vier Teilen:**

1. dem Eingang (Kopf): Bezeichnung der Strafsache (Namen des Angeklagten und Bezeichnung der Tat), Bezeichnung des Tages der Sitzung, Namen der Richter, der Geschworenen, der Schöffen, des Staatsanwalts und des Urkundsbeamten, § 275 Abs. 3,

2. der Urteilsformel (Tenor), § 260,
3. den Urteilsgründen, § 267,
4. den Unterschriften, § 275 Abs. 2.

**IV. Die Urteilsformel** (der Tenor) enthält den entscheidenden Teil des Urteils. Eine gesetzliche Vorschrift über ihren Inhalt gibt es, abgesehen von der allgemeinen Bestimmung des § 260, nicht.

1. Die Urteilsformel muß, da sie allein die maßgebende Entscheidung enthält, aus sich selbst heraus verständlich sein und keiner Ergänzung aus den Gründen bedürfen, zumal gemäß § 451 eine beglaubigte Abschrift der Urteilsformel die Grundlage der Strafvollstreckung bildet.

2. Wird der Angeklagte wegen mehrerer tateinheitlich i. S. des § 73 StGB. zusammentreffender Straftaten verurteilt, so muß der Urteilstenor die sämtlichen Straftaten enthalten wie beim Vorliegen von Tatmehrheit i. S. des § 74 StGB. Nimmt das Gericht entgegen der Würdigung im Eröffnungsbeschluß eine von mehreren tateinheitlich zusammentreffenden Straftaten nicht für erwiesen an, so darf hinsichtlich dieser Straftat nicht Freisprechung erfolgen. Ist bei tateinheitlich zusammentreffenden Straftaten die eine nicht nachweisbar und die andere verjährt, so ist auf Freisprechung zu erkennen. (E. 66, 51.) Das gleiche gilt, wenn mit einem nicht erweisbaren Offizialdelikt ein Antragsdelikt tateinheitlich zusammenfällt und bezüglich des letzteren kein rechtswirksamer Strafantrag vorliegt.

**V. Die Urteilsgründe.**

Sie müssen nach § 267 enthalten:

1. Die Schilderung des für erwiesen erachteten Sachverhalts einschließlich der inneren Tatbestandsmerkmale; dazu sind auch die Beweismittel anzuführen, auf denen die für erwiesen erachteten Tatsachen beruhen, § 267 Abs. 1.

2. Gemäß § 267 Abs. 2 einen Ausspruch über die im Gesetz besonders vorgesehenen Umstände, welche die Strafbarkeit ausschließen (s. §§ 51, 52, 53, 54, 59 ferner 46, 193 StGB.) vermindern (s. §§ 157, 158, 216 StGB. u. a.) oder erhöhen (z. B. Gewohnheitsmäßigkeit und Gewerbsmäßigkeit, gefährlicher Gewohnheitsverbrecher u. a.). Die Erwähnung dieser Umstände ist aber nur dann geboten, wenn der Angeklagte oder die Staatsanwaltschaft ihr Vorliegen ausdrücklich behauptet haben.

3. Die Rechtsanwendung, d. h. die Subsumtion der für erwiesen erachteten Tatsachen unter das Strafgesetz. (Von der StPO. in § 267 nicht besonders verlangt.) Hierbei werden häufig eingehende Rechtsausführungen zu machen sein, wenn Zweifel über das anzuwendende Strafgesetz bestehen.

**4.** Die Anführung des angewendeten Strafgesetzes (§ 267 Abs. 1), und zwar ist es nicht nur nach seiner allgemeinen Bezeichnung, sondern nach den Paragraphen des Gesetzes anzuführen (§ 267 Abs. 3).

**5.** Die Strafzumessungsgründe (früher nur eine Sollvorschrift!) einschließlich der Entscheidung über mildernde (im Gesetz nicht besonders vorgesehene) Umstände (§ 267 Abs. 3).

Hierzu ist folgendes zu bemerken:

**a)** Die Strafzumessung innerhalb des gesetzlichen Strafrahmens unterliegt dem tatrichterlichen Ermessen und kann daher grundsätzlich nicht zum Gegenstande revisionsgerichtlicher Nachprüfung gemacht werden.

**b)** Das Revisionsgericht kann lediglich nachprüfen, ob der Tatrichter etwa auf eine gesetzlich unzulässige Strafe erkannt hat, oder ob die Verhängung oder Nichtverhängung einer bestimmten Strafe durch einen Rechtsirrtum verursacht war.

**c)** Auf rechtsirrtümlichen Erwägungen beruht eine Straffestsetzung, wenn Umstände berücksichtigt werden, die zum gesetzlichen Tatbestand gehören oder den Grundgedanken des Gesetzes bilden und demgemäß bei der Aufstellung des gesetzlichen Strafrahmens in Rechnung gestellt sind. So ist es z. B. unzulässig, bei fahrlässiger Tötung als strafverschärfend zu berücksichtigen, daß der Angeklagte durch sein Verhalten ein Menschenleben vernichtet hat (E. 57, 379), oder bei der Abtreibung, daß die Handlung, „weil die Sittlichkeit und Kraft des Volkes verderbend, gemeingefährlich gewesen sei." (E. 59, 426.)

**d)** Darüber hinaus war durch die Gesetzgebung der Besatzungsmächte das tatrichterliche Ermessen in der Strafzumessungsfrage durch besondere gesetzliche Bestimmungen eingeengt (siehe „Allgemeine Anweisung an Richter" Nr. 1, Ziff. 8b) und insofern die Möglichkeit für die Revisionsinstanz, die Strafzumessung einer Nachprüfung zu unterziehen, erweitert. Mit Schreiben der Alliierten Hohen Kommission für Deutschland an das Bundeskanzleramt vom 17. Okt. 1950 wurde mitgeteilt, daß die genannte „Anweisung" im Bundesgebiet nicht mehr in Kraft ist.

Ferner ist in diesem Zusammenhang noch zu erwähnen das Urteil des OLG. Koblenz vom 24. April 1947 (abgedruckt in der Süddeutschen Juristenzeitung 1947, Heft 8, S. 441). Dort wird u. a. festgestellt, daß ein Verstoß gegen sachlichrechtliche Grundsätze vorliege, wenn bei der Strafzumessung der Schuld- und der Sühnegedanke nicht sorgsam gegeneinander abgewogen werde, und daß es außerdem gegen die Denkgesetze verstoße, wenn das Gericht die getroffenen Feststellungen nicht für die Strafzumessung auswerte. Siehe schließlich noch Deutsche Rechtszeitschrift 1950,

S. 268ff. und S. 283, sowie Juristische Rundschau 49, S. 223 (Beschluß des Hess. OLG. vom 15. September 1948), wo ausgeführt wird, daß die Revision der Staatsanwaltschaft auch darauf gestützt werden kann, daß die Begründung des Strafmaßes unvollständig, aber nicht darauf, daß die erkannte Strafe unverhältnismäßig gering sei.

e) Ebenso wie im Falle des § 267 Abs. 2 (s. oben unter 2) braucht sich der Richter mit der Frage der mildernden Umstände in den Urteilsgründen nur dann auseinanderzusetzen, wenn mildernde Umstände zugebilligt werden, oder wenn ihr Vorliegen trotz eines in der Verhandlung gestellten Antrags verneint wird.

6. Verzichten alle zur Anfechtung Berechtigten auf Rechtsmittel, so genügt die Angabe der für erwiesen erachteten Tatsachen, in denen die gesetzlichen Merkmale der strafbaren Handlung gefunden werden, und des zur Anwendung gebrachten Strafgesetzes (§ 267 Abs. 4).

7. Im Falle der Freisprechung (§ 267 Abs. 5) müssen die Gründe ergeben, ob der Angeklagte für nicht überführt, oder ob und aus welchen Gründen die für erwiesen angenommene Tat für nicht strafbar erachtet worden ist, m. a. W. ob die Freisprechung auf tatsächlichen oder Rechtsgründen beruht.

8. Wird eine Maßregel der Sicherung und Besserung angeordnet, so müssen die Urteilsgründe ergeben, weshalb die Maßregel angeordnet wurde, oder weshalb die Anordnung, obwohl sie beantragt war, nicht getroffen wurde (§ 267 Abs. 6).

9. Einziehungsurteile (§§ 152, 42 StGB.; 430ff. StPO.) unterliegen ebenfalls der Vorschrift des § 267.

10. Auf das Revisionsurteil findet § 267 deshalb keine Anwendung, weil das Revisionsgericht keine tatsächlichen Feststellungen zu treffen hat.

11. Nach § 338 Nr. 7 liegt ein absoluter Revisionsgrund vor, „wenn das Urteil keine Entscheidungsgründe enthält".

Dieser Fall ist auch gegeben, wenn nur der in der Revisionsinstanz in Betracht kommende Teil des Urteils keine Entscheidungsgründe enthält (E. 43, 298), ferner wenn der Antrag auf Zubilligung mildernder Umstände in den Urteilsgründen überhaupt nicht erwähnt ist.

Dem Fehlen der Entscheidungsgründe werden vom Reichsgericht die Unverständlichkeit derselben, insbesondere Widersprüche und Denkfehler gleichgeachtet, da auch in diesem Falle dem Revisionsrichter die Möglichkeit fehlt, die dem angefochtenen Urteil zugrunde liegende Auffassung des Richters auf ihre Richtigkeit nachzuprüfen.

### VI. Die Unterschriften. § 275 Abs. 2.

Unterschreiben müssen sämtliche Berufsrichter, die bei der Entscheidung mitgewirkt haben, wodurch dokumentiert werden soll, daß die in dem Urteil niedergelegten Gründe diejenigen sind, auf welche das Gericht die Entscheidung gestützt hat. (E. 23, 261.) Ist ein Richter verhindert (z. B. infolge eines inzwischen angetretenen Urlaubs), so vermerkt dies der Vorsitzende unter dem Urteil unter Angabe des Verhinderungsgrundes.

### VII. Berichtigung und Änderung eines Strafurteils.

1. Berichtigung oder Änderung der Urteilsformel.

**a)** Urteilsformel und Urteilsgründe bilden, wie oben erwähnt, ein Ganzes. Die Verkündung des Urteils ist also erst mit dem Zeitpunkt vollendet, in dem die vorgeschriebene Mitteilung beider Urteilsteile — der Formel und der Gründe — beendet ist. Bis zu diesem Zeitpunkt ist das Gericht an die von ihm beschlossene Entscheidung noch nicht gebunden; es ist vielmehr jederzeit in der Lage, auch noch nach Verlesung der Urteilsformel und während der Eröffnung der Urteilsgründe mit der weiteren Verkündung innezuhalten und nochmals in die Verhandlung und Beweisaufnahme einzutreten (E. 57, 142) oder, wenn sich hierzu ein Anlaß gibt, die Urteilsformel zu ändern (E. 61, 390).

**b)** Ist die Verkündung des Urteils nebst Gründen beendet, so ist die Hauptverhandlung gemäß § 260 zu schließen; eine Abänderung oder Ergänzung der Urteilsformel durch nachträgliche Verkündung oder in einem späteren Termin ist dann nicht mehr möglich. (Siehe E. 61, 391, wo die in E. 15, 271 vertretene gegenteilige Ansicht aufgegeben wird.)

2. Berichtigung oder Änderung der Urteilsgründe:

**a)** Eine Abänderung der Urteilsgründe (auch sachlicher Art) ist so lange zulässig, als ihre Feststellung eine innere Angelegenheit des Gerichts geblieben und das Urteil noch nicht zur Kenntnisnahme durch irgendeine außerhalb des Gerichts stehende Person bestimmt war. Dieser Zeitpunkt tritt, wenn das Urteil nicht schon vorher an die Gerichtsschreiberei gelangt, damit ein Beteiligter von ihm Einsicht nehmen könne, mit der Verfügung des Vorsitzenden ein, der die Übergabe an die Staatsanwaltschaft gemäß §§ 36 oder 41 anordnet. (E. 54, 21.)

**b)** Sollen nachträgliche Änderungen in den Urteilsgründen vorgenommen werden, so bedürfen sie zu ihrer Gültigkeit der besonderen Unterzeichnung durch sämtliche Richter. (E. 28, 57.)

3. Von diesen zu 1 und 2 erörterten Grundsätzen hat die Praxis eine unbedingt notwendige Ausnahme zugelassen. Das

Reichsgericht führt hierzu in E. 61, 391 folgendes aus: „Für die Beantwortung der Frage, in welchem Umfange eine Berichtigung des Urteils statthaft ist, ist die Rechtsprechung des Reichsgerichts davon ausgegangen, daß zwar die Strafprozeßordnung ausdrückliche Bestimmungen hierüber nicht enthält — im Gegensatze zur ZPO. (s. § 319 ZPO.), die eine Berichtigung von Schreibfehlern, Rechenfehlern und ähnlichen offenbaren Unrichtigkeiten jederzeit zuläßt —, daß aber offenbare Mängel des Ausdrucks für das erkennbar Gewollte beseitigt werden dürfen. (E. 13, 269; 28, 82.) Erforderlich ist danach Offenbarkeit des Mangels im Ausdruck, der in einem Schreibversehen oder in einem Fassungsversehen seinen Grund haben und auch darin bestehen kann, daß die Formel den beschlossenen Spruch nicht vollständig wiedergibt." (Siehe auch E. 54, 205 und E. 56, 233, wo u. a. ausgeführt wird, daß jede auf einem neuen Denkvorgang beruhende sachliche Änderung der Urteilsformel ausgeschlossen ist.)

Sind Mängel solcher Art in der Urteilsformel oder in den Gründen enthalten, so können sie jederzeit (also auch noch nach Zustellung des Urteils) durch Beschluß berichtigt werden. (N. B. Sachliche Änderungen an der verkündeten Urteilsformel können, wie oben zu 1 ausgeführt wurde, überhaupt nicht vorgenommen werden, dagegen sachliche Änderungen der Urteilsgründe bis zu dem in Abschnitt 2a erwähnten Zeitpunkt, siehe auch E. 28, 81 und 247, sowie Urteil des OLG. für Hessen vom 27. August 1947 in Monatsschrift für Deutsches Recht 1948 S. 157.)

(Wegen der Möglichkeit nachträglicher Berichtigungen und Ergänzungen des Protokolls s. Fall 5, Abschn. A I 4c, cc, S. 103.)

**VIII. Wiederherstellung eines Urteils.**

Bei Aktenverlust können sowohl die Urteilsformel, als auch die Urteilsgründe wiederhergestellt werden. Ein solches rekonstruiertes Urteil ist, falls nach den dienstlichen Äußerungen der richterlichen Mitglieder des erkennenden Gerichts die neue Urschrift mit der früheren Urschrift (das gilt vor allem für die Urteilsformel) übereinstimmt, der früheren Urschrift in jeder Beziehung gleich. (Siehe „Alsberg, Strafprozessuale Entscheidungen der Oberlandesgerichte" Bd. 2 S. 133.)

## B.

## Lösung des Falles.

**I. Die Entscheidung der Strafkammer.**

1. Richtig ist zweifellos die in den Gründen zum Ausdruck gebrachte Ansicht, daß als Verurteilter immer der anzusehen ist, der vor Gericht gestanden hat, oder gegen den sich die in seiner Abwesenheit durchgeführte Verhandlung gerichtet hat.

Denn ein anderer kann schon deshalb nicht verurteilt werden, weil er gar keine Gelegenheit gehabt hat, sich zu verteidigen.

Da also gegen den richtigen Erwin Weltz eine Verhandlung überhaupt nicht geführt worden ist, wird man sagen müssen, daß einzig und allein der Pseudo-Weltz und nicht der wahre Träger des Namens verurteilt worden ist.

2. Richtig ist ferner, daß demjenigen, der dem Namen nach verurteilt worden ist, das Recht zustehen muß, das gegen ihn ergangene, äußerlich zu Recht bestehende Urteil aus der Welt zu schaffen.

a) Der echte Träger des Namens Erwin Weltz wird zwar durch die ergangene Entscheidung zweifellos „betroffen"; da die Entscheidung aber nicht in Gestalt eines Beschlusses oder einer Verfügung, sondern in Form eines Urteils ergangen ist, scheidet die Beschwerde des § 304 Abs. 2 aus.

b) Es bleibt ihm somit kein anderer Rechtsbehelf, als gegen das Urteil, das ihm zugestellt worden ist, Berufung einzulegen. Dem steht auch nicht entgegen, daß, wie schon erwähnt, Erwin Weltz materiell gar nicht verurteilt worden ist; denn in dem Augenblick, wo dem dem Namen nach Verurteilten das Urteil zugestellt wird, richtet es sich wenigstens formell gegen ihn, seine rechtlichen Interessen sind benachteiligt, und man wird ihn daher zwar nicht als Verurteilten, aber als Anfechtungsberechtigten ansehen müssen. (Siehe auch Fall 6, Abschn. B III 2, S. 123.)

3. Die Strafkammer durfte aber ein Urteil auf Freisprechung nicht fällen; denn freigesprochen werden kann nur jemand, der angeklagt bzw. gegen den das Hauptverfahren eröffnet worden ist.

Im vorliegenden Falle wurde aber die Anklage nicht gegen den richtigen Weltz, sondern gegen den Pseudo-Weltz erhoben, und auch nur dieser ist verurteilt worden.

4. Wie hätte die Strafkammer verfahren und entscheiden müssen?

a) Im vorliegenden Falle handelt es sich zweifellos um eine offenbare Unrichtigkeit des Urteils. Allerdings kommt nicht ein offensichtlicher Schreibfehler oder mangelhafter Ausdruck des erkennbar Gewollten in Frage, denn der Amtsrichter hat nicht etwa etwas anderes zum Ausdruck gebracht, als er wollte. Dem Gericht muß indes das Recht zustehen, auch solche Unrichtigkeiten, die sich als solche erst nach der Entscheidung herausstellen, zu berichtigen, zumal dadurch an der Sache selbst nichts geändert und die rechtliche Stellung des in Wirklichkeit Verurteilten in keiner Weise berührt wird, und andererseits der wirkliche Erwin Weltz, der, wie oben ausgeführt wurde, nicht freigesprochen werden kann, ein berechtigtes Interesse an der Beseitigung des gegen ihn lautenden Urteils hat. (Siehe hierzu „Alsberg, Strafprozessuale Entscheidungen der Oberlandesgerichte" Bd. 2 S. 131.)

**b)** Die Strafkammer hätte also das Urteil des Amtsrichters durch Beschluß dahin berichtigen müssen, daß der Verurteilte mit dem wahren Träger des Namens Erwin Weltz nicht identisch ist.

**c)** Nach erfolgter Berichtigung hätte die Strafkammer die Akten wieder dem Amtsrichter zuleiten müssen, der nunmehr die Fahndung gegen den tatsächlich verurteilten Pseudo-Weltz aufzunehmen und im Falle der Ermittlung alsdann diesem das Urteil zuzustellen gehabt hätte. Die Erhebung einer neuen Anklage kommt nicht in Frage.

**II. Welche Wirkungen hätte das Urteil des Amtsrichters für den Verurteilten, und welche für den richtigen Namensträger gehabt, wenn es durch Nichteinlegung der Berufung seitens des letzteren rechtskräftig geworden wäre?**

**1.** Die Wissenschaft unterscheidet zwischen formaler und materieller Rechtskraft eines Urteils.

**a)** Die formale Rechtskraft.

Unter formaler Rechtskraft versteht die Wissenschaft die Unumstoßbarkeit der Entscheidung.

Sie tritt ein bei denjenigen Urteilen, gegen die ein Rechtsmittel nicht statthaft ist, mit der Verkündung; hierher gehören vor allem die Urteile der Revisionsgerichte. Bei allen anderen Urteilen tritt die Rechtskraft mit dem Zeitpunkt ein, in dem entweder sämtliche hinsichtlich des Prozeßgegenstandes anfechtungsberechtigten Personen die Rechtsmittelfrist unbenutzt haben verstreichen lassen, bzw. schon vorher rechtsgültig auf Anfechtung verzichtet haben, oder sobald das eingelegte Rechtsmittel zurückgenommen oder von dem zur Entscheidung zuständigen Gericht als unzulässig oder als unbegründet rechtskräftig verworfen worden ist.

Mit diesem Zeitpunkt allseitiger Unumstoßbarkeit erwächst das Urteil in absolute Rechtskraft.

Die Folge dieser absoluten Rechtskraft ist vor allem, daß das verurteilende Erkenntnis nunmehr Grundlage der Strafvollstreckung wird. (Siehe § 449.) Eine vorläufige Vollstreckbarkeit wie im Zivilprozeß kennt das Strafrecht nicht. (Wegen des Begriffs „teilweise Rechtskraft" s. Fall 7, Abschn. A II 3, S. 130; von „relativer Rechtskraft" spricht man, wenn das Urteil nur noch von einer Partei angegriffen werden kann, weil die andere auf Anfechtung verzichtet hat, wenn also z. B. der Angeklagte sofort nach der Urteilsverkündung erklärt, daß er die

Strafe annehme, während die Staatsanwaltschaft noch keine Erklärung über die Einlegung eines Rechtsmittels abgibt.)

**b)** Die Bedeutung der materiellen Rechtskraft ist die, daß durch sie die Strafklage verbraucht wird, d. h. daß die einmal rechtskräftig entschiedene Strafsache, gleichviel ob der Angeklagte verurteilt oder freigesprochen worden ist, nicht abermals zum Gegenstand eines Strafverfahrens wegen derselben Tat gegen die gleiche Person gemacht werden darf. (Siehe hierzu die den Grundsatz „ne bis in idem" behandelnden Fälle 12 und 13.)

Diese Grundsätze über die formale und materielle Rechtskraft werden auch von der Praxis anerkannt.

**2.** Nun wird aber in der Wissenschaft vielfach der Standpunkt vertreten, daß gewisse Entscheidungen niemals in Rechtskraft erwachsen können, nämlich die sog. nichtigen Entscheidungen.

So könne sich die Nichtigkeit eines Urteils u. a. auf das Fehlen des Willens gründen. So läge z. B. im vorliegenden Falle, wo der Täter unter einem falschen Namen verurteilt worden sei, ein sog. Scheinurteil vor, denn eine Verurteilung des Täters wäre nicht erklärt, und eine solche des wahren Namensträgers nicht gewollt. Ein solches nichtiges Scheinurteil müsse in jeder Lage des Verfahrens als nicht geschehen angesehen werden; die Nichtigkeit könne weder durch Zeitablauf noch sonstwie geheilt werden; insbesondere dürfe die Staatsanwaltschaft bzw. der Richter ein nichtiges Urteil nicht vollstrecken lassen, widrigenfalls sie sich der Bestrafung nach § 345 StGB. aussetzen.

**3.** Die Praxis steht in dieser Beziehung auf dem Standpunkt, daß es Fälle geben kann, in denen eine strafprozessuale Entscheidung mit absoluter und unheilbarer Nichtigkeit dergestalt behaftet ist, daß diese Nichtigkeit auch ohne Rücksicht auf die Einlegung von Rechtsmitteln Beachtung finden und die Entscheidung jeder Wirksamkeit entkleiden muß; nach E. 40, 273 „kann dies jedoch nur für die Fälle zugegeben werden, in welchem es nach den Vorschriften und dem Geiste der Strafprozeßordnung als möglich anzuerkennen ist".

(So hat das Reichsgericht keine Nichtigkeit, sondern lediglich Anfechtbarkeit angenommen, wenn eine unzulässige Verfahrensart gewählt worden, oder wenn das Gericht sachlich unzuständig war. (Siehe E. 9, 14; 22, 113; 32, 89; 56, 351; 66, 410.) Ebenso hat das RG. die Nichtigkeit eines nicht ordnungsmäßig verkündeten Urteils in E. 71, 378, sowie in E. 72, 77 die Nichtigkeit eines gegen einen Auslieferungsvertrag verstoßenden Urteils verneint.)

Grundsätzlich wird man also in der Praxis den Standpunkt vertreten müssen, daß es, abgesehen von den rechtlich unmöglichen Urteilen, wie z. B. Verurteilung eines Strafunmündigen, oder Verurteilung zu einer im Gesetz nicht vorgesehenen Strafe, z. B. 18 Jahre Zuchthaus, mit den Anforderungen der staatlichen Autorität und der Rechtsordnung unvereinbar wäre, eine im gesetzlichen Prozeßwege ergangene Entscheidung von öffentlich-rechtlicher Wirksamkeit als null und nichtig zu betrachten.

**4.** Im vorliegenden Falle wird man demnach zu dem Ergebnis gelangen, daß ein nichtiges Urteil jedenfalls nicht vorliegt. Trotzdem aber kann es nicht vollstreckt werden, und zwar aus folgenden Gründen:

**a)** Gegen den richtigen Erwin Weltz, der gegebenenfalls seine Einwendungen gegen die Zulässigkeit der Strafvollstreckung gemäß § 458 geltend machen müßte, worüber dann gemäß § 462 das Gericht ohne mündliche Verhandlung zu entscheiden hätte, kann das formell rechtskräftig gewordene Urteil deshalb nicht vollstreckt werden, weil, wie wir bei Prüfung der Frage 1 gesehen haben, nicht er, sondern der Pseudo-Weltz verurteilt worden ist.

**b)** Gegen den Pseudo-Weltz konnte das Urteil überhaupt nicht in Rechtskraft erwachsen, da es ihm noch nicht zugestellt war, und infolgedessen die Berufungsfrist nicht in Lauf gesetzt werden konnte.

Eine Rechtskraft infolge eines etwaigen Verzichtes des Pseudo-Weltz gemäß § 302 ist ebenfalls ausgeschlossen, da ein solcher nicht rechtswirksam erfolgen kann, bevor die Frist zur Einlegung des Rechtsmittels begonnen hat (E. 2, 80).

Es muß also nach dem Pseudo-Weltz gefahndet, nach Ermittlung desselben das Urteil auf seinen richtigen Namen umgeschrieben und ihm zugestellt werden. Das Urteil kann dass gegen ihn vollstreckt werden, wenn er auf ein Rechtsmittel verzichtet oder von einem solchen während der Rechtsmittelfrist keinen Gebrauch macht.

(N. B. § 271 StGB. findet auf das Verhalten des Pseudo-Weltz keine Anwendung; denn das Strafurteil beweist nur, daß das Gericht von der Wahrheit gewisser Tatsachen überzeugt gewesen ist, aber nicht, daß die Tatsachen, welche der Richter auf Grund seiner Überzeugung als erwiesen hingestellt hat, objektiv wahr sind. So beweist insbesondere ein Strafurteil nicht für oder gegen Jedermann, daß der Verurteilte mit dem Träger eines bestimmten Namens identisch ist. Da aber die Norm des § 271 nicht weiter greift als die Beweiskraft der fraglichen Urkunde, entfällt eine Strafbarkeit wegen intellektueller Urkundenfälschung; in Frage kommt lediglich eine Übertretung nach § 360 Z. 8 StGB. [E. 28, 203].)

**III. Welche Ersatzansprüche hätte der richtige Erwin Weltz gehabt, und gegen wen, wenn an ihm eine Geldstrafe oder Freiheitsstrafe vollstreckt worden wäre?**

**1.** Das Gesetz betreffend die Entschädigung der im Wiederaufnahmeverfahren freigesprochenen Personen vom 20. Mai 1898 scheidet für den vorliegenden Fall deshalb aus, weil ein Wiederaufnahmeverfahren nur zugunsten eines Verurteilten stattfindet, der wahre Erwin Weltz aber, wie wir oben gesehen haben (Z. I und II), gar nicht verurteilt worden ist. (Siehe Nachtrag.)

**2.** Auch das Gesetz betreffend die Entschädigung für unschuldig erlittene Untersuchungshaft vom 14. Juli 1904 kommt nicht in Frage, da laut Tatbestand eine Untersuchungshaft nicht verhängt war. (Siehe Nachtrag.)

**3.** Es wären für Erwin Weltz nur folgende Möglichkeiten gegeben:

**a)** Eine bezahlte Geldstrafe, die nach § 463 nach den Vorschriften über die Vollstreckung der Urteile der Zivilgerichte beigetrieben wird, könnte einfach im Wege der Zivilklage zurückgefordert werden.

**b)** Ein Entschädigungsanspruch für unschuldig erlittene Strafhaft könnte u. U. gegen den Pseudo-Weltz geltend gemacht werden, außerdem aber gegen den Staat, dessen Beamter das Urteil vollstreckt hat, falls dem Beamten ein fahrlässiges Verhalten i. S. des § 839 BGB. nachzuweisen ist, z. B. mangelhafte Prüfung der Identität; dem Fiskus andererseits stünde ein Rückgriff gegen den Beamten zu.

## IV. Was hat zu geschehen, wenn sich in einer Hauptverhandlung herausstellt:

**1.** Daß der Erschienene nicht der Täter ist, da die Ladung nicht dem Täter, sondern einer anderen Person gleichen Namens zugestellt worden ist?

Es kann nicht verhandelt werden.

Die irrtümlich geladene, also gar nicht angeklagte Person ist zu entlassen; die Verhandlung wird vertagt und der richtige Angeklagte wird geladen.

**2.** Daß der Erschienene nicht der Täter ist, sondern dessen Bruder, der sich für den geladenen Täter verurteilen lassen will?

Wie im Falle 1 ist der Erschienene zu entlassen, die Hauptverhandlung zu vertagen und gemäß § 230 Abs. 2 die Vorführung des Täters anzuordnen oder ein Haftbefehl gegen ihn zu erlassen.

**3.** Daß der unter dem Namen Karl Maier Erschienene zwar der Täter ist, in Wirklichkeit aber August Müller heißt?

Es wird, wenn nicht Vertagung zwecks Feststellung der Vorstrafen des Müller erforderlich erscheint, gegen den Täter unter seinem richtigen Namen verhandelt; denn er ist der Täter, gegen den sich von vornherein das Verfahren gerichtet und gegen den das Hauptverfahren eröffnet worden ist.

**4.** Daß der Erschienene nicht der Täter August Müller ist, sondern eine andere Person gleichen Namens, der infolge eines hier nicht interessierenden Irrtums schon die Anklageschrift und der Eröffnungsbeschluß zugestellt worden sind?

Sind dem Nichttäter die Anklageschrift gemäß § 201 und der Eröffnungsbeschluß zugestellt worden, so wird in diesem Verfahren der Nichttäter August Müller als der richtige Angeklagte zu gelten haben und freigesprochen werden müssen, da gegen ihn das Hauptverfahren eröffnet worden ist, während gegen den wirklichen Täter eine neue Anklage zu erheben wäre.

(Siehe auch Beschluß des LG. Lüneburg vom 23. Juni 1949 in Monatsschrift für Deutsches Recht 1949 S. 767, wo folgender bedenklicher Standpunkt vertreten wird: Wird in der Hauptverhandlung infolge einer Namensverwechslung gegen einen falschen Angeklagten verhandelt und ein Urteil verkündet, so wirkt das Urteil gegen den richtigen Angeklagten, dessen Tat nach dem Willen des Gerichts zur Aburteilung stand, wenn diesem im früheren Stadium des Verfahrens rechtliches Gehör gewährt worden ist, ihm das Urteil zugestellt wird und er es annimmt.)

## Nachtrag.

**I. Das Gesetz betreffend die Entschädigung der im Wiederaufnahmeverfahren freigesprochenen Personen vom 20. Mai 1898.** (RGBl. S. 345.)

In diesem Gesetz ist bestimmt, daß Personen, die im Wiederaufnahmeverfahren freigesprochen oder in Anwendung eines milderen Gesetzes mit einer geringeren Strafe belegt werden, Entschädigung aus der Staatskasse beanspruchen können, wenn die frühere Strafe ganz oder teilweise gegen sie vollstreckt worden ist. Anspruchsberechtigt sind auch die Unterhaltsberechtigten.

Das Gesetz wurde durch Gesetz vom 24. November 1933 dahin erweitert, daß auch demjenigen, der im Wiederaufnahmeverfahren die Aufhebung einer Maßregel der Sicherung und Besserung erreicht, nachdem sie ganz oder teilweise vollstreckt oder wirksam geworden ist (letzterer Ausdruck bezieht sich auf die Untersagung der Berufsausübung), unter den im Gesetz genannten Voraussetzungen für den entstandenen Vermögensschaden Ersatz aus der Staatskasse gewährt werden muß.

**1.** Ein Anspruch auf Entschädigung besteht nur, wenn das Wiederaufnahmeverfahren die Unschuld des Verurteilten bezüglich der ihm zur Last gelegten Tat oder bezüglich eines die Anwendung eines schwereren Strafgesetzes begründenden Umstandes ergeben oder dargetan hat, daß ein begründeter Verdacht gegen den Angeklagten nicht mehr vorliegt.

**2.** Ersetzt wird der durch die Strafvollstreckung entstandene Vermögensschaden. Durch das erwähnte Gesetz vom 24. November 1933 wurde die Höchstgrenze des zu gewährenden Entschädigungsanspruchs auf 75 000 RM (jetzt DM) oder einen Rentenbetrag von jährlich 4500 RM (jetzt DM) festgesetzt. Beruht das Fehlurteil auf einem Verschulden des Gerichts, so ist die Haftung der Staatskasse nach § 839 BGB. unbeschränkt.

**3.** Die Verpflichtung der Staatskasse zur Entschädigung wird durch besonderen Beschluß des im Wiederaufnahmeverfahren erkennenden Gerichts verfügt, der nicht verkündet, sondern nur zugestellt wird.

**4.** Der Anspruch auf Entschädigung ist ausgeschlossen, wenn der Verurteilte die frühere Verurteilung vorsätzlich herbeigeführt oder durch grobe Fahrlässigkeit verschuldet hat.

Für den Entschädigungsanspruch bei Aufhebung einer Maßregel der Sicherung und Besserung sieht das Gesetz vom 24. November 1933 als besonderen Ausschließungsgrund die Tatsache vor, daß der Verurteilte unabhängig von der Tat oder der Verurteilung eine Gefahr für die öffentliche Sicherheit oder Ordnung gebildet hat. Die amtliche Begründung sagt hierzu: „Es wäre z. B. keineswegs gerechtfertigt, einem gefährlichen Geisteskranken eine Entschädigung zu gewähren, wenn das Gericht die ihm zur Last gelegte Tat mit Unrecht festgestellt hat, die Polizeibehörde ihn aber wegen seiner Gefährlichkeit ohnedies in einer Heil- oder Pflegeanstalt hätte unterbringen müssen."

**II. Das Gesetz betreffend die Entschädigung für unschuldig erlittene Untersuchungshaft vom 14. Juli 1904 in der Fassung des Gesetzes vom 17. August 1920.** (RGBl. 1904 S. 321; 1920 S. 1579.)

Dieses Gesetz gewährt denjenigen Personen einen Entschädigungsanspruch, die im Strafverfahren freigesprochen oder durch Beschluß des Gerichts außer Verfolgung gesetzt worden sind, nicht dagegen denjenigen, die nur im vorbereitenden Verfahren in Untersuchungshaft gewesen sind, und gegen die von der Staatsanwaltschaft das Verfahren eingestellt worden ist.

**1.** Ein Anspruch auf Entschädigung besteht nur, wenn das Verfahren die Unschuld ergeben oder dargetan hat, daß ein begründeter Verdacht nicht mehr vorliegt. Erfolgt aber die Freisprechung nach dem Grundsatz „in dubio pro reo", so ist ein Entschädigungsanspruch nicht gegeben.

**2.** Ersetzt wird der durch die Untersuchungshaft entstandene Vermögensschaden. (Wegen der Höchstgrenze siehe oben Abschnitt I, 2.)

**3.** Über die Verpflichtung der Staatskasse zur Entschädigung ist von dem Gericht gleichzeitig mit dem freisprechenden Urteil bzw. dem außer Verfolgung setzenden Beschluß zu entscheiden. Der Beschluß wird nicht verkündet, sondern nur zugestellt, sobald das freisprechende Urteil bzw. der außer Verfolgung setzende Beschluß rechtskräftig geworden ist.

**4.** Der Anspruch auf Entschädigung ist ausgeschlossen, wenn der Verhaftete die Untersuchungshaft vorsätzlich herbeigeführt oder durch grobe Fahrlässigkeit verschuldet hat. Außerdem kann der Anspruch ausgeschlossen werden, u. a. wenn die Tat in einem die Zurechnungsfähigkeit ausschließenden Rausch begangen worden ist. (N. B. Nichteinlegung eines Rechtsmittels kann niemals als Fahrlässigkeit gewertet werden.)

Wird gegen den zurechnungsunfähigen Verhafteten die Unterbringung in einer Heil- oder Pflegeanstalt nach § 42b StGB. angeordnet, so ist ein Entschädigungsanspruch nicht gegeben. (Siehe Gesetz vom 24. November 1933.) Dieses Gesetz enthält des weiteren eine Ergänzung des Gesetzes vom 17. August 1920 insofern, als der Verhaftung und der Untersuchungshaft die einstweilige Unterbringung, dem Verhafteten der einstweilig Untergebrachte, dem Haftbefehl der Unterbringungsbefehl gleichgestellt wird. Das Gesetz schließt ferner, entsprechend der oben in Abschn. I, 4 erwähnten Bestimmung, auch für die einstweilige Unterbringung den Entschädigungsanspruch aus, wenn das Gemeinwohl unabhängig von der Tat die einstweilige Unterbringung erfordert hätte.

# Alphabetisches Sachregister

(Die Ziffern bedeuten die Seitenzahlen)

## S



## T



## U



## V

FSC
www.fsc.org
MIX
Papier | Fördert gute Waldnutzung
FSC® C083411

Kolibri 360 GmbH
Ferdinand-Jühlke-Straße 7
99095 Erfurt, Deutschland
produktsicherheit@kolibri360.de